Baptismus-Dokumentation 8

Veit Claesberg

Der pastorale Leiter als Prophet

Der Baptistenpastor Arnold Köster (1896–1960) im Widerstand gegen den Nationalsozialismus

Oncken-Archiv Elstal 2018

Baptismus-Dokumentation Band 8
Schriftenreihe
herausgegeben vom Oncken-Archiv
des Bundes Evangelisch-Freikirchlicher Gemeinden in Deutschland K.d.ö.R.

Redaktionelle Bearbeitung:
Reinhard Assmann, Ines Pieper

Als Masterarbeit im Fach Christian Leadership von der University of South Africa
in Pretoria angenommen.
Supervisor: Prof. Volker Kessler
Co-Supervisor: Prof. Jennifer Slater
Juli 2018

Johann-Gerhard-Oncken-Str. 5, 14641 Wustermark
Tel. 033234 74-280, onckenarchiv@baptisten.de

Herstellung und Verlag: BoD- Books on Demand, Norderstedt
ISBN: 978-3-7481-1715-5

Familie Köster in Wien im Juni 1930

‚Lasset uns Menschen machen, ein Bild, das uns gleich sei!'
Das den Menschen zu sagen, ist Aufgabe der Propheten,
die nichts anderes waren als Mund Gottes.
Christus aber ist DER Mund Gottes und als solcher
der vollkommene Prophet Gottes.

Arnold Köster
in einer Predigt am 10. November 1946

FSC
www.fsc.org
MIX
Papier aus verantwortungsvollen Quellen
Paper from responsible sources
FSC® C105338

Inhalt

Geleitwort (Prof. Volker Kessler)

Vorwort der Herausgeber und Dank des Autors

1. Einleitung

1.1. Problemstellung 15

1.2. Hauptforschungsfrage und Forschungsunterfragen 16

1.3. Bedeutung des Forschungsthemas 17

1.4. Forschungsziele und Forschungsanliegen 18

1.5. Verortung der Arbeit 18

1.5.1. Die Verortung in der Disziplin Christian Leadership 19
1.5.2. Der Bezug zur Praktischen Theologie und zur Theologischen Ethik 21

1.6. Aktueller Forschungstand zu Köster 22

1.6.1. Grundlagenliteratur: Graf-Stuhlhofer 2001 und Spanring 2013 22
1.6.2. Literatur zur konfessionellen und zeitgeschichtlichen Situation Kösters 23
1.6.3. Archive mit Quellensammlungen zu Arnold Köster 24

1.7. Forschungsmethode 26

1.8. Quellenlage 26

1.9. Eingrenzung der Arbeit 29

1.10. Struktur und Aufbau der Arbeit 32

1.11. Fazit zum ersten Kapitel 33

2. Theorie der pastoral-prophetischen Leitung

2.1. Begriffsbestimmung von pastoraler bzw. geistlicher Leitung 35

2.1.1. Pastorale (geistliche) Leitung wird vom Neuen Testament her definiert 36
2.1.2. Pastorale (geistliche) Leitung wirkt auf die Auftragserfüllung der Kirche hin 37
2.1.3. Pastorale (geistliche) Leitung geschieht vorstehend und steuernd 38
2.1.4. Pastorale (geistliche) Leitungsteams nach Epheser 4,11f 40
2.1.5. Definition und Beschreibung pastoraler (geistlicher) Leitung 41

2.2. Ansätze pastoraler Leitung mit der Dimension prophetischer Leitung 42
2.2.1. Bohren: Prophetische Verkündigung im Rahmen der Predigtlehre 42
2.2.2. Kraus und Eickhoff: Die Gefahr des Ausfalls prophetischer Predigt 43
2.2.3. Hoburg: Die prophetische Rolle des Pfarrers 45
2.2.4. Reimer: Leitung durch prophetische Verkündigung 46
2.2.5. Osmer: Die normative (prophetische) Aufgabe 47
2.2.6. Böhlemann und Herbst: Prophetisch-deutende Leitung 48
2.2.7. Haubeck: Zuweisung der prophetischen Aufgabe an die Verkündigung 50
2.2.8. Weitere Ansätze: Das prophetische Charisma in der Gemeindeleitung 52
2.2.9. Die Ansätze im Vergleich 54
2.3. Definition von pastoral-prophetischer Leitung 54
2.4. Fazit zum zweiten Kapitel 55

3. Der Baptismus: Kösters konfessioneller Leitungskontext

3.1. Entstehung des Baptismus und Verbreitung in Deutschland bis 1918 58
3.2. Die Baptisten in der Weimarer Republik (1818–1933) 60
3.3. Der Baptismus im „Dritten Reich“ in Deutschland und Österreich 64
3.3.1. Das Jahr 1933: Machtergreifung 65
3.3.2. 1933 bis zum Anschluss Österreichs 1938 67
3.3.3. Die Baptisten in Österreich bis zum Anschluss 1938 ans „Dritte Reich“ 71
3.3.4. Der Weg zur Vereinigung zum Bund Evangelisch-Freikirchlicher Gemeinden 1941 72
3.3.5. Der Zweite Weltkrieg 1939–1945 74
3.3.6. Die unmittelbare Nachkriegszeit 75
3.4. Die Haltung der Baptisten zur Judenfrage 76
3.5. Reflexion des evangelisch-freikirchlichen Verhaltens in der NS-Zeit: Deutungsansätze und Schuldbekenntnisse 79
3.5.1. Deutungsansatz des Verhaltens nach Strübind 80
3.5.2. Weitere Deutungsansätze: Balders und Zimmermann 81
3.5.3. Schuldfrage und Schuldbekenntnisse 82
3.5.4. Eigene Deutung des baptistischen Verhaltens während der NS-Zeit 83
3.6. Fazit zum dritten Kapitel 84

4. Kösters Leitungsbiographie: Präge- und Wirkungsphasen

4.1. Der Werdegang eines Leiters nach Clinton in Bezug zu Köster ... 85

4.2. Kösters erste Phase: Grundlagen des Leiterlebens 1896–1914 ... 86

4.2.1. Frühe geistliche Prägung: Geburt, Elternhaus und Jugendjahre ... 86
4.2.2. Sammlung von Predigterfahrung: Berufung zum Prediger ... 91

4.3. Kösters zweite Phase: Wachstum im Leiterleben 1914–1923 ... 92

4.3.1. Prägung durch Krieg: Soldat an der Front 1914–1918 ... 93
4.3.2. Prägung im Studium: Am baptistischen Predigerseminar 1919–1923 ... 95
4.3.3. Kösters Ehe- und Familienleben ... 96

4.4. Kösters dritte Phase: Dienstreife im Leiterleben 1923–1938 ... 98

4.4.1. Das erste Wirkungsjahr als Prediger in Wilhelmsburg 1923–1924 ... 99
4.4.2. Die Wirkungsjahre als Prediger in Köln 1924–1929 ... 100
4.4.3. Die Wirkungsjahre als Prediger in Wien bis zum Anschluss Österreichs 1938 103
4.4.4. Wirkung in der Wiener Allianz bis zum Anschluss Österreichs 1938 ... 108
4.4.5. Wirkung als Verfasser von Artikeln und als Schriftleiter des Täufer-Boten ... 109
4.4.6. Die prophetische Ausrichtung des Täufer-Botens unter Köster ... 111

4.5. Kösters vierte Phase: Die Lebensreife im Leiterleben 1938–1945 ... 112

4.5.1. Wirkung als Prediger in der Mollardgasse nach Anschluss bis Kriegsende .. 112
4.5.2. Wirkung in der Wiener Allianz nach Anschluss bis Kriegsende ... 117
4.5.3. Wirkung im Bund Evangelisch-Freikirchlicher Gemeinden und als Mitglied der neuen Bundesleitung 1941–1945 ... 117

4.6. Kösters fünfte Phase: Konvergenz im Leiterleben 1945–1960 ... 122

4.6.1. Wirkung als Pastor in der Mollardgasse ... 122
4.6.2. Wirkung in der Evangelischen Allianz Österreichs ... 124
4.6.3. Wirkung im österreichischen Baptismus ... 125
4.6.4. Wirkung in der Ökumene ... 126

4.7. Kösters sechste Phase: Nachklang des Leiterlebens 1960 bis heute ... 127

4.7.1. Heimgang, Beisetzung und Nachrufe ... 127
4.7.2. Nachwirkungen ... 129

4.8. Biographische Rückschlüsse ... 131

4.8.1. Kösters Persönlichkeit und Mentalität ... 131
4.8.2. Kösters Biographie unter dem Blickwinkel seines prophetischen Handelns .. 132

4.9. Fazit zum vierten Kapitel ... 133

5. Kösters pastoral-prophetisches Leitungsverständnis

5.1. Kösters prophetisches Schriftverständnis 135

5.1.1. Die Auslegung eschatologischer Texte 135
5.1.2. Kösters Hermeneutik und das Recht auf prophetische Bibelauslegung 137
5.1.3. Kösters Schriftverständnis und seine Hochachtung des Alten Testaments .. 139
5.1.4. Kösters typologische Hermeneutik in Bezug auf das „Prophetische Wort“ ... 141
5.1.5. Das Hauptanliegen des prophetischen Wortes: Erhellung der Geschichte ... 145
5.1.6. Segensreiche Wirkungen des prophetischen Wortes 147

5.2. Kösters prophetisches Gemeindeverständnis 149

5.2.1. In der Gemeinde muss das prophetische Wort verkündigt werden 149
5.2.2. Die Gemeinde wird durch das prophetische Wort hoffnungsvoll ausgerichtet 151
5.2.3. Die Gemeinde hat das Prophetenamt und hat viele prophetische Aufgaben zu erfüllen 153
5.2.4. Fazit: Köster weist der gesamten Gemeinde die prophetische Aufgabe zu .. 164

5.3. Arnold Köster als prophetisch verkündigender Leiter 164

5.3.1. Kösters Biographie: Vom Wort her berufen zum Wächteramt 165
5.3.2. Kösters Berufung zum prophetischen Dienst im Rahmen der Gemeinde .. 166
5.3.2.1. Köster empfindet mit der Gemeinde eine prophetische Berufung 167
5.3.2.2. Köster übt mit der Gemeinde die Aufgabe eines Wächters aus 169
5.3.2.3. Köster verkündigt als Leiter der Gemeinde das prophetische Wort . 170
5.3.2.4. Köster entlarvt den Zeitgeist (NS) 171
5.3.2.5. Die Gemeinde bleibt bewahrt! 172

5.4. Zusammenfassung von Kösters prophetischem Dienstverständnis 173

5.5. Kösters Verständnis im Gespräch mit neueren Verständnissen prophetischer Leiterschaft 174

5.6. Das Köster-Paradoxon: Kein Prophet und doch einer 177

5.7. Fazit zum fünften Kapitel 179

6. Kösters prophetisch-widerständiges Leitungswirken in Kirche und NS-Regime

6.1. Kösters Widerstandsverhalten als „kirchlich-prophetischer Widerstand“ 182

6.2. Köster bei der Gestapo: Folge der Provokationen gegenüber dem NS-Regime ... 188

6.3. Markante Beispiele für Kösters prophetischen Widerstand 190

6.3.1. Kösters prophetische Kritik am NS-Regime und der NS-Weltanschauung 191
6.3.2. Kösters prophetische Kritik am Verhalten der Kirchen gegenüber der NS-Ideologie 195
6.3.3. Kösters Kritik an nationalsozialistischen Tendenzen im Baptismus 197
6.3.4. Kösters prophetische Sicht auf den Antichristen und zum „deutschen“ Antichristen 203
6.3.5. Kösters Judenfreundlichkeit 209
6.3.6. Kösters Gerichtsankündigung und prophetische Sorge um Deutschland .. 213
6.3.7. Kösters Ausführungen zur Schuld und Vergebung in der unmittelbaren Nachkriegszeit 216

6.4. Beurteilung von Kösters prophetischem Widerstand in Staat und Kirche 220

6.4.1. Kösters Verhalten vs. Verhalten des offiziellen Baptismus gegenüber dem NS-Regime 221
6.4.2. Kösters Verhalten vs. Verhalten des offiziellen Baptismus gegenüber Juden 223
6.4.3. Kösters Umgang mit Schuld vs. Umgang im offiziellen Baptismus mit Schuld 223

6.5. Fazit zum sechsten Kapitel 224

7. Fazit und Schlussfolgerungen

7.1. Zusammenfassender Überblick über die Arbeit 225

7.2. Forschungsertrag 226

7.2.1. Beantwortung der Hauptforschungsfrage 226
7.2.2. Beantwortung von Forschungsunterfragen 227
7.2.3. In wie weit kann Köster als Vorbild für heutige christliche Leiterinnen und Leiter in Kirchengemeinden dienen? – Zehn Thesen 231

7.3. Der Beitrag dieser Arbeit zur Forschung 232

7.4. Weiterer Forschungsbedarf 233

7.5. *Vivimus ex uno* – Leben aus dem Einen 234

Anhang

I. Bibliografie Arnold Köster 237

I.1. Verzeichnis Kösters Predigten 237

I.2. Verzeichnis Archivmaterial zu Köster 255

I.3. Verzeichnis Zeitschriftenartikel von und zu Köster 258

II. Ahnenverzeichnis von Arnold Köster 263

III. Literaturverzeichnis 265

IV. Abkürzungsverzeichnis 273

V. Bildnachweis 274

Geleitwort

Arnold Köster – ein mir völliger unbekannter Prediger, von dem ich erst durch die Themenwahl von Veit Claesberg erfuhr. Selten hat mich als Supervisor das Thema eines Masterstudenten so sehr mitgerissen. Ich wurde angesteckt und fing selbst an, über ihn zu forschen und im Wiener Archiv seine Predigten zu lesen.

Arnold Köster hat – soweit wir wissen – als einziger freikirchlicher Pastor in der Nazizeit öffentlich gegen Hitler Stellung genommen. Und so wird er in einer Doktorarbeit in einem Atemzug mit Dietrich Bonhoeffer genannt. Völlig zu Recht! Beide erkannten sehr früh mit ihrem scharfen Geist, wo die Reise mit Hitler hingehen würde. Bonhoeffer gab dazu drei Tage vor Hitlers Machtergreifung eine berühmte Radiobotschaft. Köster schrieb schon 1932, dass das Hakenkreuz und der Sowjetstern beides antichristliche Symbole seien. Die Christen hörten es nicht und wählten Hitler, damit er sie vor dem Kommunismus bewahre.

Interessant ist, dass Bonhoeffer und Köster auf unterschiedlichen Wegen zu ihrer Erkenntnis kamen. Bonhoeffer, der weltgewandte Theologe, in der Oberschicht aufgewachsen, schuf theologische Konzepte, mit deren Hilfe er Hitlers Fehler aufzeigte. Köster, aus einfachen Verhältnissen stammend, erkannte durch viel Bibellektüre die antichristlichen Züge bei Hitler. Besonders die prophetischen und die apokalyptischen Texte sprachen Köster schon in jungen Jahren an und schärften seine Wahrnehmung, so dass er schon sah, als andere noch verblendet waren. Köster verhalf seiner Gemeinde zu einer prophetischen Stimme. Darin sah er seinen Hauptauftrag als ihr Leiter.

Es lohnt sich, Köster kennen zu lernen und von ihm zu lernen. Für heutige Leiter und Leiterinnen ist ein Ratschlag von ihm besonders interessant: Jeder Pastor möge mindestens einen Tag im Monat eine Auszeit nehmen, wo er oder sie nur die Bibel lese. Nur aus dieser regelmäßigen intensiven Bibellektüre, so Köster, könnte man vollmächtig wirken. Zumindest bei Köster war es so!

Volker Kessler
Professor an der Universität von Südafrika und
Leiter der Akademie für christliche Führungskräfte

Vorwort der Herausgeber

Der Autor Veit Claesberg wurde 1971 im Ruhrgebiet geboren. Nach Ausbildung und Arbeit in einem technischen Beruf studierte er an der Biblisch-Theologischen Akademie Wiedenest. Er wurde 2009 zum Pastoralreferenten im Bund Evangelisch-Freikirchlicher Gemeinden ordiniert und war viele Jahre als Leiter der Wiedenest Jugendarbeit in verschiedenen Initiativen tätig. 2016–2017 studierte er nebenberuflich an der University of South Africa und schloss 2018 mit dem Master of Theology in Christian Leadership ab.

Veit Claesberg arbeitet als Pastoralreferent in der Evangelisch-Freikirchlichen Gemeinde Wiedenest. Ehrenamtlich engagiert er sich im Vorstand der Sozialstiftung Oberberg. Er ist verheiratet und Vater von vier Kindern.

Im vorliegenden achten Band der Schriftenreihe Baptismus-Dokumentation veröffentlichen wir die Masterarbeit Veit Claesbergs. Ihre ungewöhnliche Thematik ließ uns zunächst zögern, widmet sich diese Reihe bisher doch ausschließlich kirchengeschichtlichen Untersuchungen. Die auf den ersten Blick pastoral-theologische Arbeit verortet sich im Bereich der „Christian Leadership" und bezieht sich damit auf eher praktisch-theologische Aspekte christlicher Führungstätigkeit.

Dem Autor gelingt es allerdings, sein Thema der „prophetischen Leitung" unmittelbar aus einer kirchenhistorischen Perspektive herzuleiten, der spannenden Wirksamkeit des Baptistenpredigers Arnold Köster. Dieser hatte in seinen Predigten in der Zeit des „Dritten Reiches" in Deutschland unerschrocken dem Nationalsozialismus die Stirn geboten. Aus dem riesigen und einzigartigen Fundus seiner gut erhaltenen Predigten, die bis heute nur unvollständig erforscht sind, wählt Claesberg systematisch zahlreiche Dokumente aus, die belegen, wie Köster anknüpfend an alttestamentliche prophetische Zeitansage wagte, aktuelle politische, kirchliche und auch baptistische Entwicklungen kritisch zu hinterfragen. Aus seiner eher streng biblizistischen Theologie leitete Köster durchaus widerständiges Verhalten gegenüber der NS-Ideologie ab. Seiner Wiener Gemeinde und darüber hinaus vermochte er somit in gefährlicher Zeit Orientierung zu vermitteln, was seiner pastoralen Leitungsverantwortung durchaus prophetische Züge verlieh, die er jedoch für seine Person stets ablehnte.

Ein ungewöhnlicher Ansatz, pastorale und historische Theologie miteinander zu verknüpfen und auf ethisch-theologische Fragestellungen zu beziehen. Der vorliegende Band kann ein Impuls sein, diese Fragen pastoraler Verantwortung für die aktuellen gesellschaftlichen Herausforderungen zu reflektieren.

Das umfangreiche Verzeichnis bibliografischer Hinweise zu Köster (Predigten, Veröffentlichungen und Archivalien) im Anhang mag anregen zu neuen weiteren Forschungsprojekten.

Für diese Veröffentlichung wurden Form, Struktur und Stil der Masterarbeit weitgehend beibehalten. Das betrifft u. a. die Quellen- und Literaturhinweise unmittelbar im Text, die Beibehaltung der Original-Schreibweise in Zitaten ohne Fehlerkorrektur, die eingerückten Zitate ohne Anführungszeichen, die Struktur der Literaturangaben im Anhang.

Elstal/Berlin im Dezember 2018
Ines Pieper, Reinhard Assmann

Dank des Autors

Mein Dank für die Unterstützung zu dieser Arbeit gilt zuerst meiner Frau Alexandra und meinen Kindern Tim, Til, Cim und Vin. Ich liebe euch!
Ich danke meiner Evangelisch-Freikirchlichen Gemeinde Wiedenest, besonders der Gemeindeleitung und meinem Kollegen Manuel Lüling.
Für Unterstützung auf die unterschiedlichsten Arten und Weisen bedanke ich mich bei Arne König, Annelene Willems, Pauline Stenschke, Christoph Legiehn, meiner Tante Wera und meinem Onkel Dr. Fritz Lippert, Dr. Franz Graf-Stuhlhofer, Brigitte Kößler, Karin Pietsch, Dr. Frank Hinkelmann, Dr. Paul Spanring, Matthias Ohly, Ines Pieper, Cheryl Randall, Claudia Sokolis, Harald Frey, Susanne Borner, Rolf Pickhardt, Arthur Rempel, Elvira Klinghammer, Dr. Debora Sommer, Claudia Böckle und bei meinen Professoren Volker Kessler, Jennifer Slater und Wessel Bentley.
Herzlichen Dank an Reinhard Assmann und das Oncken-Archiv für die Möglichkeit diese Arbeit in der Reihe Baptismus-Dokumentation zu veröffentlichen.

Dieses Buch widme ich besonders den ehrenamtlichen und hauptberuflichen Mitarbeiterinnen und Mitarbeitern, die mit mir gemeinsam im Reich Gottes gedient haben, dienen und dienen werden. SEIN Reich komme!

Veit Claesberg

1. Einleitung

Im September 2014 wurde ich im Rahmen einer Predigtvorbereitung auf Arnold Köster aufmerksam, als ich bei Wikipedia einen Artikel über meine Wahlheimat Wiedenest las.[1] Köster wird dort in der Liste bekannter Persönlichkeiten des Ortes aufgeführt und als „baptistischer Prediger und NS-Widerständler" bezeichnet. Nach Graf-Stuhlhofer (2001:5) sei er als einer der schärfsten öffentlichen kontinuierlichsten NS-Kritiker im Großdeutschen Reich anzusehen. Das weckte mein Interesse an Köster. Bis zu diesem Zeitpunkt hatte ich noch nie etwas von ihm gehört, weder im theologischen Studium, noch in der Gemeindearbeit, noch im gesellschaftlichen Geschehen meines Ortes. Und das, obwohl ich seit 1997 in Wiedenest wohne, dort an der Biblisch-Theologischen Akademie studierte, seit mehreren Jahren als Pastoralreferent in der Evangelisch-Freikirchlichen Gemeinde Wiedenest arbeite und von Kindheit an konfessionell im Bund Evangelisch-Freikirchlicher Gemeinden (Baptisten- und Brüdergemeinden) beheimatet bin. Darüber hinaus habe ich baptistische Verwandte in Wien, und ich fand im Laufe der Forschungen heraus, dass ein Vorfahre Kösters im Umfeld oder sogar in meinem jetzigen Haus wohnte (Kleinwiedenester Hof).

Ich freue mich daher, eine Arbeit über Arnold Köster vorzulegen und sein Andenken wach zu halten. Ich verstehe sie als Ergänzung und Fortführung der bisher wenigen Bücher über seine Person und sein Wirken, die vor allen Dingen den Fokus auf seine Kritik am NS-Regime legen.

Mein Interesse gilt Arnold Kösters prophetischem Leitungshandeln. Köster leitete durch prophetische Verkündigung seine Gemeinde durch schwierige Zeiten. Er erkannte für sich und seine Kirche eine prophetische Aufgabe, die er als Prediger auf der Kanzel zu erfüllen hatte. Mein besonderes Augenmerk liegt auf den prophetischen Predigten Kösters. Er hatte für seine prophetische Art der Verkündigung ein bestimmtes Selbst- und Schriftverständnis, das ich in dieser Arbeit anhand von Zitaten herausarbeite. Dieses Verständnis ermöglichte ihm, von der Kanzel aus, die NS-Ideologie anzugreifen und seine Gemeinde durch die Zeit zu führen, und das ist inspirierend für die heutige Zeit.

1.1. Problemstellung

Wie ein Überblick über den Forschungstand zu Arnold Köster zeigen wird, wurde sein widerständiges Verhalten im NS-Regime bis jetzt noch nicht mit dem Blick auf sein Füh-

[1] Internet: https://de.wikipedia.org/wiki/Wiedenest#Persönlichkeiten [Stand: 18.08.2017].

rungshandeln erforscht. Besonders sein spezielles prophetisches Leitungshandeln wurde bis jetzt nur unzureichend gewürdigt. Ausgehend von Hebräer 13,7[2] wird mit meiner Arbeit diesem Mangel begegnet. Arnold Kösters pastoral-prophetisches Leitungshandeln wird für heutige Leiterinnen und Leiter illustriert, um davon lernen zu können. Dies entspricht dem Ansatz der kirchengeschichtlichen Forschung: „Verstehen ist [...] zielgerichtet: Es soll ermöglichen, aus der Vergangenheit Lehren für die Gegenwart und Zukunft zu ziehen, d. h. Gegenwart und Zukunft besser zu verstehen“ (Markschies 1995:5).[3]

1.2. Hauptforschungsfrage und Forschungsunterfragen

Um Kösters Leitungshandeln für heutige Leiter und Leiterinnen nutzbar zu machen, stelle ich folgende Hauptforschungsfrage:

Wie wirkte und handelte Arnold Köster unter besonderen Zeitumständen als prophetischer Leiter?

Darüber hinaus möchte ich folgende Unterfragen beantworten:

* **Welches prophetische Schrift-, Gemeinde- und Selbstverständnis ist bei Köster erkennbar?**

* **Wie stark und auf welche Weise wird das Prophetische in seinen Predigten und Veröffentlichungen als Widerstand in der NS-Zeit sichtbar?**

* **Welchen (prophetischen) Einfluss nahm Arnold Köster auf seine Freikirche in der NS-Zeit?**

* **Gibt es in seiner Frühphase in Hamburg und Köln bereits Anzeichen für seine spätere prophetische Leitungsrolle?**

* **In wie weit kann Köster als Vorbild für heutige christliche Leiterinnen und Leiter in Kirchengemeinden dienen?**

---

[2] „Gedenkt eurer Lehrer, die euch das Wort Gottes gesagt haben; ihr Ende schaut an und folgt dem Beispiel ihres Glaubens.“ (nach Lutherübersetzung 2017).

[3] Auf das Thema *historia magistra vitae,* also die These, dass Geschichte Lehrmeisterin des Lebens ist, um Fehler zu vermeiden, und die in dem Zusammenhang diskutierten verbundenden Antithesen kann ich im Rahmen dieser Arbeit nicht eingehen. Vgl. dazu http://mediengeschichte.akbild.ac.at/materialien-ws-09/zeit-volltexte/Koselleck_Historia_Magistra_Vitae.pdf/at_download/file [16.06.2018].

1.3. Bedeutung des Forschungsthemas

Arnold Köster ist der einzig bekannte deutsche Pastor (Prediger[4]), aus den Reihen der Evangelisch-Freikirchlichen Gemeinden (Baptisten- und Brüdergemeinden), der das NS-Regime kontinuierlich öffentlich kritisiert hat. Seine NS-Kritik kommt Widerstand gleich. Über Artikel und Predigten kritisierte er die NS-Weltanschauung und die Judenverfolgung und auch die Haltung seiner Kirche gegenüber dem NS-Regime. Somit gab er als christlicher Leiter seiner Gemeinde eine Denkrichtung vor. Er hatte dafür eine bestimmte Hermeneutik und ein bestimmtes Prophetieverständnis.

Von Köster sind über 500 Predigten aus der NS-Zeit überliefert (Graf-Stuhlhofer 2001:14).[5] Diese sind bisher allerdings nur aus der Perspektive auf seinen Widerstand gegen das NS-Regime hin untersucht worden. Ich lege den Fokus dagegen auf seine pastoral-prophetische Leitung. Köster ist, wie der praktische Theologe Christian Grethlein (2012:129) es ausdrückt, ein „living human document". Grethlein beschreibt damit den Ansatz des Praktischen Theologen Richard R. Osmer (2008:4), der nach Mustern und Informationen in bestimmten Kontexten sucht und sie interpretiert (interpretive task), um aus der guten Praxis zu lernen (:4). „Normative Einsichten werden demnach nicht nur durch den Bezug auf die Bibel und die reformierte Tradition sowie durch ethische Reflexion, sondern auch auf Grund gegenwärtiger Praxis (good practice) und damit konkreter Kommunikationsvollzüge gewonnen" (Grethlein 2012:129, in Bezug auf Osmer 2008:152f). In meiner Arbeit erhelle ich die Zeitumstände Kösters und analysiere seine prophetische Verkündigung. Ich arbeite heraus, wie Köster als pastoraler Leiter prophetisch aufgetreten ist. Ich beschreibe Kösters Wirken, interpretiere es und stelle es somit als ein Beispiel für „good practice" vor, um es für heutige christliche Leiter nutzbar zu machen und sie zu inspirieren, auch prophetisch zu predigen. Arnold Köster ist damit auch ein Vorbild für heutige Verkündigerinnen und Verkündiger. In diese Richtung verweisen auch Kessler und Kretzschmar (2015:5): „We are interested in research on church leadership because we want to improve current church leadership, we want to support Christians who take the risk of moving ahead and thus, we want to contribute to the welfare of both the church and society."

---

[4] Pastoren innerhalb des Baptismus wurden damals Prediger genannt. Die Begriffe Pastor und Prediger werden daher im Rahmen dieser Arbeit synonym verwendet.

[5] Graf-Stuhlhofer bezeichnet dies als eine ungewöhnlich hohe Überlieferungsanzahl von Predigten eines Pastors während des NS-Regimes. Er führt mehrere Gründe an, warum Predigtskripte von Pastoren nicht erhalten sind: Erstens wurden die meisten Predigten nie im Volltext geschrieben. Zweitens wurden NS-freundliche Predigten im Nachhinein beseitigt, und drittens sind manche Predigtarchive durch Bomben zerstört worden (Graf-Stuhlhofer 2001:14f).

Das Thema der Arbeit repräsentiert mein Interessensgebiet, da ich selber Verkündiger und Mitglied im Bund Evangelisch-Freikirchlicher Gemeinden bin. Außerdem ist Arnold Köster in meiner jetzigen Wahlheimat geboren. Daher ergeben sich Synergieeffekte durch Inspiration für meine eigene Verkündigung, durch Veröffentlichung der Arbeit im Rahmen des BEFG und der lokalen Presse in Bergneustadt.

1.4. Forschungsziele und Forschungsanliegen

Mein Ziel ist, Kösters pastoral-prophetisches Leitungsverständnis, das sich durch Widerstand gegenüber dem NS-Regime herauskristallisierte, herauszuarbeiten und damit für heutige Leitung als Beispiel aus der Praxis nutzbar zu machen.

Ich zeige durch die Auswertung von relevanten Quellenstücken auf, wie Köster im Rahmen seiner Gemeinde, seines Gemeindebundes und seines Staates prophetisch wirkte. Ich arbeite die Inhalte seiner prophetischen Verkündigung heraus und lege seine Motivation dafür offen. Ich stelle somit sein pastorales Leitungshandeln anhand seiner Verkündigungstätigkeit dar.

Kirchengeschichtlich ist es mein Anliegen, die von ihrem Umfang her noch geringe historische Forschung und Aufarbeitung des Lebens von Arnold Köster zu bereichern. Weiter geht es mir darum, Kösters Wirken und seine Rolle im deutschen und österreichischen Baptismus generell zu erhellen. Somit läge dann erstmalig eine ausführliche Gesamtdarstellung Kösters kirchlichen Wirkens in Form einer Leitungsbiographie vor. Als Ziel für meine Kirche, den Bund Evangelisch-Freikirchlicher Gemeinden, möchte ich das positive Wirken einer Einzelperson in der NS-Zeit anderen Veröffentlichungen zu diesem Thema zur Seite stellen.

Mit meiner Forschung ist auch das Anliegen verbunden, dass Arnold Köster in seinem Geburtsort Wiedenest, der heute zur Stadt Bergneustadt gehört, bekannter wird.

1.5. Verortung der Arbeit

Zunächst zeige ich die Verortung der Arbeit in der Disziplin Christian Leadership auf und stelle die Bezüge zu anderen theologischen Disziplinen her. Dadurch werden auch die Hintergründe von Kösters Leitungstätigkeit im großdeutschen Reich und innerhalb seiner Kirche deutlich. Dann bringe ich den Bezug zur Praktischen Theologie und zur Theologischen Ethik.

1.5.1. Die Verortung in der Disziplin Christian Leadership

Die Arbeit wird in der Disziplin Christian Leadership geschrieben. Audrey Malphurs (2003:10) definiert Christliche Leiterschaft auf zweifache Weise:

> [...], Christian Leaders are servants with the credibility and capabilities to influence people in a particular context to pursue their God-given direction. The second builds off the first. Christian Leadership is the process whereby servants use their credibility and capability to influence people in a particular context to pursue their God-given direction.

Arnold Köster hatte als Prediger seiner jeweiligen Ortsgemeinde ein einflussreiches pastorales Mandat zur Leitung. Durch die wöchentliche Verkündigung leitet ein Pastor seine Gemeinde und hat als Leiter einen großen Einfluss auf die Gemeindemitglieder (Reimer 2008:37f). Diese Aufgabe bekam während des NS-Regimes eine besondere Bedeutung. Sein Einfluss ging dabei über den Rahmen der Ortsgemeinde hinaus. Er schrieb auch Artikel in Zeitschriften und engagierte sich im Rahmen der Evangelischen Allianz und des Baptistenbundes. Ihm war es ein Anliegen, dass die Kirche ihrem Herrn bis zu dessen Wiederkunft treu bleibt und nicht politischen Ideologien hinterherläuft. „Er sah es als seinen Aufrag an, die christliche Botschaft für die Situation seiner Zuhörer – und diese Situation wurde durch die jeweilige politische Lage wesentlich mitbestimmt – deutlich zu machen“ (Graf-Stuhlhofer 2001:4).

Böhlemann und Herbst (2011:59) betonen im Blick auf Gemeindeleitung im Neuen Testament besonders den Verkündigungsdienst:

> Eine wesentliche Funktion von Leitung ist die Auslegung der Schrift und die Verkündigung des Evangeliums. Die Lehre dessen, was Jesus geboten hat, ist oberste Aufgabe und Ziel aller Geistlichen [sic!] Leitung [...]. Leitung hat im Neuen Testament häufig diese prophetische Funktion, wenn sie nämlich Christi Lehre und Gebot im gegenwärtigen Geschehen erkennt.

Köster predigte in der Regel dreimal die Woche. Er legte die Bibel in das „gegenwärtige Geschehen“ aus und wurde so „einer der schärfsten öffentlichen kontinuierlichen NS-Kritiker im Großdeutschen Reich“ (Graf-Stuhlhofer 2001:5). So beeinflusste er in Wien jeweils etwa 300 Zuhörer (:188), also seine Gemeinde und alle Gäste, die zu Predigten und Vorträgen anwesend waren und ab ca. 1939 die Leser seiner vervielfältigten Predigten über den Schriftdienst der Wiener Gemeinde. Allein aus der NS-Zeit sind 500 Mitschriften erhalten geblieben (:189).

Kessler und Kretzschmar (2015:3) stellen fest: „Christian Leadership viewed primarily as church leadership is traditionally a study field within Practical Theology.“ Sie verweisen darauf, dass Christian Leadership mit anderen theologischen Disziplinen kommuniziert und nennen unter anderem die Kirchengeschichte (:3), eine Facette, die auch in meiner Arbeit vorkommt. Sie enthält weiter kybernetische, homiletische und pastoraltheologische Aspekte.

Pohl-Patalong (2007) nennt als Handlungsfelder der Pastoraltheologie z. B. Seelsorge, Gottesdienst, Predigt oder Unterricht und schreibt, dass sich die Pastoraltheologie auf die Personen konzentriert, die „wesentlich für die Ausübung dieser Handlungsfelder verantwortlich sind“ (:516).[6]

Grethlein (2012:67f) erwähnt in seinem Aufsatz zur Praktischen Theologie eine Spezialisierung der Forschung. Er führt die pastoralen Handlungsfelder Seelsorge, Religionspädagogik, Kybernetik, Homiletik und Liturgik an. Dadurch wird die Breite der Praktischen Theologie noch einmal deutlich.

Osmer (2013) erkennt, dass Praktische Theologie heute verschiedene Felder umfasst, die sich gegenseitig ausbalancieren oder „reflektierend gleichgewichten“ (:3):

> A reflective equilibrium assumes that practical theology is, as with other fields today, highly pluralistic. It attempts to take a kind of snapshot of the field in order to identify tasks or elements that are held in common, even as they are carried out in very different ways by different practical theologians. (:3)

Die Abbildung macht die Bezüge grafisch deutlich:

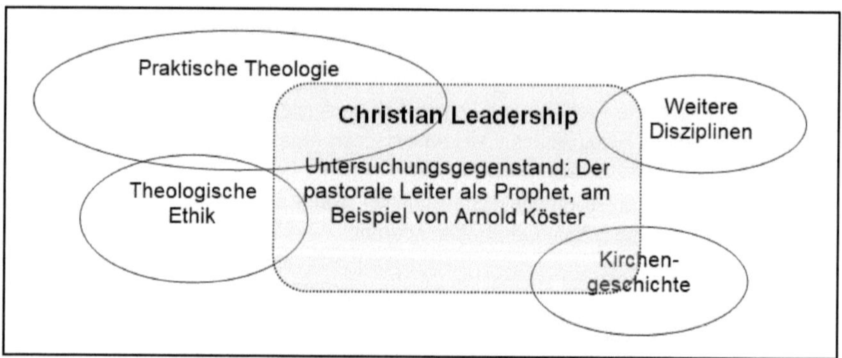

Verortung der Arbeit

Damit lässt sich die Verortung der Arbeit in der Disziplin „Christian Leadership“ feststellen.

---

6 Weiter verweist sie auf die verschiedenen Einordnungsmöglichkeiten der Pastoraltheologie in Bezug auf die Praktische Theologie (Pohl-Patalong 2007:517). Ich bevorzuge Ansatz 3: „Eine Einordnung in die Praktische Theologie als eigenständige Disziplin“ (:517), weil diese Einordnung m. E. dem Einfluss der Praktischen Theologie auf die Kirche insgesamt gerecht wird.

1.5.2. Der Bezug zur Praktischen Theologie und zur Theologischen Ethik

Christian Grethlein (2012:8) definiert Praktische Theologie als die „Theorie der Kommunikation des Evangeliums in der Gegenwart". Dieser Definition schließe ich mich im Rahmen dieser Arbeit an. Ich zeige auf, wie der Pastor Arnold Köster in der Praxis Theologie durch Verkündigung betrieben hat. „Kommunikation des Evangeliums" führt inhaltlich zur Mitte des christlichen Glaubens (:9). Grethlein betont den Kontext der Kommunikation und stellt aus der Analyse der Problemgeschichte der Praktischen Theologie heraus fest: „Evangelium wird in konkreten Kontexten kommuniziert. Deshalb sind darauf bezogene Theorien notwendigerweise regional bestimmt" (:18). In der Arbeit – die aufgrund der historischen Person auf die Verkündigung in der Vergangenheit ausgerichtet ist –, wird Kösters Rolle als prophetischer Verkündiger in bewegten politischen Kontexten herausgearbeitet. Dabei werden bedeutende Zeitereignisse hervorgehoben, wie der Anschluss Österreichs an das Deutsche Reich (1936), der Ausbruch des Zweiten Weltkrieges (1939), die Niederlage der deutschen Wehrmacht in Stalingrad (1943) oder das Ende des Krieges (1945). Kösters Wirken wird auch im Kontext seiner baptistischen Konfession betrachtet.

In Bezug auf die Auslegung prophetischer Bibeltexte bezeichnet Spanring (2014:105) Kösters Methode als „This-Is-What Application". Dadurch haben einige seiner Predigten eine unmittelbare ethische Dimension, in Bezug auf das Verhältnis von Gemeinde/Kirche und Staat, dem Verhältnis von Christ und Staat und im Blick auf die Beurteilung des einhergehenden Zeitgeistes (:121f). Kessler und Kretzschmar (2015) weisen in ihrem Artikel auf den engen Zusammenhang von Führung und Ethik hin, die auch für die Situation Kösters in der Zeit des NS-Regimes reklamiert werden darf:

> Theological Ethics seeks to understand who God is and what the nature of reality is. It seeks to understand how to live in the world as God's children, ambassadors and moral agents. Hence, Christian leaders are concerned with the clarification and application of moral norms and values to concrete life. (:6)

1.6. Aktueller Forschungstand zu Köster

Der aktuelle Forschungsstand entspricht der bisher veröffentlichten Literatur über Köster, den ich im Folgenden anhand einer Literaturübersicht darstelle. Zunächst verweise ich auf zwei Grundlagenwerke über Köster. Anschließend führe ich flankierende Literatur an, die den konfessionellen und zeitgeschichtlichen Kontext von Köster erhellt.[7] Danach gebe ich einen Überblick über die Archive, in denen sich Quellen über Arnold Köster befinden.

1.6.1. Grundlagenliteratur: Graf-Stuhlhofer 2001 und Spanring 2013

Als umfassendes Werk über Kösters Leben liegt das Buch des Historikers Franz Graf-Stuhlhofer (2001) vor: *Öffentliche Kritik am Nationalsozialismus im Großdeutschen Reich – Leben und Weltanschauung des Wiener Baptistenpastors Arnold Köster (1896–1960).* Es gibt einen Überblick über den Lebenslauf Kösters, sein konfessionelles Umfeld und seine Veröffentlichungen. Der Schwerpunkt liegt auf Kösters NS-Kritik während seines Dienstes in der Wiener Baptistengemeinde Mollardgasse. Dabei wird auch seine Aufgabe als Schriftleiter des baptistischen „Täufer-Boten" berücksichtigt. Graf-Stuhlhofer betont: „In der Verkündigung sah Köster eine geradezu prophetische Aufgabe [...]" (:72). Graf-Stuhlhofer weist nach, dass Köster einen prophetischen Auftrag empfand. Als sein – bewusstes oder unbewusstes – Vorbild darf der Prophet Jeremia gelten (:244). Auch wenn Köster sich selbst niemals ausdrücklich als Prophet bezeichnete, so zog er doch „mehrmals Vergleiche, die seine Gemeinde – und somit ihn als den in der Gemeinde Lehrenden – mit Propheten parallelisieren" (:246). Diesen Aussagen Graf-Stuhlhofers werde ich in meiner Arbeit nachgehen und anhand von Zitaten aus Kösters Predigten konkret aufzeigen, in welchem Umfang und zu welchen Themenfeldern er die prophetische Verkündigung als seine Aufgabe und als Aufgabe der Gemeinde ansah. Dadurch wird das prophetische Selbstverständnis Kösters klarer als bisher herausgearbeitet.

Als zweites Grundlagenwerk ist das Buch von Paul Spanring (2013) anzusehen: *Dietrich Bonhoeffer and Arnold Köster – Two Distinct Voices in the Midst of Germany's Third Reich Turmoil.* Köster und Bonhoeffer werden von Spanring nebeneinander gestellt. Er vergleicht ihre unterschiedlichen konfessionellen Biographien und die daraus entspringenden theologischen Ansichten anhand der Themenbereiche Welt, Beziehung zur Welt, Kirche und Erlösung. Spanring arbeitet Kösters eschatologisches Verständnis

---

[7] Desweiteren habe ich Literatur zur pastoral-prophetischen Leitung verarbeitet, um Kösters prophetisches Leitungswirken kontrastieren zu können. Diese Literatur wird in Kapitel 2 vorgestellt.

heraus, auf dem seine prophetische Verkündigung gründete (:44–46). In der NS-Zeit musste er dafür auch Kritik einstecken: „He countered the charge ‚you are a terrible pessimist' with the claim of being a prophetic realist" (:51).[8] Nach Ansicht Spanrings (:105–108) interpretierte Köster prophetische Texte, indem er biblische Situationen in die aktuelle Situation übertrug. Prophetie sah Köster als Aufgabe der Gemeinde an:

> The existence of the church was a prophetic nature – prophetic in the sense that the church had the duty of interpreting the present context and events in the light of divine revelation. Like the ancient prophets, its role was to both translate and share with humanity the experience of sin and divine judgement. (:147)

Gemeinde und Welt müssen getrennt sein, aber die Gemeinde bietet der Welt eine prophetische Botschaft mit alternativer Vision und Gemeinschaft an (:225).

1.6.2. Literatur zur konfessionellen und zeitgeschichtlichen Situation Kösters

Flankierend zu den Grundlagenwerken berücksichtige ich Literatur zur zeitgeschichtlichen Situation des deutsch-österreichischen Baptismus, besonders zur Zeit des Nationalsozialismus, sowie die Geschichte der Wiener bzw. österreichischen Evangelischen Allianz.

Die baptistische Professorin Andrea Strübind (1995) setzt sich intensiv mit der Geschichte des Baptismus zur Zeit des NS-Regimes auseinander. Sie weist darin die Akkommodation des Bundes an den NS-Staat nach: „Die ‚offizielle Linie' des Bundes gegenüber dem NS-Staat war ein Weg der Anpassung" (Strübind 1995:320). Ziel war es, die Existenz der Gemeinden zu erhalten und den missionarischen Auftrag weiterzuführen. Die Kompromisse hatten „in den verschiedenen Phasen des ‚Dritten Reiches' unterschiedliche Ausprägungen" (:320). Gleichzeitig wurde aber die NS-Ideologie klar erkannt und verurteilt. Als sie praktisch angewandt wurde, war die „apokalyptische Geschichtsdeutung", laut Strübind, eine Fluchtmöglichkeit, um trotzdem gegenüber dem Staat loyal zu bleiben (:320).

Ein schon etwas älteres Werk des freikirchlichen Lehrers Klaus Bloedhorn jr. (1982) stellt ebenfalls die Situation der Baptisten- und Brüdergemeinden während der NS-Zeit dar.

Auf die besonderen Zeitumstände während des NS-Regimes geht auch der baptistische Professor Günther Balders (1989) in seinem Buch zum 150-jährigen Bestehen des deutschen Baptismus ein und liefert einen Deutungsansatz.

---

8 Spanring interpretiert hier eine Aussage Kösters in dessen Auslegung zur Offenbarung (KöV11.06.46:120).

Pastor Manfred Stedtler (2015) analysiert anhand von Artikeln aus der baptistischen Zeitschrift „Der Wahrheitszeuge“ die Gedanken der Baptisten zu Politik und Gesellschaft in der Zeit der Weimarer Republik bis zum Beginn des NS-Regimes.

Der adventistische Historiker Heinz (2011) hat einen Sammelband herausgegeben, in dem verschiedene Autoren zum Verhalten ihrer Freikirche im „Dritten Reich“ Stellung nehmen, u. a. auch Strübind. Im Appendix ist eine 20-seitige Abhandlung von Graf-Stuhlhofer über die spezielle Situation in Österreich enthalten, die hauptsächlich das Wirken Kösters illustriert.

Zum fünfzigjährigen Jubiläum des Bundes der Baptistengemeinden in Österreich erschien von Graf-Stuhlhofer (2005) ebenfalls ein Sammelband, der besonders die Situation der Baptistengemeinden nach dem Zweiten Weltkrieg betrachtet.

Drei Werke behandeln Einzelthemen im Zusammenhang mit der NS-Zeit. Der freikirchliche Pastor Roland Fleischer (2014) zeigt eine interne baptistische Auseinandersetzung über den Weg der Baptisten im NS auf. Pastor Reinhard Assmann und der Historiker Andreas Liese (beide freikirchlich) (2015) thematisieren in ihrem Sammelband die Zusammenführung von Baptisten und Brüdern zum Bund Evangelisch-Freikirchlicher Gemeinden 1941. Der Baptistenpastor Heinz Szobries (2013) greift die Thematik eines Schuldbekenntnisses zum Verhalten in der NS-Zeit im Rahmen des Bundes auf.

Einen Einblick in die Arbeit der Wiener Evangelischen Allianz gibt das Buch von Graf-Stuhlhofer (2010). Er hat die Protokolle aus der Zeit von 1920 bis 1945 herausgegeben, aus denen das Wirken Kösters im Rahmen dieses Netzwerkes entnommen werden kann. Der Historiker Frank Hinkelmann (2013) zeigt die Geschichte der österreichischen Allianz in den Nachkriegsjahren auf.

1.6.3. Archive mit Quellensammlungen zu Arnold Köster

Der Schwerpunkt meiner Forschung ist die Verarbeitung von Archivmaterial über Arnold Köster, das sein pastorales Wirken als Leiter sichtbar macht. Es werden Protokolle, Statistiken und vor allen Dingen die aufgezeichneten Predigten Kösters berücksichtigt. Diese Materialien sind als Primärquellen anzusehen. Um das Material zu sichten habe ich folgende Archive aufgesucht:

1. Das Archiv der Baptistengemeinde Hamburg-Altona, an der die Baptistengemeinde Wilhelmsburg als Gemeindestation angegliedert war.[9] Hier trat Köster 1923/1924 seinen ersten Dienst als Pastor an.

---

[9] Die Gemeinde Wilhelmsburg wurde inzwischen aufgelöst.

2. Das Archiv der Baptistengemeinde Köln-Rheinaustraße. Die Gemeinde war Kösters zweite Dienststation von 1924 bis 1929.

3. Das Archiv der Baptistengemeinde Wien-Mollardgasse, in der Köster von 1929 bis zu seinem Tod 1960 als Pastor wirkte. In diesem Archiv ist das meiste Material über Kösters Wirken in der NS-Zeit zu finden. Es sind dort ca. 3.100 Predigten vorhanden, die mitstenographiert wurden. Weiter sind Archivalien aus dem Gemeindeleben und aus der Zeit Kösters als Mitglied der Wiener Allianz erhalten.

4. Das Oncken-Archiv des Bundes Evangelisch-Freikirchlicher Gemeinden (BEFG) in Elstal. Köster hat am Seminar der Baptisten in den Jahren 1919–1923 seine Ausbildung zum Prediger absolviert. Von 1941 an war Köster Teil der Bundesleitung des BEFG. Darüber existieren teilweise Aufzeichnungen. Hier finden sich Jahrgänge der Zeitschriften „Der Wahrheitszeuge", „Täufer-Bote", „Der Sendbote", „Der Hilfsbote" und „Die Gemeinde", in denen Köster Artikel verfasst hat oder in denen Artikel über ihn verfasst wurden.

5. Das Privatarchiv von Frau K. P., einer in Wien lebenden Enkelin von Arnold Köster, enthält persönliche Familienerinnerungen in Form von aufgezeichneten Lebensläufen, die mir freundlicherweise als Kopie zur Verfügung gestellt wurden.

6. Ergänzend zu den genannten Archiven habe ich auch noch das Archiv zur Geschichte der Brüderbewegung, das Archiv der Bibelschule in Wiedenest und das Archiv der EFG Derschlag, aus der Kösters Familie stammt, konsultiert.

Weitere Quellen sind veröffentlichte Nachdrucke von Kösters Predigten und Vorträge:

Ist die gegenwärtige Weltkatastrophe Krise oder Untergang? (Köster 1932). Bei diesem Werk handelt es sich um einen 15-seitigen Nachdruck eines Vortrages.

Lampenlicht am dunklen Ort (Köster 1965). Karl Federmann hat 18 Predigten und Vorträge von Arnold Köster aus den Jahren 1932–1958 zusammengestellt und veröffentlicht. Dabei wurden die Predigten und Vorträge unwesentlich redigiert.[10]

Köster hat darüber hinaus – wie oben schon angedeutet – Artikel in Zeitschriften verfasst. Er war in Wien Schriftleiter der Zeitschrift „Täufer-Bote" (1930–1942). Sie erreichte deutschsprachige Baptisten in den Donauländern, aber auch in Nordamerika.[11] Weiter veröffentlichte er gelegentlich Artikel im Wochenblatt der deutschen Baptisten „Der Wahrheitszeuge" und in „Der Hilfsbote", einer baptistischen Handreichung für Prediger.

---

[10] Wenn mir die Originalquelle zur Verfügung stand, habe ich diese bevorzugt. Bei dem Buch handelt es sich also eher um eine Sekundärquelle (vgl. Brandt 2003:48f).

[11] Paul Spanring entwirft ein genaueres Profil der Leserschaft (Spanring 2013:103f).

1.7. Forschungsmethode

Ich führe eine historische Studie zu Christian Leadership durch. Methodisch orientiere ich mich an dem Ansatz von Christoph Markschies (1995).

> Unter historischer Arbeit verstehen wir, daß auf der Basis einer sorgfältigen, d. i. methodisch kontrollierten Analyse von Quellen in kritischer Darstellung vergangene Sachverhalte, Begebenheiten und Abläufe so genau und spannend wie möglich mitgeteilt bzw. nacherzählt werden. (Markschies 1995:1)

Das Vorgehen entspricht dem Weg kirchenhistorischer Arbeit, den Markschies (1995:6) mit den Begriffen Heuristik (Auffindung des historischen Materials, Quellensystematik, Quellenkunde), Kritik (Prüfung des Materials), Interpretation und Darstellung umschreibt. Ich finde auf diesem Weg Material über Köster, indem ich seine Predigten, seine Artikel und Gemeindeprotokolle, vor allen Dingen aus der Zeit 1933–1945, untersuche. Ich suche dabei Zitate Kösters zu von mir vorher definierten Themenfeldern und lasse mir gleichzeitig durch die Quellen neue Themenfelder vorgeben, die in der Arbeit berücksichtigt werden.[12] Diese Quellen werden interpretiert und anschließend dargestellt. Kirchengeschichtlich bewege ich mich dabei im Rahmen der „Zeitgeschichte/Neueste Zeit“ (:18f).

1.8. Quellenlage

„Als Quellen bezeichnen wir, mit der Definition von P. Kirn, ‚alle Texte, Gegenstände oder Tatsachen, aus denen Kenntnis der Vergangenheit gewonnen werden kann‘“ (Brandt 2003:48). Im Falle Arnold Kösters handelt es sich, wie unter 1.6.3. dargestellt, in erster Linie um aufgezeichnete Predigten, veröffentlichte Artikel und Protokolle aus seinen Gemeindestationen. Hinzu kommen noch die privaten Aufzeichnungen seiner Familie. Diese Quellen sind als Primärquellen zu bezeichnen. Die angeführte Literatur unter 1.6.1. ist dagegen als Sekundärquelle anzusehen.

Ab 1939 beginnt Gertrud Hoffmann Kösters Predigten mitzustenographieren und anschließend auf der Schreibmaschine abzutippen (Graf-Stuhlhofer 2001:186f).[13] Köster selbst verwendet für seine Predigten kein ausformuliertes Konzept, sondern macht sich

---

[12] Vgl. Markschies 1995:2: „Historische Arbeit zielt auf eine wissenschaftlich verantwortete Analyse und die darauf aufbauende Nacherzählung dieses Prozesses, mithin die Umsetzung von Geschichte in Geschichten einer ganz bestimmten Sorte.“

[13] Graf-Stuhlhofer vermutet, dass die drei ältesten überlieferten Skripte von Köster selbst abgetippt wurden (2001:187, Fußnote 2).

Stichpunkte.[14] „Im Anschluss an die Predigt besprach Hoffmann noch einzelne Fragen mit Köster" (:186).

Dies sind die Anfänge des späteren „Schriftdienstes" der Gemeinde, der wohl ab 1943 systematisiert wurde (AWM Nr. 8, undatiert, befand sich bei den Predigten 1943). Doch zunächst wurden die Predigten nur abgetippt. Dabei wurden bis zu zehn Durchschläge angefertigt. Später wurden wohl wiederum noch die maschinenschriftlichen Abschriften von anderen Mitgliedern abgetippt, so dass es relativ schnell relativ hohe Auflagen gab. „Die wesentlich zahlreichere Vervielfältigung durch Matrizen läßt sich erst ab Ende 1943 nachweisen" (:188). Ein oder mehrere Typoskripte jeder Predigt lagern im Archiv der Baptistengemeinde Wien-Mollardgasse. Graf-Stuhlhofer schätzt, dass ein Typoskript einer Predigt durchschnittlich sechs Seiten umfasst. Vorträge dauerten ca. eine Stunde und ergeben ein Typoskript von durchschnittlich neun Seiten (:188f). „Aus der NS-Zeit sind über 500 Köster-Predigten (bzw. -Vorträge) erhalten" (:189). Graf-Stuhlhofer nennt folgende Zahlen:

1938/1939: 20 Predigten über den 1. Petrusbrief
1939: 9 weitere Predigten
1940: 20 Predigten.

Dann beginnt die Überlieferung dichter zu werden:

1941: 63 Predigten
1942: 119 Predigten
1943: 124 Predigten
1944: 90 Predigten.

Aus den ersten Monaten 1945 bis zur Eroberung Wiens sind dann 15 Predigten erhalten.

Graf-Stuhlhofer schätzt den Umfang aller ca. 500 Predigten und Vorträge auf ca. 5.500 Druckseiten. „Besonders wertvoll ist eine so umfassende Predigtsammlung für die Zeit nach Juni 1941, als die kirchliche Presse weitgehend eingestellt werden mußte" (:190).

Die Quellen aus der Nachkriegszeit sind noch wesentlich umfangreicher. Wenn man davon ausgeht, dass Köster, abzüglich von vier bis sechs Wochen Urlaub pro Jahr, in 46 Wochen aktiv war, dann kommen seit Juni 1945 – Kapitulation und Kriegsende waren am 08. Mai 1945 – bis September 1960, dem letzten Monat vor Kösters Heimgang, ca. 700 Wochen zusammen, in denen er dreimal predigte. Somit ergibt sich eine Anzahl von ca. 2.100 Predigtskripten.[15]

---

[14] Einige dieser Stichpunkte sind erhalten, wie Aufzeichnungen zum Hohelied aus dem Jahre 1945 und 1958.

[15] Das ist die Zahl der Predigten nach dem Zweiten Weltkrieg. Hinzu kommen die von Graf-Stuhlhofer erwähnten 500 Predigten in der NS-Zeit (2001:14).

Wir kommen damit auf einen Umfang von ca. 2.600 Typoskripten. Augenscheinlich lagern auch so viele im Wiener Archiv (Archivbesuch Januar 2017).[16]

Der Zustand der von mir in Augenschein genommenen Predigten Kösters ist überwiegend gut. Einige wenige Typoskripte sind nicht mehr lesbar.[17]

Auch wenn keine Zweifel an der Echtheit der archivierten Predigtskripte bestehen, geht Graf-Stuhlhofer (2001:190-194) ausführlich auf dieses Thema ein und widerlegt methodische Echtheitszweifel.

Die von mir in Augenschein genommenen Protokolle und Mitgliederverzeichnisse in den Archiven sind alle in einem guten Zustand. Leider fehlen die Mitgliederverzeichnisse und Protokolle im Archiv der Baptistengemeinde Wien aus der gesamten Wirkungszeit Kösters, die dort eigentlich zu erwarten gewesen wären. Ihre Existenz und ein möglicher Aufbewahrungsort sind ungeklärt.[18] Diese würden sicher weitere wertvolle Einblicke in Kösters Leitungshandeln geben.

Ausgehend von Graf-Stuhlhofer (2001) und Spanring (2013) und unter Berücksichtigung der genannten Sekundärliteratur zur Zeitgeschichte (siehe Literaturüberblick), wurde von mir ergänzend entdecktes Material aus den Archiven verarbeitet. Die veröffentlichten Wiener Allianzprotokolle bis 1945 (Graf-Stuhlhofer 2010) und die unveröffentlichten Protokolle von 1945 bis 1960 wurden je nach Relevanz für die Leitungsbiographie, Kösters Prophetieverständnis und für die Darstellung von NS-kritischen Themenfeldern berücksichtigt. Ebenso berücksichtige ich relevante Artikel aus den baptistischen Zeitschriften „Der Täufer-Bote“ (TB) und „Der Wahrheitszeuge“ (WZ).

---

[16] Diestelkamp (1993:81) weist treffend auf den Umstand hin, dass eine schriftliche Predigt nicht exakt die Situation einer Anrede auf der Kanzel wiedergeben kann, weil ihr die nonverbale Kommunikation fehlt, die bestimmte Aussagen unterstreicht. Für meine Untersuchung ist diese Tatsache – wie bei Diestelkamp – aber unerheblich, weil in dieser Arbeit Themen herausgearbeitet werden, die in einer bestimmten Situation angesprochen wurden.

[17] Die von mir gesichteten 434 Skripte habe ich in Bezug auf ihre Lesbarkeit mit Schulnoten benotet. 27 Skripte bekamen die Note 4- und zehn Skripte ein mangelhaft oder ungenügend. Damit sind ca. 8,5 % der untersuchten Skripte nicht richtig lesbar.

[18] Nach Rücksprache mit Gemeindemitgliedern und der Archivarin der Gemeinde sind Protokolle aus dieser Zeit bisher nicht bekannt. Sie werden auch in keinen anderen Arbeiten über Köster als Quellen erwähnt. Möglicherweise gab es unter Köster keine Aufzeichnungen, weil es keine Gemeindeleitungssitzungen gab, oder aber die Protokolle lagern bei einem unbekannten Dritten.

1.9. Eingrenzung der Arbeit

Ausgehend von einer Gesamtzahl von ca. 2.600 erhaltenen Mitschriften von Predigten und Vorträgen (KöV)[19] wurde, im Sinne des Themas der Arbeit, eine Auswahl getroffen. Es ist aber zu vermuten, dass Köster auch in den anderen Predigten prophetische und kritische Äußerungen zum NS-Regime getätigt hat, die ein noch genaueres Bild seiner prophetischen Leitung ergeben könnten.

Der Schwerpunkt der Auswahl lag auf der NS-Zeit. Für die mir dankenswerterweise von Paul Spanring zur Verfügung gestellten Fotokopien der Jahrgänge 1939, 1940, 1941, 1943 und 1945 habe ich bei meinem Archivbesuch die wenigen fehlenden Predigten ergänzt, so dass ich für diese Jahrgänge fast alle vorhandenen Köster-Predigten zusammengetragen haben dürfte. Für die Jahrgänge 1942 und 1944 habe ich dann bei der Recherche eine erste Eingrenzung vorgenommen, indem ich nur Skripte erfasst habe, die von einem alttestamentlichen Propheten oder einem neutestamentlichen eschatologischen Text handelten oder die von ihrem Titel her als Themenpredigt auf einen prophetischen Gehalt oder eine eindeutige Zeitansage schließen lassen.[20] Eschatologische Texte haben oft einen apokalyptischen Charakter. Unter Apokalyptik verstehe ich biblische eschatologische Texte, die das Ende der Welt zum Inhalt haben und auf eine neue Schöpfung hinweisen (Koenen 2007).[21] Grundsätzlich ist in der wissenschaftlichen Theologie das Verhältnis zwischen Eschatologie und Apokalyptik nicht eindeutig (Jakobs 2016). Pöhlmann (1991:166) betont aber: „Der theologische Ort, an dem biblische Theologie und Dogmatik Aussagen über die Geschichte machen ist die Eschatologie." Es sind Aussagen „über das Handeln Gottes zur Vollendung der Geschichte" (:166).

---

19 Abgekürzt innerhalb der Arbeit mit KöV = Köster-Verkündigung.

20 Prophetische Texte des Alten Testaments sind oft eschatologische, also heilsgeschichtliche Texte, wie z. B. das Buch Daniel. Sie informieren über den Lauf der Weltgeschichte und die anbrechende Endzeit (vgl. dazu Bittner 1998). Laut Koenen (2007:Punkt 1) versteht man unter dem Begriff Eschatologie die Lehre von den letzten Dingen oder von der Endzeit. „Er hat sich im 19. Jh. in der systematischen Theologie als Bezeichnung für die Lehre von den letzten Dingen (Tod, Auferstehung, Jüngstes Gericht etc.) etabliert. In der alttestamentlichen Wissenschaft kann der Begriff in einem weiten Sinne verwendet auf alle prophetischen Ankündigungen beziehen, in einem engen nur auf die Vorstellung vom Ende der Welt und der Geschichte (vgl. 1Kor 15,52). Weit verbreitet ist jedoch ein Mittelweg: Eschatologie bezeichnet die Vorstellung von einer endgültigen innerweltlichen Heilszeit [...]"

21 Für Koenen (2007:Punkt 1) ist Apokalyptik „die Vorstellung, dass die Welt, die man wohl angesichts entsprechender Erfahrungen nur noch negativ sehen kann, bald ein Ende finden wird. Erst danach wird für die Frommen eine endgültige, jenseitige Heilszeit beginnen. Alle Hoffnung auf eine bessere Welt ist aufgegeben. Man hat mit der Welt Schluss gemacht und erwartet nur noch eine Neuschöpfung Gottes jenseits der Welt. Statt der Wende der Zeiten erwartet man ein Ende der Zeiten und den Beginn einer ganz anderen Zeit".

Pöhlmann nennt drei Themen, denen man in apokalyptischen Schriften begegnet: 1. Gott sei der Schöpfer der Welt und er werde eine erneuerte Schöpfung und ein erneuertes soziales und politisches Gemeinwesen herbeiführen. Hier herrsche Gerechtigkeit und Frieden. Frevel und Gewalt seien aufgehoben. 2. Die Vollendung der Welt geschehe durch einen eschatologischen Kampf. „Das apokalyptische Enddrama ist Vorbedingung und Durchgang zur Vollendung der Welt" (:166). 3. Das apokalyptische Drama sei nicht loszulösen vom jüdischen Volk oder vom Volk Gottes aus Juden und Heiden. Dabei „wird sie getragen von der Hoffnung, daß Gott durch alle apokalyptischen Katastrophen, Bedrängnisse und Verfolgungen hindurch sein Volk nicht aufgibt, sondern daß er das letzte Wort behält" (:167).[22]

Diese über die Textgattung her kommende erste Eingrenzung habe ich dann auch auf die vorhandenen Predigtskripte aus der Nachkriegszeit bis 1960 angewandt. So konnte ich zunächst ca. 430 Skripte zusammentragen, mit einem Umfang von ca. 3.400 Seiten (plus das Buch *Lampenlicht am dunklen Ort*).[23] Sie wurden von mir gesichtet und auf ihre Relevanz für mein Thema hin überprüft. Bei den Untersuchungen der Texte leiteten mich die Forschungsfragen. Nach einer ersten Sichtung wurden ca. 35 Skripte sofort aussortiert. Aus den ca. 395 verbliebenen Skripten wurden dann Zitate zu folgenden Themenbereichen gefunden: Anekdoten aus dem Leben Kösters, Aussagen über den Baptismus, Aussagen zum prophetischen Schriftverständnis, Aussagen zur Art und Weise des Predigtdienstes, Stellungnahmen zum Zeitgeist und Aussagen mit NS-kritischem Gehalt.[24] Diese Art der Zitate-Generierung erbrachte ca. 320 DIN A4-Seiten.

---

[22] Spanring (2013:50f) stellt eine ähnliche Auffassung bei Köster fest: „The underlying motif of Arnold Köster's preaching was eschatology. The Christian disciple was primarily awaiting the return of the Lord. This perspective allowed temporary issues to be placed into the bigger apocalyptic picture. The world was ravaged by human sin and little could humanly be done to save this world. The practical manifestations of sin were human attempts to create systems of security separate from God. Part of God's dealing with the world was to undercut and destroy all such attempts – this would eventually lead to the recognition that he alone was the only possible rescue. Salvation was trust in God and utter dependency on God's son who by virtue of his death, resurrection and ascension offered the possibility of a personal relationship with him and the call to follow him. God continued to offer salvation to the world through the community of disciples; they were salt and light in the midst of corruption and darkness."

[23] Falls mir die Originalpredigt vorlag, wurde die Originalpredigt durchgesehen, weil die Predigten in „Lampenlicht" redigiert wurden.

[24] Köster hat oft ganze Reihen über mehrere Monate in Form einer Predigtserie gehalten, die als Gesamtdokument archiviert sind. Die Predigtserien Bergpredigt (1944), Offenbarung (1946) und Daniel (1947) wurden nur nach Anmerkungen zum Baptismus und auf Lebensanekdoten hin untersucht. Bei der Serie Bergpredigt handelt es sich nicht um apokalyptische Texte und die beiden anderen Serien stammen aus der Nachkriegszeit.

Um den Umfang im Sinne des Themas und Rahmens dieser Arbeit weiter zu reduzieren, wurde nun eine zweite Eingrenzung durchgeführt: Zunächst wurde der Themenbereich „Art und Weise des Predigtdienstes“ nicht weiter berücksichtigt. Dies ergab eine Reduzierung um ca. 25 Seiten. Vor allen Dingen aber wurde die Entscheidung getroffen, für die Themenbereiche *Zeitansage* und *Aussagen mit NS-kritischem Gehalt* nur Predigten bis zum Kriegsende 1945 zu berücksichtigen.

Da nach dieser Eingrenzung immer noch ca. 120 Seiten Zitate vorhanden waren, wurde eine dritte Eingrenzung vorgenommen, indem für diese beiden Themenbereiche nur Predigten und Vorträge aus dem Alten Testament und der Offenbarung verwendet wurden. Andere apokalyptische Texte des Neuen Testaments oder Themenpredigten mit Zeitansagen oder Predigten zu anderen Themen und Bibeltexten aus dem ergänzten Fundus von Spanring wurden nicht mehr berücksichtigt. Die dann noch vorhandenen ca. 70 Seiten Zitate sind Grundlage für die Ausführungen in Kapitel 6 zum Thema prophetische NS-Kritik.

Fazit: Die Themenbereiche *Anekdoten*, *Aussagen über den Baptismus* und *Aussagen zum prophetischen Schriftverständnis* wurden also nur einmal eingegrenzt, während die Themenbereiche *Zeitansage* und *Aussagen mit NS-kritischem Gehalt* dreimal eingegrenzt wurden. Diese dreifache Eingrenzung, die Kapitel 6 betrifft, ist dadurch gerechtfertigt, dass es in dieser Arbeit vor allen Dingen um Kösters prophetische Kritik in der NS-Zeit geht. Dadurch, dass die Zitate für diese beiden letzten Themenbereiche aber zunächst aus allen Jahrgängen, zu allen apokalyptischen NT-Texten und zu allen Themenpredigten mit Zeitansagen gefunden wurden, konnten über diese Eingrenzung hinaus auch subjektiv ausgewählte Zitate als Ergänzung herangezogen werden.

Die gewonnenen Zitate wurden nun für jeden Themenbereich auf verschiedene Themenfelder aufgeteilt. Die Definition der Themenfelder ergab sich aus den Inhalten der Zitate. Durch diese Forschungsmethode werden in dieser Arbeit Kösters Ansichten direkt zur Sprache gebracht.[25]

---

[25] Folgende Predigten und Veröffentlichungen Kösters sind demnach bist jetzt noch weitgehend unerforscht: Alle Vorträge/Predigten und Predigtserien außerhalb der alttestamentlichen Propheten, der apokalyptischen Reden Jesu in den Evangelien und der Offenbarung des Johannes oder ohne einen eindeutigen zeitgeschichtlichen oder prophetischen Bezug im Titel, aus den Jahrgängen 1939–1960, mit Ausnahme der Predigten/Vorträge – nicht der Predigtserien – der Jahrgänge 1938–1941, 1943 und 1945. Weiter die gedruckten Predigten/Andachten im österreichischen Gemeindebrief 1950–1954 und teilweise Berichte und Artikel Kösters im WZ und HB.

1.10. Struktur und Aufbau der Arbeit

Der Aufbau dieser Arbeit stellt sich nun wie folgt dar:

Nach dieser Einleitung erläutere ich in Kapitel 2, wie ich pastorale Leitung verstehe, und ich stelle Ansätze vor, die die Notwendigkeit des prophetischen Elementes innerhalb der Gemeindeleitung betonen. Von da aus bestimme ich prophetisch-verkündigende Leitung. Mit diesen Entwürfen bringe ich später Kösters Leitungshandeln ins Gespräch.

In Kapitel 3 erhelle ich Kösters konfessionellen Leitungskontext, also den Baptismus in Deutschland und Österreich während der NS-Zeit. Dazu werde ich später Kösters Verhalten in Kontrast setzten.

In Kapitel 4 geht es um Kösters Prägung und um seine Wirkung als Leiter. Es ist anhand des Modells „Der Werdegang eines Leiters" von Clinton (2006) aufgebaut. Beginnend mit seiner Prägung durch Elternhaus, Ausbildung, Soldatenzeit, Studium und Hochzeit zeige ich, wie er als Leiter in seinen Gemeinden und darüber hinaus wirkte. Mit diesem Kapitel liegt dann erstmals eine Gesamtdarstellung des Leitungswirkens Kösters vor.

Kösters Verständnis von Prophetie, prophetischer Bibelauslegung und von der prophetischen Rolle der Gemeinde wird ausführlich in Kapitel 5 entfaltet. Dazu führe ich relevante Quellenstücke (Zitate) aus seinen Artikeln und Predigten an. Hier bringe ich sein Verständnis mit den Entwürfen zur pastoral-prophetischen Leitung aus Kapitel 2 ins Gespräch.

Ausgehend von seinem prophetischen Selbstverständnis bringe ich in Kapitel 6 Kösters Handeln mit dem Widerstandsbegriff zusammen und führe dazu entsprechende Quellenstücke an. Schließlich vergleiche ich sein Verhalten mit dem des offiziellen Baptismus.

Kapitel 7 bildet das Fazit der Arbeit, bringt den Forschungsertrag auf den Punkt und wendet die Ergebnisse auf heutige Leiter an.

Die einzelnen Kapitel korrespondieren wie folgt miteinander:

Das einleitende Kapitel 1 bildet mit dem Fazit in Kapitel 7 den Rahmen der Arbeit. Kapitel 2 zeigt aktuelle Entwürfe prophetischer Leiterschaft, mit denen Kösters prophetisches Leitungsverständnis in Kapitel 5 verglichen wird. Kapitel 3 zeigt die Haltung des offiziellen Baptismus in der NS-Zeit auf, mit der Kösters Verhalten in Kapitel 6 kontrastiert wird. Kapitel 4 bildet als Mitte die Leitungsbiographie Kösters ab. Schließlich korrespondiert Kapitel 5 mit Kapitel 6, weil Kapitel 6 die Folgen von Kösters prophetischem Dienstverständnis während der NS-Zeit aufzeigt.

1.11. Fazit zum ersten Kapitel

Der Beitrag der Arbeit zur Forschung besteht in der Ergänzung der bisherigen Forschungen von Graf-Stuhlhofer (2001) und Spanring (2013). Während Graf-Stuhlhofer sich besonders auf Kösters Kritik am Nationalsozialismus konzentriert, liegt der Schwerpunkt bei Spanring mehr auf dem Vergleich des Lebens und der Theologie von Bonhoeffer und Köster. Mein Fokus liegt auf der prophetischen Leitungsrolle und der prophetischen Verkündigung und Rolle Kösters, die besonders unter den Umständen der NS-Zeit und anhand Kösters Kritik dieser Weltanschauung hervortritt.

Mit Kapitel 1 habe ich die Notwendigkeit dieser Arbeit aufgezeigt. Weiter habe ich die Forschungsmethode und Quellenlage dargestellt. Die Arbeit wurde in der Disziplin Christian Leadership verortet und wird nun mit einem Kapitel zur Theorie der pastoral-prophetischen Führung fortgesetzt.

2. Theorie der pastoral-prophetischen Leitung

In diesem Kapitel bestimme ich zunächst mein Verständnis von pastoraler (geistlicher) Leitung. Danach führe ich pastorale Leitungsansätze auf, die den prophetischen Aspekt von Leitung betonen. Nach einem kurzen Fazit bringe ich schließlich eine definierende Beschreibung von pastoral-prophetischer Leitung.

Arnold Köster war als leitender Pastor für die Verkündigung in seinen Gemeinden zuständig (Spanring 2013:9). Köster beschreibt kurz nach seinem Amtsantritt in Wien seine Stellung wie folgt (AWM Nr. 6):

> Ich sehe meine Aufgabe, nachdem ich in den verflossenen Wochen mich eingefühlt habe in die Lage, in die Struktur der Gemeinde und des Volkes, so: Neben dem – gegenwärtigen sehr notwendigen – Gemeindedienst wird wohl zunächst das Schwergewicht meiner Arbeit liegen als Vortragsredner.

2.1. Begriffsbestimmung von pastoraler bzw. geistlicher Leitung

Unter pastoraler Leitung verstehe ich das geistliche Leitungshandeln oder die geistliche Leitungstätigkeit im Rahmen einer christlichen Ortsgemeinde.[26] Der Begriff „pastorale Leitung“ wird im Rahmen dieser Arbeit verwendet, weil Kösters pastorale Rolle der Rolle eines geistlichen Leiters einer Ortsgemeinde entsprach.[27] Er hatte durch seine Stellung und Aufgabe als Prediger den größten Einfluss auf seine Gemeinde.

Pastorale Leitung umfasst in der Praxis mehr als nur den pastoralen (hirtendienstlichen) Aspekt von Leitung und wird im Gemeindekontext oft als Überbegriff geistlichen Leitungshandelns verstanden. Im Folgenden werden die Begriffe pastorale Leitung und geistliche Leitung daher synonym verwendet.

Pastorale Leitung kann von ehren- und hauptamtlichen Personen ausgeübt werden und wird in vielen Kirchen von einem Team gestaltet oder begleitet (Gemeindeleitung, Presbyterium, Pfarrgemeinderat). Diesem Team steht oft ein Repräsentant vor (Gemeindeleiter, Pastor, Priester, Gemeindereferent), der je nach Gemeindemodell vom Team gewählt oder von außen eingesetzt wurde und je nach Rollenverständnis eine starke oder

[26] Darüber hinaus gibt es weitere christliche Leitungsansätze, für z. B. christliche Führungskräfte in der Wirtschaft oder in christlichen Werken, oder die Leitung einer christlichen Familie.

[27] Zur Zeit Kösters wurde dafür die Berufsbezeichnung *Prediger* verwendet.

schwache Machtfülle bzw. Leitungsbeauftragung besitzt.[28] Arnold Köster besaß in Wien einen hohen Einfluss und damit eine hohe Machtfülle.

2.1.1. Pastorale (geistliche) Leitung wird vom Neuen Testament her definiert

Pastorale Leitung muss sich in erster Linie vom Neuen Testament her definieren, auch wenn es nicht möglich ist, Leitung ohne Beachtung des eigenen kulturellen Hintergrunds zu definieren (vergleiche hierzu Kessler 2013). Der Sinn von biblischen Aussagen zum Thema Gemeindeleitung muss zuerst im jeweiligen ursprünglichen Kontext verstanden werden und dann in den jeweiligen heutigen Kontext ausgelegt und angewandt werden. Das Neue Testament ist eine Zusammenstellung von Evangelien und Briefen an verschiedene Gemeinden von verschiedenen Schreibern, die zu unterschiedlichen Zeiten, im Wesentlichen im 1. Jahrhundert nach Christus, geschrieben wurden. Das Neue Testament definiert keine Leitungslehre, sondern reagiert auf die Entwicklung der jungen Kirche. Geistesgaben werden geschenkt und erkannt. Dienste und Ämter bilden sich nach und nach heraus. Die Kirche wächst und braucht Strukturen, die Schritt für Schritt entstehen. Die erste Apostel- und Prophetengeneration, auf die die Gemeinde aufgebaut wurde (Eph 2,20), tritt nach und nach ab.[29] In den Briefen des Neuen Testamentes wird den Gemeinden mitgeteilt, wie sich Leiter zu verhalten haben und wie sich die Gemeinde gegenüber der Leitung zu verhalten hat. Schon während der Abfassungszeit der Briefe findet in der Urgemeinde eine dynamische Entwicklung statt, aus der sich heraus Leitungsstrukturen weiterentwickeln. Wenn daher nach biblisch geistlicher Leitung gefragt wird, gibt es verschiedene Aspekte zu berücksichtigen, aus denen sich ein Gesamtbild ergibt. Die Aussagen sind als komplementär zu betrachten.[30] Es ist zu fragen, nach in der Bibel vorkommenden ...

---

[28] Diese hängt stark von der konfessionellen Tradition einer Gemeinde ab. Auch die unterschiedlichen Profile in den jeweiligen Konfessionen und die Erwartungen an einen Pastor, Pastoralreferenten oder eine mit sonstiger Berufsbezeichnung eingestellten, hauptamtlichen, männlichen oder weiblichen Person, sind zu bedenken. Darauf kann im Rahmen dieser Arbeit nicht eingegangen werden. Vergleiche hierzu als Anregung für die aktuelle Diskussion dieser Frage die Vikariatsarbeiten aus den Reihen des BEFG von Dennis Sommer (2012) oder Thomas Bliese (2015).

[29] Beim „Werden" des Volkes Israel findet eine ähnliche Entwicklung statt. Zunächst war Mose der Führer, der Älteste einsetzt (2Mo 18,12; 4Mo 11), dann gibt es Richter, Propheten und später Könige.

[30] Es gibt daher nicht die „eine" biblische Leitungslehre, wie z. B. „den fünffältigen Dienst" (Kaldewey 2001). Dennoch können solche Denkmodelle hilfreich sein, um Leitung greifbar zu machen, wenn sie nicht zu eng geführt und absolut ausgelegt werden.

... generellen Aufträgen an Nachfolgerinnen und Nachfolger Jesu und die Gemeinde, die es zu allen Zeiten umzusetzen gilt (Salz und Licht: Mt 5,13–16; Mission: Mt 28,18–20; Einheit: Joh 17; Zeugnis: Apg 1,8; Liebe: Mk 12,29f; 1Kor 13).

... Anweisungen an Leiterinnen und Leiter (Nachfolger) durch Jesus (Mt 23,11; Joh 13: Fußwaschung).

... apostolischen Anweisungen an Leiterinnen und Leiter (Hirten, Älteste, Aufseher), besonders durch Paulus (Apg 20,28).

... apostolische Aussagen zur Qualifikationen von Leiterinnen und Leiter (1Tim 3,1f; Tit 1,6f; 1Petr 5,1f).

... Aufzählungen von Leitungscharismen (Röm 12,4–8; 1Kor 12,8–12; 28–31; Eph 4,1–11).

... Erwähnungen von Leitungsrollen (Dienste und Ämter).

... Anweisungen an die zu Leitenden (1Thes 5,12–13; 1Kor 16,16; 1Tim 5,17).

2.1.2. Pastorale (geistliche) Leitung wirkt auf die Auftragserfüllung der Kirche hin

Nachfolgerinnen und Nachfolger Jesu haben seit Pfingsten den Heiligen Geist. Er gestaltet und formt ihr Leben. Das gilt auch für das Leitungshandeln. Daher kann man mit Böhlemann und Herbst (2011:19) sagen: „Geistliche Leitung unterscheidet sich von ‚normalem' Leitungshandeln in der Tiefe. Diese Tiefendimension erschließt sich jedoch nur im Glauben." Sie definieren geistliche Leitung als Essenz von Leitung. Sie sei in der Tiefe Begegnung mit Gott (:20). Geistliche Leitung sollte sich daher an den biblischen Anforderungen für Leiter orientieren, besonders an dem dienenden Vorbild Jesu Christi.[31]

Leitung ist Einfluss (Maxwell 2002:26f). Wright (2003:20) meint, dass „Führung eine Beziehung ist – eine Beziehung, durch die eine Person versucht, die Gedanken, das Verhalten, den Glauben oder die Werte einer anderen Person zu beeinflussen". Ähnlich sieht es Clinton (2006:9): „Leiterschaft ist ein dynamischer Prozess, in dem ein Mann oder eine Frau mit den von Gott gegebenen Fähigkeiten eine bestimmte Gruppe von Menschen Gottes in bezug [sic!] auf seine Absichten mit dieser Gruppe beeinflusst." Maxwell (2002:26) definiert zugespitzt: „Die Maßeinheit für Führung ist Einfluss – nicht

---

[31] Leitung geschieht in einer guten Haltung, dem Vorbild Jesu entsprechend: dienend (servant leadership), liebend (Paulus, Jesus), verantwortungsvoll (ethisch-moralisch) und qualifiziert (vgl. die Anweisung von Paulus an Timotheus und Titus, vgl. Claesberg 2008:7). „As well as our model and mediator, Jesus is also the source and goal of all our service" (Baigent 2006:4). Und natürlich: Ein Leiter muss, um andere Menschen leiten zu können, zunächst sich selbst leiten. Internet: http://www.veitc.de/life-balance-unterrichtsskript/ [Stand 27.12.2017].

mehr und nicht weniger." Diese Gedanken korrespondieren mit dem Schutz der Bewahrung der christlichen Herde, z. B. vor Verführung oder der Versorgung der Gemeinde durch gute Lehre (Apg 20,28f).[32]

Leitung sorgt dafür, dass die Herde zusammenbleibt und aufgebaut wird, um ihren Auftrag zu erfüllen. Dies macht neben Apostelgeschichte 20,28 und 1. Petrus 5,2 besonders Epheser 4,11f deutlich (nach Lutherübersetzung 2017): „Und er selbst gab den Heiligen die einen als Apostel, andere als Propheten, andere als Evangelisten, andere als Hirten und Lehrer, damit die Heiligen zugerüstet werden zum Werk des Dienstes."

Laut Böhlemann und Herbst (2011:47) fließt in geistlicher Leitung ein Dreifaches zusammen: 1. der Dienst an der Gemeinschaft und am Nächsten (Seelsorge und Diakonie), 2. die Orientierung am Evangelium (Schriftstudium und Auslegung) und 3. die Verbindung durch Glauben zu Gott (Spiritualität und Gottesdienst).

Mit Rust (2011:324f) ist davon auszugehen, dass sich die in Epheser 4,11 genannten Leitungsdienste herausbildeten, um die umfassende Mission der Kirche voranzutreiben. Die Charismen verfolgen nach Eickhoff (2009:278) in ihrer Verschiedenheit das Ziel, den Sendungsbefehl zu erfüllen. Dabei kann mit Schröter (2012:27) das Bild des Hirten als Metapher gelten, weil es verschiedenste inhaltliche Dimensionen enthält.[33]

2.1.3. Pastorale (geistliche) Leitung geschieht vorstehend und steuernd

In den Gabenlisten des Neuen Testamentes werden zwei Charismen aufgeführt, die expliziert den Gedanken der Leitung oder Führung beinhalten und im Deutschen mit „Leitung" oder „Führung" übersetzt werden können: *proistamenos*, von *prohistemi* = an der Spitze stehen, vorstehen (Röm 12,8) und *kybernesis*, von *kybernetes* = Steuermann (1Kor 12,28).

---

[32] Für heutige Leitung in Deutschland, besonders in kongregationalistisch verfassten Freikirchen, scheint mir der Leitungsansatz von Reinhard K. Sprenger interessant (2015). Für Sprenger bestehen Unternehmen, weil sie eine Aufgabe haben. Sie müssten Probleme für ihre Kunden lösen (:57f). Diese Probleme sind aber nur gemeinsam zu lösen. Der Leiter sei daher der Supervisionär im System, dessen Teil er selber sei (:74). Unternehmen sind für Sprenger Kooperationsarenen (:100f). Dies scheint mir von 1. Korinther 12 her (Leibgedanke) auch gut auf Gemeinden anwendbar. Der Einfluss ist also dahingehend auszuüben, dass in einer Gemeinde Zusammenarbeit geschieht, die es ermöglicht, gemeinsam den Auftrag zu erfüllen.

[33] Daher sollte m. E. das Amt des Hirten nicht auf Seelsorge oder den klassischen Hirtendienst beschränkt werden. Es muss mitgedacht werden, dass ein Hirte seine Herde auch auf neue Weiden führt und Jesus betont, dass er als Hirte auch für Schafe außerhalb der Herde gekommen ist (Joh 10,16).

Der Begriff des Vorstehens findet sich in den Leitungsämtern „Presbyter“ und „Aufseher“. Er wird mehrmals im Neuen Testament verwendet. Der Begriff des Steuerns kommt in diesem Zusammenhang nur einmal vor. Beide Leitungsgaben haben also unterschiedliche Akzentuierungen (Rust 2012:68f). Es würde im Rahmen dieser Arbeit zu weit führen, in die Bedeutungsfülle dieser beiden Begriffe einzutauchen. Wenn ich im Folgenden die Begriffe Kybernetik oder Kybernet verwende, gebrauche ich sie im Sinne der deutschsprachigen Praktischen Theologie, in der sich seit dem 19. Jahrhundert der Begriff Kybernetik für die Lehre von der Gemeindeleitung eingebürgert hat (Meyer-Blanck 2007:507).[34] Er ist zu unterscheiden von dem amerikanischen Kybernetik-Begriff, der auf Norbert Wiener zurückgeht und säkular verstanden wird.

Ich verstehe den Kyberneten ausdrücklich immer als Teil einer geistlichen Leitung im Sinne von 1. Korinther 12,28. Ich betone aber, dass gerade der Kybernet die Gabe der Steuerung und der Navigation mitbringt und daher in einem Team von Leitern diese Aufgabe übernehmen sollte (mit Kessler 2012:20 und mit Eickhoff 1992:178). Er hat die Rolle des „Ersten unter Gleichen“. „Die Leitungsgruppe bedarf neben der Geistleitung der kybernetischen Hand“ (Eickhoff 1992:178).[35] Eickhoff weiter:

> Die Steuerung ist innerhalb eines jeden Systems – sei es natürlicher oder technischer Art – entscheidend. Wo die Steuerung intakt ist, ist Wesentliches gewährleistet: Gediegenes Wachstum, gutes Vorankommen, Manövrierfähigkeit in schwierigen Situationen, vor allem aber das Erreichen des Ziels. Wir erinnern uns: Steuerung ist belangvoll, wenn man in See sticht und klare Ziele hat. Steuerung wird gebraucht, wo es Ziele gibt. Für ein Schiff jedoch, das seinen Hafen nicht verläßt, sind die Steuerung und der Steuermann am ehesten entbehrlich. (:180)

---

[34] Einen guten Überblick über den Begriff Kybernetik und seiner verschiedenen Verwendungen in verschiedenen Disziplinen bietet Klein 2012:22f. Die Verwendung des Begriffes innerhalb der Praktischen Theologie skizziert er ab Seite 29f. In der Theologie meint Kybernetik die Steuerung der Kirche. Kunz unterscheidet zwischen „der Vielfalt des Kybernetischen, welche phänomenologisch wahrgenommen wird, und der Kybernetik als eine Theorie der Steuerung“ (Kunz 2007:615, Fußnote 44). Kunz führt aus, dass für Schleiermacher die Praktische Theologie kybernetisch gedacht war, und sie das Kirchenregiment und den Kirchendienst umfasst (vgl. Tabelle:626). Er bezeichnet Schleiermacher als Begründer einer pastoralen Kybernetik (:628).

[35] Es ist sinnvoll, dass der Kybernet das Team leitet. Dies bestätigt Schröter (2012:13) auch vom Begriff des *episkopos* im Titusbrief her: „Es gibt einen Kreis der Ältesten, aus dessen Kreis ein Vorsteher ordiniert wird. Dessen Qualifikation beruht darauf, dass er das Charisma zur Gemeindeleitung besitzt und dieses durch seine Amts- und Lebensführung zur Geltung bringt.“ Auch nach Driscoll (2011:25) sollte es für die Leitung der Ältesten einen „Ersten unter Gleichen“ geben. Vergleiche hierzu auch Summerton (2006:29f), der das Thema aus dem Kontext der englischen Brüderbewegung heraus entfaltet.

Dies gilt besonders in schwierigen Zeiten, wie wir sie zurzeit von Arnold Kösters Leitungstätigkeit in der NS-Zeit feststellen müssen. So definiert Beyer im Theologischen Wörterbuch (Kittel 1938) zum Neuen Testament die Begabung des Kyberneten so:

> Es kann sich hier nur um die besonderen Gaben handeln, die einen Christen fähig machen, seiner Gemeinde als Steuermann, als rechter Leiter ihrer Ordnung und damit ihres Lebens zu dienen. Welchen Umfang solche leitende Tätigkeit bereits zur Zeit des Paulus gehabt hat, wissen wir nicht. Die Entwicklung wird im Fluß gewesen sein. In der Zeit des Sturms wächst natürlich die Bedeutung des Steuermanns. So mag auch das Amt der Gemeindeleitung gerade in inneren und äußeren Nöten sich entfaltet haben. (Beyer 1938:1035f)

Mit Beyer (1938:1036) bleibt festzuhalten, dass Menschen mit der Begabung der *kybernesis* die in Philipper 1,1 genannten *episkopoi* und *diakonoi* oder die in Römer 12,8 genannten *proistamenoi* gewesen sein müssen.[36] Leiter nutzen daher ihre Leitungsbegabung am besten im Team.[37]

2.1.4. Pastorale (geistliche) Leitungsteams nach Epheser 4,11f

Dass Leitung eine Teamaufgabe ist, kann vom Bild der Gemeinde als Körper nach 1. Korinther 12,12 und besonders von Epheser 4,11 her festgehalten werden. Es fällt auf, dass im Neuen Testament in Bezug auf die Leitung einer neutestamentlichen Gemeinde immer von der Mehrzahl der Leiter gesprochen wird (Strauch 1998:37f; Claesberg 2008:4f; vgl. Mt 23,8; Apg 14,23; Apg 20,17; 1Kor 12; Tit 1,5).

Rust (2012:346) sieht, dass sich aus Epheser 4,11 fünf Leitungsprofile herauskristallisieren, die am besten geeignet sind, um Gottes Mission umzusetzen. Für diese Stelle hat sich – vor allen Dingen im evangelikalen Bereich – die Bezeichnung „fünffältiger Dienst“ oder „fünffältiges Amt“ durchgesetzt (Kaldewey 2001). Wie später zu sehen sein wird, bezieht sich auch Köster auf diese Bibelstelle, wenn auch mit anderer Betonung (KöV04.04.57). Die Interpretation dieser Bibelstelle reicht heute von einem eher allgemeinen Verständnis über die Aufgaben von Leitern bis zu einem starken Amtsverständnis, das an Personen gebunden ist, die ein Leitungsteam bilden (vergleiche zu letzterem Begemann 2006:1f). Festzuhalten bleibt, dass durch verschiedene Ämter oder Profile, mit denen Begabungen einhergehen, die Leitung der Gemeinde geschieht. Leitung hat

---

[36] Das Neue Testament kennt verschiedene Amtsbezeichnungen für leitende Personen (vgl. hierzu Rust 2012:15f; :323, Böhlemann und Herbst 2012:54f).

[37] Diese Teamarbeit ist im Rahmen der Wiener Gemeinde bei Köster nicht immer zu erkennen, wie im Verlauf der Arbeit deutlich wird.

daher eine pastorale, prophetische, lehrende, evangelistische und apostolische Facette. Ziel ist immer die Förderung und die Auferbauung der gesamten Gemeinden.

2.1.5. Definition und Beschreibung pastoraler (geistlicher) Leitung[38]

Böhlemann und Herbst (2011:22) definieren: „Geistliche Leitung ist Leitung durch den Göttlichen Geist, vollzogen in der Gemeinschaft der Heiligen durch die von Gott eingesetzte Leitung." Sie hat die Aufgabe, die „Verbindung zu Gott und den Menschen zu halten und zu fördern" (:23). Rust (2012:151) wählt folgende Definition: „Leitung ist die Gabe, Menschen und Organisationen im Namen Jesu und in der Kraft des Heiligen Geistes zu führen und zu verwalten." Meine Definition zielt direkt auf den Gemeindekontext ab, in der ein pastoraler Leiter tätig ist. Sie lautet: *Pastorale (geistliche) Leitung steuert den geistlichen Kurs.*

Im erweiterten Sinne beschreiben vier Aspekte das Was, die Absicht, die Begabung und den Rahmen für pastorale (geistliche) Leitung:

➲ Geistliche Leitung ist steuerndes Führungshandeln, das verantwortungsvoll Einfluss auf Menschen, auf die Kirche und die Gesellschaft ausübt.

➲ Dies geschieht mit der Absicht, dass Gottes Aufträge, die er an seine Kirche erteilt hat, umgesetzt werden.

➲ Dafür gibt Gott Menschen Charismen, besonders die Gabe der Kybernetik (Navigation), von der aus Leitung zusammen mit verschiedenen Facetten ausgeübt wird, nämlich pastoral, prophetisch, lehrend, apostolisch und evangelistisch.

➲ Diese Leitung vollzieht sich im Team, dem ein Kybernet dienend und liebend vorsteht.

---

38 Einer Unterscheidung von Führung und Leitung, wie sie Müller-Weißner (2003:45f) vornimmt, kann ich mich nicht anschließen.

2.2. Ansätze pastoraler Leitung mit der Dimension prophetischer Leitung

Nachdem nun pastorale Leitung definiert wurde, werde ich im Folgenden die prophetische Facette pastoraler Leitung anhand neuerer kirchlicher Führungsmodelle herausarbeiten, um später Kösters Handeln vergleichen zu können.[39] Dafür wurden von mir vorwiegend Autoren aus der Praktischen Theologie – vor allem aus dem deutschsprachigen, evangelischen und freikirchlichen Raum – und Autoren, für die die Verkündigung innerhalb der Leitung eine große Rolle spielt, herangezogen. Die drei zuerst aufgeführten Ansätze von Bohren (1980), Kraus (1986) und Eickhoff (2009) kommen von der Predigtlehre (Homiletik). Wie später noch bei Reimer (2008) zu sehen sein wird, geschieht geistliche Leitung in besonderer Weise durch die Verkündigung des Wortes Gottes.

2.2.1. Bohren: Prophetische Verkündigung im Rahmen der Predigtlehre

Der evangelische Homiletiker Rudolf Bohren (1980:426) merkt in seiner Predigtlehre an, dass sich im evangelischen Prediger- oder Pfarramt eigentlich eine klassische Priesterrolle durchgesetzt hat: „Der Priester garantiert das Kontinuum der Kirche, während der Prophet es in Frage stellt." Keine Gemeinde bezeichnet ihren Prediger aber als Propheten. Bohren sieht darin eine mangelnde Entfaltung der Pneumatologie (:426).

Schon vorher stellt er fest: „Die Erde, die Völker, ihre Kultur und Politik in der Wahrheit Gottes erkennend, wird der Prediger ein Wort suchen, das über die Gemeinde hinausgeht, und das wird ein prophetisches Wort sein" (:71). In seinen Ausführungen über Christoph Blumhardt (jun.) legt er dar, dass Blumhardt das Wesen der Prophetie nicht im Vorauswissen der Zukunft sah, „sondern im Verstehen der Gegenwart; die Prophetie nehme ab, wenn das Prophezeien anfängt [...]" (:71). Bohren führt aus, dass die Auslegung der Schrift auf Vergegenwärtigung abzielt und einen prophetischen Charakter hat. „Alles Predigen tendiert demnach zu Prophetie" (:72). Dazu gehört unbedingt die Dimension des Politischen (:72). Das betont er auch im Kapitel „Information":

> Prophetie setzt voraus, daß die Welt und das, was auf ihr geschieht, im Licht des kommenden Reiches gesehen wird. Das Besondere prophetischer Sicht, das was

[39] Das Leitungsverhalten Arnold Kösters wird in dieser praktisch-theologischen Arbeit bewusst mit neueren Modellen geistlich-prophetischer Leitung kontrastiert und nicht mit eventuell vorhandenen Ansätzen aus der Zeit Kösters, um Erkenntnisse aus Kösters Verhalten für heutige Leiter gewinnen zu können.

> sie z. B. von Kulturkritik unterscheidet, besteht darin, daß sie in und neben der Wirklichkeit dieser Welt ihre Möglichkeit von Gott her erkennt und ansagt. (:534)

Bohren (:118) kritisiert, dass durch eine zu starre Perikopenordnung alttestamentliche Prophetentexte in der Verkündigung zurückgedrängt werden. Die Predigt verliere dadurch an Aktualität. Er zitiert Claus Westermann, der in der Predigt über prophetische Texte ein Gegengewicht zur Perikopenordnung sieht.

Bohrens Ansatz, in dem er die prophetische Predigt mit dem kommenden Gottesreich begründet, wirkt auf mich einleuchtend. Dies kommt auch dem prophetischen Verständnis Kösters nahe.

2.2.2. Kraus und Eickhoff: Die Gefahr des Ausfalls prophetischer Predigt

Der reformierte Theologe Kraus (1986:7) konstatiert einen großen Notstand in der Kirche und spricht vom „Ausfall prophetischer Predigt". Schon Luther machte für ihn deutlich: „Verkündigung des Wortes Gottes ist ein prophetisches, ein apostolisches Ereignis" (:9). Ähnliches gilt für Zwingli. Die Rolle des Propheten charakterisiert Kraus folgendermaßen: Der biblische Prophet sei Bote Gottes (:12). Er warte immer neu auf die Wortmitteilung Gottes und seine Aussendung (:12f) und trete mit Radikalität ohnegleichen auf, die ihn oft auch einsam mache (:13). Er trete in der Regel mit einer Gerichtsbotschaft vor das Volk (:14f). Propheten seien auch politisch, indem sie gegenüber bestehenden Wirklichkeiten die größere und umfassendere Wirklichkeit Gottes geltend machten (:19). Sie verkündigten endzeitliche Verheißungen in eine konkrete geschichtliche Situation (:20f). Durch den Geist Gottes schenke Gott der neutestamentlichen Gemeinde das Charisma der Prophetie (:23f).

> Prophetie meint auch im Neuen Testament den konkreten, akut zugespitzten Gottesspruch, mit dem – durch den Geist Gottes – Menschen beauftragt und ermächtigt werden, Verborgenes aufzudecken, Gottes Willen und Gegenwart so zu bezeugen, daß eine unausweichliche Situation gegeben ist. (:25)

Für Kraus ist die Prophetie Jesu Christi „das uns auf den Leib gerückte Reich Gottes, sein nicht nur im Himmel, sondern auch auf Erden geschehender Wille. Seine Prophetie kann durch keine andere überboten werden" (:28). Die Gabe der Prophetie (Paulus) und der johanneische Hinweis auf den Geist Gottes, der in alle Wahrheit führt, würden vor einem zu engen Verständnis von Prophetie bewahren (:29). Die Prophetie der alttestamentlichen Geschichte habe für die Verkündigung des Evangeliums enorme Bedeutung (:31f). Die Gemeinde hat

> [...] das prophetische Wort des Alten Testaments als erhellende und wegweisende, mahnende und richtende Botschaft bei sich. Der Kontext in 2 Pt 1 zeigt, daß

> vor allem die prophetische Erschließung der Wirklichkeit jenes Licht ist, das die undurchsichtigen Phasen des Weges der Kirche erleuchtet. (:34)

Schließlich betont Kraus auch die Bedeutung der alttestamentlichen Prophetie für die Völkerwelt (:35). Gott spreche durch die prophetische Predigt auch heute noch: „Daß aus dem Menschenwort der Boten das Wort Christi und in ihm das Wort Gottes gehört und aufgenommen wird, steht [...] im Zeichen der Verheißung“ (:36). Jede Predigt müsse neu – mit Luther – Sendung sein (:38). „Wo immer prophetische Botschaft ergeht, da versetzt sie die Zuhörer in eine Krisis ohnegleichen“ (:39), gerade die Frommen.

> Prophetie hingegen zeigt an, daß Gott das ganze Leben seines Volkes beansprucht – so wie er ja auch das Gottesvolk als Ganzheit erwählt hat und nicht nur seine kultische Erscheinungsform, sein religiöses Gesicht. In die Ganzheit aber gehört das soziale und politische Entscheidungsfeld selbstverständlich hinein. Nur eine das Alte Testament vergessende oder gar verleugnende Christenheit konnte und wird dem Irrweg des Religiösen verfallen. Damit werden wir noch einmal an das Thema ‚Prophetie und Politik‘ erinnert. (:40)

So ist für Kraus auch die Kirche ein ausgesandtes Volk; „sie ist Kirche für die Welt in prophetischer Sendung“ (:46). Prophetie atme und ströme darüber hinaus immer auch die „Nähe des Endes“ aus und verweise auf den kommenden Kyrios (:46f). „Die Prophetie der Johannes-Apokalypse zeigt es am deutlichsten: In der prophetischen Botschaft des Neuen Testamentes ist die alttestamentliche Prophetie präsent – präsent in einer Intensität und Dynamik wie nie zuvor“ (:48).

Der evangelische Pfarrer Klaus Eickhoff (2009:302) stellt mit Verweis auf Hans-Joachim Kraus den „Ausfall der prophetischen Predigt“ fest. Alttestamentliche Propheten sind für ihn Gerichtsprediger, Warner und Mahner. Sie erkennen aus der Geschichte die gegenwärtige Situation ihres Volkes.

> Der besondere Auftrag des neutestamentlichen Propheten jedoch besteht darin, die gegenwärtige Situation im Licht des Willens Gottes zu zeigen, der Gemeinde Weisungen des Herrn kundzutun, sie zu ermutigen und zu trösten [...]. Das ist auch für ihren Einfluss und Stand innerhalb der Bürgergemeinde wichtig. Wo in Politik und Gesellschaft Unrecht geschieht, wird der Prophet nicht schweigen. Er wird der Gemeinde die Augen öffnen. (:303)

Bei diesem Ansatz sticht die Notwendigkeit der prophetischen Predigt hervor, die nach meiner Erfahrung leider heute viel zu selten vorkommt. Köster hat, wie noch zu sehen sein wird, dieser Notwendigkeit entsprochen.

2.2.3. Hoburg: Die prophetische Rolle des Pfarrers

Der evangelische Theologe Ralf Hoburg (1997:207) listet vier Rollen des evangelischen Pfarrers nach Henning Luther auf: Der Pfarrer als Priester, Prophet, Pastor und König. „Der Pfarrer als Prophet ist derjenige, der im Besitz der Wahrheit ist und diese der Gemeinde kommunikativ vermittelt." Dies könne auch konfrontativ gegenüber der Welt geschehen. Das prophetische Element der Kirche von heute sei verloren gegangen, obwohl es eigentlich ein reformatorisches Erbstück darstelle (:210f). Der Prophet lebe „aus der Haltung des Protestes und des Widerspruchs. Er bildet das evolutive Element christlicher und speziell pastoraler Existenz" (:211). Er sei auch Revolutionär und Umstürzler und verkörpere dynamische Elemente wie Hoffnung und Utopie. „Der Prophet legt die Krise offen [...]" (:211). Hoburg meint, dass sich die Tradition des Prophetischen gerade auf Karl Barth berufen könne: „Hier wird der Prophet zu einem unverzichtbaren Teil der Kirche in der Welt, in dem er stellvertretend für die Welt darauf hört, daß Gott zum Menschen spricht" (:212). Hoburg führt aus, dass dieses prophetische Element Barths dann in die Tradition der sogenannten politischen Theologie aufgenommen wurde, die sich durch eine „als prophetisch zu kennzeichnende Progressivität, der es stets auf Entmachtung der falschen Autoritäten ankam" (:212), auszeichnet. „Der Prophet ist in seiner pastoralen Existenz in erster Linie der Prediger der Prophetie" (:213). Dies könne auch zeichenhaft geschehen, auf jeden Fall aber aufklärerisch und enthüllend. Eine prophetische Predigt sei „in besonderer Weise eine ‚Aufklärungspredigt' indem sie den Menschen vom biblischen Wort Gottes her über sich selbst aufklärt" (:215). Dazu werde Sünde beim Namen genannt, Schuld enthüllt und die „diversen ideologischen Heilsansprüche" aufgedeckt. Ein prophetischer Prediger müsse aktuelle Trends kennen, die Gesellschaft im Blick haben und brauche Lebenserfahrung auch in Lebenswelten außerhalb der Kirche (:215f). „Die tiefe theologische Relevanz erhält das prophetische Leben aus der biblischen Quelle der Versöhnung" (:217). Gott wende sich seinem Volk wieder zu, und er wende sich den Menschen heute in Jesus Christus zu. „In Anbindung an Calvin qualifiziert sich der Prophet somit im Horizont der Heilsgeschichte" (:217). Schließlich bedeute die prophetisch pastorale Existenz: „Mit der eigenen Persönlichkeit zu vermitteln, wie sich aus der Erfahrung der Versöhnung in Freiheit auf das Heil zum Ende hin leben läßt" (:218).[40]

An dem Entwurf von Hoburg ist in Bezug auf diese Arbeit hervorzuheben, dass er der Praxis vieler Ortsgemeinden am nächsten kommt, weil sie nur eine leitende pastorale

[40] Zitate werden in dieser Arbeit in Original-Schreibweise beibehalten und alte Rechtschreibregeln nicht als Fehler gekennzeichnet. Dies gilt auch, wenn ß statt zweimal der Buchstabe s geschrieben wurde und für die Kommasetzung.

Person haben, die daher verschiedene Rollen ausüben sollte. Mit Recht weist er darauf hin, dass dazu auch eine prophetische Dimension gehört. Dies entsprach auch der Situation Kösters in Wien.

2.2.4. Reimer: Leitung durch prophetische Verkündigung

Der freikirchliche UNISA-Professor Reimer (2008:20–36) betont in seinem Buch *Leiten durch Verkündigung. Eine unentdeckte Dimension* deutlich, dass Verkündigung eine Hauptaufgabe der Leitung ist und spricht von kerygmatischer Leitung. Er führt aus, dass Gott durch die Verkündigung seines Wortes beim Hörer einen Prozess in Gang setzt, den er als „Inkarnation seines Wortes" bezeichnet (:22). Reimer weist darauf hin, dass sich Leitung und Verkündigung bedingen: „Denn Leitung und Predigt gehören unzertrennbar zusammen" (:15). Er bezeichnet die Verkündigung des Evangeliums als kerygmatische Leitung: „Kerygmatische Leitung will durch die Verkündigung des Evangeliums leiten" (:20). Folgerichtig benennt er die Leitungsaufgabe eines Predigers: „Er soll durch das ihm anvertraute Wort anleiten" (:26). „Christliche Verkündigung kann daher nicht den Lebensakt selbst begründen, sondern tritt eher als Orientierungshilfe auf. Nichts aber fehlt dem Menschen heute so sehr wie Orientierung" (:29).

Reimer nennt basierend auf Epheser 4,11 fünf wichtige Teilbereiche der Verkündigung, darunter auch die „Prophetische Verkündigung" (:59). Für die Gemeinde sei daher ein Verkündigungsteam wünschenswert, durch das die unterschiedlichen Begabungen von Epheser 4,11 innerhalb der Kirche entfaltet werden (:60f). Er führt weiter aus, dass es heute noch apostolisch und prophetisch begabte Verkündiger gebe, ohne damit neue Ämter für die Kirche forcieren zu wollen (:65f). Daher brauche eine Gemeinde das richtige Verkündigungsmenü, zu dem auch die prophetische Verkündigung gehöre (:71f).[41] Anschließend gibt er einen Überblick über das Verständnis von neutestamentlicher Prophetie (:105f) und fasst wie folgt zusammen:

> Dieser Überblick macht deutlich, dass das prophetische Wort im NT nicht so sehr durch seine Form oder seinen Inhalt hervorsticht, sondern vor allem durch seine Unmittelbarkeit und Begründung im aktuellen Wort Gottes. Der prophetisch begabte Verkündiger ist gesandt, Gottes Wort in einer überaus konkreten Situation hör-

---

[41] Er stellt auch fest, dass das prophetische Wort sehr schwer ist für Pastoren: „Während in evangelischen oder auch evangelikalen Gemeinden die hier übliche Zurückhaltung in Prophetie ausschlaggebend zu sein scheint, ist es der Begriff der Prophetie selbst, der in charismatischen Kreisen eine bewusste Leitung durch das prophetische Wort verhindert" (Reimer 2008:103).

> bar werden zu lassen. Prophetie, so verstanden, ist die Aktualisierung des Wortes Gottes in der Gegenwart. (:109)

Reimer warnt davor, die Prophetie in den Gemeinden absterben zu lassen (:110), weil sie sonst zu geistlosen Organisationen werden. „Es ist die Aufgabe des kerygmatischen Leiters mit prophetischer Begabung, seine Gemeinde in die Welt biblischer Prophetie und die Praxis der prophetischen Verkündigung einzuführen" (:115). Dies müsse durch solide Lehre und durch praktische Konkretionen des prophetischen Wortes geschehen.

Er führt in seinem Buch *Die Welt umarmen* aus, dass ein alttestamentlicher Prophet geschichtliche Ereignisse deutet, so dass daraus religiöse Schlüsse gezogen werden können (Reimer 2009:275f). „Der Prophet ermöglicht durch sein Wort den Einblick in eine andere Perspektive der geschichtlichen Ereignisse, die allem voran von Gott her kommt. Dabei wird deutlich, dass es Gott ist, der sozio-politische Ereignisse ermöglicht, ja sie steuert" (:276). Der heutige Prophet habe damit auch eine missionarische Aufgabe: „Missionaler Gemeindebau setzt Leiter voraus, welche die Heiligen zu ihrem Dienst der Mission ausrüsten (Eph 4,11). Unter diesen Leitern sollten Menschen sein, denen Gott eine prophetische Begabung gegeben hat" (:278).

Der Ansatz von Reimer besticht durch seine Verbindung von Verkündigung und Leitung. Damit weist er auf einen m. E. in der Gemeindepraxis oft unterschätzen Punkt hin. Von Epheser 4,11 erkennt er dann die Möglichkeit, dass ein leitender Verkündiger prophetisch begabt sein kann. Kösters Verkündigung während der NS-Zeit entsprach zum Teil diesem heutigen Ansatz.

2.2.5. Osmer: Die normative (prophetische) Aufgabe

Der presbyterianische Professor Richard R. Osmer (2008) entwirft in seinem Buch *Practical Theology* ebenfalls ein Modell pastoraler Leitung. Sein Buch „ist nicht nur für die Methodenlehre an den Universitäten gedacht, sondern er entwickelt darin auch eine eigenständige Theologie der Gemeindeleitung" (Kessler 2017:41). Dabei nimmt er Bezug auf die calvinistische Drei-Ämter-Lehre (König, Priester und Prophet).

> Osmer verbindet die Drei-Ämter-Lehre mit seinem Vierschritt der praktisch-theologischen Deutung. Die deskriptive Aufgabe ist eine Form des priesterlichen Zuhörens; die interpretierende bedarf eines weisen Urteilens; die normative umfasst prophetische Einsicht, die anderen hilft, das Wort Gottes in ihren speziellen Umständen zu hören; und die pragmatische Aufgabe erfordert einen dienenden Leiter. (Kessler 2017:42)

Die folgende Tabelle gibt Osmers Zuordnung wieder:

Aufgabe	*Frage*	*Leitungsfunktion*
Deskriptiv	Was geschieht gerade?	Priesterliches Zuhören
Interpretierend	Warum geschieht dies?	Kluge Weisheit
Normativ	Was sollte eigentlich sein?	Prophetische Einsicht
Pragmatisch	Wie können wir reagieren?	Dienender Leiter

Osmers Zuordnung der Ämter zu den Aufgaben (aus Kessler 2017:42)

Gemeindeleitung hat also für Osmer (2008:28) neben anderen Aspekten auch eine prophetische Aufgabe. Die Aufgabe des Propheten verbindet sich dabei mit dem dritten seines Viererschrittes der Praktischen Theologie, den er als *normative task* bezeichnet. Damit wird die Frage beantwortet: Was sollte eigentlich sein? „The normative task is a form of prophetic discernment, grounded in a spirituality of discernment: helping others hear and heed God's Word in particular circumstances of their lives and world" (:29).

Osmer betont die Vorbildrolle von historischen Persönlichkeiten gerade im Zusammenhang mit dem *normative task*: „Sometimes, models of good practice are retrieved from the past" (:152). Von diesen Vorbildern können Kirchen heute profitieren: „In short good practice from the present or past can serve as a normative model offering guidance to contemporary congregations. It helps leaders imagine what their congregation might become [...]" (:153).

Osmer entwickelte sein Modell für die Praktische Theologie und für die Gemeindeleitung. Es untermauert die Wichtigkeit des prophetischen Elements in der Leitung und besticht in Bezug zu dieser Arbeit mit dem Ansatz, Vorbilder – wie Arnold Köster – zu erkennen, die aus der überlieferten Praxis für die heutige Praxis relevant sind.

2.2.6. Böhlemann und Herbst: Prophetisch-deutende Leitung

Die evangelischen Theologen Böhlemann und Herbst (2011:58) stellen in ihrem Handbuch *Geistlich leiten* für die Zeit des Neuen Testaments fest:

> Apostel, Prophetinnen, Lehrer, Diakone, Hirten, Älteste und Bischöfe – sie alle konnten mit wechselnden Schwerpunktsetzungen Leitung, Fürsorge und Verkündigung wahrnehmen, jedoch fast ausschließlich im Team und mit dem Ziel des Dienstes an der Gemeinde.

Sie entwickeln im Verlauf ihrer Ausführungen nach und nach und vor allen Dingen von der Schirm-Typologie[42] herkommend (:104f) ein dreidimensionales Modell geistlicher Leitung. Ihr Modell hat den Anspruch, „bei jeder Form von Leitung innerhalb der Kirche oder Gemeinde relevant zu sein" (:87). Benannt werden nun:

a. die personen-orientierte partizipatorische Dimension, also das pastoral-begleitende Leiten. Dies sei gemeinschaftsstärkend, seelsorgerlich-diakonisch, den Einzelnen unterstützend und Partizipation ermöglichend.

b. die theologisch-kompetente Dimension, also die prophetisch-deutende Leitung. Sie verbinde das, was Kirche glaubt mit dem, was aktuell sachgemäß und zu tun sei.

c. die verheißungsorientierte-visionäre Dimension, also das spirituell-führende Leiten. Menschen würden dadurch in eine Richtung geführt, die dem Willen Gottes entspricht. „Dies geschieht empfangend im Gebet und zielorientiert mit einem visionären Blick auf die Wirklichkeit Gottes" (:90).

In ihrer Erläuterung zur prophetisch-deutenden Leitung (Dimension b) führen sie aus, dass diese Art von Leitung „uns in dem Glauben bestärkt, dass Gott einen Plan für uns [sic!], für unsere Gemeinde und für unsere Kirche hat, und die erkennt, worin dieser Plan bestehen könnte" (:93). Leiterinnen und Leiter mit diesem Profil würden nicht richtend, sondern lehrend auftreten (:92). „Sie wecken Lust an Theologie und am Wort Gottes und üben ein zeitgemäßes geistliches ‚Wächteramt' aus" (:92).

> Diese theologische Dimension Geistlicher Leitung besteht in der Verbindung von dem, was wir glauben, und dem, was aktuell sachgemäß und zu tun ist. Sie hat hohe Deutungskompetenz und legt Wert auf Schulung und Sachkenntnis. Sie weiß bei allem eigenen Studium und Lernen dennoch, dass jede echte Schrifterkenntnis und Einsicht in den Willen Gottes Geschenk der göttlichen Weisheit ist. (:220)

Leiter dieser Dimension würden den 2.000-jährigen Graben der Kirchengeschichte überwinden und würden es schaffen, die biblische Botschaft relevant ins Heute zu vermitteln (:223f):

> Das ‚Prophetische' an dieser Dimension von Geistlicher Leitung ist die besondere Gabe der Deutung und Interpretation. Prophetisch begabte geistliche Leiterinnen und Leiter sind in der Lage, aktuelle Entwicklungen zu deuten, Fehler zu erkennen und aus ihnen zu lernen.

Diese Art des Leitens deute Entwicklungen und könne damit auch zum Umkehrruf oder zum deutlichen Ermahnen führen, „angesichts persönlicher, gesellschaftlicher und politischer Missstände". Sie habe keine Furcht, „sich auch in weltliche Leitung einzumi-

[42] Vgl. Internet: https://de.wikipedia.org/wiki/Biostruktur-Analyse [Stand: 29.12.2017].

schen und mitzureden, wenn die Gerechtigkeit oder die Freiheit und Würde des Menschen gefährdet ist" (:94). Leiter mit diesem Format könnten aber auch dazu neigen, ihre eigene Erkenntnis absolut zu setzen (:94).

In Bezug zu dieser Arbeit kann festgehalten werden, dass die prophetisch-deutende Leitung im Rahmen geistlicher Leitung deutlich herausgearbeitet wird. An dem Modell ist einleuchtend, dass es die vorgefundene berufliche Situation von pastoralen Leitern widerspiegelt, ihre Persönlichkeit mit einbezieht und ihnen verschiedene Leitungsbegabungsschwerpunkte zugesteht.

2.2.7. Haubeck: Zuweisung der prophetischen Aufgabe an die Verkündigung[43]

Der frei-evangelische Professor Haubeck (2012) erklärt den Begriff der Ämter – also auch des Propheten – aufgrund Epheser 2,19–22; 3,1–7 und 4,7–16. Die Ämter Apostel und Propheten seien nach Paulus als grundlegende Ämter der Kirche zu betrachten und würden in der Aufzählung von Epheser 4,11 zuerst genannt (Haubeck 2012:33). In Epheser 2,19 werde deutlich, dass die Heidenchristen in den Bau auf dem Fundament der Apostel und Propheten eingefügt worden seien. Es spreche mehr dafür, dass die Apostel und Propheten das Fundament bildeten, als dass sie es nur gelegt hätten (:35), denn sie hätten das grundlegende Evangelium Jesu verkündigt (:35f). Christus sei das Fundament durch seine Person, die Apostel und Propheten seien es durch ihre Verkündigung (:38). Haubeck geht dann der Frage nach, welcher Personenkreis unter den Aposteln (:38f) und unter den Propheten (:40f) zu verstehen ist. „Weitgehend einig ist man sich heute in der Auslegung darüber, dass mit den Propheten im Epheserbrief nicht die alttestamentlichen Propheten gemeint sind, sondern christliche Propheten" (:40). Hinweise auf ihre Aufgaben fänden sich in der Apostelgeschichte und in den Briefen. „Sprachlich ist zu unterscheiden zwischen dem Charisma, das punktuell zum prophetischen Reden begabt, und den Menschen, die als Propheten bezeichnet werden und dieses ‚Amt' in personaler Kontinuität ausüben" (:40). Laut Paulus würden Frauen und Männer prophetisch reden und damit die Gemeinde aufbauen, durch Ermutigung, Stärkung und Trost. Auch künftige Ereignisse werden so angekündigt (Apg 11,27; 21,10). Dies könne durch die Gemeinde geprüft werden. Die Propheten des Alten Testaments bildeten dabei aber einen wichtigen traditionsgeschichtlichen Hintergrund. Sie hätten Gottes Willen für die jeweils aktuelle Situation verkündigt (:41). In den ersten Gemein-

[43] Der Ansatz von Haubeck könnte auch 2.2.4. zugeordnet werden. Haubeck teilt zwar nicht die Meinung eines heutigen fünffältigen Dienstes, sieht aber dennoch die Notwendigkeit, das prophetische Element in den Verkündigungsämtern zu erhalten. Daher ist Haubecks Ansatz hier aufgeführt.

den habe sich ein Personenkreis prophetisch begabter Menschen gebildet, der sich als konstant erwiesen hätte (Agabus, Judas, Silas in Apg 15,32, Männer aus Antiochien in 13,1). In 1Korinther 12,28f habe Gott Aposteln, Propheten und Lehrern Aufgaben in der Gemeinde zugewiesen. Propheten seien wie Apostel Offenbarungsempfänger (3,5). Sie würden jetzt durch den Geist das Geheimnis der Versöhnung kennen und verkündigen (:44f).

Für Haubeck wird deutlich, dass es bei den mit den Aposteln genannten Propheten um einen begrenzten Kreis christlicher Propheten geht, die besonders in der Anfangszeit der Kirche ihrem Aufbau dienten. „Sie bilden mit Christus als Eckstein das Fundament für die universale Gemeinde aller Zeiten. In dieser Funktion sind sie weder zu ersetzen noch ist ihre Aufgabe zu wiederholen" (:49). Daher habe ihre Verkündigung von Christus den Maßstab bzw. die Norm gebildet, an der sich alle christliche Lehre und Verkündigung zu orientieren habe.

Christus verteile laut Epheser 4,7–11 individuelle Gaben (:51f) und setze bestimmte Menschen in unterschiedliche Ämter ein (:53). „Die Charismen sind somit sowohl Voraussetzung für die aufgeführten Ämter als auch Befähigung und Bevollmächtigung zu ihrer Ausübung" (:53). Haubeck sieht in den Aposteln und Propheten dieselben Personengruppen wie in 2,20 und 3,5. Evangelisten sind neben und nach den Aposteln in deren missionarische Arbeit eingetreten. Hirten haben geweidet, also haben sie die Gemeinden geleitet. Lehrer haben die Schrift ausgelegt. Die Ämter in Epheser 4,11 seien Ämter der Verkündigung, Lehre und Leitung. Ihre Aufzählung sei beispielhaft. Für das heutige Amtsverständnis bedeute das nun Folgendes: Apostel und Propheten haben eine einmalige Funktion gehabt, die nicht zu wiederholen sei. Sie bildeten mit Christus das Fundament.

> Auch wenn die Funktion der Apostel und Propheten als Offenbarungsempfänger und als Fundament für die Gemeinde nicht zu wiederholen ist, geht doch ihr Auftrag, das Evangelium den Menschen zu verkündigen, damit diese Anteil an der Erlösung Christi erhalten und die Gemeinde gebaut wird, weiter. Dies geschah in neutestamentlicher Zeit – auch schon parallel zur Wirksamkeit der Apostel und Propheten – durch Evangelisten, Hirten und Lehrer. (:65)

Dabei gehe es nicht um eine Sukzession von Ämtern, sondern um den Auftrag der Verkündigung auf der Grundlage der Apostel und Propheten. Haubeck findet es übrigens nicht angemessen, alle fünf Ämter aus Epheser 4,11 in unsere Zeit zu übertragen (:65). Die Amtsbezeichnungen hätten sich im Laufe der Kirchengeschichte gewandelt. Heute verbinde das Amt des Pastors einige Funktionen der damaligen Ämter.[44] Entscheidend sei, dass Christus das entsprechende Charisma verleihe. „Den in Epheser 4,11 genannten Ämtern des Verkündigens und Leitens kommt eine besondere Funktion und Verantwortung für die Förderung der Einheit der Gemeinde, ihren Aufbau und die Zurüstung der Christen zu" (:67).

Der Ansatz von Haubeck ist zu eng geführt. Auch wenn es möglich ist, dass in der „Grundlage" im Epheserbrief die urchristlichen Apostel und Propheten zu sehen sind, sprechen andere Bibelstellen vom prophetischen Charisma in der neutestamentlichen Gemeinde, die nicht zwingend nur auf Lehrer und Hirten übertragbar sind (z. B. 1Kor 12,10.28; 1Joh 4,1–6). Aber auch bei Haubeck wird deutlich, dass ein Verkündiger oder Lehrer das prophetische Element nicht vernachlässigen darf. Und sein Modell entspricht nach meiner Erfahrung oft der Praxis vorgefundener Leitungssituationen in den Kirchen vor Ort.[45]

2.2.8. Weitere Ansätze: Das prophetische Charisma in der Gemeindeleitung

Abschließend führe ich ergänzend eine Reihe von ganz neuen Entwürfen auf, die alle aufgrund von Epheser 4,11 das prophetische Amt im Rahmen einer Gemeindeleitung begründen:

Der baptistische Theologe Heinrich Christian Rust (2012:323) betont die prophetische Aufgabe einer Gemeindeleitung. „Dem Wesen nach sind alttestamentliche und urchristliche Prophetie vergleichbar" (:329), wenn die Begabung im Neuen Testament auch vielen gegeben wurde und nicht an den Propheten gebunden war. Paulus räume Prophetie einen sehr hohen Stellenwert für den Gemeindeaufbau ein (1Kor 14,5). „Die Prophetien selbst müssen dem Zweck der Auferbauung, Belehrung und Tröstung der Gemeinde dienen" (:330). Laut Rust denken Menschen mit einem prophetischen Leitungsprofil in Gemeindeleitungssitzungen immer wieder: „Was sagt Gott dazu? Dabei denken sie

---

[44] Schneider (1998) argumentiert in seinem Artikel ähnlich: Er sieht von Johannes 16,13 her, dass das Zukünftige, was der Heilige Geist verkünden wird, im NT in drei Formen Gestalt angenommen hat (:1620f): a. In der Johannesoffenbarung, b. im gottesdienstlichen Kurzbeitrag nach 1Kor 14 und c. im gelegentlichen Vorhersagen von Ereignissen. Für ihn kommt für die heutige Verkündigung „eigentlich nur Form b." in Betracht. „So hat also die christl. Verkündigung durchaus auch den Charakter des Prophetischen neben dem des Evangelistischen und Lehrhaften. Sie hat mehr eine seelsorgerl. Funktion. Es empfiehlt sich, den prophetischen Beitrag nicht als solchen zu firmieren und anzukündigen [...]. Das prophetische Wort hat sich unter die ‚normale' Verkündigung zu mischen, ja, sogar zu verbergen – die, die es angeht, werden sofort merken, daß es ein Wort des Auferstandenen an sie ist" (:1621).

[45] Vgl. hierzu z. B. ein Jahrbuch des Bundes Evangelisch-Freikirchlicher Gemeinden.

nicht in erster Linie an das biblische Wort Gottes, wie es die Lehrer tun, sondern an eine Offenbarung“ (:332). Sie mahnten an, das Angesicht Gottes zu suchen.

Die katholischen deutschen Bischöfe (2015:53f) betonen in ihrer Schrift *Gemeinsam Kirche sein*, dass neue Beauftragungen innerhalb der katholischen Kirche nötig sind. Der Priester in einer Pfarrei solle die „Aufgabe eines Geburtshelfers“ für diese neuen Aufgaben übernehmen. Dazu gehöre nach Epheser 4,11 auch das prophetische Amt. Unter gewissen Umständen solle u. a. dieser Dienst gewürdigt und öffentlich gemacht werden, in dem er vom apostolischen Stuhl erbeten werde, was 1972 durch Papst Paul VI. ermöglicht worden ist (:54).

Der baptistische Pastor Stefan Vatter (2016:187) argumentiert ebenfalls mit Epheser 4,11. Für ihn handelt es sich hier um ein „von Gott gegebenes Teammodell“ (:184). Zu diesem Team gehöre auch der Prophet. Er charakterisiert den neuzeitlichen Propheten als jemanden, der den Horizont für die Sicht öffnet, „warum es in einer Gemeinde oder Gesellschaft ist, wie es ist“. „Dabei hat er auch ein Mandat, Verantwortungsträger der Gesellschaft mit dem Willen Gottes zu konfrontieren“ (:187).

In ihrem Handbuch *Gemeinde leiten* argumentiert die Evangelische Kirche von Westfalen (2016) für die prophetische Aufgabe innerhalb der Gemeindeleitung (Presbyterium) und stellt für ihre Reihen fest: „Eine Kirchengemeinde ist nicht für sich selbst da, sondern hat immer eine Ausstrahlung in die Welt, in die Stadt, in den Ort oder Ortsteil hinein. Wo wir als Protestanten in Gottes Namen protestieren müssen, dürfen wir nicht schweigen“ (:16).

Auch Beiderbeck-Haus und andere (2017) betonen in ihrer Handreichung für Gemeindeleitungen des Bundes Evangelisch-Freikirchlicher Gemeinden (Baptisten- und Brüdergemeinden) den fünffältigen Dienst und schlagen eine funktionale statt personale Deutung der Aufgaben vor. Die Ämter in Epheser 4,11 seien funktional und nicht personal zu deuten (:16). Zur Rolle des Propheten wird ausgeführt: „Andere Menschen zeigen treffsicher Gottes Perspektive im Hier und Jetzt auf und finden erhellende Worte für die Situation der Gemeinde oder auch einzelner Menschen. Damit übernehmen sie die Funktion des prophetischen Dienstes“ (:16).

Ich stelle fest, dass besonders Vatter die Rolle des Propheten als Leitungsamt einer Person im Rahmen eines Leitungsteams betont. Für Rust handelt es sich eher um ein prophetisches Leitungsprofil. Die evangelische Kirche von Westfalen und Beiderbeck-Haus und andere deuten die prophetische Aufgabe eher als Funktion von Menschen im Leitungsdienst. Die Arbeit wird zeigen, dass Köster die Prophetie als eine wichtige Aufgabe der gesamten Gemeinde und damit seines Pastorendienstes verstand.

2.2.9. Die Ansätze im Vergleich

Die Ansätze zeigen die wichtige Funktion der prophetischen Dimension innerhalb der pastoralen Gemeindeleitung auf.

Zunächst wird deutlich, dass sich die prophetische Dimension in der Verkündigung des Wortes Gottes ausdrückt, also in erster Linie in der Predigt. Über die prophetische Verkündigung wird die Gemeinde kerygmatisch mit geleitet (Reimer 2008). Die prophetische Verkündigung kann schmerzlich in der Kirche vermisst werden und muss daher angemahnt werden (Kraus 1986 und Eickhoff 2009). Sie ist ein Teil der Predigtlehre (Bohren 1980) und muss den Verkündigungsämtern zugewiesen werden (Haubeck 2012). Die politische Aufgabe der prophetischen Predigt wird ebenfalls von mehreren Autoren betont, ist aber besonders bei Kraus (1986) und Hoburg (1997) ausgeführt.

Die prophetische Dimension von Leitung kann einmal mehr aus der Praktischen Theologie, wie bei Osmer (2008), und aus der Praxis der Kirchenleitung entwickelt werden, wie tendenziell bei Böhlemann und Herbst (2011). Sie kann auch von einem gabenorientierten Ansatz her begründet werden, wie bei Rust (2012), den deutschen Bischöfen (2015), der Evangelischen Kirche von Westfalen (2016), Vatter (2016) oder Beiderbeck-Haus und anderen (2017). Hoburg (1997) dagegen argumentiert sehr vom Amtsverständnis des Pastors her.

Auf die unterschiedlichen Ansätze zur konkreten Ausübung eines heutigen prophetischen Dienstes – besonders Haubeck (2012) versus Rust (2012) und Vatter (2013), oder der Ansatz der deutschen Bischöfe (2015) – kann im Rahmen dieser Arbeit nicht eingegangen werden. Festzuhalten ist, dass alle Autoren das prophetische Element im Rahmen der Gemeindeleitung und des Verkündigungsdienstes – oft ausgehend von Epheser 4,11 – als unbedingt notwendig ansehen.

2.3. Definition von pastoral-prophetischer Leitung

Ich stimme mit den genannten Autoren überein, dass die Kirche das prophetische Element in ihren Leitungsdiensten als Ergänzung zu den anderen Leitungsbegabungen benötigt. Ich stimme ebenfalls damit überein, dass die prophetische Dimension vor allen Dingen in die Verkündigung gehört (Reimer 2008), wobei dies für mich auch die schriftliche Predigt mit einschließt. Mit Haubeck sehe ich in der Praxis der meisten Kirchen die prophetische Aufgabe vor allen Dingen mit der Verkündigung verbunden, wenn ich auch nicht das Amt eines Propheten ausschließen möchte, also hier mit Rust (2012) und Vatter (2016) mitgehe. Generell würde ich mir wünschen, dass Gemeindeleitung mehr die prophetische Dimension in den Blick nimmt. Ich beschreibe nun pastoral-prophetische

Leitung wie folgt: *Pastoral-prophetische Leitung – vorwiegend in Form der Verkündigung – dient der Kirche zur konkreten Ermutigung und ist das notwendige Sprechen eines Verkündigers in die für die Gemeinde aktuelle Gegenwart durch Auslegung biblischer prophetischer und eschatologischer Texte mit durchaus politischer Dimension, um die Gemeinde geistlich auf Kurs zu halten.*[46]

Ich beziehe mich hier vor allen Dingen auf die Darstellungen von Kraus (1986) und Hoburg (1997). Ausgehend von Epheser 4,11 und anderen Bibelstellen zur prophetischen Gabe verbinde ich ihre Aussagen mit 2Petrus 1,19–21, wo Petrus die Gemeinde dazu auffordert, sich an die erhellende Botschaft der Propheten zu halten. Es liegt nahe, hier auch an die alttestamentlichen Propheten zu denken, die durch den prophetischen Dienst der neutestamentlichen Gabenträger ihre – wenn auch anders gelagerte – Fortsetzung finden.

Wie diese Arbeit zeigen wird, kommt Kösters Verkündigungspraxis dieser Beschreibung sehr nahe. Seine Hauptaufgabe als Prediger der Baptistengemeinde in Wien war die Verkündigung. Er predigte in der Regel dreimal pro Woche, zweimal am Sonntag und mindestens einmal in der Woche. Er selbst betrachtet seinen Dienst als Leitung (AWM Nr. 6). Köster hat sich besonders der alttestamentlichen Propheten bedient, um sie in seine Gegenwart hinein auszulegen und sie zu erhellen. Es handelte sich dabei um eine echte Aktualisierung des Wortes Gottes (Reimer 2008:109).

2.4. Fazit zum zweiten Kapitel

In diesem Kapitel habe ich zunächst pastorale (geistliche) Leiterschaft definiert. Anschließend wurden mehrere Ansätze pastoraler Leiterschaft vorgestellt, die alle eine prophetische Dimension betonen. Das prophetische Element wird in der Regel als Teil des verkündigenden Leitungsdienstes betont. Von da aus konnte ich dann eine Beschreibung pastoral-prophetischer Leitung vornehmen. Kapitel 2 bildet damit die Grundlage, um Kösters prophetisches Dienstverständnis, das in Kapitel 5 dargestellt wird, in Kontrast zu setzen und zu beurteilen.

---

[46] Auf die Frage, ob es sich bei dieser Art der Verkündigung um das Charisma der Prophetie oder um das Charisma der Lehre oder das Charisma der Geisterunterscheidung handelt, kann im Rahmen dieser Arbeit nicht eingegangen werden. Ich gehe aber davon aus, dass prophetische Verkündigung von allen drei Gabenträgern ausgehen kann. Auch auf die Gefahren, die bei einer Überbetonung dieser Form von Verkündigung auftreten können, wie z. B. zu einseitige politische Predigten oder den Missbrauch der Predigt, um politische Interessen durchzusetzen, kann im Rahmen dieser Arbeit nicht eingegangen werden.

3. Der Baptismus: Kösters konfessioneller Leitungskontext

Arnold Köster war sozialisierter und überzeugter Baptist, wie später in seiner Biographie deutlich wird. Daher wird im folgenden Kapitel sein konfessioneller Leitungskontext vorgestellt. Köster wirkte bis zu seiner Berufung nach Wien im Jahr 1929 im Rahmen des deutschen Baptistenbundes als ordinierter Prediger. Nach dem Anschluss Österreichs ans Deutsche Reich im Jahr 1938 kam Köster wieder in den deutschen Bund. Die Jahre 1941–1945 sind im Rahmen der Köster-Forschung insofern interessant, da Köster offizielles Mitglied der Bundesleitung des neu entstandenen BEFG wurde. 1945 wurde die Wiener Baptistengemeinde wieder unabhängig vom deutschen Bund.

In diesem Kapitel stelle ich die geschichtliche Entwicklung des Baptismus in Deutschland und Österreich bis 1945 dar, schwerpunktmäßig die Zeit der Weimarer Republik und die Zeit des NS-Regimes. Ich orientiere mich dabei im Wesentlichen an den Arbeiten der baptistischen Historiker Klaus Bloedhorn jr. (1982), Günther Balders (1989) und Andrea Strübind (1995). Für die Zeit der Weimarer Republik ziehe ich den freievangelischen Pastor Manfred Stedlter (2015) hinzu, und für die Geschichte des österreichischen Baptismus Franz Graf-Stuhlhofer (2005 und 2011). Für die Betrachtung der Situation der jüdisch stämmigen Baptisten ziehe ich Baptistenpastor Roland Fleischer (2012a und 2012b) heran.

Strübind stellt zu Recht fest, dass die Autonomie der Ortsgemeinde die Basis der Organisationsstruktur der Baptisten ist. „Es wäre demnach angemessen, den Weg der einzelnen Gemeinden während der NS-Diktatur nachzuzeichnen, um dem theologischen Selbstverständnis des Baptismus in der historischen Darstellung zu entsprechen“ (Strübind 1995:5).[47] Dies ließe die aktuelle Quellenlage allerdings nicht zu. Daher gelte es auf die Veröffentlichungen von repräsentativen Entscheidungsträgern zurückzugreifen.

---

[47] „Die Geschichte des ‚anderen Baptismus‘ läßt sich aufgrund der gegenwärtigen Quellenlage nur schwer ermitteln. Für die missionarisch-aktivistische Gemeindebewegung des Baptismus hatte die Reflexion der eigenen Geschichte stets nur sekundäre Bedeutung“ (Strübind 1995:5). Strübind orientiert sich daher an der „Ausnahmefigur“ Paul Schmidts (ab 1930 Schriftleiter zahlreicher Zeitschriften im baptistischen Verlagshaus, ab Sept. 1930 auch Reichstagsabgeordneter des CSVD, dann ab 1935 Bundeshaus, dann später Bundesdirektor, außerdem ab 1929 im Vorstand der VEF). Seine Person sei korrelativ (wechselseitig) zum Bundesgeschehen zu sehen, wenn auch wiederum nicht repräsentativ für den ganzen Baptismus (:6). Er hätte aber, der gesamten Bundesleitung voran, die Gemeinden in der Öffentlichkeit, also gegenüber Staat und anderen Kirchen vertreten. Auch nach Balders (1989:88) ist die Geschichte des Baptismus „keineswegs nur als eine Geschichte des Bundes in dieser Zeit zu erfassen, schon gar nicht nur als eine Geschichte von herausragenden Verlautbarungen. Sie ist mindestens ebensosehr die ungleich schwerer zu ermittelnde Geschichte der einzelnen Gemeinde, ja des einzelnen Gemeindemitgliedes, welche Rolle sie auch immer gespielt haben mögen“ (Balders 1989:88).

Indem ich den genannten Historikern folge, stelle ich in diesem Kapitel den „offiziellen Baptismus" dar, also den Baptismus, der durch offizielle Verlautbarungen und Veröffentlichungen wahrgenommen werden kann. Im weiteren Verlauf meiner Arbeit wird aber auch die selbstständige Haltung der Wiener Baptistengemeinde und ihres Predigers dargestellt. Das Kapitel 3 bildet somit die Hintergrundfolie, um später das Verhalten Kösters und der Wiener Gemeinde während der NS-Zeit mit dem Verhalten des „offiziellen Baptismus" kontrastieren zu können.

3.1. Entstehung des Baptismus und Verbreitung in Deutschland bis 1918

In der Entstehung des Baptismus ist die Unabhängigkeit der einzelnen Ortsgemeinde und ihrer Leitung angelegt. Auch daher konnte Köster später unabhängig von der Bundesleitung auftreten. Strübind (1995:22f) macht die historischen Wurzeln des Baptismus im englischen Puritanismus aus. Die theologischen Wurzeln sieht sie schon im Täufertum der Reformationszeit.[48] Der anglikanische Geistliche John Smyth gründet 1608 in Amsterdam die erste baptistische Gemeinde, nachdem er durch das Studium der Bibel die Notwendigkeit einer Glaubenstaufe erkannt hat. 1611/12 entsteht in London die erste englische Baptistengemeinde. „Die Emanzipation vom Staat, die Forderung nach Gewissensfreiheit und die Bildung von Gemeinden nach dem urchristlichen Ideal, sowie die Praxis der Gläubigentaufe stellen bleibende Elemente der gesamten baptistischen Tradition dar" (:25).

[48] Erste Strömungen ließen sich im 17. Jahrhundert im Rahmen der anglikanischen Kirche Englands erkennen. Es entstehen Gruppen mit freiwilliger Mitgliedschaft (Kongregationalismus) und unabhängig vom Staat (Independentismus). Einige dieser Gruppen wandern aufgrund von behördlicher Verfolgung aus. Zur Verbreitung der Baptisten in Amerika vergleiche Strübind 1995:23f. Die Gewissensfreiheit, als zunächst freikirchliches Postulat, entwickelte sich im Laufe der amerikanischen Geschichte zu einer politischen Norm. Ihre Durchsetzung erfolgte, in gewissem Gegensatz zur europäischen Entwicklung, in positivem Einklang zwischen Staat und Kirchen (Strübind 1995:26). Die Freikirche wird also in Amerika zum Regelfall und die Baptisten zur führenden protestantischen Denomination. Dies ist in Europa anders. Der Toleranzgedanke entsteht lt. Strübind hier mehr aus einem philosophisch-humanistischen Prozess heraus. „In der Zeit des ‚Dritten Reiches' begegneten die amerikanischen Baptisten aufgrund ihrer fundamentalen Freiheitsauffassung und ihres positiven Verhältnisses zum demokratischen Staat den deutschen ‚Glaubensbrüdern' mit Unverständnis und harter Kritik" (:27).

In Deutschland wirkt Johann Gerhard Oncken.[49] Er gründet die erste Baptistengemeinde am 23.04.1834, in Hamburg (Balders 1989:17).[50] „Die Baptistengemeinden hatten sich von Anfang an nach demokratischen Grundsätzen organisiert. Jede Gemeinde war in ihren Entscheidungen unabhängig und nur sich selbst (bzw. Gott) verantwortlich" (Bloedhorn 1982:18f). Älteste und Prediger werden selbst gewählt und es gibt keine Amtsgeistlichkeit.

Während die Gemeinde Hamburg 1858 eine behördliche „Concession" erhält, wird das Wirken der Baptisten in anderen Teilen Deutschlands oft geahndet oder erschwert, auch wenn ab 1848 offiziell Versammlungsfreiheit gilt (Balder 1989:29).[51] Die bedrängende Situation hat Auswirkungen auf die Gemeinden:

---

[49] „Die angelsächsischen Kirchen verstanden sich als ‚uneigennützige Helfer' der aufkeimenden Erweckungsbewegung" (Strübind 1995:28). Dafür werden überkonfessionelle Missionsgesellschaften gegründet. Zu einer von ihnen, der „Continental Society for the Diffusion of Religious Knowledge over the Continent of Europe", gehört Oncken. Er erreicht besonders die Arbeiterschaft und die Arbeitslosen im Hamburger Hafenviertel. In Zusammenarbeit mit dem Pfarrer J.W. Rautenberg gründet Oncken 1824/25 die erste deutsche Sonntagschule in der Hamburger Vorstadt St. Georg, in der auch J.H. Wichern mitarbeitet. Da Oncken nicht zur Staatskirche gehörte, aber erweckliche Zusammenkünfte abhielt, trennte man sich relativ schnell wieder (:29).

[50] Tags zuvor werden sieben Geschwister durch den amerikanischen Professor Sears in der Norder-Elbe, gegenüber dem Hamburger Hafen, getauft. Die sieben Getauften gründen unter Anleitung von Sears die erste Gemeinde und bestimmen Johann Gerhard Oncken zu ihrem Prediger (Bloedhorn 1982:12). Sie erreicht besonders die einfachen Schichten der Bevölkerung und hier vor allem die Handwerker. 1836 wird der Judenchrist Julius Köbner gewonnen (Balders 1989:22f). Durch Onckens nationale Vernetzung entstehen bald Baptistengemeinden in anderen Städten, wie 1837 in Berlin. Dort kommt durch Gottfried Wilhelm Lehmann lutherisch-pietistisches Gedankengut in die junge Bewegung hinein, während Oncken ganz calvinistisch geprägt ist (:23). 1847 wird ein gemeinsames Glaubensbekenntnis formuliert, das auch eine Muster-Gemeindeverfassung enthält (:20). Bis zum Jahr 1848 werden in Deutschland 25 Gemeinden gegründet, sowie weitere fünf in Dänemark. Im Januar 1849 schließen sich alle deutschen Baptistengemeinden zum „Bund der vereinigten Gemeinden getaufter Christen" zusammen.

[51] Im selben Jahr fordert Köbner vergeblich in seinem „Manifest des freien Urchristentums an das deutsche Volk" die Trennung von Kirche und Staat und Religionsfreiheit für jeden Menschen, egal welcher Religionsangehörigkeit er angehört. Balders listet eine tabellarische Übersicht von J. Lehmann aus der Zeit von 1851 bis 1859 auf, der ca. 50 verhängte Strafen gegenüber baptistischen Christen zu entnehmen sind. Neben leichteren Geldstrafen finden sich darunter z. B. fünf Monate Gefängnis, aufgrund von Versammlungen und Taufhandlungen; weiter Ausweisungen, aufgrund von Zugehörigkeit, vier Tage Gefängnis, weil eine Mutter ihre Kinder nicht im lutherischen Katechismus unterweisen will oder 37 Tage Gefängnis, weil jemand seine Tochter nicht konfirmieren lassen möchte (Balders 1989:29–33). Brautleute haben Schwierigkeiten bei der Trauung und Bestattungen sind schwierig. Mancher Baptist wird in der Selbstmörderecke des Friedhofs beerdigt (:34). Baptisten müssen sich auch den Vorwurf der „Proselytenmacherei" gefallen lassen (:36).

> Da die treibende Kraft hinter den Verfolgungen meistens die Staatskirche war, entwickelte sie sich für viele Baptisten zu einem Feindbild. Viele Baptisten versuchten der Verfolgung zu entgehen, indem sie sich den Behörden und Monarchen gegenüber als unpolitische Gruppe präsentierten, von der keine Gefahr ausgehe. Der Einsatz für Religions- und Meinungsfreiheit, die Köbner 1848 noch mit deutlichen Worten forderte, trat bald hinter dem Bemühen um ein gutes Verhältnis zur Obrigkeit zurück. (Stedtler 2015:19)

1846 werden die Baptisten durch Oncken Mitbegründer der weltweiten Evangelischen Allianz, und Lehmann ist die treibende Kraft ihrer Gründung in Deutschland 1852.[52] Als mit dem Tod Köbners im Februar 1884 die Gründergeneration abtritt, hat der Bund 98 Gemeinden mit 18.000 Mitgliedern (Balders 1989:42).[53] 1880 wird das Predigerseminar in Hamburg eröffnet. 1888 erhält der Bund vom Hamburger Senat eine Anerkennung als selbstständiges Rechtssubjekt (Korporationsrechte), die dann ab 1897 auch in Preußen gilt. Es wird der „Bund der Baptistengemeinden in Deutschland" gegründet. Insgesamt steht man in den Gemeinden hinter dem Kaiser und auch hinter der Politik, die zum Ersten Weltkrieg führt. Die Bilanz nach über vier Jahren Krieg lautet 1.451 tote Soldaten aus Baptistengemeinden, ca. 4.000 verlorene Mitglieder in den verlorenen Gebieten und der Zwang zur Aufgabe der Kamerunmission (:75).

3.2. Die Baptisten in der Weimarer Republik (1818–1933)

Zunächst entdeckt man im Baptismus die Chancen der neuen Weimarer Republik: Religions-, Rede- und Pressefreiheit und die angekündigte Trennung von Kirche und Staat. Ab 1921 erhält der Bund in einigen Bundesländern Körperschaftsrechte, aber erst am 18. August 1930 erhält er vom Preußischen Staatsministerium den Status einer Körperschaft des öffentlichen Rechtes und damit die volle Anerkennung als Freikirche. Das führte wiederum zu Spannungen mit den evangelischen Landeskirchen, die die Anerkennung verhindern wollten. „Das spannungsreiche Verhältnis zur Evangelischen Kirche in der Weimarer Republik muß in die Deutung der freikirchlichen Position gegenüber der sich bildenden Reichskirche in der NS-Zeit und dem Kirchenkampf anderseits miteinbezogen werden" (Strübind 1995:51f).

---

[52] 1871 kommt es zum „Hamburger Streit". „Letztlich ging es um die Frage, ob es im Bund genauso zugehen sollte, wie in einer Gemeinde, und zwar nach Onckenschem Muster: Der Älteste führt, die Gemeindeversammlung beschließt" (Balders 1989:40). Dagegen steht die Meinung der völligen Selbstständigkeit der Ortsgemeinde. Erst 1879 wird der Streit beigelegt (:41).

[53] 1878 wird der Oncken-Verlag gegründet, der die Wochenzeitschrift „Der Wahrheitszeuge" auflegt (Balders 1989:46).

1930 bestand der Bund aus 13 Vereinigungen und über 300 Gemeinden (Bloedhorn 1982:21).[54] Hauptsorge zu dieser Zeit war, dass der antichristliche Bolschewismus in Deutschland Fuß fassen könne. Auch die Sozialdemokratie gab sich antireligiös. „Leider beobachteten nur wenige ebenso aufmerksam und kritisch den rechten Flügel des Parteienspektrums, den heraufziehenden Nationalsozialismus“ (Balders 1989:86).

Manfred Stedtler (2015) erforscht in „Baptisten in der Weimarer Republik“ umfassend das Denken und Fühlen (Mentalität) des „offiziellen Baptismus“.[55] Anhand von Artikeln der Jahre 1918–1933 aus der wöchentlich erscheinenden Zeitschrift „Der Wahrheitszeuge“ (WZ), die in fast jeder baptistischer Familie gelesen werden, zeichnet er ein gesellschaftliches Portrait der deutschen Baptisten und entfaltet ihre Gedanken zu Politik und Gesellschaft.[56] Stedtler möchte in seiner Arbeit klären, ob die Anpassung der Baptisten während des NS-Regimes und der damit einhergehende mangelnde Widerstand in der Theologie des Baptismus verankert waren. Stedtler (2015:147–153) untersucht den Einfluss der Theologie der damaligen Baptisten auf ihre Haltung zu politischen Fragen. Von dieser Theologie ist auch Köster geprägt. Die Darstellung der Ergebnisse von Stedtler ist deshalb interessant, weil man Köster auch ein biblizistisches und eschatologisches Schriftverständnis attestieren kann, der aber – wie noch zu sehen sein wird – eine aktive prophetische Rolle gegenüber dem NS-Regime einnehmen kann. Stedtler stellt fest, dass Biblizismus an sich nicht das Problem der Baptisten ist.[57] Das Problem ist der „eklektische Biblizismus“, also die Auswahl der Bibelstellen, wenn es um die poli-

---

54 Balders (1989:85) bemerkt, dass der Bund in den Jahren 1925–1929 in eine Sinnkrise stürzt, die strukturelle und geistliche Aspekte hat, und skizziert als Reaktion einen Bußruf und vor allen Dingen eine Missionsoffensive auf diese Krise.

55 Stedtler betreibt Mentalitätsgeschichtsforschung. Mentalitätsgeschichte nimmt den „Faktor Mensch“, mit seinen Wünschen, Sorgen, Emotionen, Handlungen und Unterlassungen in den geschichtlichen Fokus, um multikausale Zusammenhänge zu erklären (Stedtler 2015:11–17). Er betrachtet die Baptisten als bewegte, wachsende Gruppe, als Freiwilligenkirche und als Teil der protestantischen konservativen Mikromentalität im 19. Jahrhundert. In dieser Gruppe kann es durchaus unterschiedliche Sichten in Einzelfragen geben. Entscheidend ist, dass das Denken und Handeln um bestimmte Themen und Diskussionspunkte kreist, die innerhalb der Mentalitätsgruppe relevant sind und damit für Leute außerhalb der Lebenswelt einer bestimmten Gruppe irrelevant.

56 Die Autoren im WZ sind Baptisten, und die Leserbriefe werden ebenfalls von Baptisten verfasst. Sicher ist dem Schriftleiter der Zeitschrift eine meinungsprägende Rolle zuzuschreiben. Stedtler weist nach, dass im Rahmen der baptistischen Literatur – bis auf wenige Ausnahmen – nur in dieser Zeitschrift tagespolitische Stellungnahmen zu finden sind (Stedtler 2015:15–17).

57 Nach Manfred Marquardt (1998) kennzeichnet den Biblizismus, dass er „alle biblischen Aussagen im Wortsinn versteht, sie kaum oder gar nicht verschieden gewichtet und sie als Quelle und Norm unmittelbar auf die Verkündigung, Lehre und Ordnung der Kirche wie auf die Gestaltung des persönlichen und öffentlichen Lebens bezieht“.

tische Handlungsfähigkeit ging. Daher wehrt sich Stedtler gegen eine pauschale Kritik am biblizistischen Ansatz. In der Zusammenfassung seiner gründlichen Studie stellt er abschließend fest (:155–158):

Die Weimarer Republik ist von politischer Instabilität, sowie von wirtschaftlicher Not geprägt. Viele Menschen, auch die Baptisten, erleben diese Zeit als eine negative Zeit, verglichen mit der vorangegangenen Periode. Die rechtliche Lage des Baptismus hat sich zwar verbessert, aber es herrscht Angst vor dem antichristlichen Sozialismus. Der WZ kommentiert das Zeitgeschehen und sieht durchaus positive Aspekte in der Republik. Konkrete Erscheinungsformen, wie Säkularisierung, politische Zerstrittenheit und die ausdrücklich antichristliche Zielsetzung der Sozialdemokratie werden kritisiert. Man setzt sich also immer wieder mit Politik und Gesellschaft auseinander.[58] Dazu gehören in der Endphase der Republik auch die NSDAP und ihr Weltbild. Aber es gibt auch Hinweise, „dass bedeutende Teile der Gemeinden Hitler schon vor der Machtergreifung unterstützten. In dieser Situation diente die Forderung, die Politik aus der Gemeinde herauszuhalten, vor allem dazu, den Einfluss des Nationalsozialismus zu drosseln“ (:155f).

Stedtler (2015:156–157) stellt dann vier zusammenfassende Thesen auf. Er betont die unpolitische Haltung, die auch anpassungsfähig an ein politisches System wie das „Dritte Reich“ macht. Er führt aus, dass die baptistische Mentalität dem konservativen evangelischen Kleinbürgertum entspricht. Baptisten wachsen nach „kerndeutschen“ Grundsätzen auf und werden von denselben Medien beeinflusst, wie andere Deutsche auch. Entsprechend reagieren sie auf Hitler.[59] Es gibt unter ihnen aber keine Bewegung von Deutschen Christen und offensichtlich auch weniger aktive Nationalsozialisten, als im

[58] Die Mehrheit der Stellungnahmen zu politischen und gesellschaftlichen Themenfeldern sei von einer „kleinbürgerlich-konservativen Mentalität“ geprägt gewesen, die der Revolution von 1919 und der Weimarer Republik skeptisch bis negativ gegenüber gestanden hätte. Wenn hierzu überhaupt mit der Bibel argumentiert worden sei, dann nur als Diskurs oder als Korrektiv für die „Bauchmeinung“ (Stedtler 2015:156). Generell hat die Mission (Heimatmission und äußere Mission) absolute Priorität: „Jeder Baptist ein Missionar“ war die Parole, die auf J.G. Oncken zurückgeht. Von da aus seien auch neue Verhältnisse betrachtet worden und es sei nach vorne geschaut geworden. „Diese Grundhaltung, die aber 1933 dazu beitrug, dass sich die Baptisten sehr schnell mit dem Naziregime arrangierten, hat ihnen 1919 auch geholfen, von der Monarchie Abschied zu nehmen und sich auf die Republik einzulassen“ (:91).

[59] „Das protestantische Milieu war in den 20er Jahren enger zusammengerückt und erlag neueren Forschungen zufolge dem Nationalsozialismus nicht etwa, weil es zu schwach war, sondern weil es viele seiner Überzeugungen in Ansätzen teilte, so die Ablehnung der Republik, die Feindschaft gegen die Juden und Kommunisten, die Verherrlichung des Deutschtums und eine starke Betonung der Familie und der traditionellen Rolle der Frau. Dabei lag die Stärke des Nationalsozialismus darin, dass er in vielen Bereichen einen ‚Ideenbrei‘ vertrat, der z. T. sogar in sich widersprüchlich war, so dass ganz unterschiedliche Interessengruppen meinten, ihre Sichtweise dort wiederzufinden“ (Stedtler 2015:126).

Rest ihres sozialen Milieus. Die Möglichkeit, aus einer bestimmten Theologie oder Richtung Optionen für oder gegen Hitler zu erklären, schließt Stedtler aus. Theologische Systematik sei nicht mit der politischen Systematik gleichzusetzen (:156). Da die Tendenz im Baptismus zum Unpolitischsein stärker ausfällt, fällt auch ihre Unterstützung Hitlers wie auch ihr Widerstand schwächer aus als in der evangelischen Kirche.[60] Und schließlich sieht Stedtler kritisches Bewusstsein im WZ durchaus vorhanden. Es richtete sich aber eher gegen die Republik und gegen Sozialdemokratie. Daher halten sich viele Protestanten für kritisch und fortschrittlich, indem sie „national" und „sozial" kombinieren wollen. Abschließend stellt Stedtler fest, dass der Biblizismus nicht die Passivität gefördert hat, „sondern ihr Bibelverständnis hat die Baptisten zu einem aktiven Christsein in allen Lebensbereichen, auch als Staatsbürger, aufgerufen" (:157), bei einer gewissen Indifferenz gegenüber dem politischen System. Die Offenheit für den Obrigkeitsstaat, bis hin zur Diktatur, zu Militarismus und Antisemitismus, war im soziokulturellen Milieu dominant und (leider) unabhängig vom Glauben.

> Entgegen der Kritik späterer Forscher hat der Biblizismus da, wo im WZ vor der Machtergreifung Hitlers überhaupt die Bibel zur politischen Meinungsbildung herangezogen wurde, eher die Demokratie gestärkt, indem er korrigierend und mäßigend wirkte oder auf Widersprüche zwischen der NS-Rassenideologie und der Bibel hinwies. (:158)

Vor der Reichstagswahl am 14. September 1930 werden Hitler und die NSDAP kaum kirchlich besprochen (Strübind 1995:60). Paul Schmidt als Schriftleiter kritisiert im WZ ab 1931 die völkische Ideologie des Nationalsozialismus.[61] „Eine eindeutige Identifikation mit den Zielen des NS erfolgte jedoch in keiner Veröffentlichung innerhalb der baptistischen Zeitschriften" (:63), wenn auch ein Artikel eines Propagandaleiters der NSDAP über das Bekenntnis seiner Partei zum ‚positivem Christentum' zur Diskussion gestellt wird. Strübind stellt für 1932 eine Vermehrung der Stellungnahmen zum NS in der baptistischen Presse fest. „Einzelne Pastoren [...] wandten sich gegen den Rassismus der NSDAP, den sie als Gottlosigkeit ‚in Form der Vergötzung einer besonderen Rasse' be-

---

60 „Daraus folgt: Demokratiefähigkeit, Widerstandsbereitschaft und der Wille, politische Werte wie Demokratie und Rechtsstaat zu verteidigen, sind nicht automatisch Teil des wahren Glaubens, sondern müssen erworben werden, und zwar unabhängig von Glauben und Theologie!" (Stedtler 2015:157).

61 Strübind urteilt über Schmidt: „In seinen Zeitanalysen [...] deutete er das politische Geschehen immer wieder als Kampf zwischen Bolschewismus und Faschismus [...]. So ist [...] festzuhalten, daß gerade Schmidt, der als Schriftleiter einen großen Einfluß auf die Meinungsbildung im Baptismus hatte, aufgrund seiner politischen Einstellung die ‚Gefahr von rechts' sehr wohl erkannte" (Strübind 1995:65).

zeichneten" (:63). Im Blick auf die endgeschichtliche Interpretation des NS erwähnt Strübind den Aufsatz „Hakenkreuz und Sowjetstern" von Köster (:66):

> Beide Symbole identifizierte er gemäß Offb 13,16–18 mit dem Malzeichen des Tieres, ‚das wir als Jesusmenschen weder zu tragen noch zu verehren haben' […]. Eine eindeutige Entlarvung der Ideologie des NS ist durch Kösters apokalyptische Begrifflichkeit hindurch wahrzunehmen […]. Für die Zukunft sah er einen großen Kampf um das Christentum voraus. Über die Auswirkung dieses ‚prophetischen' Artikels läßt sich nichts Näheres ermitteln.

Strübind stellt zum Gesamtzustand des Baptismus in Bezug auf den Nationalsozialismus fest: „Im Blick auf die Quellen muß wohl im ganzen eher von einer ‚Ab- als Hingeneigtheit' gesprochen werden" (:68). Gegen Ende der Republik herrscht aus verschiedenen Gründen Verunsicherung in den Gemeinden. Die wirtschaftliche Lage und eine innere Krise des Bundes tragen das Ihre dazu bei.[62] Strübind fasst die Situation zusammen: „Die Mehrheit der Baptisten war traditionsbedingt politisch uninteressiert und vertrat eine Linie der Neutralität und politischen Passivität, die die Bundeverwaltung zu erhalten suchte" (:69). Paul Schmidt bezeichnet im WZ vom 25. September 1932 diktatorische Zeiten als Wendezeiten, in denen sich die Gemeinde auf das Schriftwort konzentrieren soll und als Schafherde unter den Wölfen zu leben hat (:69).

3.3. Der Baptismus im „Dritten Reich" in Deutschland und Österreich

Diesem Abschnitt vorangestellt sei ein Zitat von Balders (1989:87):

> Will man die Position der Baptisten in das – zugegeben vereinfachende – Raster: hier Bekennende Kirche, hier ‚Deutsche Christen' einordnen, so gehören sie der sogenannten ‚Mitte' zu, jener kirchlichen und eben auch freikirchlichen Mehrheit, die sich von beiden Flügeln fernzuhalten bemühte […]. Diese ‚Position' aber konnte im totalitären Staat nur durch Anpassung und Schweigen gewahrt werden.

---

[62] „Die tägliche Existenzangst verstärkte die Angst vor der christenfeindlichen Gefahr von links […], der Überlebenskampf machte offen für Versprechungen von rechts und die Verbitterung über das eigene Unglück ließ nach Sündenböcken (Juden, Republik) suchen. Das entschuldigt nichts, was damalige Akteure falsch gemacht haben, aber es stellt die Nachgeborenen vor die Frage, wie sie in existenzbedrohenden Situationen einen kühlen Kopf und ein reines Herz bewahren können" (Stedtler 2015:42).

3.3.1. Das Jahr 1933: Machtergreifung

Am 30.01.1933 wird Adolf Hitler vom Reichspräsidenten von Hindenburg zum Reichskanzler berufen. Damit beginnt in Deutschland die NS-Zeit. Nach und nach versuchen die Nationalsozialisten alle Gesellschaftsbereiche gleichzuschalten. Wie reagieren die Baptisten auf diese neue gesellschaftliche Situation? Laut Balders wird das „Dritte Reich" mit lauter Hoffnung und leiser Skepsis begrüßt. Bei der Machtübernahme gilt aber Ende des Jahres: „1933 jedenfalls teilten die Baptisten weitgehend und zunehmend die Begeisterung weitester Kreise der Bevölkerung für die ‚nationale Revolution', die ja auch Männer der damaligen Bekennenden Kirche erfaßt hatte" (Balders 1989:90).[63] Auf der anderen Seite macht man sich Sorgen um den Eingriff des Staates in kirchliche Angelegenheiten. Im WZ vom 12.03.1933 wird beinahe wortwörtlich das sogenannte *Altonaer Bekenntnis*[64] abgedruckt. Dieses Bekenntnis gilt als das erste wichtige Dokument des evangelischen kirchlichen Widerstandes gegen das NS-Regime und stellt eine fundamentale Kritik an der nationalsozialistischen Ideologie dar. In dem er es als Orientierung für die Gemeinden vorstellt, setzt Schriftleiter Schmidt mit der Veröffentlichung ein Zeichen (:72f).

Ab März 1933 stellt Strübind einen Wendepunkt in den Veröffentlichungen Schmidts im WZ fest. Er mahnt eine grundsätzliche Loyalität dem Staat gegenüber an und macht gleichzeitig eine Platzanweisung für die Gemeinde, die der Obrigkeit Gehorsam leisten solle. „Sein Widerspruch setzte bei der staatlichen Einflußnahme im kirchlichen Bereich ein, die er durch den Aufstieg der Deutschen Christen (DC) als gegeben ansah" (Strübind 1995:75). Er spricht sich deutlich für die Missionierung des jüdischen Volkes aus, wofür er auch aus den eigenen Reihen Kritik erntet. Am Beispiel des Bundesverwaltungsmitglieds F. Rockschies stellt Strübind fest:

> Seine Grenzziehung zwischen Staat und Gemeinde führte jedoch nicht zu einem freien Urteil über die ersten ‚terroristischen' Maßnahmen der Regierung, wie seine

[63] Hierzu tragen die wirtschaftlichen Anfangserfolge der neuen Regierung bei. Ebenso erklärt Hitler bei einem Staatsakt am 21.03.1933, dass er die Kräfte des Christentums für „unentbehrlich für den Aufbau der Nation" hielte (Balders 1989:91). Bloedhorn erwähnt, dass die Baptisten aufgefordert werden, für die neue Regierung zu beten. Man ist davon angetan, dass die neue Regierung für Ordnung und Moral sorgt. Grundsätzlich begrüßt man also die neue Zeit. Dies hing mit der starken Ablehnung der Weimarer Republik zusammen, die als liberale und gottgleichgültige Regierungsform galt (Bloedhorn 1982:34). Im Streit um Kommunismus vs. Nationalsozialismus wird betont, dass man „vor allen Dingen unter Christi Banner" laufen soll (Bloedhorn 1982:28) und als Staatsbürger auch hinter der Staatsfahne, so Schriftleiter Paul Schmidt im WZ (Strübind 1995:72).

[64] Zum Bekenntnis siehe Internet: https://de.wikipedia.org/wiki/Altonaer_Bekenntnis [Stand: 08.01.2018].

> Reaktion auf die neue Gesetzgebung für die jüdische Bevölkerung zeigte. Ähnlich wie in den beiden großen Kirchen erfolgte zu diesem Zeitpunkt keine öffentliche Parteinahme für die Verfolgten. So war ein zunehmend verstummendes Hinnehmen des Unrechts in der kommenden Zeit der Judenverfolgung auch für den Baptismus kennzeichnend. (:78)

Wie andere Freikirchen auch kämpfen die Baptisten um ihre Position im NS-Staat. Während es im Wahrheitszeugen auch die Forderungen gab, das Führerprinzip in den Gemeinden zu übernehmen, reflektiert Köster 1993 im Täufer-Boten die politische Entwicklung im Deutschen Reich kritisch. Er sorgt sich um eine Gleichschaltung und warnt vor einer Übernahme der völkischen Weltanschauung (:82). Strübind spricht von einem divergierenden Meinungsspektrum innerhalb der Freikirche, „wobei sich ein Gefälle zugunsten einer loyalen Offenheit für den neuen Staat zeigte" (:83).

Ziel der Bundesleitung ist es, durch loyales Verhalten, den Staat zur Tolerierung zu veranlassen. Erlasse des Staates werden umgesetzt, auch die Anordnung des Hitlergrußes, den man so interpretiert, dass man Hitler Heil wünscht und in Frieden zu ihm kommt (:116).[65] Spürbar ist allerdings auch die Sorge, dass der deutsche Staat die Freikirchen unter das Dach einer alleinigen Reichskirche zwingen könnte. Deswegen fordert der Seminarlehrer Dr. Hans Luckey (ein Studienkollege von Köster) eine straffere Organisation des Bundes und, wenn möglich, eine Vereinigung der deutschen Freikirchen (Bloedhorn 1982:37, Balders1989:91–93).[66] Am 28.08.1933 führt die Bundesversammlung, gegen den massivem Einspruch von Befürwortern der bis dahin gültigen Bundesverfassung von 1924, das Führerprinzip ein und wählt drei verantwortliche Bundesälteste, die nunmehr die Freikirche führen sollen.[67] Dieses Prinzip wird 1936 wieder abge-

---

[65] Schmidts Haltung der uneingeschränkten Staatsbejahung sei typisch für die Baptisten gewesen, wie sich durch Reden, Veröffentlichungen aber auch durch widerspruchsloses Befolgen der staatlichen Anordnung, z. B. in der Flaggenfrage, nachweisen ließe (Strübind 1995:115).

[66] „Damit war eine alte Grundsatzfrage der baptistischen Freikirche erneut aufgegriffen worden: Sind die einzelnen Gemeinden autonom oder sollen sie einer zentralen Bundesführung unterstehen?" (Bloedhorn 1932:39). Luckey fordert, ganz im Sinne der neuen Zeit, eine zentralere Bundesführung, die er mit sieben anderen Kollegen theologisch begründet (:40).

[67] Strübind (1995:9) sieht auf der Bundeskonferenz die Übernahme von NS-Terminologie. Außerdem schreibt sie: „Die Konferenz sandte ein Grußtelegramm an den Reichskanzler Adolf Hitler. Solche stereotypen Ergebenheitsadressen wiederholten sich in den folgenden Jahren bis 1944 bei jeder offiziellen Gelegenheit" (:99). Das beschlossene neue Führerprinzip soll dann auch auf die Ortsgemeinden übertragen werden, aber: „Viele Ortsgemeinden lehnten die neue Bundesordnung und die dadurch entstandene Bundeshierarchie rundweg ab und weigerten sich, das neue Leitungssystem bei sich einzuführen" (Bloedhorn 1982:45). Dies führt u. a. zum sogenannten *Barmen des Baptismus* (Strübind 1995:104–109): „Es ging um die Autonomie der Ortsgemeinde gegenüber einer angemaßten, aus dem politischen Raum übernommenen Führungsstruktur. Aber aus dieser bundespolitischen Perspektive erwuchs nebenbei eine neue

schwächt und die Selbstständigkeit der Ortsgemeinde wieder hergestellt (Bloedhorn 1982:46).

Dankbar war man, als von Seiten „der Evangelischen Reichskirche noch 1933 sogar schriftlich bestätigt wurde, daß an eine Eingliederung der Freikirchen nicht gedacht sei" (Balders 1989:92). Nach einem langen spannungsvollen Verhältnis zu den Landeskirchen war man nun von Seiten des Bundes bestrebt, sich nicht in den ausbrechenden Kirchenkampf hineinziehen zu lassen. „Erich Geldbach sieht folgerichtig in der nationalistischen Diskriminierung der Freikirchen durch die Volkskirchen einen Grund für deren schnelle Akkommodation an das ‚Dritte Reich'" (Strübind 1995:86).[68]

Strübind stellt seitens des Staates gegenüber den Freikirchen fest: „Das staatliche Desinteresse [...] ermöglichte ihnen die ungehinderte Fortführung ihrer kirchlichen Arbeit und Mission. Es kam dennoch zu mancherlei Übergriffen unterer Dienststellen, die auch die freikirchlichen Tätigkeiten zu behindern suchten" (:117). Und weiter (:121):

> Das einzige Interesse des Staates an den Freikirchen im Jahr 1933 galt ihrer propagandistischen Wirksamkeit gegenüber dem Ausland. Die führenden Baptisten ließen sich für diese Zwecke einspannen, wobei der Versuch, auf diesem Wege ihre Selbstständigkeit neben der Kirche sowie ihre Existenz im ‚Dritten Reich' zu sichern, wohl die wichtigste Motivationen darstellten.

3.3.2. 1933 bis zum Anschluss Österreichs 1938

„Alle Entscheidungen über die Stellung der Freikirchen müssen in Korrelation zum Kirchenkampf verstanden werden", schreibt Strübind (1995:125) in Bezug auf das Agieren der leitenden Baptisten ab 1933.[69] Der NS-Staat macht nun auch seinen Anspruch auf die Jugend geltend. Es kommt 1934 zur Selbstauflösung des baptistischen Jugendbun-

---

Form des Bekennens sowie das Bewußtsein einer eigenen Identität und unaufgebbarer Grundsätze, allen voran die Bindung an das Wort und an Christus, dem einzigen Herrn der Gemeinde. Bekenntnis und Abwehr richteten sich allerdings nur gegen die Bundesführung, nicht gegen die eigentliche Gefahr des staatlichen Totalitarismus" (Strübind 1995:107).

[68] Gegenüber den Deutschen Christen ist man ablehnend, aber auch anfänglich positive Berichte über die Bekennende Kirche verstummen. „Die von einigen, z. B. C.A. Flügge geforderte Solidarisierung mit ihr, wurde zugunsten einer eigenen konfessionell-missionarischen Profilierung vermieden" (Balders 1989:93).

[69] „Ganz offensichtlich begriff die baptistische Bundesführung den Kirchenkampf als eine Chance der Freikirchen, unbehelligt zu bleiben. Ihre Distanz zur BK-Front war aufgrund der konfessionell eingeschränkten Perspektive, die eine Identifikation mit ihrem theologischen Anliegen verhinderte, schon zu diesem Zeitpunkt erkennbar" (:126). Vergleiche dazu auch die Ausführungen in Heinz 2011:10.

des, um der zu erwartenden erzwungenen Eingliederung in die Hitlerjugend zuvorzukommen.[70]

1934 werden auch „100 Jahre Deutscher Baptismus" gefeiert. Dabei wird besonders die Loyalität zum Staat betont (:142–149). Ebenfalls 1934 führt man in Deutschland den baptistischen Weltkongress durch. Er findet auf ausdrückliche Einladung und mit finanzieller Unterstützung der Reichsregierung in Berlin statt. Auf dem Kongress werden vorsichtige kritische Äußerungen zur NS-Politik und zur Rassenfrage getätigt und im Kongressbericht abgedruckt (Balders 1989:93). Allerdings wird der Kongress von der Regierung im „Völkischen Beobachter" vom 22.08.1934 dahingehend interpretiert, dass unter ihrem Regime religiöse Duldsamkeit herrscht. Damit wird die Veranstaltung zu Propagandazwecken missbraucht. Balders bezeichnet die Förderung des Kongresses durch die Regierung als „Verhätschelung" der Baptisten (:94; Strübind 1995:163–167).[71]

1935 und 1936 bemühen sich die Baptisten um reichsweite Korporationsrechte (Körperschaftsrechte) (Strübind 1995:185–189). Seitens des Kirchenministeriums bleibt man hier aber verschlossen. Gleichzeitig beginnt die Gestapo, die Sekten und auch Freikirchen vor Ort zu erfassen und zu beurteilen. Dies verunsichert die Gemeinden deswegen, weil Sekten im Verdacht stehen, illoyal zu sein (:189–196). Dagegen wehrt sich die Bundesleitung mit einem Antrag an das Innenministerium, zu dem positive Kontakte bestanden, die Strübind als „Schlüssel zur Vermeidung von Repressalien" und Sicherung

[70] Vgl. zu den genauen Umständen zur Interpretation der Entscheidung durch die Verantwortlichen die Ausführungen bei Strübind 1995:139f.

[71] Schmidt betont in einer Kongressrede die Widerspruchspflicht der Gemeinde gegenüber dem Totalanspruch des Staates (Strübind 1995:163–167). Strübind bewertet die Rede positiv und interpretiert: „Das apokalyptische Verständnis des Reiches Gottes ermöglichte ihm im Gegensatz zu anderen evolutionistischen Konzeptionen eine klare Scheidung von Gemeinde und Weltreich und damit eine theologisch begründete Distanz zum NS-Regime" (:167). Während des Kongresses wird eine 20-köpfge Delegation der Baptisten von Reichsbischof Müller empfangen. Vorher versicherte der Reichsbischof auf der Auftaktveranstaltung, dass kein Interesse seitens der DEK bestehe, die Freikirchen in die Reichskirche einzugliedern. „Ein wichtiges Ziel des Kongresses, nämlich die freie Existenz der Baptisten in Deutschland durch das demonstrative Auftreten der zahlenmäßig imposanten Schwesterkirchen zu fördern, war demnach erreicht worden" (:174). Strübind zeichnet im Blick auf den Kongress ein paradoxes Gesamtbild (:173–180). Auf der einen Seite gibt es vom Deutschen Baptismus Abgrenzungen zum weltweiten Baptismus in Diskussionen und Stellungnahmen. Auf der anderen Seite findet sich Zustimmung zu allen Resolutionen. „Neben der offiziellen Linie, die durch die meisten deutschen Beiträge dargestellt wurde, bot das Referat Schmidts eine Möglichkeit, das Verhältnis zu Staat und Nation vom freikirchlichen Standpunkt aus systematisch zu definieren. Die eindeutigen Resolutionen zu Nationalismus, Rassismus und Weltfrieden stellten für die Gemeinden in Deutschland eine Chance dar, eine biblisch orientierte Linie für ihr künftiges Verhalten zu entwickeln" (:180).

der Eigenständigkeit bezeichnet (:193).[72] Die Tendenz von Staat und Partei liegt aber im Bemühen, das kirchliche Leben zurückzudrängen, und Mission und Öffentlichkeitsarbeit der Freikirchen werden dabei zu Konfliktfeldern (:194).

> Gleichzeitig vergrößerte die Unsicherheit über die eigene Position die Distanz zur BK [Bekennende Kirche – Anm. d. Verfassers], was sich in wiederholten Erklärungen über die völlige Neutralität der Baptisten im Kirchenkampf niederschlug. Der Weg des ‚Taktierens", nicht der des öffentlichen Protestes oder gar Widerstands wurde eingeschlagen. Man war darauf bedacht die eigene Existenz zu sichern, indem man jede potentielle Verdächtigung zu umgehen versuchte (:195).

Bundesältester Simoleit warnt in einem vertraulichen Brief an die Pastoren und Leiter der Gemeinden im August 1935, angehörige Mitglieder verbotener Gemeinschaften aufzunehmen. Außerdem sollen öffentliche Veranstaltungen klar als religiöse Veranstaltungen erkennbar sein und politische Themen vermieden werden. Andernfalls würde auch der Bund Schaden nehmen (:195). „Unter dem Bibelwort ‚Schicket euch in die Zeit' sollte die gemeindliche Basis auf den Weg der Akkomodation [sic!] an die staatlichen Gegebenheiten festgelegt werden. Die Loyalität zum Staat war oberster Grundsatz" (:195f). Das entscheidende Motiv der Bundesleitung lag in der Erhaltung des Gemeindelebens und der Wortverkündigung. „Der notwendige Protest gegen den Terror des NS-Regimes wurde im Blick auf das Risiko einer direkten Konfrontation mit dem Staat und deren Konsequenzen für den Gemeindebund bewußt unterlassen" (:196).

Gleichzeitig findet eine Auseinandersetzung mit der NS-Weltanschauung statt. Die völkische Ideologie mit der Rassenlehre als Kern wird von baptistischer Seite kritisiert. Paul Schmidt erkennt das eindeutig und argumentierte auch gegen das im NS-Programm verankerte „positive Christentum" (:205f). Er fordert von den Gemeinden, dass sie sich von einer Auseinandersetzung mit der Staatsideologie fernhalten und beschreibt Seelsorge und Wortverkündigung als Hauptaufgabe der Gemeinden (:206). „Der ‚Rückzug in die Gemeinde', bei strenger Abgrenzung von der Welt (mit Ausnahme der missionarischen Verantwortung für sie) kündigte sich hier an und setzte sich in der folgenden Zeit immer mehr durch" (:206). Rückzug in die Innerlichkeit bei gleichzeitigem politischem Wohlverhalten werden laut Strübind von der Bundesleitung auch auf der Bundeskonferenz 1936 deutlich vorangetrieben, obwohl hier das Führerprinzip in Bezug auf die Bundesleitung wieder eingeschränkt wird (:206–215). Die staatlich tolerierte

---

[72] „Bei lokalen Schwierigkeiten wandten sich die Gemeinden oder einzelne Personen an das Bundeshaus bzw. an Bundesdirektor Schmidt, [...] woraufhin dieser jeweils im Innenministerium vorstellig wurde" (Strübind 1995:193).

Mission und Evangelisation ist quasi eine Alibifunktion für die schweigende Akkommodation.[73]

Im Gegensatz zur sich im Kirchenkampf befindlichen Evangelischen Kirche dürfen die Freikirchen zwei Abgeordnete zur ökumenischen Tagung nach Oxford 1937 entsenden. Hier vermitteln sie den Eindruck, dass sie für das nationalsozialistische Deutschland eintreten.[74]

Als der NS-Staat mit einer zentralen Regulierung der Evangelischen Kirche nicht weiterkommt, fördert er die auf dem kirchlich-religiösen Gebiet bestehende Zersplitterung. Dies ist auch ein Grund dafür, warum den kleinen Freikirchen und Sekten zunächst die Missionierung erlaubt bleibt (Balders 1989:98). Vor Ort sieht es aber dann auch manchmal ganz anders aus: Belästigungen, Bespitzelungen, Verhöre und Verbote von Bibelfreizeiten sind immer wieder an der Tagesordnung. Es dämmert auch den Verantwortlichen des Bundes, dass das Christentum den Machthabern zum Aufbau des neuen

[73] „Die Mission wurde zum wichtigsten Kriterium für die Beurteilung des Staates und der eigenen Situation" (:213). „Endgeschichtliche Spekulationen waren für einen Teil der Gemeinden ein weiterer Ausweg, um in der krisenhaften Gegenwart zu bestehen" (:216). Balders arbeitet heraus, dass das Motto „Wir bleiben Missionare" wie kein anderes den Weg der Bundesgemeinschaft im NS-Regime bestimmte. Die Zelt- und Wagenmission konnte fortgeführt werden (Balders 1989:95).

[74] Vgl. hierzu Strübind 1995:235–254: Von der VEF werden der methodistische Bischof Melle und Bundesdirektor Schmidt als Delegierte nominiert. Pikant ist, dass die DEK keinen Vertreter „durch Hitlers Eingreifen" schicken darf. Strübind führt aus, dass das Reichkirchenministerium über die freikirchlichen Vertreter Einfluss nehmen will. In Oxford gibt es seitens der Konferenz eine Botschaft an die DEK (:243). Man erklärt sich mit den Leiden der DEK im Kirchenkampf solidarisch. Diese Resolution wird zunächst auch von den Freikirchlern mit abgestimmt. Nach Rücksprache mit der Deutschen Botschaft legen die freikirchlichen Abgeordneten aber am nächsten Tag gegen diese Erklärung schriftlichen Protest ein. Außerdem trägt der Abgeordnete Methodistenbischof Melle seinen Protest vor, der inhaltlich so interpretiert wird, dass eigentlich Freiheit in der Religionsausübung in Deutschland herrscht, wie ja die Situation der Freikirchen beweise. Die DEK sei selbst am Kirchenkampf Schuld und habe im Grunde als Kirche versagt, die der Staat jetzt zu Recht reglementiere (:245f). Das Protestschreiben wird unabgesprochen an die Presse weitergegeben. Damit entsteht der Eindruck, dass sich die Freikirchen von den Kirchen in Deutschland entsolidarisieren. Dieses Vorgehen hatte weitreichende zwischenkirchliche Verwerfungen zur Folge (:247f). Eine offizielle Beilegung des Konflikts um Melle erfolgte im Januar 1938. Erst 1987 wird eine inner-baptistische Auseinandersetzung über das Verhalten der Freikirchen in Oxford bekannt, die 2014 von Roland Fleischer dokumentiert wird (Fleischer 2014). Jacob Köbberling kritisiert im Oktober 1937 in einem offenen Rundschreiben an Prediger das Verhalten von Schmidt auf dem Kongress in Oxford (:30–39). „Er wirft den offiziellen Vertretern der Freikirchen ‚Verharmlosung der christusfeindlichen Mächte und diplomatische Schachzüge' vor" (:30). Sie hätten sich nicht dem gemeinsamen Kampf der leidenden Kirche gegenüber dem Totalitätsanspruch des Staates gestellt. Damit sei sie gebundene und unfreie Kirche, auch wenn sie sich mit Stolz Freikirche nenne (:30).

Deutschlands im Weg steht. Dies wird sogar schriftlich auf einer Kriegs-Bundesleitungssitzung am 21.08.1940 festgehalten (:100).

3.3.3. Die Baptisten in Österreich bis zum Anschluss 1938 ans „Dritte Reich“

1938 kommt es zum Anschluss Österreichs ans Deutsche Reich. Köster nimmt zu diesem Anschluss ausführlich Stellung. Dies wird in Kapitel 4 dargelegt. Der Baptismus in Österreich ist zu dieser Zeit in erster Linie die Geschichte der Gemeinde Wien-Mollardgasse. Der Baptismus ist in Österreich kaum verbreitet und es gibt nur eine marginale öffentliche Wahrnehmung.

Österreich war zu dieser Zeit zu über 90 % katholisch geprägt. Die im Zuge der Reformation aufkommende Täuferbewegung wurde brutal unterdrückt. Als Symbolfigur für ihr Martyrium gilt Balthasar Hubmaier, der im März 1528 in Wien auf dem Scheiterhaufen verbrannt wurde. Die Verbindung von Staat und katholischer Kirche, wie sie in der Habsburger Monarchie gelebt wurde, hatte zur Folge, „dass viele Zeugen des Evangeliums ihr Leben lassen mussten, und dass das Evangelium mundtot gemacht wurde. Daran hatte die röm.-kath. Kirche einen wesentlichen Anteil“ (Fischer 2005:12). So konnte sich eine evangelische Bewegung, in welcher Art auch immer, nur sehr gering ausbreiten.

Die erste baptistische Taufe ist für den 28.10.1847 belegt.[75] Die Baptisten geraten schnell und stark unter den Druck der Behörden. 1869 besucht Johann Gerhard Oncken Wien und tauft am 13.12.1869 fünf Menschen. Er bereitet so die Gründung der ersten Baptistengemeinde Österreichs vor, die von Edward Millard dann am 20.12.1869 vollzogen wird (Graf-Stuhlhofer 2005:20f). 1887 geht Millard in den Ruhestand. Die Gemeinde hat zu diesem Zeitpunkt wohl über hundert Glieder (:24). Nach Ende des Ersten

[75] Die baptistische Geschichte in Österreich beginnt damit, dass fünf junge katholische Handwerker zum Wiederaufbau nach einem Stadtbrand 1842 nach Hamburg ziehen. Sie kommen in der Hamburger Baptistengemeinde zum Glauben an Jesus Christus und lassen sich taufen. 1846 gehen sie zurück nach Österreich und zwei von ihnen lassen sich in Wien nieder. Am 28.10.1847 kommt der Bremer Baptistenprediger Johann Friedrich Oncken zu Besuch und tauft das Ehepaar Wiesotzky im Neustädter Schifffahrtskanal. „Dies ist die erste urchristliche Taufe neuer Zeit in Wien. Durch dieses Ehepaar entstand dann auch eine Station in Graz in der Steiermark“ (Graf-Stuhlhofer 2005:15). Edward Millard wird 1851 als Direktor der Britischen und Ausländischen Bibelgesellschaft nach Wien versetzt. In seinem Haus finden sonntägliche Versammlungen im privaten Rahmen statt, die alsbald von den Behörden gesprengt werden. Für die Gruppe beginnt eine notvolle Zeit (:17f). Millard muss das Land 1852 verlassen und kehrt erst 1864 nach Wien zurück und hält auch wieder Versammlungen ab. 1869 kommt dann J.G. Oncken zur Taufe. Zur weiteren Geschichte des österreichischen Baptismus, auch besonders der Gemeinde Wien, vgl. Rabenau (1981).

Weltkrieges und Auflösung der Habsburger Monarchie bilden die Baptistengemeinden in den Nachfolgestaaten eigene Bünde. In Österreich kommt es nicht dazu, da es sich nur um die Gemeinde Wien mit ihren Stationen Ternitz und Graz handelt. Der Friedensvertrag von St. Germain 1919 räumt den Baptisten und anderen Glaubensgemeinschaften ein, ihre Religion öffentlich auszuüben. 1921 wird dann der „Hilfsverein der Baptisten Österreichs“ gegründet, der ihnen erstmals eine eigene Rechtspersönlichkeit gibt. 1924 bezieht die Wiener Gemeinde ihr Gemeindehaus in der Mollardgasse. 1937 hat sie 333 Mitglieder und die Stationen Ternitz mit 31, Steyr mit 16 und Seekirchen/Salzburg mit 19 Mitgliedern. „Mit der gewaltigen Umformung in Österreich und der neuen Verbindung mit dem Reich werden auch die beiden Baptistengemeinden [...] in ein engeres Verhältnis zum Bund kommen“, heißt es in der Bundespost Nr. 1 vom März 1938, also noch vor dem offiziellen Anschluss. Am 31.03.1938 protokolliert die Bundesleitung: „Die beiden österreichischen Gemeinden Wien und Ternitz werden in den Bund aufgenommen und der süddeutschen Vereinigung hinzugefügt“ (Protokoll der Bundesleitung 31.03.1938, ABEFG Nr. 13).[76]

3.3.4. Der Weg zur Vereinigung zum Bund Evangelisch-Freikirchlicher Gemeinden 1941

Auf einer theologischen Woche in Hamburg im April 1937 wird nach intensivem Gebet „auf innere Eingebung“ beschlossen, zwecks engerer Gemeinschaft auf andere taufgesinnte Christen zuzugehen (Strübind 1995:219f).[77] Man nimmt Kontakt zu den Freien evangelischen Gemeinden und zur Christlichen Versammlung auf. Die Christlichen Versammlungen werden dann völlig überraschend am 13.04.1937 von der SS verboten und aufgelöst. „Das Verbot der Christlichen Versammlung, zu der man eben noch Kontakte zwecks Vereinigung aufgenommen hatte, mußte auf die Baptistengemeinden wie ein Schock wirken. In einer ersten Stellungnahme Schmidts zeigt sich die große Verunsicherung ...“ (:223). Die Versammlungen müssen sich daraufhin komplett neu organisie-

[76] Es wird befürchtet, dass die amerikanischen Baptisten ihre Unterstützung zurückfahren. Daher wird eine Sondersammlung für den 10.04.1938 in allen Gemeinden für das „österreichische Werk“ angesetzt. Neben anderen Ideen wird ein fünfköpfiger Arbeitsausschuss der Bundesleitung für Österreich gebildet. Im Dreijahresbericht 1936–1938 (ABEFG Nr. 11:9) wird der Bundesrat darum gebeten, der Aufnahme der Gemeinde Wien in den deutschen Bund zuzustimmen. Im Täufer-Boten werden die österreichischen Gemeinden aus der Donauländermission verabschiedet (TB 1938, Nr. 11:5f).

[77] „Die Verhandlungen wurden demnach durch die Baptisten in die Wege geleitet. Dieser Tatsache wird in den bisher vorliegenden Darstellungen des Zusammenschlusses nur wenig nachgegangen, da das ‚spektakuläre‘ Schicksal der Christlichen Versammlung deutlich im Vordergrund steht“ (Strübind 1995:221).

ren, was im Grunde gegen ihre Gründungsgeschichte spricht. Dies gelingt im Mai 1937, in dem man den Bund freikirchlicher Christen (BfC) gründet. Ihm treten im November 1937 auch die offenen Brüdergemeinden (Kirchenfreie christliche Gemeinden) bei. Beide Gruppen begrüßen die Kontaktaufnahme zu den Baptisten (Bloedhorn 1982:118f). Im September 1938 kommt es zu einer gemeinsamen Konferenz, bei dem das Eigenleben, aber auch die Gestaltung der Zusammenarbeit festgehalten wird. Im September 1937 wenden sich die pfingstlerischen Elimgemeinden an die Baptistengemeinden und bitten um Aufnahme.[78] 1939 will man den Zusammenschluss der Freikirchen, die schon in der Vereinigung Evangelischer Freikirchen lose vernetzt sind, zu einer deutschen Freikirche forcieren (Balders 1989:112). Dieser Versuch scheitert.[79]

Die Gespräche zwischen BfC und den Baptisten werden 1940 aber wieder aufgenommen. Sehr schnell einigen sich die Brüder und Baptisten auf eine Form des Zusammengehens. Die neue Verfassung des Bundes hat wieder mehr zentralistische Aspekte (Bloedhorn 1982:132). Am 22.02.1941 kommt es auf der 30. Bundesversammlung in Berlin zur offiziellen Bundesgründung. „Als äußeres Zeichen der neuen Gemeinschaft feierten die mehr als 1.000 Vertreter der beiden ehemaligen Bünde am Sonntag, dem 23.02.1941, ein gemeinsames Abendmahl mit anschließenden Festpredigten von Vertretern beider [...] Gruppen" (:132).

Der Zusammenschluss ist auch den Zeitumständen 1941 zu schulden. Strübind nennt, neben Offenheit und dem Willen zur Einheit, existenzsichernde Aspekte zur Stärkung der Freikirchen im NS-Regime (Strübind 2015:31). Sie weist auch auf den starken Wunsch der führenden „Macher" Paul Schmidt (Baptisten) und Hans Becker (Brüder) hin, eine größere Freikirche zu schaffen (:37f), und meint, mit dem scharfen Kritiker des Zusammenschlusses Jacob Köbberling, dass in erster Linie das Verhältnis zum Staat leitend war (:38). Andreas Liese, der den Zusammenschluss aus brüdergemeindlicher Sicht beurteilt, spitzt seine Ausführungen nicht so zu und stellt „eine Gemengelage von geistlichen Motiven fest" (Liese 2015:71). Sie sind durchsetzt mit „konkreten politischen Bezugsnahmen und pragmatischen, kirchenpolitischen und allgemein politischen Motiven". Es darf auch nicht außer Acht gelassen werden, „dass die Gestapo in der Genehmigungsphase versucht hatte, besonders die Verantwortlichen des BfC von ihren

[78] Ca. 5.000 Gemeindemitglieder von ihnen werden im Laufe des Jahres 1938 in den Bund integriert. Strübind erkennt sie als eine Vereinigung „von oben" durch leitende Persönlichkeiten. 1954 traten die Gemeinden geschlossen, bis auf eine Ausnahme, wieder aus dem BEFG aus. „Die ‚Notgemeinschaft' war zu Ende", kommentiert Strübind (1995:229).

[79] Der Bund Freier evangelischer Gemeinden hat zu starke Bedenken. Und es gibt strittige theologischen Fragen zum methodistischen Bischofsamt und zur baptistischen Tauffrage (Balders 1989:112). Der Ausbruch des Zweiten Weltkrieges überlagert zusätzlich weitere Bestrebungen.

Absichten abzubringen“ (:71). Zwei Aspekte für den Zusammenschluss stellt er im Fazit besonders heraus: „So ist der Wunsch nach Einheit zu beobachten, auch wenn dieser sich verwoben mit Bezügen zur damaligen Zeit darstellt“ (:78), und bei führenden Brüdern ist der Wunsch vorhanden, von der „Enge in die Weite“ zu gehen.[80]

Kösters aktive Beteiligung am und seine Haltung zum Zusammenschluss werden in Kapitel 4 dargelegt.

3.3.5. Der Zweite Weltkrieg 1939–1945

Der Kriegsausbruch am 01.09.1939 wird von den Baptisten nicht bejubelt, sondern differenziert beobachtet: „Auf der einen Seite hatte man den antichristlichen Charakter des NS-Regimes erkannt, anderseits begrüßte man als loyaler patriotischer Bürger dessen Kriegserfolge“ (Strübind 1995:305). Die Treue zu Volk und Führer gilt aber als selbstverständlich, auch und gerade in Kriegszeiten. Zum Gebet wird nach dem Motto „Herr, dein Wille geschehe“ aufgerufen. Der Anschluss Österreichs und die Gebietsgewinne werden begrüßt und die von den Amerikanern begonnene „Donauländer-Mission“ wird vom deutschen Bund übernommen (Balders 1989:103–105). „Die deutschen Baptisten nutzen offensichtlich die eroberten Gebiete zur Erweiterung ihres Einflusses“ (Strübind 2015:30).

1941 tritt der Weltkrieg mit dem Russlandfeldzug und dem Kriegseintritt der USA (08.12.1941) in eine neue Phase ein. Gleichzeitig ändert sich die NS-Kirchenpolitik (Strübind 1995:299). Nun gibt es eskalierende Maßnahmen gegenüber den Kirchen, die mit der „Kriegsnotwendigkeit“ begründet werden. Jetzt lässt auch die offizielle Anerkennung zum neuen BEFG lange auf sich warten. In dieser Zeit kommt die Akkommodation des Baptismus an eine Grenze. Aufzeichnungen der führenden Männer der Bundesleitung zeigen, dass man zukünftig nicht mehr bereit sein wird, alles hinzunehmen (:301–304). Die offizielle Anerkennung des neuen Bundes kommt aber dann doch noch, was die Stimmung wieder verändert. Im Jahr 1941 verbietet der NS-Staat die Herausgabe aller freikirchlichen Presseprodukte (Protokoll der Bundesleitung vom 21.05.1941). Die Baptisten bekommen ab dem 15.08.1941 lediglich ein monatliches Amtsblatt genehmigt.

---

[80] Der erste Bundesbrief an die Gemeinde nach dem Krieg, vom 25.06.1945, ist auch ein flammender Appell zur Erhaltung der Einheit des Bundes und zeichnet die Entstehungsgeschichte nach.

Bei Bombenangriffen werden 1943 etliche Gebäude des Bundes zerstört. Das Predigerseminar muss auf das Bibelschulgelände in Wiedenest verlegt werden.[81] Aufgrund der Zerstörung vieler Gemeindehäuser beginnen Brüder- und Baptistengemeinden sich ihre Häuser zu teilen (Bloedhorn 1982:137–140).[82]

Die Hälfte der Prediger ist zum Kriegsdienst eingezogen worden und die Missions- und Gemeindearbeit dadurch gelähmt (:104f). Die Gebetsaufrufe ändern sich, weg vom Sieg und für den Führer, hin zur Bewahrung der Christen und für den Frieden (Strübind 1995:307f). „Das Kriegsende war für viele Baptisten eine Stunde zerbrochener Hoffnungen, furchtbarer Enttäuschung, Resignation, Zorn und Trauer" (:308).

> Die weiteren Ereignisse sind bekannt: Zerstörung zahlreicher Kapellen, [...] Tod, Verwüstung, Vertreibung aus den Ostgebieten. Wieviel Anfechtung, Elend und Not, aber auch Glaubensmut und Bereitschaft zu treuerer Kreuzesnachfolge sich dahinter verbergen, wissen alle, die jene Zeit aus eigenem Erleben zu beurteilen vermögen, spüren aber auch die, die sie nur aus dem Erzählen und der geschichtlichen Erforschung teilweise erschütternder Dokumente kennen. (Balders 1989:104f)

3.3.6. Die unmittelbare Nachkriegszeit

Das Deutsche Reich kapituliert am 08.05.1945.[83] Das Land ist zerstört, geteilt und hat viele Gebiete verloren. Österreich wird wieder ein eigener Staat. Deutschland wird von den Siegermächten in Besatzungszonen eingeteilt und regiert. Gleichzeitig ist es aber auch von der NS-Herrschaft befreit. Das erste Rundschreiben des Bundes nach der Kapitulation vom 25.06.1945 beginnt folgendermaßen (zitiert bei Balders 1989:117):

> In tiefer Demütigung beugen wir uns unter die Hand Gottes, die uns führt. Im Blick auf die gegenwärtige Stunde des Zusammenbruchs in unserem Volke sprechen

[81] Hier wird das gute Verhältnis zwischen Brüdern und Baptisten deutlich, die den Betrieb ab September gemeinsam weiterführen. Das tritt auch aus den Protokollen der Bundesleitung dieser Zeit hervor. Im Januar 1944 versucht die Gestapo den Betrieb zu unterbinden, so dass das Seminarjahr 1944/1945 ausfallen muss.

[82] Erstaunlicherweise schickt die Vereinigung Evangelischer Freikirchen am 24.07.1944 noch ein Glückwunschtelegramm an Hitler anlässlich der „Rettung von ruchlosem Attentat". Paul Schmidt ist einer der Mitunterzeichner, der dies hinterher bedauert. Das Telegramm ist eine logische Folge von früheren Telegrammen dieser Art. „Man sprach also nochmals ein ausdrückliches Ja zu Adolf Hitler und nicht ein kleines, schon gar nicht ‚das große Nein der Gemeinde Jesu gegenüber dem Staat und seiner Führung'" (Balders 1989:105).

[83] Diesen Tag darf man meiner Meinung nach mit Recht als den „Tag der Befreiung" bezeichnen. Vgl. Internet: https://de.wikipedia.org/wiki/Tag_der_Befreiung#Bundesrepublik_ Deutschland [Stand: 22.08.2017].

> wir mit Jeremia in seinen Klageliedern 3,37: ‚Wer darf denn sagen, daß solches geschehe ohne den Befehl des Herrn?' So erkennen wir die Auflösung eines vom Herrn abgewandten Führertums, die Aufdeckung wie Beseitigung unglaublicher Brutalitäten der Gewalthaber und das Gericht, in dem wir mit unserem Volke noch stehen. Quälende Fragen und ernste Gebete steigen zu Gott empor.

145 Gemeinden mit 407 Zweiggemeinden hatte es hinter der neuen Oder-Neiße-Linie gegeben. 42.500 Menschen, also ein Drittel aller Mitglieder, sind durch Flucht und Vertreibung heimatlos geworden (Balders 1989:126). 4.000 namentlich bekannte Baptisten sind gefallen, 56 Prediger sind Opfer des Krieges geworden.

> Es fällt schwer, nach dem vorliegenden Quellenmaterial darüber zu urteilen, wie sich die ‚überwältigende Mehrheit' der Baptisten zum NS verhielt. Wieweit die ideologischen Einflüsse sich in den Gemeinden bemerkbar machten, läßt sich nicht sicher feststellen. Es gab Beispiele von ‚Resistenz' unterschiedlicher Ausprägung in den Gemeinden; es gab einzelne, die sich unter Gefährdung ihrer Existenz für Verfolgte einsetzten oder der Ideologie mit ihren Predigten widersprachen. Aber es gab auch zahlreiche Gemeinden, die sich dem Einfluß des NS nicht entzogen. Neben aller umstrittenen Schuldübernahme ist vor allem das Schweigen gegenüber der Verfolgung des jüdischen Volkes auch in der Nachkriegszeit schwer verständlich. (Strübind 1995:318)

Im Zuge neugewordener Freiheit wurde die neue vereinigte Freikirche in ihrer Einheit hart auf die Probe gestellt. Da nun ein vermeintlich äußerer Druck des Zusammengehens nicht mehr vorhanden war, beschlossen viele Brüdergemeinden aus dem gemeinsamen Bund wieder auszutreten.

3.4. Die Haltung der Baptisten zur Judenfrage

Zu Zeiten der Weimarer Republik lässt sich die Haltung der Baptisten zu den Juden wie folgt beschreiben: Israel gilt nach dem WZ als das Volk Gottes. „Bezüge zu den zeitgenössischen Juden sind in diesem Zusammenhang aber selten" (Stedtler 2015:140). Natürlich wird auch unter Juden missioniert. „Die von der Bibel nahegelegte Hochschätzung der Juden konkurrierte mit den antijüdischen Überzeugungen, die sonst gelehrt und geglaubt wurden" (:141). Diese Ambivalenz schlägt sich in den Ausführungen im WZ nieder. Das betrifft auch den Antisemitismus, der in der Bevölkerung tief verankert ist. „Der WZ distanzierte sich einerseits von offenem Antisemitismus [...] und auch Pogrome und Judenverfolgungen in Osteuropa wurden kritisiert. Andererseits sind tief sitzende Vorbehalte spürbar" (:142). Juden werden nicht als Teil des Deutschen Volkes anerkannt. Dies wird mit der nationalen Identität eines Volkes begründet. Sie bringen

Leid und Unsegen über die Völker, werden aber eines Tages nicht mehr „im Finstern tappen". Stedtler meint:

> Mit dieser Hoffnung unterscheidet sich die im WZ vertretene Einschätzung vom rassistischen Antisemitismus: Während bei letzterem die schlechten Eigenschaften angeboren sind (Rasse) und nicht behoben werden können, sieht der WZ sie als ein geistliches Erbe, das sich durch eine Bekehrung grundlegend ändern kann. Der Antisemitismus wird in dieser heilsgeschichtlichen Deutung als Erfüllung diverser Prophetien gesehen. (:144)

Der Grundtenor ist überwiegend und eindeutig judenfeindlich. Juden werden Kommunismus und Auswüchse des Kapitalismus zur Last gelegt. Eine tiefsitzende Abneigung gegen Juden macht sich immer wieder in Artikeln Luft (:145). Der Zionismus wird unter dem Strich gelobt, bei gleichzeitiger Ablehnung seines Liberalismus (:146).

Ab 1938 wird den Juden in Deutschland durch die Nürnberger Rassengesetze die Lebensgrundlage systematisch und schnell entzogen. Jetzt erst wird vielen Menschen die Entrechtungspolitik des NS-Regimes voll bewusst (Strübind 1995:260f). „Die am 9. November 1938 initiierte Gewaltwelle wurde in den Veröffentlichungen des Bundes mit keinem Wort kommentiert" (Strübind 2011:174). Vor 1938 setzt man sich anfänglich noch mit der sogenannten „Judenfrage" in Publikationen auseinander, Schmidt distanziert sich von der Einführung des Arierparagrafen in der Kirche (:265). Oft werden die Repressalien gegenüber den Juden als göttliches Gericht interpretiert. Das „ermöglichte den Baptisten später, das eigene Schweigen zu den Greueltaten der NS-Herrschaft biblisch zu legitimieren" (:262). Judenchristliche Mitglieder leiden unter Ausgrenzung in ihren Gemeinden (:268).[84]

In einem Gestapo-Bericht des Jahres 1939 ist erwähnt, dass unter den Baptisten bei Evangelisationswochen eine judenfreundliche Einstellung beobachtet wird (Balders 1989:101). Dies darf aber laut Balders nicht mit einem starken Einsatz für die Juden verwechselt werden.[85] Im Gegenteil: „Die letzte Phase der Judenverfolgung wurde von den Baptisten mit Schweigen übergangen" (Strübind 1995:272).[86] Ende 1941 notiert Lu-

---

[84] Strübind erwähnt Arnold Köster ausdrücklich als Gegenbeispiel (1995:269).

[85] Es gibt Hilfe für einzelne nicht-arische Gemeindemitglieder und Prediger. In Berlin wird eine extra Gemeinde für baptistische Juden gegründet. Balders spricht hier von einer neuen „Aufrichtung des Zaunes (Epheser 2)" innerhalb der Gemeinden und des Bundes. Insgesamt registriert man die zunehmenden Repressalien gegenüber Juden skeptisch, besonders gegen Judenchristen. Gegen die Verdrängung des Alten Testaments wehrt man sich (Balders 1987:102). Aber das führt nicht zu einem Eintreten für die Juden.

[86] Es kommt sogar zu Namensumbenennungen einiger diakonischer Werke, um die jüdischen Wurzeln des Christentums in der Außendarstellung nicht zu fördern. Zu den Juden in den Ghettos der eroberten Ostgebiete versucht man Kontakt zu halten.

ckey: „Blutiges Drama. Wir Christen unter Zuschauern“ (zitiert bei Strübind 1995:273). „Die Ausschreitungen gegen politische Gegner und die Verfolgung der jüdischen Bevölkerung wurden nicht zum Anlaß mutiger Stellungnahmen genutzt, sondern vermehrten die Endzeitspekulationen in den Gemeinden“ (:253).[87]

Roland Fleischer (2012b) konnte in seinen bisherigen Forschungen 34 Judenchristen ermitteln, die während der NS-Zeit Mitglieder in Baptistengemeinden waren, und weitere zwei, die enge Kontakte hatten. Dabei sind die Taufen in der judenchristlichen Gemeinde Berlin (1927–1938) und die Taufen von Juden durch Köster in Wien nicht berücksichtigt. Somit geht Fleischer bei seiner ermittelten Zahl von einer Mindestangabe aus (Fleischer 2012b:113f). Leider muss er feststellen, dass acht Geschwister davon Holocaustopfer wurden (:115). Weiter zeigt er die Probleme bei den von den Nationalsozialisten sogenannten „Mischehen“ auf (:115f) und ihre Ausgrenzung (:117f). Nach der Pogromnacht war eine Mitgliedschaft von Baptisten jüdischer Herkunft nicht mehr erwünscht (:119).[88] Fleischer weiß nach den o. g. schrecklichen Ergebnissen auch von einer gegenläufigen Bewegung zu berichten (:122). Es gab auch heimliche Hilfe und Rettungsgeschichten (:123f) und er kann auch – wenn auch leider nur wenige – widerständige Verhaltensweisen ermitteln.[89] Dennoch:

> Die Gemeinden zeigen keine einheitliche Haltung gegenüber der Judenverfolgung, noch zum Naziregime. Ein widerständiges Verhalten gegenüber der Obrigkeit war nicht eingeübt. Auch die theologische Brisanz der sog. ‚Judenfrage‘ wurde nicht erkannt. Von wem hätten sie das lernen können, wenn auch in den Reihen der Bekennenden Kirche die christliche Judenfeindschaft vorherrschte? Damit soll die

[87] „Die Staatsloyalität wurde weder durch das antikirchliche Vorgehen des Staates in Frage gestellt noch durch die offensichtlichen Verfolgungen politischer Gegner und der jüdischen Bevölkerung. Allerdings erkannten viele Baptisten den unrechtmäßigen, antichristlichen Charakter dieses Staates und versuchten durch den Rückzug in den gemeindlichen Bereich Schaden abzuwenden“ (Strübind 1995:230).

[88] Seit 1939 erfolgen ihre Streichungen aus den Verzeichnissen. Wobei in jedem Fall zu prüfen ist, von wem die Initiative ausgeht. Von 1939 bis 1941 werden die verbliebenen Judenchristen gestrichen oder stillschweigend nicht mehr geführt. Teilweise kommen die judenchristlichen Mitglieder ihren Gemeinden entgegen, indem sie mit ihren Streichungen einverstanden sind oder darum bitten (:119).

[89] Nach Denunziation eines Baptistenpastors jüdischer Abstammung im Hetzblatt „Der Stürmer“ wird der Bund vom Reichskirchenministerium zur Stellungnahme aufgefordert. Es ist laut Fleischer die einzige offizielle Stellungnahme des Bundes. Sie fällt positiv zugunsten der judenchristlichen Mitglieder aus. Die Bundesleitung hält es nicht für falsch, dass die „wenigen“ christlichen Juden gleichberechtigt am Abendmahlstisch und Traualtar behandelt werden (Fleischer 2012b:121).

> Desolidarisierung von Juden und Judenchristen nicht gerechtfertigt werden. (:127)[90]

Heinrichs (2011:33) stellt für die Freikirchen im „Dritten Reich“ in Bezug auf die Juden fest:

> Die freikirchliche Sicht [...] konnte ‚den Juden‘ zugleich als ‚Heilsbringer und Verderber‘ sehen. Man vermochte Juden als Menschen zu tolerieren, als Heilsträger sogar zu bewundern und auszuzeichnen, aber eben nicht als ‚normale‘ Mitbürger zu betrachten und sich für deren bürgerliche Rechte einzusetzen. Selbst die grundlegenden Menschenrechte versagte man ihnen auf diese Weise und – das sei hier so überspitzt formuliert – missbrauchte sie für die Projektion eigener Visionen.

3.5. Reflexion des evangelisch-freikirchlichen Verhaltens in der NS-Zeit: Deutungsansätze und Schuldbekenntnisse

Zunächst sei im Zusammenhang mit der Deutung am freikirchlichen Verhalten in der NS-Zeit insgesamt festgestellt, dass heute oft eine Beurteilungsperspektive eingenommen wird, die damaligen Verhältnissen nicht immer gerecht wird: „Heutige Kritik am mangelnden politischen Engagement einer kleinen Kirche (in Geschichte und/oder Gegenwart) bedenkt oft die zu erwartende Wirkungslosigkeit baptistischer Proteste kaum mit“ (Graf-Stuhlhofer 2001:82).[91]

---

[90] Fleischer meint weiter, dass mit dem in den Gemeinden vorherrschenden einfachen Biblizismus der Antisemitismus und die kirchliche Judenfeindschaft nicht überwunden werden konnte. Dieser Analyse will ich mich so nicht anschließen, da Köster hier, wie man noch sehen wird, ein Gegenbeispiel darstellt (vgl. dazu die Ausführungen von Stedtler 2015:158).

[91] Vorher erwähnt er: „Die heute oft geäußerte Erwartung, daß kirchliche Funktionsträger in politischen Fragen mitreden sollten, geht vom gegenwärtigen Demokratieverständnis aus“ (Graf-Stuhlhofer 2001:80). Das ist keine Entschuldigung für fehlenden Widerstand, aber zumindest eine Erklärung eines bestimmten Verhaltens. Hürten weist auch auf das moralische Problem eines potentiellen Widerständlers hin: Widerstand wäre damals nicht, wie man uns heute manchmal einzureden versuche, die Normalform staatsbürgerlichen Verhaltens, sondern ein Ausbrechen aus einer bis dahin für uneingeschränkt gültig gehaltenen Gesetzlichkeit, ein Abweichen von der Tradition des Gehorsam, der auch gegenüber der launischen Obrigkeit geschuldet gewesen sei, und des Respekts vor dem Staat als dem Repräsentanten von Gesetz, Kultur und Sittlichkeit (Hürten 1987:69).

3.5.1. Deutungsansatz des Verhaltens nach Strübind

Strübind (1995) beschreibt die baptistische Position (abgesehen von Einzelpersonen) während der NS-Zeit als Mitte zwischen den beiden kirchlichen Flügeln von Bekennender Kirche (BK) und Deutschen Christen (DC). Man hätte sich nicht mit der BK solidarisiert, noch hätten die DC gewichtigen Einfluss ausüben können (:319). Ziel wäre gewesen, die Mission- und Gemeindearbeit fortzuführen, ohne der Ideologie des Nationalsozialismus in den Gemeinden Raum zu geben. Die Existenz der Gemeinden sollte gesichert werden (:320). Gegenüber der NS-Ideologie und dem völkischen Gedankengut hätten sich die Gemeinden als weitgehend resistent erwiesen, wobei aus theologischen und traditionsbedingten Motiven die Loyalität gegenüber dem Staat nicht grundsätzlich in Frage gestellt wurde. Das sei auch dann nicht geschehen, als man den antichristlichen Charakter hätte erkennen können. Strübind meint, dass als Fluchtmöglichkeit aus diesem Gewissenskonflikt die apokalyptische Geschichtsdeutung angewandt wurde (:320).

Die Gründe für das baptistische Verhalten lagen ihrer Meinung nach auch entscheidend in der Situation einer Minderheit, mit dem Stigma der ‚ausländischen Sekte', sowie der leidvollen Erfahrungsgeschichte des Baptismus (:320).[92] Aufgrund ihrer theologischen Prinzipien als täuferische Freikirche hätte Strübind kämpfende und bekennende Gemeinden im NS-Staat erwartet (:321). Gerade die kleine Freikirche wäre auf den ersten Blick für den Kampf gegen das totalitäre Regime geeignet gewesen. Dass dies nicht geschehen sei, liege an theologischen und traditionsbedingten Voraussetzungen. „Die ‚geschonte Freikirche' erwies sich als die gebundene, unfreie Freikirche" (:323). Strübind macht die areligiöse Interpretation des Staates mittels der lutherischen Zwei-Reiche-Lehre dafür verantwortlich und attestiert, dass einige baptistische Theologen neulutherisch im Staat eine Erhaltungsordnung Gottes sahen, und ihm Eigengesetzlichkeit und theologische Qualität zubilligten. Christsein und Politik hätten durch die Verwurzelung im Neupietismus als unvereinbar gegolten. „Der NS erschien daher als eine ‚Spielart der Welt', mit der sich die Gemeinde zwar nicht identifizieren konnte, der ge-

[92] Ähnlich beschreibt es Heinz in Bezug auf die Gesamtsituation der Freikirchen (Heinz 2011:10). Sie lebten im Windschatten der wachsenden Konflikte innerhalb der großen Kirchen, wenn auch nicht völlig unbehelligt. Die Gewährung von Körperschaftsrechten und damit die Befreiung vom Sektenstatus schuf tatsächlich eine neue Situation: „Diese ungewohnte Akzeptanz durch den Staat, zumindest in den ersten Jahren der nationalsozialistischen Herrschaft, entpuppte sich jedoch als große Versuchung und trug mit dazu bei, dass die Freikirchen die Entwicklung im eigenen Land nicht nur kritisch, sondern sogar anerkennend würdigten […]. Falsch verstandener Obrigkeitsgehorsam, irregeleitete nationale Begeisterung, ängstliche Anpassung, Repressionsfurcht und resignative Passivität haben verhindert, sich dem rassisch verfolgten Nachbarn, ja sogar mit dem judenchristlichen Bruder zu solidarisieren" (:10).

genüber sie aber auch nicht die Pflicht hatte, politisch Stellung zu beziehen" (:324). Sie sieht in dieser Neutralität geradezu eine Parteinahme, die durch Schweigen die Opfer verleugnete. „Mission war die einzige intendierte und von der eigenen Tradition legitimierte Einflussnahme auf die Gesellschaft" (:325). Die Beziehung zum Staat hätte sich aufgrund der gewährten Freiheit zur Ausübung von Mission definiert. Der Dienst am Nächsten sei vernachlässigt worden und somit sei die Sendung einer Kirche nicht wahrgenommen worden. Den Baptisten sei es um den Erhalt ihrer institutionellen Freiheit gegangen und nicht um die Freiheit des Evangeliums. Erst spät und nur von wenigen sei erkannt worden, dass institutionelle Freiheit nicht alles sei. Einer davon sei Luckey gewesen, der 1941 notierte: „Wenn Baptismus fällt, stehen Baptisten da!" (:328). Er verstand daher, dass die „[...] Preisgabe der institutionellen Freiheit die wahre Freiheit der Baptisten offenbart hätte" (:328).

Strübinds gründlicher und in der Form bisher einmaliger Darstellung der geschichtlichen Situation gebührt Respekt. Ihre Argumente, warum es aufgrund theologischer Voraussetzungen im Baptismus zu dieser Situation gekommen ist, sind dagegen kritisierbar. Sie stellt schon am Anfang ihres Buches die theologischen Grundentscheidungen im deutschen Baptismus fest (:39–48), die ihrer Meinung nach eine Tolerierung des NS-Regimes begünstigten. „Bei der theologischen Beurteilung des Staates sind als entscheidende Faktoren der gelebte Biblizismus, der Einfluß der lutherischen ‚Zwei-Reich-Lehre' und die heilsgeschichtliche Deutung der Geschichte zu nennen" (:40). Graf-Stuhlhofer (2001:76–84) setzt sich mit ihren Aussagen auseinander, indem er sie mit Kösters Verhalten zu Recht kontrastiert und Strübinds Aussagen damit zum Teil hinterfragt. Stedtler (2015:157f) weist nach, dass der Biblizismus an sich nicht als Argument für die Nichteinmischung herangezogen werden kann. Die späteren Ausführungen zu Köster werden zeigen, dass Biblizismus nicht für jeden eine Fluchtmöglichkeit bedeutete, sondern feste Überzeugung sein kann, die zu kritischem Verhalten führt.[93]

3.5.2. Weitere Deutungsansätze: Balders und Zimmermann

Balders deutet das Verhalten zunächst damit, dass der Baptismus als Minderheit Isolation erlebte (1989:122). Weiter stellt er theologische Anfragen: Warum blieb man bei der traditionellen lutherischen Interpretation von Römer 13 im Sinne einer Theologie der natürlichen Ordnungen? Er meint auch, dass die Schrift zu biblizistisch und eklektisch

[93] Graf-Stuhlhofer erwähnt die Polemik Gieskes gegenüber den von Strübind genannten Faktoren. Gieske macht deutlich, dass gerade ein eklektischer Biblizist auch zu anderen Ergebnissen kommen kann, als einen Staat zu unterstützen, und auch die apokalyptische Schau keineswegs einheitlich zur Tolerierung Hitlers führte (Graf-Stuhlhofer 84–86).

ausgelegt wurde (:123). In dem Satz „Wir bleiben Missionare" sieht er eine Engführung. Balders stellt ein zu „verjenseitigtes Erlösungsverständnis" fest, das Römer 13 ohne Römer 12 las. Weiter sei die sehr hohe Selbständigkeit der Ortsgemeinden zu berücksichtigen, die doch zu einer Art „Baptistenkirche" geführt hätte (:124f). Zuletzt stellt er auch fest, dass Baptisten sich normalerweise von der Politik fernhielten (:124f). Balders hätte sich gewünscht, dass die Begrenzung des staatlichen Auftrages beim Namen genannt worden wäre (Röm 13,4: Gottes Dienerin zum Guten) und man Gott mehr gehorcht hätte als den Menschen. Dies seien, neben der Fürbitte für politische Verantwortungsträger, Aufträge, denen sich „auch eine Evangelisch-Freikirchliche Gemeinde nicht entziehen könne und sich nicht hätte entziehen dürfen, in welcher Gesellschaftsform sie auch immer lebe" (:125).

Zimmermann (2001) erklärt das Verhalten des BEFG auch damit, dass die ‚Brüder' und die Baptisten „zwischen Selbsterhaltung und Anpassung" standen (:89). Auf der einen Seite Schutz des Gemeindebundes, auf der anderen Seite Anpassung an das System. Auch die Faszination Hitler hätte eine nicht unwesentliche Rolle gespielt (:89). Irgendwann war man dann zu tief „in die offizielle Linie der Loyalität zum Führer und zu Deutschland verstrickt, dass Widerspruch zur Bedrohung von Leib und Leben geführt hätte. So wurde aus der freiwilligen Anpassung [...] immer mehr die Selbsterhaltung zur Triebfeder der Loyalität" (:89). Diejenigen Brüder, die sich nicht dem BEFG angeschlossen hätten, hätten Verfolgungen erlitten, aber in der Regel seien sie „den Zusammenschlüssen aufgrund ihres Gemeindeverständnisses und nicht aufgrund ihrer Opposition gegenüber dem Staat ferngeblieben" (:89).[94]

3.5.3. Schuldfrage und Schuldbekenntnisse

Paul Schmidt geht 1946 in seinem Rechenschaftsbericht „Unser Weg als Bund Evangelisch-Freikirchlicher Gemeinden in den Jahren 1941–46" vor dem Bundesrat auch auf die Schuldfrage ein. Für ihn stellt sich die Frage, ob die Gemeinde als Ganzes schuldig werden kann, die „nicht den Auftrag und die Kraft hat, ein ganzes Volk zu bewahren und zu behüten". Erst recht sei ein voreiliges Schuldbekenntnis zu vermeiden (Balders 1989:118).[95] Diese Haltung wird von Jacob Köbberling in einer Gegenschrift an die Mit-

[94] Hilfe zu einer Deutung des Verhaltens des BEFG in der NS-Zeit können auch die Schuldbekenntnisse geben, die Heinz Szobries (2013) zusammengestellt hat. Besonders aufschlussreich sind die „Reaktionen in der Nachkriegszeit" ab Seite 17, die Stimmen der in der NS-Zeit handelnden baptistischen Leiter enthalten. Hier wird z. B. auch umfassend Schmidts Verständnis von Römer 13 dargestellt (:19).

[95] Forderungen nach einem Schuldbekenntnis gab es schon 1946 von Viebahn (Szobries 2013:41) und von Köbberling (:47).

glieder der Bundesleitung scharf kritisiert (Fleischer 2014:79f). Für ihn verjagt Schmidt die Schuldfrage in den „politischen Raum", wogegen auch gefragt werden müsse, ob die Gemeinde als Ganzes nicht ihr „Wächteramt" vernachlässigt und ihr „Licht unter den Scheffel" gestellt hat (:98f). Vor dem 7. Weltkongress der Baptisten 1947 in Kopenhagen erklärt der neue Bundesvorsitzende Jakob Meister, dass man sich unter die Schuld des deutschen Volkes beuge. Hans Rockel bekennt vor der dortigen Jugendversammlung Schuld, weil man das Erbe der Täufergemeinden gering geachtet hat und das Feuer hat verlöschen lassen, den Kampf bis zum Märtyrertod zu führen (Balders 1989:117). Zu einer eigenen offiziellen Erklärung des BEFG im sogenannten Hamburger Schuldbekenntnis kam es erst 1984 (Szobries 2013:65f).[96]

Kösters wichtige, aber bisher nicht berücksichtigte Ausführungen zum Umgang mit der Schuldfrage werden im sechsten Kapitel behandelt.

3.5.4. Eigene Deutung des baptistischen Verhaltens während der NS-Zeit

Als jemand, der erst 1971 geboren wurde, also lange nach den schrecklichen Ereignissen der Jahre 1933–1945, möchte ich mit aller gebotenen Vorsicht auch eine eigene Stellungnahme abgeben. Festzuhalten ist, dass in den Publikationen der Freikirche vor und zu Beginn der NS-Herrschaft die NS-Rassenideologie klar abgelehnt wird. Leider wird aber die Judenverfolgung nicht deutlich kritisiert. Aufgrund des massenhaften Verschwindens der jüdischen Bevölkerung aus dem Leben der Gesellschaft und dem Leben der Gemeinden wäre aufgrund der eigenen baptistischen Geschichte und Theologie ein widerständiges Verhalten wünschenswert gewesen.

Der Respekt vor der Obrigkeit verbot dem Baptismus offensichtlich eine direkte und deutliche Kritik an der Staatsführung. Hier wurde Römer 13 höher bewertet als der gebotene Einsatz für Schwache und Verfolgte. Gleichzeitig ist kein Führerkult innerhalb des Baptismus wahrzunehmen.

Der Auftrag der Evangelisation wurde verfolgt, bedeutete aber vor allen Dingen die Verkündigung des Wortes Gottes, also mehr die wortvolle Tat der Verkündigung, als die hilfreiche Tat, die dem Schwachen und Verfolgten aktiven Schutz bot.[97] Ein mögliches Verbot, diesen Auftrag auszuführen, scheint im Rückblick die Sollbruchstelle zu sein, ab der deutlicherer Widerstand gegen das Regime möglich gewesen wäre.

---

[96] Vgl. hierzu Heinz Szobries (Szobries 2013). Der Bruderrat der Arbeitsgemeinschaft der Brüdergemeinden gab erst 1995 eine eigene Erklärung zur „Haltung der Brüdergemeinden während der Zeit des Nationalsozialismus und nach dem Zusammenbruch" heraus (:75).

[97] Zu berücksichtigen ist, dass dies gesetzlich verboten war und man dadurch selbst in Gefahr geriet.

Der Schutz der eigenen Kirche und ihr Überleben während des NS-Regimes hatten für die Leitung der Freikirche einen sehr hohen Stellenwert. Dieses Ansinnen führte zu einem harmlosen und kritiklosen Auftreten gegenüber dem NS-Regime. Dies führte auch dazu, dass man sich beim baptistischen Weltkongress und der Kirchenkonferenz in Oxford dem NS-Staat anbiederte. Damit verbunden war eine Entsolidarisierung mit der Bekennenden Kirche, was aufgrund der historischen Konflikte zwischen Volks- und Freikirche verständlich erscheint, aber zu vermeiden gewesen wäre.

Die Zerfaserung der Konfessionen, ihre leidvolle Geschichte miteinander und der Kirchenkampf haben einen möglichen gesamtkirchlichen Widerstand geschwächt. Dazu kommen die starke NS-Propaganda und die vorgenommene Gleichschaltung der NS-Herrschaft. Erschwerend kommen die Wirren des Krieges hinzu und der damit verbundene tägliche Überlebenskampf. Dies geschah in einer schnellen Abfolge, ausgehend von einer Weimarer Republik, deren Überwindung von vielen gut geheißen wurde.

Unter diesen Bedingungen wirkt das freikirchliche Verhalten insgesamt wie ein ängstliches Taktieren unter schwierigen Umständen. Hinzu kamen der sicher kräftezehrende Vereinigungsprozess mit den Brüdergemeinden und die damit verbundene Blickrichtung nach innen. Mehr Widerstand wäre im Rückblick wünschenswert gewesen. Bis es 1984 endlich zu einer Art Schuldbekenntnis kommt, wirkt auch der Umgang mit der Schuldfrage mutlos.

Hieraus gilt es zu lernen, dass die Verkündigung des Evangeliums (Mission) die helfende Tat gegenüber dem Schwachen nicht ersetzen kann und darf, wobei die Frage zu klären bleibt, wie diese Hilfe unter den Umständen eines totalitären Staates zu gewährleisten wäre, wenn man für diese Hilfe bestraft würde.

Weiter braucht es ein starkes Leitungsgremium, das sich gegenseitig ermutigt, auch Kritik gegenüber dem Staat zu üben. Auch eine ökumenische Solidarisierung scheint besonders in schwierigen Zeiten angebracht. Umso mutiger wird das Auftreten Arnold Kösters zu bewerten sein, der von der Kanzel aus seine Stimme erhob.

3.6. Fazit zum dritten Kapitel

Dieses Kapitel war ein geschichtlicher Abriss über die Situation des Baptismus in Deutschland und Österreich seit seiner Gründung mit besonderem Schwerpunkt auf die NS-Zeit. Es wurde der „offizielle" Baptismus betrachtet und nicht die einzelnen Gemeinden vor Ort. Mit der Darstellung verschiedener Deutungsansätze bildet es damit die Hintergrundfolie für Kösters Leitungsbiographie, die im nächsten Kapitel dargelegt wird und für sein widerständiges Verhalten im Rahmen seines Gemeindebundes und auf der Kanzel seiner Kirche (Kapitel 6).

4. Kösters Leitungsbiographie: Präge- und Wirkungsphasen

Das folgende Kapitel dokumentiert Kösters Prägung und seine Wirkung als pastoraler Leiter. Mit ihm liegt erstmals eine biographische Gesamtdarstellung von Kösters Leitungsprägung und Leitungswirkung vor, die von Geburt bis Lebensende alle Stationen erfasst. Besonderes Augenmerk lege ich dabei auf Ereignisse, die Grundlage für Kösters prophetisches Leitungshandeln wurden.

Der Ausgangspunkt meiner Darstellung ist Kösters Biographie in Graf-Stuhlhofers (2001) Buch. Dabei habe ich vorhandene Lücken in bisherigen Darstellungen von Kösters Lebenslauf geschlossen. Die Darstellung bietet auch Einblick in die Situation der Gemeinde Wien-Mollardgasse während der NS-Zeit. Somit wird hier das Verhalten des „anderen Baptismus" gegenüber dem „offiziellen Baptismus" skizziert (vgl. Strübind 1995:5).

4.1. Der Werdegang eines Leiters nach Clinton in Bezug zu Köster

Beim Aufbau der Biographie orientiere ich mich an den von Clinton (2006) herausgearbeiteten Lebensphasen, mit denen er den Werdegang eines Leiters beschreibt und die in der aktuellen Diskussion christlicher Leitungsbiographien populäre Beachtung gefunden haben. Er schreibt:

> Gott erzieht jemanden zum Leiter zeit [sic!] seines Lebens. Diese Entwicklung bezieht sich auf Ereignisse und Personen, die dem Leiter Lektionen zur Leiterschaft vermitteln (Prozesse), sowie auf Zeitfaktoren und auf die Reaktion des Leiters. Prozesse sind in dieser Theorie von zentraler Bedeutung. Alle Leiter können auf entscheidende Geschehnisse in ihrem Leben zurückblicken, durch die Gott sie etwas sehr Wichtiges gelehrt hat (:19).

Leiterschaft sei ein lebenslanger Prozess und bedeutet, dass sich ein Mensch mit seiner gesamten Lebenszeit in der Schule Gottes befände (:21). Clinton unterscheidet grundsätzlich fünf Phasen der Leiterschaft (23f):

I. Grundlagen (Persönlichkeit, Erfahrungen, Gaben)

II. Wachstum (Schulung, auch formlos, Schulung des Herzens)

III. Dienstreife (Diensteintritt, Dienst)

IV. Lebensreife (Nutzung der Gabenkombination in Vollmacht, Reife, Fruchtbarkeit)

V. Konvergenz (Gabenkombination, Erfahrung und Temperament im Gleichklang und aus dem Sein heraus, geographische Ortsbestimmung).

Als sechste und seltene Phase erwähnt er den Nachklang. Gerade Phasen III–V überschnitten sich im realen Leben (:23). In den Phasen I–III arbeite Gott hauptsächlich innerlich am Leiter selbst (:25).

Auf Köster angewandt würde ich Phase I für die Zeit im Elternhaus und in der Lehre ansetzen, also ungefähr die Jahre 1896–1915. Die Phase II wäre dann die Soldatenzeit während des 1. Weltkrieges und die Ausbildung am Predigerseminar in Hamburg (1915–1923). Die Phase III setze ich für die Dienststellen Wilhelmsburg, Köln und Wien bis zum Anschluss Österreichs ans Deutsche Reich an. Hier dient Köster den Gemeinden als junger Prediger und setzt sich mit der NS-Weltanschauung auseinander (1923–1938). Die Phase IV beginnt nach dem Anschluss Österreichs ans Deutsche Reich bis Kriegsende, in der er als pastoral-prophetischer Leiter seine Gemeinde auf Kurs hält. Phase V beginnt nach dem Krieg und verläuft bis zu seinem Tod 1960, in der Köster neben seiner Wiener Gemeinde die österreichische Allianz und den Baptismus entscheidend prägt. Kösters Lebenswerk hatte einen erkennbaren Nachklang, und somit kann man von einer sechsten Phase sprechen.

4.2. Kösters erste Phase: Grundlagen des Leiterlebens 1896–1914

4.2.1. Frühe geistliche Prägung: Geburt, Elternhaus und Jugendjahre

Arnold Willi Köster wird am 3. Februar 1896 als Zwilling in Wiedenest im Bergischen Land geboren.[98]

Arnolds Vater Louis (Ludwig) Heinrich, geb. am 20.10.1865 in Bergneustadt, heiratete am 16.04.1892 Emilie (1867–1937), geb. Werkshage.[99] Er erhielt seine Ausbildung zum Prediger am baptistischen Theologischen Seminar Hamburg-Horn von 1895–1896. Seine Heimatgemeinde, bei Antritt des Studiums, war die Baptistengemeinde Derschlag. Der Grund, warum die Eltern 1896 bei der Geburt Arnolds noch einmal in Wiedenest waren, wird also wahrscheinlich familiärer Natur gewesen sein.[100] Das Ehepaar Köster

---

[98] Heute ist dies ein Stadtteil der Stadt Bergneustadt in Nordrhein-Westfalen. Damals wurde dieses Flurstück des heutigen Wiedenest auch Bockemühle genannt.

[99] Sie war Tochter des Hutmachers Wilhelm Werkshage aus Wiedenest, wohnhaft in der Straße „In der Bockemühle". Emilie war das dritte von acht Kindern (aus einem Telefonat mit dem Nachfahren Martin Werkshage am 11.02.2016).

[100] Die Vermutung Graf-Stuhlhofers, dass Ludwig Heinrich Köster seine theologische Ausbildung an der Bibelschule Wiedenest erhielt, stimmt nicht, weil die Bibelschule erst 1905 in Berlin gegründet wurde und erst 1919 von Berlin nach Wiedenest zog (Graf-Stuhlhofer 2011:20). Es ist auch zu vermuten, dass Vater Louis alleine auf dem Seminar in Hamburg studiert hat, während seine Frau Emilie mit den ersten Kindern noch in Wiedenest wohnen blieb (APKK Nr. 2:3).

bekam acht Kinder, vier Töchter und vier Söhne, darunter 1896 die Zwillinge Arnold und Martin (APKK Nr. 2:3). Louis Köster verstarb am 10.06.1950 in Lippoldsberg/Weser. Im Bericht über seine Beerdigung heißt es: „Mit tiefer Ergriffenheit sprach der Sohn, Prediger Arnold Köster, im Namen aller Angehörigen, von dem gottseligen Wandel des geliebten Vaters" (ABEFG Nr. 2).[101]

In einer Predigt aus dem Jahr 1943 berichtet Köster aus dem Familienleben (KöV17.01.43b:116): „Wenn wir Jungen gezankt hatten, was ja auch vorkam, und unser Vater Frieden stiften wollte, dann sagte er: ‚So, nun gebt euch einen Kuß!' Das war für uns furchtbar! Denn wir waren noch am Raufen und hatten noch keine Gemeinschaft miteinander!" Einblick gibt er auch 1945 (KöV29.04.45:7):

> Das war ein guter pädagogischer Akt meines Vaters: wenn wir 8 Kinder einmal unzufrieden waren, dann hat er uns, – wir wohnten damals in der Nähe von ‚Bethel' in Bielefeld, – spazieren geschickt in die Anstalten. Da sahen wir diese Armen dort und den Jammer und die Kranken, und dann kamen wir jedesmal sehr froh und zufrieden wieder nach Hause.

1943 berichtet Köster, dass er in seinem Elternhaus auch viel Leid erlebt hat, ohne es jedoch konkret zu benennen (KöV17.01.43b:10). Sein Zwillingsbruder Martin stirbt 1922 während Arnolds Zeit am Predigerseminar in Hamburg. Das Verhältnis zu ihm greift Köster im Laufe seiner Predigten in Form von Illustrationen oder persönlichen Erlebnissen gelegentlich auf.[102] Er berichtet vom Sitzen am Sterbebett seines Bruders (KöV31.10.43:5) und erlebt berührt, dass sein Bruder im Todeskampf die Gnade Gottes rühmt (KöV01.03.45:3).[103] Arnolds jüngere Schwester Nelly, geboren 1903, stirbt 1934 (Graf-Stuhlhofer 2001:21).[104]

---

[101] Ludwig wird im Nachruf als Mann des Gebets und der Liebe gewürdigt: „Er war ein Mensch, der wirklich seine Berufung darin erfüllte, alle Anliegen vor Gott zu bringen und aus dessen ganzem Wesen eine innige Liebe strömte" (ABEFG Nr. 2).

[102] Er berichtet von einer Kindheitserinnerung, als sein dreijähriger Bruder zur Strafe in den Keller sollte und sich fürchtete (KöV15.08.43a:3), oder wie ein weißhaariger frommer Mann ihn und seinen Bruder im Alter von neun Jahren bekehren wollte (KöV17.08.43): „Ich muss an meine Jugendzeit zurückdenken, ich war ein Bub von neun Jahren, da wollte ein weißhaariger frommer Mann meinen gleichaltrigen Bruder und mich bekehren, stellt sich vor uns hin und fragte: ‚Wann wollt ihr euch denn bekehren?' Mein Bruder sagte: ‚Mit 20 Jahren.' Ich wollte es schon ein wenig früher machen und sagte ‚Mit 12 Jahren'. Da hat er uns entlassen aus diesem Beichtstuhl" (:57).

[103] Schwärmerische Kommilitonen stellten ihm damals die Frage, was denn sein Bruder verbrochen hätte, dass er sterben musste, was Köster später als „eigenartige Frömmigkeit" bezeichnet (KöV15.10.43:12).

[104] Köster berichtet in einer Predigt über den „Sinn des Lebens" am 31.10.1943 vom Heimgang seiner Schwester: „Da ich damals nicht hinfahren konnte, schrieb ich meiner Schwester einen

Aufgrund der Dienststellen des Vaters lebt Arnold in seiner Kinder- und Jugendzeit an drei verschiedenen Orten, jeweils zwischen vier bis sechs Jahre: Uslar, Wermelskirchen, Bielefeld und evtl. noch Harburg.[105] Von 1902 bis 1910 besucht er die Schule, vermutlich zunächst in Wermelskirchen und dann in Bielefeld (APPK Nr. 2:4). Auch seine Schulzeit verarbeitet er in Predigten (KöV07.11.43; KöV26.12.43). 1952 blickt er auf seine Schulzeit zurück und ist dankbar für seine Lehrer. Als seine Lieblingsfächer, „die mir stets eine Eins eintrugen", bezeichnet er Religion, Geschichte und Geographie (KöV24.02.52:1). In der Schule wird auch deutlich, welche Sonderstellung die beiden Zwillinge als Baptisten einnahmen, wie Köster in einer Predigt zum Thema „Die Überwindung der Konfessionen" deutlich ausführt (KöV13.01.46:6f):

> Ich werde nicht vergessen, wie unser Lehrer in der Schule schimpfte, wenn die Buben zum lutherischen und die anderen zum reformierten Religionsunterricht gehen sollten, und wir, mein Bruder und ich, in der Klasse blieben, weil wir ja nun weder der lutherischen noch der reformierten Kirche zugehörten. ‚Alle meinen sie den einen Herrgott, und laufen nun in die verschiedenen Kirchen [...]'.

Nach der Schulzeit absolviert Arnold eine kaufmännische Lehre.

Arnold wird also in eine baptistische Familie hineingeboren und wird demensprechend freikirchlich geprägt. Prägend ist der Beruf des Vaters. Er nahm ihn z. B. mit, wenn er Gemeinden besuchte (KöV17.01.43b:82).[106] Am 20.10.1907 lässt Arnold sich im Alter von 13 Jahren von seinem Vater in Bielefeld taufen (AKR Nr. 3).

Ein besonderes Vorbild für sein geistliches Leben ist seine Mutter. Im Alter von sechs Jahren führte ihn seine Mutter an die Bibel heran (KöV11.06.46:145):

> Ich stehe in tiefer Dankbarkeit meiner Mutter gegenüber, die mich im 6. Lebensjahr anwies, lesen zu lernen, damit ich einmal dieses Bibelbuch lesen könnte. Als ich vor Jahren, nach einem Gottesdienst hier im sausenden D-Zug zu ihr fuhr, weil sie im Sterben lag und ich sie noch einmal lebend wiedersehen wollte, und dann an ihrem Bette stand und ihr danken konnte, da waren ihre letzten Worte an mich:

Abschiedsbrief. Ich schrieb, daß es nun so weit sei, aber daß sie dieses Eine mitnehmen könne, daß das Kreuz und die Auferstehung Jesu Christi allgenugsam sei auch für sie! Und dann schrieb ich ihr ein Lied aus einem alten, russischen christlichen Gesangsbuch ab. Als sie das gelesen hatte, hat sie meinem Schwager den Brief zurückgegeben; sie wußte nun, um was es geht und hat Abschied genommen! Und konnte sie nun ruhig tun!" (KöV31.10.43:11).

[105] Louis Köster war als Prediger in folgenden Gemeinden tätig: Uslar (1896–1901), Wermelskirchen (1901–1907), Bielefeld (1907—1914), Harburg (1914–1923) und Bad Oeynhausen (1924–1932) (ABEFG Nr. 1).

[106] Er berichtet einmal: „wenn ich früher mit meinem Vater, wenn es geschneit hatte, auf seine Filialen der Kirchgemeinden gegangen bin, bin ich in seine Fußstapfen hineingestiegen, die mir natürlich viel zu groß waren" (KöV28.12.44:1).

> ‚Bald ist es überwunden, nur durch des Lammes Blut, Das [sic!] in den schwersten Stunden, die größten Wunder tut!‘ Das war die Theologie dieser sehr kritischen Frau.

Köster wurde so zeitlebens zu einem Bibelliebhaber (KöV16.03.41a:4).[107] Er beschreibt seine Mutter als fromme, aber auch – wohl „zu hoher“ Theologie gegenüber – kritische Frau, die selbst in ihrem bewegten Haus bei viel Arbeit „mit Strickstrumpf über ihrer Bibel sass“ und auch durch Zeiten des Zweifels wieder „hineingeholt war an das Herz Gottes und in die Stelle des Christusglaubens Gott gegenüber“ (KöV11.07.43b:3). Ihr kindlicher Glaube und damit das Vertrauen auf Gott auf dem Sterbebett, im Angesicht ihres Todes (KöV01.03.45:3), gingen Köster sehr nahe und sind ihm selbst zum Vorbild geworden. Mit Blick auf den oben erwähnten Ausspruch über des Lammes Blut auf ihrem Sterbebett schreibt Köster: „Ich bin fest überzeugt, daß keine andere Theologie mein Herz stille machen kann in der Stunde des Todes als diese Theologie meiner sehr kritischen Mutter. Darum hat dieses Wort doppeltes Gewicht bekommen für mich!“ (KöV17.01.43b:63).

Besonders bemerkenswert ist folgendes Erlebnis im Blick auf Kösters Verhältnis zum „Weissagungswort der Schrift“ und zum „prophetischen Wort“, das Köster in einer Predigt 1950 berichtet (KöV27.07.50:6). Zunächst spricht Köster vom prophetischen Wort als prophetisches Reden Gottes in der Bibel. „Gott redet mit uns über die kommenden Dinge, damit er mitten im Gericht uns in seiner erlösenden Hand haben kann“ (:2). Später in der Predigt erwähnt er, dass er als junger Mann – schätzungsweise im Alter von um die zwanzig Jahre – seinen Vater bei einem Predigtdienst vertrat. Danach machte er einen Mittagsschlaf und hatte dabei einen Traum, der sich dreimal wiederholte.

> Ich erzählte ihn meiner Mutter, einer sehr skeptischen Frau, die mehr ablehnte, als sie je annahm. Sie sagte mir: ‚Erzähle deinen Traum nicht den Leuten, sonst sagen sie von dir, daß du ein Prophet bist.‘ Weil ich aber dreimal das gleiche geträumt hatte, fragte ich mich, was bedeutet das? Ich sah mich auf einer Brücke stehen, die über eine Straße führt. Es waren viele Menschen um mich her, die alle mit mir hinunter auf die Straße schaute [sic!]. Ich frage: ‚Was schaut ihr eigentlich?‘ Sie sagten: ‚Wir sehen, wie die Führer der Völker uns die Herrlichkeit der Völker vor Augen führen.‘ Da sah ich am Rande der Straße eine Hülle und Fülle von festlich gekleideten Menschen, die zur Brücke schauten, auf der ich stand. Da rollte ein erster Wagen an mit Männern im Gehrock und mit Zilindern [sic!]. Herr-

[107] Dass Köster zeitlebens ein begeisterter Bibel-Liebhaber war, bestätigt Hans Luckey in einem Nachruf, wenn er von einer nie ermattenden „Liebe zur Heiligen Schrift“ spricht (ABEFG Nr. 3). Ostermann erwähnt in seinem Nachruf, dass die Erweckungsbewegung Kösters Glauben prägte: „Nach seinem eigenen Zeugnis stand seine Jugendzeit im Zeichen der Erweckungsbewegung, die ja in seiner Heimat stark wirkte“ (ABEFG Nr. 4).

> lich gekleidet zogen sie unter der Straße hinweg. Dann kam ein zweiter Wagen mit herrlichem Gebäck, so schön, wie ich es nie zuvor gesehen hatte. Aber alles nur Surrogat, war aber herrlich aufgemacht. Als der zweite Wagen vorbeifuhr, jauchzte die ganze Menschenmasse, die Spalier stand. Dann kam der dritte Wagen. darauf waren lauter ausgehunderte [sic!] Kinder mit ausgemergelten Körpern, armselige Kleine! Als ich hinschaute, purzelten welche tot auf die Straße [...].[108]

Hier wird deutlich, dass in Kösters Elternhaus das prophetische Wort durchaus nicht zurückgewiesen wurde. Für Köster war dieser Traum ein prophetischer Traum mit Blick auf das Hitler-Regime, den er aber erst später deuten konnte: „Mein Traum hat ernst warnend bei mir gestanden, als das Hitlerische kam und all seine Herrlichkeit (Surrogat) vor uns aufbaute“ (:7).

Er berichtet auch, wie er seine erste Begegnung mit endzeitlichen Dingen schon als Kind in Wermelskirchen erlebte:

> Meine erste Begegnung mit den endgeschichtlichen Dingen habe ich erlebt, als ich 9 Jahre alt war. In der Nähe unserer Wohnung lebte eine Bibelforscherfamilie, die meinem Vater ein Buch borgte mit vielen Bildern von Katastrophen, vom Untergang der Welt und wie Jesus mit den Wolken des Himmels wiederkommt (KöV04.04.57:2).

Köster äußert sich in späteren Dienstjahren dankbar über den Einfluss seines Elternhauses: „Je älter ich werde und im Dienst am Wort bin, desto dankbarer bin ich, daß ich in ein Haus geboren wurde, in dem Gebetsluft herrschte, daß ich gläubige Eltern hatte“

---

[108] Köster deutet den Traum dann in seiner Predigt: „Als ich den Film ‚Die Todesmühlen‘ sah, wie Schwestern aus den Todeslagern und Drahtverhauen zum Skelett abgemagerte Kinderchen herausführten, – da habe ich an diesen Traum denken müssen und habe mich fragen müssen, müssen wir das dreimal erleben, daß Gott uns ruft? Ich weiß, daß Gott uns durch Träume rufen kann. Dieser Traum steht wie ein ernstes Ausrufungszeichen in meinem Leben und in meinem Dienst. Zwei Weltkriege haben wir durchleben müssen! Wir dürfen die Wartenden bleiben, wir haben als Gemeinde die Zeichen der Zeit; ‚Wenn ihr solches seht, hebet eure Häupter auf, weil eure Erlösung naht‘, wir warten nicht auf den Untergang, sondern auf die Erlösung! Mein Traum hat ernst warnend bei mir gestanden als das Hitlerische kam und alle seine ‚Herrlichkeit‘ (Surrogat) vor uns aufbaute. Ich habe über diese furchtbar schweren Dinge geredet, damit wir wissen und daran denken, in allen und über allen Dingen, die uns bedrängen in unseren Tagen haben wir einen Gott, der vom Tode retten kann und der die Geschichte der Völker führt bis an das Ziel, das er sich vor Grundlegung der Welt festgelegt hat. Durch alle diese Dinge wird er uns führen zu seines Namens Ehre und daß wir anbeten müssen, wegen der treuen Führung unseres Gottes“ (:7).

(KöV24.02.52:1).[109] Spanring (2013:2) bringt es gut auf den Punkt, was Kösters Elternhaus auszeichnete:

> Arnold Köster was [...] deeply affected by a Bible-based, conservative pietism. He was nurtured and rooted in a tradition that had as its central concern radical following [...]. Köster was a member of what most German citizens preceived as a Christian fringe movement, the Baptist denomination (Freiwilligkeitskirche, Free Church).

4.2.2. Sammlung von Predigterfahrung: Berufung zum Prediger

Köster erlebt schon mit 17 Jahren seine Berufung zum Prediger (AWM Nr. 4:1, vgl. auch KöV12.08.43:6):

> Ich selbst habe diese Berufung mit 17 Jahren zum erstenmal empfunden, habe aber niemandem etwas darüber gesagt, bis der Gemeindevorstand mir sagte, er sei fest davon überzeugt, daß ich die Berufung habe und man mich bat, auf das Predigerseminar zu gehen, um mich vorzubereiten. Dann ist es so gewesen, daß von allen Seiten, ohne daß ich etwas dazu tat, immer wieder die Überzeugung an mich herangetragen wurde, aus der Welt und aus der Gemeinde, daß mein Beruf der eines Predigers am Worte Gottes sein sollte. (:1)

Mit 18 Jahren, am ersten Kriegstag des Ersten Weltkriegs 1914, schickt ihn der alte Prediger seiner Gemeinde zur Predigt in eine Zweiggemeinde. Köster wehrt sich, aber der Prediger meint: „Arnold, ich weiß ganz bestimmt, das ist dein Weg" (AWM Nr. 4:1). Der Anfahrt zur kleinen Baptistengemeinde im Harz folgt noch ein fünfstündiger Fußmarsch. Hier beginnt also Kösters lebenslanger Predigtdienst. Er predigt morgens über 1. Mose 32,30.

---

[109] Das Verlassen des Elternhauses im Alter von 17 Jahren beschreibt er so: „Als ich mit siebzehn Jahren aus dem Vaterhaus ging, brachte mein Vater mich auf die Bahn. Ich habe damals gar nicht gemerkt, daß es ihm sehr schwer wurde, das hat er mir erst viel später gesagt. Er sprach nicht viel auf diesem Wege. Zum Abschied sagte er mir: ‚Sing, bet' und geh auf Gottes Wegen, verricht' das Deine nur getreu' dann war er verschwunden. Dieses Wort hörte ich und es liegt mir bis heute im Herzen. Das heißt gerufen sein. Gott hat mich freundlich eingeladen, ich möchte zu ihm kommen, um bei Ihm zu bleiben für Zeit und Ewigkeit. Er hat mich durch sein Wort gerufen. Ich durfte zu Gott kommen" (KöV06.08.50:4). In einer Predigt 1954 berichtet er: „Ich entsinne mich noch des Tages, als ich aus dem Elternhaus ging. Auf unserer Familie hatte immer eine schwere Last gelegen, so daß mein Vater damals uns Älteren klagte, daß er unsere Jugend eigentlich nicht so sonnig gestalten hatte können, wie er es gern getan hätte. Darauf sagen wir ihm: ‚Hätten wir Jesus so früh gefunden, wenn es uns gut gegangen wäre? Hätten wir ihm so nahe kommen können, wenn alles in unserem Leben so glatt gegangen wäre?'" (KöV17.01.54:4).

> Das Geheimnis dieses Wortes war damals für mich, daß man den Segen Gottes, die Freude, den Frieden, die Kraft, die Fülle nur empfangen kann, wenn man wie Jakob an dem starken Gott schwach geworden ist, wenn man nichts anderes begehrt als: ‚Ich lasse dich nicht, du segnest mich denn.' Das ist das Geheimnis meines Predigerlebens geblieben bis heute. Es gibt für mich keinen Dienst, der nicht aus diesem Niedergestürztsein am lebendigen Gott seine Kraft gewonnen hat. (:1)

Nachmittags predigt er über Psalm 119,50 (AWM N4. 1:1) und seine Predigt beeindruckt die Hörer: „Das Wort einer alten Frau hat mich nachher tief erquickt, sie stand mit ihren 85 Jahren vor mir und sagte: ‚So ein junges Büblein, und eine solche Predigt!' Meine Jugend und meine Predigt, die paßten nicht zusammen!" Köster berichtet weiter: „Ich bekam dann ein dickes Wurstbrot in die Tasche gesteckt und bin die 5 Stunden wieder zurückgewandert, und habe auf dem Heimweg denken müssen, daß ich auch im jungen und unreifen Gefäß Gott in überragender Herrlichkeit in seinem Worte sehen kann."

> Diese beiden ersten Predigten sind die Predigten meines Lebens geblieben bis heute. Ich habe keine andere Theologie gehabt. Alles, was ich mir erarbeitet habe und habe studieren können, ist doch der Pulsschlag meines Dienstes von Anfang an bis heute geblieben: Gott legt seinen Segen in das Leben, wenn man vor ihm niedergestürzt ist und nichts hat, als Ihn, und Trost über Trost in jedes Elend. Der Trost im Worte Gottes ist jeder Not gewachsen, das ist meine persönliche Erfahrung, wie auch derer, denen ich habe predigen dürfen. So begann mein Predigerdienst vor ungefähr 30 Jahren.

Damit ist nach dem Leiterentwicklungsmodell von Clinton die Grundlagenphase in Kösters Leben abgeschlossen. Seine Persönlichkeit wird im frommen baptistischen Elternhaus geprägt. Er macht Erfahrungen mit der Bibel und träumt prophetisch. Der Predigerberuf des Vaters und die Frömmigkeit der Mutter beeinflussen ihn stark. Er ist in der ehrenamtlichen Gemeindearbeit aktiv und entdeckt seine Predigtbegabung und die Berufung zum Prediger.

4.3. Kösters zweite Phase: Wachstum im Leiterleben 1914–1923

„In Phase II erhält ein werdender Leiter für gewöhnlich irgendeine Art von Schulung" (Clinton 2006:24). Diese kann formlos oder formell sein. „Das eigentliche Schulungsprogramm läuft im Herzen einer Person ab, wo Gott Wachstumsprüfungen vornimmt" (:24).

4.3.1. Prägung durch Krieg: Soldat an der Front 1914–1918

Im Ersten Weltkrieg wird er zum Wehrdienst eingezogen (ABEFG Nr. 4). Laut einer vorhandenen politischen Beurteilung durch die NSDAP ist er von 1915 bis 1919 im Einsatz. Dies kann eigentlich nur ein Tippfehler sein, denn der Krieg war ja 1918 zu Ende. Er wird für seinen Einsatz mit dem Ehrenkreuz für Frontkämpfer ausgezeichnet (AWM Nr. 3).[110]

Köster wird im Krieg an verschiedenen Fronten eingesetzt (APKK Nr. 2:4). Er erlebt in den Karpaten, wie viele junge Soldaten „für die gerechte Sache ihres Vaterlandes" ihr Leben lassen (KöV16.03.41b:2). Trotz Leiderlebnissen wie extremem Durst (KöV27.06.45:1), Gefangenschaft (KöV11.03.41:7), schweren Feuergefechten (KöV05.09.43a: 2), viel zu vielen Menschen, mit denen er gezwungenermaßen zusammen sein musste (KöV11.07.43a:2f), und schweren Erfrierungen durch stundenlanges Stehen im Eiswasser (ABEFG Nr. 3; KöV21.10.51:4) hat er grundsätzlich ein positives Verhältnis zu seiner Soldatenzeit entwickelt (KöV29.04.45:5):

> Ich erinnere mich gerne an meine Soldatenzeit. Mein Kommandant hatte mich zu seinem Stabssekretär gemacht und mir damit eine riesengroße Verantwortung übertragen, sodaß ich junger Mensch oft nicht gewußt habe, was ich machen soll. Wenn ich nicht jeden Tag hätte aufstehen können mit dem Gebet: ‚Herr Jesus Christus, du weißt, wie jämmerlich und klein ich bin und allen diesen schwierigen Dingen gegenüberstehe, ich gebe mich mit allen meinen Aufgaben in deine Hände und befehle dir alles!' – ich wäre zerbrochen mit all der Last auf meinen schwachen Schultern!

In den Vogesen hört er davon, dass der Krieg beendet ist und bekommt von einem Major den Auftrag, die Truppe heimwärts zu führen (KöV31.01.43:5).

Er bezeichnet die Erfahrungen seiner Soldatenzeit als gute Voraussetzung für seinen Dienst als Prediger. Sie waren für ihn eine „wunderbare Gottesschule", in der er aus drei Büchern lernen konnte (KöV21.10.51:1). Als erstes aus dem Buch der Schöpfung (Lüneburger Heide, Karpaten, Ardennen), dann aus dem Buch des Menschenherzen: „Immer war ich umgeben von vielen Menschen verschiedener Völker und Rassen, es

---

[110] Diese Auszeichnung stellt keine besondere Ehrung dar: „Das Ehrenkreuz des Weltkrieges (oft auch nach seiner häufigsten Verleihungsstufe Ehrenkreuz für Frontkämpfer oder Frontkämpferehrenkreuz benannt) wurde am 13. Juli 1934 durch den Reichspräsidenten Paul von Hindenburg anlässlich des 20. Jahrestages des Kriegsbeginns 1914 gestiftet und war eine Auszeichnung aus der Zeit des Nationalsozialismus für die Teilnehmer und die Hinterbliebenen von Teilnehmern des Ersten Weltkrieges" (Internet: https://de.wikipedia.org/wiki/Ehrekreuz_des_Weltkrieges [12.06.2018]). Das Ehrenkreuz wurde nur auf Antrag verliehen. Köster erhielt also eine Ehrung, die über sechs Millionen Deutsche erhielten.

war für mich ein wunderbares Studium, das Menschenherz in seinen verschiedenen Umkleidungen zu studieren und versuchen zu verstehen, ohne daß ich es mir eigentlich überlegte." Das dritte Buch war seine Taschenbibel. Er zog dann noch mit dem „feldgrauen Rock" ins Hamburger Predigerseminar ein.

> Nachdem ich diese drei Bücher immer wieder gelesen hatte, die Natur, das Menschenherz und das geschriebene Offenbarungswort Gottes, bin ich ins Seminar gekommen und wurde sehr bald auf die Kanzeln gestellt. Dort habe ich nun als einer, der in der Gottesschule gelernt hatte, frisch drauflos gepredigt.

Köster verschweigt aber auch nicht die Schuld, die er durch die Teilnahme am Krieg auf sich genommen hat, wie er in einer Predigt über Jesaja 1 mit dem Titel „Es geht um Sein oder Nichtsein" ausführt, die er in der Endphase des Zweiten Weltkrieges 1944 hält (KöV11.08.44:4f):

> Als wir als junge Soldaten des ersten Weltkrieges [...] heimkehrten, war das die quälende Frage für uns gewesen, ob dieser Krieg uns schuldig gemacht hatte. Ich [...] habe mir sagen müssen, als ich an die Zeit an der französischen Front dachte: ‚Auch ich bin schuldig geworden'! Es gibt keine Teilnahme an einem Menschenkrieg, die nicht schuldig macht vor dem Angesicht des lebendigen Gottes, denn jeder Krieg ist der Schrei des Bruderblutes, jeder Krieg ist das Schreien des Blutes Abels, das in unseren Tagen genau so schreit, wie in den Tagen Kains.

Köster war also gerne Soldat bei gleichzeitiger kritischer Beurteilung des Krieges.[111]

Nach dem Ersten Weltkrieg nimmt Köster sein Theologiestudium in Hamburg-Horn auf. Vorher arbeitete er offensichtlich noch ein Jahr in seinem gelernten kaufmännischen Beruf (AWM Nr.4:2). Er verabschiedet sich bei seinen Arbeitskollegen, wodurch sich seine Motivation noch mal deutlich herausschält (KöV11.06.44:49):

> Als ich als junger Mann aus einer anderen Stellung heraus auf das Predigerseminar ging in das Predigtamt, und mich verabschiedete von meinen Arbeitskameraden, sagte einer zu mir: ‚Das habe ich mir immer gedacht, daß sie zu schade sind für diesen Beruf, und daß sie einmal höher hinaus wollen zu größerer Ehre.' Nein! Das Predigtamt ist kein Beruf, um äußerlich zu größeren Ehren zu kommen! Sondern das ist ein Verwalteramt, das Gott verpflichtend in das Herz eines Mannes gibt durch den Geist Gottes.

---

[111] Weitere Zitate und theologische Aussagen von Arnold Köster zum Thema Krieg finden sich im Internet: https://www.veitc.de/koester-zitate-zum-thema-krieg-zusammenstellung-von-zitaten-aus-artikeln-und-predigten-von-arnold-koester-1896-1960/ [07.07.2018].

4.3.2. Prägung im Studium: Am baptistischen Predigerseminar 1919–1923

Köster geht mit 23 Jahren, auch auf Wunsch seiner Gemeinde Einbeck, an das baptistische Seminar (ABEFG Nr. 4).[112] „Es war das erste Jahr nach dem ersten Weltkrieg, und ich war 23 Jahre alt, und stand im Dienst der Gemeinde neben meinem Beruf. Nun kam dieser Aufruf; es ist Zeit, daß du dich meldest!" Er muss sich zwischen Beruf und Unsicherheit entscheiden. „Ich bin eines Predigers Sohn, und mein Vater und meine Mutter sind durch viele Nöte hindurchgegangen. Ich habe ihnen nichts gesagt und mußte alle meine Kämpfe ganz alleine durchkämpfen." Er erlebt, wie Gott ihn durch Jesaja 58,11f ermutigt.

Das Studium dauert vier Jahre (ABEFG Nr. 4). Köster verarbeitet einige Erlebnisse mit Kommilitonen in seinen Predigten (u. a. KöV28.03.43:70; KöV07.10.43:7). Laut Graf-Stuhlhofer (2001:89) war die damalige Ausbildung mit der einer heutigen Fachhochschule vergleichbar.[113] Graf-Stuhlhofer analysiert zum Unterrichtsinhalt den Jahresbericht des Seminars von Kösters Abgangsklasse 1922/23 und stellt zu den Lehrbüchern fest: „Es handelt sich um deutsche theologisch konservative Fachliteratur, jedoch nicht um spezifisch fundamentalistische [...]. Und es handelt sich, von zwei Ausnahmen abgesehen, auch nicht um speziell baptistische Literatur" (Graf-Stuhlhofer 2001:89). Das Studium baute überwiegend auf konservativer evangelischer Literatur auf, vermittelte auch „weltliche Bildung" durch das Studium von literarischen, philosophischen und musikalischen Texten und prägte die Frömmigkeit durch die Rezeption von Impulsen aus der damaligen modernen Erweckungsbewegung (:92).

Drei der insgesamt 13 Absolventen halten 1923 einen Vortrag auf der Abschlussfeier. Kösters Vortrag lautet „Über den Antichrist" (ABEFG Nr. 7).[114] Er selbst reflektiert in einer Predigt 1949 dazu (KöV27.11.49:1; vgl. auch KöV25.59:1; KöV04.04.57:2):

---

[112] In dieser Gemeinde scheint er zu dieser Zeit Mitglied gewesen zu sein. Im Jahresbericht des Predigerseminares 1920/1921 ist Köster noch als aus der Gemeinde „Harburg" stammend eingetragen (ABEFG Nr. 5). Dort war sein Vater zu dieser Zeit Prediger. Die Jahre danach wird er aber als aus der Gemeinde „Einbeck" stammend gelistet (ABEFG Nr. 6 und ABEFG Nr. 7, vgl. auch ABEFG Nr. 8).

[113] Die Sprache Griechisch wird unterrichtet, Hebräisch dagegen nicht. Englisch steht auf dem Stundenplan. Weiter wird auch Philosophie unterrichtet (ABEFG Nr. 9). Der Schwerpunkt liegt naturgemäß auf der Theologie: Archäologie, Homiletik, Schriftauslegung, Bibelkunde, Biblische Theologie, Kirchengeschichte, Ethik, Pastoraltheologie, Katechetik, Missionskunde. Zeitlich viel Raum nimmt, gegenüber den anderen Fächern, die Wissensvermittlung über die Bibel und die Auslegung derselben ein.

[114] Dieser Vortrag ist leider nicht im Oncken-Archiv vorhanden (Mailauskunft der Archivarin vom 19.12.2017).

> Wir warten nun schon zweitausend Jahre als Christenheit [...]. Ich entsinne mich, daß ich ein Wartender geworden bin im letzten Jahr, als ich auf dem Predigerseminar war. Jeder von uns hatte eine Abschlussarbeit vorzubereiten für das letzte Examen. Damals beschäftigte mich sehr die dunkle Gestalt des Antichristus. Ich habe dann über dieses Thema meine Abschlussarbeit geschrieben und wurde dann gebeten, öffentlich einen Vortrag darüber zu halten. Das allgemeine Urteil des gesamten offiziellen Baptismus war dann: ‚Das haben wir ja gar nicht gewußt, daß das so aktuell ist! für den Glauben der Gemeinde Jesu Christi.' Von diesem Datum an bin ich ein bewußt Wartender geworden. Vorher lag das auch irgendwie in meinem Glauben, aber es war nicht sein Pulsschlag, es war bis dahin nicht das Wort, das ich zu predigen hatte. Jetzt aber spukte das überall im Bibelwort herum als das Geheimnis der Offenbarung Gottes und seines Sohnes: ‚Gott ist der Kommende!' Gott kommt in diese verlorene Welt!

Damit schließt er den vierjährigen Studiengang ab und hat sich, wie es im Entlassungszeugnis vom 04.07.1923 heißt, „auf das evangelische Predigtamt unserer Gemeinschaft vorbereitet" (AWM Nr. 2). Sein Fleiß und Wandel sind dort mit „gut" bewertet und er wird den Gemeinden zum Dienst empfohlen.

Offizielles Gemeindemitglied während seiner Studienzeit ist er wohl in der Gemeinde Hamburg-Eimsbüttel (AHA Nr. 3). Aber er arbeitet auch in der Baptistengemeinde Wilhelmsburg mit. Dies erwähnt Luckey in seinem Nachruf, und auch im Jahresbericht des Gemeinderegisters wird dankbar mitgeteilt, dass er dort Religionsunterricht erteilt (AHA Nr. 7 und Nr. 8). Köster tritt hier seine erste Stelle als Prediger an.

4.3.3. Kösters Ehe- und Familienleben

Arnold Köster heiratet am 12.07.1923, acht Tage nach Abschluss seines Studiums, die Baptistin Marie (Maria) Augusta Christina Hornburg, geb. am 10.11.1900 (AHA Nr. 3 und APKK Nr. 2:1).[115] Von Oktober 1917 bis Weihnachten 1918 lebte sie als Au-Pair-

[115] In der Familienchronik wird in diesem Zusammenhang auf die damalige Inflation eingegangen. Das Hochzeitsfoto kostete 23.000 Mark. Marie wird am 10.11.1900 als sechstes Kind ihrer Eltern in Neudorf-Platendorf (Sassendorf in Niedersachsen) geboren. Sie ist die Tochter des Landwirtes und Torffabrikanten Ludwig Hornburg und seiner Frau Auguste, geb. Wiegenbröker. Beide waren Baptisten, und so wächst Marie ebenfalls in einem freikirchlichen Familienumfeld auf. Am 23.04.1916 lässt sich Marie aufgrund ihres Glaubens taufen (APKK Nr. 1:1f und Nr. 2:1). Maries Vater war der erste getaufte Baptist in Platendorf, und mit ihm begann die Geschichte der dortigen Baptistengemeinde, die sich anfänglich in seinem Haus traf (Mullersbach & Wefel 2015:187 und im Internet: http://www.efg-neudorf-platendorf.de/geschichte.html [13.10.2017]). Die Familie Köster sen. und die Familie Hornburg waren über das baptistische Netzwerk der damaligen Zeit miteinander bekannt. Louis Köster predigte zum Beispiel im Mai 1897 zur Kapelleneinweihung in Platendorf.

Mädchen in Straßburg. Dort lernte sie Arnold kennen, der zu dieser Zeit als Soldat im Elsaß stationiert war.[116] Im Nachruf auf Köster wird 1960 betont, dass er mit ihr „37 Jahre in glücklicher Ehe stand. Gott schenkte den beiden drei Söhne und drei Töchter, die heute alle zur Gemeinde gehören“ (ABEFG Nr. 4). Die Rollenaufteilung war klar geregelt: „Mit der Versorgung ihrer 8-köpfigen Familie hatte Mutter Marie reichlich Arbeit, sodaß ihr für Gemeindedienste nicht viel Zeit blieb“ (APKK Nr. 2:3).[117]

Die Kinder werden zwischen 1924 und 1932 geboren: Ursula (geb. 1924 in Hamburg), Martin (geb.1925 in Köln), Winfried (geb. 1926 in Köln), Roswitha (geb. 1928 in Köln), Knut (geb. 1929 in Wien) und Sieglinde (geb. 1932 in Wien). Das Leben dieser Pastorenfamilie leuchtet im Täufer-Boten vom November 1931 auf (Graf-Stuhlhofer 2001:22). Köster illustriert einen Bericht mit einer Geschichte aus seinem Familienleben. Seine beiden Töchter spielten zu Hause Sonntagschule und die zweijährige Roswitha gibt die Lehrerin: „Sie stellte sich in Position, hob ihr Fingerchen und sagte: ‚Der Jesus sagt, der Jesus sagt, der Jesus sagt.‘ Mehr wußte sie nicht“ (TB31, Nr.11:5).[118] Von einem weiteren lustigen Ereignis im Hause Köster berichtet er in einer Predigt: „Ich habe das bei meinen Buben erlebt, sie haben mich immer gedrängt, daß ich ihnen Tierstimmen nachmachen sollte. Einmal wollten sie, ich sollte brüllen wie ein Löwe in Schönbrunn. Ich habe gebrüllt, daß beinahe die Fenster klirrten, aber sie waren nicht ängstlich, denn diese brüllende Löwenstimme war die Stimme ihres Vaters! Das ist das Geheimnis, das wir auch hier haben“ (KöV18.01.45:4).[119]

In gewisser Weise schützt Köster später seine Familie vor politischen Gefahren, indem er zuhause einfach nicht über bestimmte Dinge spricht (Graf-Stuhlhofer 2001:253, Fußnote 19):

---

[116] „Vermutlich kam es in der dortigen Baptistengemeinde zur ersten Begegnung“ (APPK Nr. 2:1). Bis zur Heirat vergingen danach noch ungefähr fünf Jahre, in denen sie hauptsächlich Briefkontakt pflegten.

[117] Dennoch hat Kösters Familie streckenweise unmittelbar Teil an seinem Dienst. Das wird in dem Nachruf Luckeys deutlich: „Daß er mit seiner Familie die aus Budapest flüchtenden Baptisten in der Mollardgasse aufnahm und bis an die Grenze des Erträglichen bei Tag und Nacht sich für sie einsetzte, konnten wir mit eigenen Augen an Ort und Stelle sehen“ (ABEFG Nr. 3). Luckey erwähnt weiter, dass Kösters Gattin das Haus vielen Menschen offen hielt, auch „als Not am Mann“ war.

[118] In der Ausgabe Januar 1932 (TB32, Nr.1:4) erzählt Köster: „Mein vierjähriges Töchterchen unterweist ihr zweijähriges Brüderchen im Gebet.“

[119] Dass Köster zu Hause eine Autorität darstellt, macht folgendes Zitat deutlich: „Als ich vor vielen Jahren nach einer schweren Krankheit aus dem Spital wieder nach Hause kam, waren in meinem kleinen Familienstaat ein wenig chaotische Zustände eingebrochen [sic!], weil der Vater nicht da war. Mein Ältester hatte sich etwas aufgespielt als Ersatz für den Vater, aber die Kinder respektierten ihn nicht. Die persönliche Gegenwart des Vaters fehlte!“ (KöV11.05.50:5).

In diesem Zusammenhang ist die Aussage seiner Söhne Martin (*1925) und Winfried (*1926) zu erwähnen, daß er während der NS-Zeit am Familientisch nie über Politik sprach. Vermutlich wollte er vermeiden, daß seine Kinder durch unbedachte Äußerungen in Schule oder Freizeit Schwierigkeiten herausfordern.

Mit seiner Frau Marie verbringt Köster gerne Zeit in den von Wien aus nahe gelegenen Bergen, um sich von seinem Dienst als Prediger zu erholen (APKK Nr. 2: 6).[120] Marie verstirbt 10 Jahre später als Arnold, am 10.05.1970 in Ternitz.

Mit dem Ende des Studiums und der Hochzeit endet die zweite Phase der Leiterentwicklung nach Clinton. Im Krieg erlebte Köster eine Art Schulung des Herzens, die ihn auch mit persönlicher Kriegsschuld konfrontierte. Danach ging er aufs Predigerseminar, an dem er eine grundlegende theologische Ausbildung erhielt. In diese Zeit fällt auch der Tod seines Zwillingsbruders, eine Leiderfahrung, die ihn ebenfalls sehr prägte. Mit seiner Ehe bildete er das Fundament für seine eigene Familie, der er als fürsorglicher Vater vorstand.

4.4. Kösters dritte Phase: Dienstreife im Leiterleben 1923–1938

Im Laufe seines Predigerlebens dient Arnold Köster drei Baptistengemeinden als Prediger:

Wilhelmsburg (Hamburg)	05.08.1923–12.10.1924	1 Jahr, ca. 2 Monate
Köln-Rheinaustraße	01.11.1924–27.01.1929	4 Jahre, ca. 3 Monate
Wien-Mollardgasse	03.02.1929–28.10.1960	31 Jahre, ca. 9 Monate

Stationen als Prediger

Seine offizielle Ordination zum Predigtamt erfolgte am 17.10.1926 in der Baptistengemeinde Köln-Rheinaustraße.

[120] Immer wieder einmal bringt Köster in seinen Predigten Erlebnisse aus der Bergwelt (z. B. KöV31.12.43:4).

4.4.1. Das erste Wirkungsjahr als Prediger in Wilhelmsburg 1923–1924

Die Baptistengemeinde Wilhelmsburg ist 1890 als Station der Gemeinde Altona gegründet worden und wurde 1908 selbstständig (AHA Nr. 1).[121] Zur Zeit Kösters gehörte der heutige Stadtteil von Hamburg zum preußischen Landkreis Harburg. Köster wird laut Jahresbericht des Predigerseminares 1922/1923 am 04.07.1923 in den Dienst dieser Gemeinde entlassen (ABEFG Nr. 7:12). Köster und seine Ehefrau werden vom 05.08.1923 bis 12.10.1924 als Mitglieder geführt und Köster steht in der Predigerliste (AHA Nr. 3; AHA Nr. 4; AHA Nr. 5).[122] Schon die Jahresberichte an die Norddeutsche Vereinigung 1921 und 1922 erwähnen dankend seinen Dienst als Lehrer im Religionsunterricht der Gemeinde, den er schon in seiner Zeit als Student am Hamburger Seminar ausübt (AHA Nr. 7 und AHA Nr. 8). 1923 fehlt der Bericht an die Vereinigung. Im Bericht 1924/1925 heißt es anerkennend: „Teure Brüder: Am 1. November verließ Br. Prediger Köster die Gemeinde, in der er gesegneten Dienst getan hat, um einem Rufe der Gemeinde Köln zu folgen“ (AHA Nr. 9).

Die Statistik der Gemeinde nennt die Zahlen der Getauften sowie Zugänge und Abgänge von 1908 bis 1939 (AHA Nr. 1). Mit 20 Taufen liegt die Anzahl im Wirkungsjahr Kösters überdurchschnittlich hoch.[123] Laut offiziellem Mitgliederregister der Gemeinde Wilhelmsburg hat die Gemeinde zum 01.01.1923 57 Mitglieder, zum 01.01.1924 86 Mitglieder und zum 01.01.1925 87 Mitglieder (AHA Nr. 2). Dies entspricht im Jahr 1923 einer Zunahme um 29 Mitglieder und im Jahr 1924 einer Zunahme um ein Mitglied. Auch die statistische Entwicklung der Sonntagschule ist erstaunlich. 1922 sind 50 Teilnehmer, 1923 65 Teilnehmer und 1924 90 Teilnehmer angegeben; 1925 dann 80 (AHA Nr. 6 und AHA Nr. 9).

---

121 1946 wurde die Gemeinde wieder Station von Altona, bis sie 1998 aufgelöst wurde (Graf-Stuhlhofer 2001:21).

122 Die Predigerstelle ist zu diesem Zeitpunkt seit einem Jahr vakant und wird seit 1919 nur vertretungsweise aus der Muttergemeinde Altona mitversorgt (AHA Nr. 1). Luckey gibt in seinem Nachruf irrtümlich an, dass Köster schon 1923 nach Köln gewechselt hat (Luckey 1961). Vgl. auch die Ausführungen von Graf-Stuhlhofer 2001:21, Fußnote 10.

123 Nimmt man Zugänge wie Überweisungen und Wiederaufnahmen hinzu und rechnet Abgänge (Tod, Überweisungen) ab, ergibt sich für 1923 ein Mitgliederzuwachs von 24 Personen, die in der Auflistung durch direkte Zuordnung hinter Kösters Namen in Verbindung gebracht werden. Graf-Stuhlhofer vermutet, dass die Zahlen nicht deckungsgleich mit der Dienstzeit Kösters sind, da sie sich auf ganze Jahre beziehen (Graf-Stuhlhofer 2001:22). Im Vergleich mit seinem Vorgänger mit neun Taufen in drei Jahren (insg. 25 Zugänge), und seinem Vorvorgänger mit vierzigTaufen in elf Jahren (insg. 83 Zugänge), und seinem Nachfolger mit zehn Taufen in drei Jahren (insg. 21 Zugänge), ist das dennoch eine enorme Zahl.

Die Gründe für die enormen Zuwächse in den Jahren 1923 und 1924 sind vielleicht auch durch die längere Vakanz in der Gemeinde zu erklären, bleiben aber letztlich Spekulation. Graf-Stuhlhofer (2001:22) konstatiert: „Kösters Wirken stellte daher, vom Mitgliederwachstum her gesehen, einen einzigartigen Höhepunkt dar."[124] Köster berichtet 1952 davon, wie seine Predigten ankamen (KöV06.08.52:4):[125]

> In meiner ersten Gemeinde, als ich noch wenig Erfahrung hatte, sagte man mir auf einmal: ‚Sonderbar, der Prediger vor Dir hat uns immer die Hölle vor Augen gestellt; bei Dir aber sitzen wir immer vor den Toren des Himmels.' – Zum Evangelium, zur Freudensache, zur guten Sache Gottes, zur Botschaft von seinem ganzen Wohlgefallen gehört der frohe Ton! Der Mann, der Evangelium sagt, der muß als Mann der Freude vorne stehen.

Dennoch wechselt Köster schon nach einem Jahr und gut zwei Monaten in die Baptistengemeinde nach Köln. In der Wilhelmsburger Gemeindechronik aus den 60er Jahren, wird dies bedauert (AHA Nr. 1).

4.4.2. Die Wirkungsjahre als Prediger in Köln 1924–1929

Köster tritt seinen Dienst mit einem Einführungsgottesdienst am 02.11.1924 in der Gemeinde Köln – heute Friedenskirche, damals, typisch baptistisch, Friedenskapelle genannt – an. Gemeindemitglied werden er und seine Frau einen Tag vorher (AKR Nr.3). Zu diesem Zeitpunkt haben sie eine Tochter. Drei weitere Kinder werden dann in Köln geboren. Ein Familienbild von Weihnachten 1928 (BKö F003/3 K1) zeigt ein glückliches Ehepaar Köster mit vier Kindern vor einem Weihnachtsbaum.

Am 17.10.1926 wird Köster offiziell vom Bund der Baptistengemeinden „zum Predigtamt ordiniert und mit der Verwaltung der Verordnungen Christi (Taufe und Abendmahl) so-

---

[124] Eine Anekdote aus der Zeit in Hamburg bringt Köster in einer Predigt 1944: „Ein Freund in meiner ersten Gemeinde hatte ein kleines Kind, für das ich einmal den Weihnachtsmann spielen mußte. Die Eltern hatten mich zu diesem Zweck so ausstaffiert, daß ich ausgesehen haben muß wie ein Urtier. Das Kind bebte auch vor dem schaudererweckenden Eindruck, den ich machte, aber nur so lange, bis es meine Stimme hörte. Da war der ganze erschreckende Zauber in einem Nu weg, weil es in diesem furchtbaren Ungeheuer das Wesen von Onkel Köster erkannt hatte" (KöV11.05.44b:4).

[125] Eine Anekdote in Bezug auf den Inhalt seiner Predigen führt Köster 1959 an: „Ich werde das nie vergessen, als ich anfing in meiner ersten Gemeinde von der Offenbarung zu sprechen, der Älteste dieser Gemeinde zu mir sagte: ‚Ich fühle mich ja zu gering und klein im Blick auf das Kommen des Reiches Gottes und die Aufgabe, die die Gemeinde Jesu dann zu erfüllen haben wird und den Einfluß, den sie dann haben soll. Du wirst dann vielleicht der Bürgermeister unserer Stadt werden, – laß mich dann doch dein Gemeindeschreiber sein…' so lebendig sah dieser Mann das Reich Gottes auf Erden kommen!" (KöV13.12.59:3).

wie Ausübung aller amtlichen Handlungen beauftragt" (AWM Nr. 1). Die Ordination findet im Rahmen des Gemeinde-Jahresfestes statt.[126]

Aus den Protokollaufzeichnungen der Gemeinde aus den Jahren 1925–1929[127] werden Kösters Tätigkeiten im Dienst der Gemeinde sichtbar (AKR Nr. 2). Köster ist derjenige, der die Gemeindeaufnahmen und Taufen koordiniert (z. B.: AKR Nr. 2:1; AKR Nr. 2:36). In Fragen zur „Gemeindezucht" wird Köster theologisch tätig bzw. führt mit betroffenen Geschwistern hirtendienstliche Gespräche (z. B. :7–9, :22, :34). Er stellt Geschwistern Referenzen zum Studium am Predigerseminar aus (:10) und ist zuständig für die Mitarbeiter im Bereich Mission oder Sonntagschule (:2). Er fährt als Abgeordneter auf Vereinigungstagungen der Rheinisch-Westfälischen Vereinigung[128] (:19, :58) und berichtet von dort besonders zum Thema „Kauf eines Altenheims" (z. B. :13, :18).[129] Weiter übernimmt er Aufgaben als Gastprediger und predigt z. B. in Derschlag oder Bochum (:19, :21; :50), hilft bei predigerloser Zeit in anderen Gemeinden aus (:50) oder führt dort Evangelisationen durch (:53, :56). Auch wird er als Abgeordneter für die Bundeskonferenz bestätigt (:45). Er übernimmt auch organisatorische Aufgaben, wie die Herstellung

---

[126] Im Vorfeld heißt es im Protokoll der Gemeinde: „Die Gemeinde beschließt freudig diesem Antrag zu entsprechen und beauftragt den Vorstand, die nötigen Schritte hierfür in die Wege zu leiten" (AKR Nr. 2:24). Die Ordination wird von Brd. Merten (Vereinigung) und Brd. Burballa vorgenommen (AKR Nr. 2:28). Zur Ordination ist auch Kösters Vater – damals Prediger in Bad Oeynhausen – anwesend, der die Ordinationsurkunde mit unterzeichnet. Außerdem unterzeichneten Prediger Merten und Prediger Schill aus Köln-Mülheim (AWM Nr. 1).

[127] Die Protokolle davor sind durch einen Bombenangriff vernichtet worden.

[128] Zusammenschluss der Baptistengemeinden auf regionaler Ebene.

[129] Man bemühte sich damals im Rahmen der Vereinigung intensiv darum ein Altenheim zu erwerben, um vielen verarmten älteren Geschwistern eine Perspektive zu geben. Um dies in der wirtschaftlich schlechten Zeit um 1925 zu ermöglichen, beschloss man, die Einnahmen der Schriftenmission für dieses Projekt zur Verfügung zu stellen. Geplant war ein vorhandenes privat aufgelegtes evangelistisches Verteiltraktat, genannt „Des Königs Botschaft", mit einer Auflage von sonntäglich 20.000 Exemplaren und jährlichem Gewinn von ca. 1.000 Mark, zum offiziellen Evangelisationsblatt der Vereinigung zu ernennen. Die dann geschätzten jährlichen Einnahmen von ca. 3.000 Mark sollten für die Unterhaltung einer Immobilie genutzt werden. 3.000 Mark Einnahmen würden einer geplanten vereinigungsweiten Auflage von ca. 60.000 Exemplaren pro Sonntag entsprechen. Dafür wurde im Oktober 1925 ein Geschäftsausschuss für die Schriftenmission gegründet, dem Arnold Köster angehörte. Außerdem sollte er der Schriftleiter des „neuen" Verteiltraktats werden. Geplant war eine Umbenennung des Blattes, das zudem noch in gewisser Konkurrenz zum bundesweit verteilten baptistischen „Friedensboten" stand, den er innerhalb der Rheinisch-Westfälischen Gemeinden nach und nach ablösen sollte (AKR Nr. 1:415f). Im März 1926 wird den Gemeinden der Vereinigung per Post vom Ausschuss mitgeteilt, dass mittlerweile ein Objekt in Weltersbach erworben wurde, was dann als Pilgerheim Weltersbach in Betrieb ging (AKR Nr. 1:415f). Köster vertrat die Gemeinde dann im Altenheim-Verein (AKR Nr. 2:29).

von Einladungskarten (:61). Köster wird darüber hinaus im Rahmen der Kölner Allianz tätig, die wiederbelebt werden soll (:13, :42). Er führt innerhalb der Gemeinde eine Bibelwoche zum Thema „Jesu Sendung" durch (:52).

Köster bezahlt regelmäßig den freiwilligen Gemeindebeitrag. Für 1928 sind im Kassenbuch 120 Mark verzeichnet (AKR Nr. 7). Die Archivarin des Gemeindearchives Köln bestätigt: „Arnold hat sehr gewissenhaft seinen Beitrag monatlich gezahlt, was nicht alle machten."[130]

Unter Köster wächst die Gemeinde. Als er seinen Dienst am 01.11.1924 antritt, hat die Gemeinde zum 01.01.1925 227 Mitglieder. Als er am 31.01.1929 wechselt, sind es zum 01.01.1929 278 Mitglieder. Das entspricht einer Steigerung von 51 Mitgliedern, also ein Plus von 22,5 %. In seiner Amtszeit werden 54 Personen getauft (AKR Nr. 6).

In der Gemeindeversammlung am 04.11.1928 teilt Köster der Gemeinde unter Darlegung seiner inneren Bewegründe mit, dass er eine Berufung nach Wien annehmen wird (AKR Nr. 2:62) und „hofft, daß die Liebesgemeinschaft zwischen der Gemeinde und ihm auch über sein Fortgehen hinaus fortdauere." Er beteiligt sich noch an der Suche nach einem Nachfolger (:63). Seine letzte Predigt hält er am 27.01.1929 (:67). Die Gemeinde sammelt für eine „Abschiedserinnerung" (AKR Nr. 2:67). In einer Festschrift aus dem Jahr 1968 wird rückblickend berichtet (AKR Nr. 3:83):

> Für die Gemeinde war es deshalb ein schwerer Verlust, als ihr Prediger Köster seinen Enschluß mitteilte, einem Ruf nach Wien zu folgen. Nach dem Gottesdienst am 27. Januar 1929 vereinigte sich die Gemeinde am Tisch des Herrn, um Abschied zu nehmen von ihrem Hirten.

Die Festschrift beschreibt auch Kösters Dienst. Er galt als Mann der Jugend, der mit „voller jugendfrischer Lebendigkeit" diente. Er führte Wochengebetsstunden ein. Seine Predigtgabe wird besonders – auch ausführlicher als bei seinen Vorgängern und Nachfolgern – hervorgehoben: „Seine klare Botschaft, gegründet auf eingehender Schriftauslegung und gepredigt in großer Vollmacht, sprach alle Gemeindeglieder an" (:83). In einer Chronik zum 90-jährigen Bestehen heißt es (AKR Nr. 5:14):

---

[130] Cheryl Randall in einer Mail an mich vom 29.05.2016. Zum Vergleich: Der Nachfolger Kösters verdiente im Monat 400 Mark brutto und erhielt freies Wohnen (AKR Nr. 2:70). Laut Kassenbericht der Gemeinde Köln 1930 betrugen die Aufwendungen für das reine Gehalt jährlich 5.220 Mark brutto. Wenn man davon ausgeht, dass Köster vielleicht etwas weniger verdient hat, dann ist der jährliche Spendenbetrag an die Gemeinde ein ordentlicher Beitrag.

Aber auch die Gereiften hatten sehr viel von seiner tiefschürfenden Schriftauslegung, die er in klar verständlicher Weise und in flüssiger Rede den Zuhören brachte; seine kurzen Andachten in den Wochen-Gebetsstunden wurden den Geschwistern ein Weg in das Wort Gottes und ein Ansporn, sich treuer Gottes Händen anzubefehlen.

4.4.3. Die Wirkungsjahre als Prediger in Wien bis zum Anschluss Österreichs 1938

Graf-Stuhlhofer (2011:37–47) berichtet von einer einigermaßen schwierigen Pastorensuche der Baptistengemeinde Wien-Mollardgasse[131] in den Jahren 1927–1929. Die Stelle war ca. zwei Jahre vakant. Der Vorgänger Kösters ist wohl aufgrund von Kritik an seiner Person gegangen und hat die Gemeinde lehrmäßig in eine etwas „liberalisierende Richtung“ geführt (:38). Auch war er als Pastor für die Gesamtleitung der Gemeinde zuständig. Die Gemeinde scheint zu diesem Zeitpunkt innerlich zerrissen zu sein. Weiter wird der Gemeinde eine gewisse Lauheit von den Verantwortlichen für die Predigersuche konstatiert (:39).[132] Die Suche gestaltet sich als kompliziert. Mehrere angefragte Kandidaten lehnen die Aufgabe in Wien ab. Köster wird im Sommer 1928 erstmalig kontaktiert (:44–47). Er sagt aufgrund seines Auftrages, den er für seine Gemeinde in Köln empfindet, ab, wird aber umgestimmt und ist nun zu einem Besuch in Wien bereit. Dieser findet aber nicht statt und Köster sagt ein zweites Mal ab. Überraschenderweise ist er dann doch zu einem Besuch bereit, der vom 29.08. bis 03.09.1928 stattfindet. Die Gemeinde beschließt am 02.09. Köster zu berufen. Köster entscheidet sich allerdings anders und sagt der Gemeinde per Brief am 10.09.1928 erneut ab. Die Gemeinde bleibt hartnäckig. Köster ist hin- und hergerissen. Er bestätigt zunächst am 09.10.1928 seine Absage noch einmal. Dann aber, am 19.10.1928 per Express-Schreiben, gibt er eine Zusage: „Ich lege gern und frohen Herzens mich, mein Leben auf Gottes Altar, auf den

---

131 Die Baptistengemeinde Wien wird am 20.12.1869 gegründet (Graf-Stuhlhofer 2001:34). Finden die Zusammenkünfte zunächst in privaten oder gemieteten Räumen statt, trifft man sich ab Ende 1924 im eigenen Gebäude, in der Mollardgasse 35, in dem sich die Gemeinde heute noch versammelt.

132 Das generelle Bildungsniveau der Gemeinde und Bevölkerung im Allgemeinen wird von Graf-Stuhlhofer (2001) als nicht hoch beschrieben. Die Gemeinde empfindet dadurch gerade im Hinblick auf das Predigen ein Vakuum. „Es sollte also ein ‚Fachmann‘ gesucht werden“ (:37). Dass man sich bei der Suche an den Leiter des deutschen Baptistenbundes wendet, ist nicht unüblich, da es in Österreich keine eigene baptistische Ausbildungsstelle gibt. Schwierigkeit bereitet, dass man als Gemeinde für das Predigergehalt alleine nicht aufkommen kann, sondern auf die Unterstützung der deutschen Baptisten aus Nordamerika angewiesen ist, die dadurch auch ein Mitspracherecht bei der Auswahl des Predigers haben (:41).

Gott schrieb: Für Wien und Österreich und bis an die Enden der Erde“ (:47, Graf-Stuhlhofer zitiert aus einem Brief von Vavra an Füllbrandt).

> Und nun blieb es dabei. Das Bemerkenswerte daran: Dieser Köster, der hier so unschlüssig erscheint, sah den Ruf nach Wien schließlich als Lebensberufung und blieb – was unter Baptistenpastoren auch damals keine Selbstverständlichkeit war [...] – mehrere Jahrzehnte lang, bis zum Ende seines Lebens. (:47)

Köster kommt mit seiner nun sechsköpfigen Familie am bis dahin kältesten Tag des Winters 1929 in Wien an (:23). Die Gemeinde ist inzwischen 16 Monate predigerlos. Sie hat zu diesem Zeitpunkt ungefähr 160 Mitglieder (:42). Die Begrüßungsfeier in der Gemeinde findet am Sonntag, den 03.02.1929 statt, worüber in der Zeitschrift „Der Sendbote“ berichtet wird (SB 1929, Nr. 10:1).

> The concregation of Vienna-Mollardgasse 35 called a minister who was thirty-three years old, had six years of pastoral experience, was rooted in the pietistic revivalist tradition, and was equipped with a critical intellect and a rhetorical gift. Arnold Köster deeply believed in the transforming power of God's Word when preached ‚undivided and undistorted‘. (Spanring 2014:34)

Aus dieser Zeit sind Gemeindeprotokolle leider nicht überliefert. Die Darstellung orientiert sich daher an anderen Veröffentlichungen, Archiv und Recherchematerial. Rabenau stellt fest, dass Köster damit beginnt, die in „mancherlei Unruhe geratene Gemeinde mit einem größeren Mitarbeiterkreis neu zu sammeln und aufzubauen“ (Rabenau 1981:72).

Kösters Selbstverständnis als Leiter kommt auch in einer von ihm 1929 verfassten Denkschrift anlässlich des Besuches von amerikanischen Baptisten zum Ausdruck, die im Auftrag ihrer Missionsgesellschaft Österreich einen Besuch abstatten (AWM Nr. 6):

> Ich sehe meine Aufgabe, nachdem ich in den verflossenen Wochen mich eingefühlt habe in die Lage, in die Struktur der Gemeinde und des Volkes, so: Neben dem – gegenwärtigen sehr notwendigen – Gemeindedienst wird wohl zunächst das Schwergewicht meiner Arbeit liegen als Vortragsredner. Wir haben hier einen guten Anfang machen können. Ich bin überzeugt davon, dass wir das ganze Jahr hindurch in irgendeinem Stadtteil Vortragsabende haben könnten. Auch in anderen Städten und Dörfern. Der Evangelistendienst ist zunächst neben dem Gemeindedienst der allernotwendigste in diesem Lande.

Hier wird auch deutlich, dass Köster den Evangelistendienst und den Dienst des Pastors zusammendenkt.[133]

---

[133] Damit unterscheidet er sich von Entwürfen zum nach Epheser 4,11 sogenannten fünffältigen Dienst (vgl. Vatter 2016:190f:).

Köster erlebt die Anfangszeit als schwer und bitter, wie er 1948 im Rückblick auf seinen Dienst in Wien berichtet:

> In den ersten Jahren war hier die Arbeit sehr schwer und manchmal sehr bitter. Das liegt weit hinter uns. Ich war oft daran, die Arbeit hier nicht weiterzuführen. Ich hatte manche Berufungen, in die Schweiz, nach Deutschland [...]. Ich stand hier ziemlich alleine. Es waren in der Gemeinde viele Weltanschauungen, und jede Weltanschauung wollte zu ihrem Recht kommen. Es waren um das kleine und verwaiste Häuflein viele geistige Situationen, wie wir sie heute noch in Österreich haben. Nun stand ich da und wußte, ich darf unter gar keinen Umständen das Wort beugen lassen. Ich wußte auch eines, und nur das kann die Gemeinde wieder bauen, das ist die Wahrheit Gottes. (AWM Nr. 4)

1932 veröffentliche Köster eine kleine Druckschrift mit dem Titel „Ist die gegenwärtige Weltkatastrophe Krise oder Untergang?" im Wiener Verlag Ruferstimmen. Aus dieser Zeit liegen noch keine mitgeschriebenen Predigten Kösters vor. Daher gibt dieser Artikel einen Einblick in Kösters frühes Predigen.

1935 erkrankt Köster an einer schweren Lungenentzündung, „sodaß das schwerste zu befürchten war. Die Gemeinde trat für ihn in anhaltender Fürbitte vor Gott ein und Gott erhörte das Bitten, sodaß er sich bereits auf dem Wege der Besserung befindet" (TB Mai 1935:6). Die Spitalkosten fordern das Ehepaar Köster besonders heraus, so dass sich die Gemeindeleitung veranlasst sieht, einen Bittbrief zu verfassen (AWM Nr. 5).

Die sehr „eigenartige" Lage der Gemeinde, bedingt durch anthroposophische und marxistische Weltanschauungen sowie „durch Zersetzungsarbeit liberaler Theologie", führte zu einer nicht-evangelistischen Haltung, wie Köster in den einleitenden Worten seines 1938 veröffentlichten Artikels zum „Hausgemeinde-Konzept" ausführt. Dieses Konzept hat Köster für die Gemeindearbeit in Wien entwickelt. Es ist mit heutigen Kleingruppen oder Zellgruppen vergleichbar, die bewusst evangelistisch ausgerichtet sind. Der Artikel im Hilfsboten hat die Überschrift: „Die Hausgemeinde – ein missionarischer Weg im katholischen Österreich" (HB 1938, Nr. 7:130–134, der Artikel erschien auch im TB 1938, Nr. 10:2–4).[134] Die Wirkung dieses Konzeptes drückt sich offensichtlich auch in einer

---

134 „Es hat ungefähr vier Jahre gedauert, bis wieder in der Gemeinde fürs ungeteilte Wort Gottes ein hingebendes und gehorsames Hören da war und uns daran denken ließ, nun auch wieder missionarische Gemeinde zu werden" (HB 1938, Nr. 7:131). Das Konzept fußt darauf, dass Menschen, die sehr katholisch oder marxistisch geprägt sind und dadurch skeptisch gegenüber anderen Kirchen oder dem Glauben sind, durch private Kontakte im privaten Rahmen für den Glauben gewonnen werden. Dies kann ein Klubzimmer eines Gasthauses, im Freien oder in einem Privathaus sein (:131). So entsteht eine erste Hausgemeinde. Dieses Modell fördert offensichtlich das Wachstum der Gemeinde. „Wohl zu 80 % sind alle neuen Glieder auf dem Wege der Hausgemeinde für die Gemeinde gewonnen worden. Wir glauben heute gerade auf

zahlenmäßig relativ rasanten Gemeindeentwicklung aus, wie die baptistischen Jahrbücher belegen (vgl. Jahrbücher des Bundes der Baptistengemeinden 1928–1939 und Graf-Stuhlhofer 2001:47f).[135] Ende 1928 hat die Gemeinde Wien 160 Mitglieder und in diesem Jahr wurde keine Taufe durchgeführt. Dies ändert sich dann 1929, als Köster im Februar seinen Dienst antritt. Sieben Taufen sind dokumentiert, und die Mitgliederzahl beträgt am Ende des Jahres 165 Personen. Ende 1930 sind es 167 Mitglieder. Ende 1931 176, bei neun Taufen. Dann beginnt ein rasantes Wachstum:

Ende 1932: 248 Mitglieder und 19 Taufen
Ende 1933: 294 Mitglieder und 40 Taufen
Ende 1934: 338 Mitglieder und 44 Taufen
Ende 1936: 416 Mitglieder und 26 Taufen.

Danach werden die Statistiken etwas undurchsichtiger, weil Wien ab 1938 (Anschluss Österreichs ans Deutsche Reich) zur Süddeutschen Vereinigung gezählt wird und die Station Ternitz wieder zu Wien gerechnet wird. Die Zahlen pendeln sich zwischen 420 und 430 Mitgliedern ein (:48). Ab 1939 gibt es keine Jahrbücher mehr. Sie werden erst nach dem Krieg 1946 wieder aufgelegt, dann aber ohne Wien. Berechnet man das Wachstum im Zeitraum von Ende 1929 (Jahr des Dienstantrittes von Köster), mit 165 Mitgliedern, bis Ende 1936, mit 416 Mitgliedern, ergibt sich in sieben Jahren ein Gemeindewachstum um 252 %! 138 Glaubenstaufen wurden dabei dokumentiert. Von den Taufen wird auch immer wieder im Täufer-Boten, im Wahrheitszeugen und im Sendboten berichtet (Graf-Stuhlhofer 2001:53f).[136]

---

diesem Wege in diesem unseren Lande dem Auftrag unseres Herrn gerecht zu werden“ (:131). Für die einzelnen Hausgemeinden sucht Köster Diakone, die ihn bei der Betreuung unterstützen (:133). Für ihn pulsiert durch die Hausgemeinden ein „lebendiger Strom gesunden Gemeindelebens“, der in der gesamten Gemeinde spürbar ist (:133). Von dort aus finden die „Freunde schnell in die Hauptversammlungen, besonders in die regelmäßigen Vorträge an den Donnerstagabenden. Auch besuchen sie gern die nächste Taufe“ (:132).

[135] Dabei ist zu berücksichtigten, dass in der im Jahrbuch angegeben Gesamtzahl auch immer die Stationsgemeinden mitgerechnet sind, die aber sehr klein waren und in denen Köster ebenfalls durch gelegentliche Besuche wirkte (Graf-Stuhlhofer 2001:52f).

[136] So schreibt Köster Ende 1937 im Täufer-Boten (TB 1937, Nr. 12:5 und WZ 05.12.1937:392): „Mit dankbarer Freude standen wir als Gemeinde am 7. November wieder am Taufwasser, um sechs Gläubige in Jesu Sterben und Auferstehen zu taufen. Wir sind unserm Herrn dankbar, daß er unseren Dienst am Evangelium wieder und wieder bestätigt und durchs Evangelium Menschen aus dem Tod in das Leben führt. Unsere Evangeliumsarbeit hat auf dem Wege der Hausgemeinde einen stillen, aber steten Charakter und gibt uns Raum zur rechten Grundlegung des Glaubenslebens, was in unserem katholischen und weltanschaulich regen Lande nötig ist.“

Bemerkenswert ist seine Haltung gegenüber dieser Entwicklung, die in einem Bericht über eine Taufe im Wahrheitszeugen (WZ 14.01.1934:16) und Täufer-Boten (TB 1934, Nr. 1:5) zum Ausdruck kommt:

> Wir blicken dankbar auf das äußerlich so bewegte Jahr 1933 zurück, in welchem wir 38 Männer und Frauen und Jünglinge und Jungfrauen in die Gemeinschaft Jesu taufen durften. Der Herr hat unseren Glauben gesegnet; was taten wir Sonderliches? Wir sind dennoch unnütze Knechte, aber auch frohe Knechte, die dankbar sind. – Das Wort des Herrn ist weiter Kraft und baut die Gemeinde auf den Tag der Erscheinung Jesu hin und ruft weiter die Einzelnen heraus in das Geheimnis und in die Seligkeit und hinein in das Wagnis der Jüngerschaft Jesu. Wir glauben, bald wieder einige Gläubige taufen zu können.

Mit zu dieser Entwicklung beigetragen haben dürfte Kösters außerordentliche Predigtbegabung. „Der Sendbote“ berichtet am 28.07.1937 über einen Besuch in der Gemeinde Wien:

> Der Prediger erscheint in seinem Pult. Ausnahmsweise ist er in einen schwarzen Talar gehüllt. Nach Gebet und Gesang beginnt er zu predigen. Er ist ein sehr kultivierter und hochgebildeter Sprecher [...]. Dieser Baptistenprediger aber könnte, seinem Bildungsniveau nach, ebensogut ein katholischer oder protestantischer Priester sein. Trotzdem seine Ausdrucksweise nicht ausgesprochen volkstümlich ist, versteht er es, einfache und zu Herzen gehende Worte zu finden.

Graf-Stuhlhofer (2001:24–33) entfaltet ausführlich einen Vergleich Kösters mit anderen Wiener Predigern. Dieser Vergleich ist durch eine Zeitungsserie der Wiener Zeitung von 1937 möglich, über die „Sekten in Wien“. Der Katholik Felix Hilke besuchte über 20 kleinere Religionsgemeinschaften, u. a. auch die Baptistengemeinde, und gab seine Eindrücke in Artikeln wieder. Der schon oben zitierte Artikel aus dem Sendboten scheint auch auf diese Berichte zurückzugreifen und enthält teilweise dieselben Worte, wenn man sie mit dem von Graf-Stuhlhofer (:24) benutzten Zitat aus der Zeitung vergleicht. „Diese Einschätzung Hilkes gewinnt ihre volle Bedeutung im Vergleich mit seiner Beschreibung der Prediger der anderen Religionsgemeinschaften“ (:24). Dies unternimmt Graf-Stuhlhofer nun auf den Seiten 25–27 und schafft so einen Kontrast. „Demnach fielen Kösters Bildung und Rhetorik auch einem Außenstehenden positiv auf, existierten also nicht etwa bloß in der Glorifizierung begeisterter Anhänger“ (:29). Durch von Graf-Stuhlhofer zusammengetragene Zeitzeugenerinnerungen wird weiter deutlich, dass Köster frei sprach und mit starkem Selbstbewusstsein auftrat. Er war sehr von seiner eigenen Meinung überzeugt und es ist ihm nicht leicht gefallen, andere Meinungen zu respektieren (:28). Köster zog auch Themenpredigten Textpredigten vor (:109).

Neben seinem Gemeindedienst vor Ort in Wien ist Köster gelegentlich auch überregional in den Donauländern, Österreich, der Schweiz und Deutschland tätig.[137] Er tut dies aus seiner Rolle als Wiener Prediger heraus, die für ihn damit auch eine missionarisch-apostolische Dimension hat. Dies kommt sogar noch in der privaten Köster-Familienchronik zum Ausdruck, in der es heißt: „In Wien und auch im Land Österreich fand Arnold Köster ein reichliches, aber nicht leichtes Missionsfeld“ (APKK Nr. 2:4).

4.4.4. Wirkung in der Wiener Allianz bis zum Anschluss Österreichs 1938

Arnold Köster ist auch in Wien im Rahmen der Evangelischen Allianz (EA) aktiv.[138] Er wird zum ersten Mal am 02.04.1929 als anwesend erwähnt. Er hält regelmäßig biblische Einleitungen (erstmals 07.10.1929) und Vorträge (erstmals 01.04.1930) auf den internen und öffentlichen Treffen. Er übernimmt weitere Aufgaben und am 07.04.1930 wird er (turnusgemäß) für das Jahr 1930/31 zum 2. Vorsitzenden gewählt und für 1931/32 dann für ein Jahr zum 1. Vorsitzenden. Er ist im Laufe seiner Mitarbeit Schriftführer und Beisitzer.

Köster ist maßgeblich an der strukturellen Reform der Allianz beteiligt. Ab April werden die Vorstandswahlen aufgrund seines Vorschlages umgestellt und ein ständiger Vorstand geschaffen. Außerdem wird ein Sekretariat eingerichtet (WA-Protokoll vom

---

137 Köster ist in deutschsprachigen Gemeinden im Ausland unterwegs. Im Februar 1931 ist er in Bratislava (Graf-Stuhlhofer 2001:52). Für Juli ist eine Jugendfreizeit in Kesmark (Slowakei) geplant (:52). Im September 1931 ist er Redner auf der ersten Donauländerkonferenz in Bukarest (TB 1931, Nr. 11:3). Danach besucht er Gemeinden in der Schweiz. Er dient drei Wochen in Deutschland als Evangelist (TB 1932, Nr. 4:8), wahrscheinlich 1932 als Gastprediger bei einer Evangelisation der Baptistengemeinde Eickhorst (Festschrift:7). Außerdem war er noch in Hermannstadt. Köster besucht auf seiner Ferienreise 1933 nach Deutschland die Stationen der Gemeinde Wien in Steyr und Seekirchen bei Salzburg (Graf-Stuhlhofer 2001:55). Das kommt auch in den folgenden Jahren wieder vor (TB 1937, Nr. 10:5). 1934 fühlt sich offensichtlich Füllbrandt, der Missionsdirektor der Donauländermission, aus der österreichischen Mission von Köster heraus gedrängt, wie Graf-Stuhlhofer recherchiert hat (:56).

138 Dank der erhaltenen und veröffentlichen Protokolle (Graf-Stuhlhofer 2010) ergibt sich ein guter Einblick in die Arbeit des Wiener Allianzkreises. In Wien sind Personen aus Kirchen und Werken in der Allianz vertreten. „Die Mitglieder der EA waren evangelische Christen aus Landes- und Freikirchen, wobei sich seitens der Landeskirchen eher pietistische Kreise hingezogen fühlten“ (Graf-Stuhlhofer 2001:93). In vielen Vorstandsitzungen gibt es neben dem organisatorischen Teil auch ein ausführliches biblisches Referat. Die Länge eines Referates konnte durchaus bei 25–30 Minuten liegen (Graf-Stuhlhofer 2010:14). Außer dem Vorstand sind dann meist zehn weitere „Freunde“ (u. a. Ehefrauen der Mitglieder) anwesend.

01.04.1935).[139] Die Allianz ist eine Arbeitsgemeinschaft, die Veranstaltungen plant und auf Bedürfnisse reagiert. Sie plant z. B. die jährliche Gebetswoche, die im Winterhalbjahr stattfindenden monatlichen Allianz-Abende oder öffentliche Vortragsabende (Allianzgemeindegottesdienste) an Sonntagen. Auch eine Evangelisation zusammen mit weiteren „romfreien" Kirchen wird 1935 durchgeführt und das Abendmahl wird gefeiert (Brief vom 09.10.1939). Die Allianz macht sich weiterhin in der Zusammenarbeit mit der Schwedischen Gesellschaft für Israel für die Versorgung von nichtarischen evangelischen Emigranten stark (WA Protokoll vom 06.04.1936, 27.04.1936 und im Protokollbuch dokumentiertes Rundschreiben vom 06.05.1936).

Im September 1938 wird der österreichische Allianzkreis in den deutschen Allianzkreis aufgenommen (Prot. vom 10.10.1938).

4.4.5. Wirkung als Verfasser von Artikeln und als Schriftleiter des Täufer-Boten

Köster veröffentlicht im Rahmen des deutschen Baptistenbundes ab 1928 gelegentlich Artikel in den baptistischen Zeitschriften oder wird in Berichten namentlich genannt.[140]

---

[139] Aus heutiger Sicht vielleicht etwas zu frauenfeindlich berichtet Köster 1952 über die Anfangszeit seiner Mitarbeit (Graf-Stuhlhofer 2010:226): „Als ich vor 20 Jahren herkam, fand ich in der Ev. Allianz eine eigenartige Situation. Der jetzige Prof. Schneider sagte, er würde sehr gern kommen, es wäre aber nur ein Nähkränzchen. Das war auch ein wenig so. Die Frauen haben gestrickt und dabei das Wort geführt. Jedes Jahr wurde der Vorstand gewählt, wobei Gewicht darauf gelegt wurde, daß jede Kirche zur rechten Zeit den Vorsitz bekam. So lang, bis ich Bargmann sagte: ‚Das ist bestimmt nicht vom Hl. Geist.' Ich schlug dann Bargmann für 4 Jahre vor. Später sagte er mir: ‚Gott sei Dank, daß wir diese ungeistliche Sache los sind!' Dann schufen wir das Sekretariat als ruhenden Pol. Es wurde nicht mehr gewählt. Dann kam es von selbst, daß Gott seine Männer an die Führung stellte."

[140] Bei den Artikeln muss man zwischen berichtenden Artikeln von übergemeindlichen oder Gemeindeveranstaltungen, erbaulich-biblischen Artikeln, die der Stärkung des Glaubenslebens der Leser dienten, apologetischen Artikeln, die vor dem Zeitgeist warnten und konzeptionellen Artikeln, die Anregungen für den praktischen Gemeindebau gaben, unterscheiden. Im Zeitraum von 1925 bis 1940 begegnet man Köster im Wahrheitszeugen (WZ) laut einer Auflistung aus dem Oncken-Archiv siebenmal in seiner Kölner Zeit und 49-mal in seiner Wiener Zeit (ABEFG Nr. 12). Acht Artikel sind erbaulich-biblischer Natur. Die ersten drei Artikel aus dieser Kategorie können zeitlich seinem Pastorendienst in Köln zugeordnet werden. Sein erster Artikel dieser Art handelt über den „Volkstrauertag" und erscheint am 13.03.1927 (WZ 1927, Nr. 11:1). Es finden sich weiter ein Bericht über seine Ordination, kurze Berichte über Veranstaltungen, über seine Verabschiedung in Köln und Einführung in Wien, über das Werk in Österreich und vor allem Taufberichte aus Wien (24-mal). Sie erschienen alle bis 1934. Danach finden sich hauptsächlich noch Taufberichte. Die Auflage des WZ lag im Jahr 1935 bei 16.200 Exemplaren (ABEFG Nr. 11). Er wird 1942 kriegsbedingt eingestellt und erscheint nach dem Krieg unter dem Namen „Die Gemeinde".

Im Wahrheitszeugen sticht sein apologetischer Artikel vom 11.09.1932 heraus, mit dem Titel: „Hakenkreuz und Sowjetstern – Malzeichen des Antichristus!?“. Auf ihn und weitere für diese Arbeit relevante Artikel gehe ich in Kapitel 6 ausführlicher ein, weil sie die NS-Ideologie scharf kritisieren. Der Wahrheitszeuge hat im Jahr 1933 eine Auflage von 16.100 Exemplaren (ABEFG Nr. 10) und erreicht damit eine breite Leserschaft im Rahmen der Freikirche.

In der baptistischen Prediger-Zeitschrift „Der Hilfsbote“, der „Monatsschrift für den Dienst am Evangelium und an der Gemeinde“, wurden in den Jahren 1928–1939 drei Hauptartikel und eine Bibelarbeit von Köster veröffentlicht.[141]

Der erste Artikel ist noch aus seiner Kölner Zeit und wird kurz vor seinem Wechsel nach Wien veröffentlicht. Der Titel lautet: „Was kann zur Hebung und Förderung des geistlichen Lebens des einzelnen Gläubigen und der ganzen Gemeinde geschehen?“ (HB 1928, Nr. 11). Hier sind deutlich erste Spuren eines prophetischen Auftretens zu erkennen. Köster sprach unmittelbar in die kirchliche Situation der Rheinisch-Westfälischen Vereinigung. Offensichtlich wurde er dazu als junger Prediger aus Köln aufgefordert. Da sein Vortrag bundesweit abgedruckt wurde, gelangten seine kritische Analyse der Situation (kraftlose Gemeinden) und sein Lösungsansatz (Konzentration auf Gebet und Wort Gottes, Festhalten in der Not an Gott) in die Kreise der baptistischen Prediger. Er stellt die Situation direkt in biblische Zusammenhänge (Situation der Apostel in Apostelgeschichte 6, Erkenntnis Simsons, Verhalten Jakobs am Jabbok). Dann fordert er die Leiter der Vereinigung zum Handeln auf und schließt sich als einen der Prediger mit ein.

Der Hilfsbote hat im Jahr 1930 eine Auflage von 1.280 Exemplaren (ABEFG Nr. 10) und eine ähnliche Auflagenhöhe kann für die Jahre davor und danach angenommen werden. Weitere drei Artikel Kösters im HB erscheinen erst im Jahr 1938 und 1939[142].

Ab Januar 1930 erscheint für die „Baptistengemeinden deutscher Zunge in den Donauländern“ die Zeitschrift „Täufer-Bote“. Das ist damals das Gebiet der baptistischen Donauländermission.[143] Die Zeitschrift wird von Wien aus verlegt. Nach zwei Jahren hat

---

141 Die Zeitschrift wurde von mir anhand des Inhaltsverzeichnisses gesichtet. Dabei blieb die Rubrik „Homiletische Hilfe“ unberücksichtigt. Der Hilfsbote hat im Jahr 1930 eine Auflage von 1.280 Exemplaren (ABEFG Nr. 10) und ähnliche Auflagen in den Folgejahren (ABEFG Nr. 11). Eine ähnliche Anzahl kann für das Jahr 1928 angenommen werden. Er wird bis 1939 aufgelegt und dann kriegsbedingt mit anderen freikirchlichen Zeitschriften für ein Jahr vereinigt.

142 HB 1938, Nr. 7: „Die Hausgemeinde, ein missionarischer Weg im katholischen Österreich“, HB 1938, Nr. 10: „Lukas 15,11–24. Die Buße des verlorenen Sohnes“ und HB 1939, Nr. 8/9: „Wort – Geist – Leben“.

143 Diese Zeitschrift löst drei kleinere regionale Blätter aus verschiedenen Ländern ab. Sie wird unter der Gesamtschriftleitung von Arnold Köster neu herausgegeben und umfasst die Länder

der „Täufer-Bote“ eine Auflage von 2.000 Exemplaren (WZ 1931 Nr. 47:375).[144] Der Täufer-Bote wird auch von den Verantwortlichen im deutschen Baptistenbund gelesen (vgl. AWM Nr. 26–28). Köster ist federführend in der Schriftleitung und übernimmt auch die geistige Leitung für das Blatt (TB 1930 Nr. 12:11). Diese Rolle übt er für fünf Jahrgänge aus, also bis Ende 1934. Danach schied er aus und der Sitz der Schriftleitung wechselte nach Bukarest (TB 1935 Nr. 1:1). Mit dem Anschluss Österreichs ans Deutsche Reich 1938 scheiden die österreichischen Gemeinden aus der Donauländermission aus (TB 1938 Nr. 11:5f) und damit „fällt ab diesem Zeitpunkt der *Täufer-Bote* als Informationsquelle über die österreichischen Gemeinden aus; dafür berichtete der *Wahrheitszeuge* wiederholt über Wien“ (Graf-Stuhlhofer 2001:63).

4.4.6. Die prophetische Ausrichtung des Täufer-Botens unter Köster

Der Täufer-Bote hat einen eindeutigen prophetischen Anspruch. Schon in der ersten Ausgabe kommt dies zum Ausdruck (TB 1930 Nr. 1:5):

> Als Motto trägt unser Blatt unter dem Titel ein Wort von Dr. Balthasar Hubmaier: „Die Wahrheit ist untödlich!“ Es zeugt von dem praktischen Erleben der Täufer. Täglich sahen sie den Zeugentod ihrer Mitgläubigen, täglich aber auch den ewigen Bestand der Wahrheit Gottes auf Erden.

Ende 1930 wird in einer Drittelseite auf der Rückseite des Blattes folgendermaßen geworben (TB 1930 Nr. 12:12):

> ‚Ich höre in ihm Prophetenstimmen.‘ So urteilt ein kritischer Geist über die ‚Monatsschrift der Baptisten-Gemeinden deutscher Zunge in den Donauländern‘, der Täufer-Bote. Immer neue Bestellungen sagen, daß diese Prophetenstimmen von unserer Zeit sehnend erwartet werden. Wer hilft im neuen Jahr den ‚Täufer-Boten‘ verbreiten?

Köster ist für die Rubrik „Botentasche“ verantwortlich und füllt sie fast jedes Mal mit einer Zeitansage an die Leser, die Baptisten oder die (evangelische) Kirche allgemein.

Ungarn, Rumänien, Jugoslawien, Österreich und Tschechoslowakei (WZ 1930 Nr. 2:13f; vgl. auch die Karte der Donauländermission in TB 1931 Nr. 12:13).

[144] Ende 1933 wird im Täufer-Boten über die Verbreitung berichtet (TB 1933 Nr. 11/12:10): „Segnend haben wir es immer wieder hinausgesandt zu unseren Lesern in die Gemeinden und Familien mit dem Wunsche, daß es Segen vermitteln, Wächterdienst tun und für die Mission inspirierend wirken möge. In 23 Ländern in Europa, in Nord- und Südamerika, Afrika und Asien haben wir unsere Leser, und wir freuen uns, wenn wir hören dürfen, daß dies und jenes Wort wie ein Funke gezündet hat. Dann war es uns eine besondere Freude, zu hören, daß auch außerhalb unserer Donauländer unser Blatt oft in Missionsversammlungen und in Frauen- und Jugendgruppen mit zum Dienst verwendet worden ist.“

Weiter werden mehrere Artikel über die Aufgabe der Wachsamkeit oder über das „Prophetische Wort“ gebracht (TB 1930, Nr. 2:1; TB 1933, Nr. 5/6:3; TB 1933, Nr. 10:1).[145] Die darin geübte Kritik am Baptismus wird in Kapitel 6 näher behandelt.

In seiner Rolle als verantwortlicher Schriftleiter übt Köster demnach fünf Jahre lang einen prophetischen Einfluss als pastoraler Leiter aus. Er verkündigt seine Botschaft durch Literatur.[146] Luckey erwähnt in seinem Nachruf, dass Köster den europäischen Baptismus mit der Zeitschrift beeinflusste. „Er verschwieg nicht, daß er die politische Entwicklung in Deutschland mit großer Sorge beobachtete und nicht die Haltung seiner deutschen Brüder verstand“ (ABEFG Nr. 3).

Hier sehe ich nun die dritte Phase der Leiterentwicklung nach Clinton (2006) in Bezug auf Köster enden. Er erreicht die Dienstreife, nachdem er in Wilhelmsburg und Köln erste Erfahrungen sammelt. Mit der Berufung nach Wien bekam sein Dienst eine neue Dimension. „Die Hauptaktivitäten der Phase III betreffen den Dienst“, so Clinton (2006:25). Die dabei stattfindende Schulung sei eher nebenbei und unbeabsichtigt. Ähnlich erlebte es Köster als Leiter der Wiener Gemeinde, die er geistlich auf einen neuen Kurs bringen musste. Er machte dann die Erfahrung eines großen Gemeindewachstums. Im Rahmen der Allianz setzte er sich mit anderen Leitern auseinander und entwickelte die Wiener Gruppe entscheidend weiter. Bedeutsam ist die Schriftleitertätigkeit beim Täufer-Boten, bei der sein prophetisches Anliegen hervortritt.

4.5. Kösters vierte Phase: Die Lebensreife im Leiterleben 1938–1945

Clinton (2006:23) macht darauf aufmerksam, dass die Phasen III–V sich im wirklichen Leben oft überschneiden. In der vierten Phase gebraucht Gott den Leiter verstärkt, um andere zu beeinflussen (:25). Das sehen wir auch bei Köster.

4.5.1. Wirkung als Prediger in der Mollardgasse nach Anschluss bis Kriegsende

Mit dem 1938 erfolgten Anschluss Österreichs ans Deutsche Reich ist die Geschichte der österreichischen Baptisten für die nächsten sieben Jahre identisch mit der des deutschen Baptistenbundes. Für das Gemeindeleben in Wien spielt diese Tatsache zunächst nur eine untergeordnete Rolle (Graf-Stuhlhofer 2005:40). Die Gemeinde und ihr

---

[145] Es wäre eine eigene Arbeit wert, die Artikel Kösters aus der Rubrik „Botentasche“ zu analysieren. In dieser Arbeit werden nur wenige Artikel in Kapitel 4 berücksichtigt.

[146] Graf-Stuhlhofer weist dies umfangreich anhand einzelner Themen nach (Graf-Stuhlhofer 2001:118–177).

Prediger kommen damit aber in den Machtbereich des Nationalsozialismus hinein und dies macht Kritik an der NS-Ideologie natürlich gefährlicher (Graf-Stuhlhofer 2001:2). Somit werden die ab 1938 überlieferten Predigten noch interessanter, denn: „Wer innerhalb des Großdeutschen Reiches lebte, war jederzeit dem Zugriff von Gestapo oder SS ausgesetzt – wie der in Wien predigende Baptist Köster“ (:2). Nun gilt umso mehr: „Kösters NS-kritische Predigten waren ‚Inseln‘ inmitten von einem Meer aus euphorischer NS-Propaganda und schweigenden Zweifeln“ (Graf-Stuhlhofer 2005:41).

Köster selbst steht dem Anschluss differenziert, aber positiv gegenüber und nimmt ausführlich in der Zeitschrift „Der Wahrheitszeuge“ Stellung (WZ 1938, Nr. 17:130f). Er fühlt sich verpflichtet, sein Erleben von Östereichs Schicksalsstunde persönlich zu beurteilen (:130). Er geht zunächst auf die politische Situation ein. Am Ende folgt ein kurzer Ausblick auf die Bedeutung des Anschlusses für die Baptisten in Österreich und Köster übermittelt Grüße an die Leser. Seine politische Interpretation lautet: „Volk hat zu Volk gefunden!“ Er begrüßt den Anschluss und sieht ihn als Folge der bisherigen politischen Entwicklungen. Dabei kommt die österreichische Regierung nicht gut weg, weil sie den Willen des Volkes nicht beachtet hat. In Österreich lebt ein deutsches Volk, das ins Vaterland möchte. Er meint, dass 75 % der Österreicher nationalsozialistisch eingestellt sind. Graf-Stuhlhofer interpretiert, dass Köster den Begriff hier eher als „anschlussbefürwortend“ versteht (Graf-Stuhlhofer 2001:61, Anmerkung 112). Köster schildert eindrücklich das persönliche Erleben der Situation.[147] Er beschreibt, dass das Volk Hitler und seinen Soldaten begeistert zujubelte. Hitler wurde als Befreier empfangen, wogegen niemand vermochte aufzutreten. „Es ist nur zu verstehen aus dem lange zurückgehaltenen Heimweh eines Volkes, das nach Hause wollte [...]. Ich habe selbst miterlebt, was eine Zeitung in diesen Tagen schrieb, daß die Begeisterung oft religiösen Charakter annahm“ (WZ 1938, Nr. 17:131).

Köster geht hier nicht auf die nationalsozialistische Ideologie ein, die mit dem Anschluss massiver nach Wien eindringt als je zuvor. Graf-Stuhlhofer (2001:200) führt mehrere Gründe auf, warum man damals mit einer Vereinigung mit dem Deutschen Reich sympathisierte. Alle Kirchen reagierten positiv. Die österreichischen Bischöfe gaben sogar eine „Feierliche Erklärung!“ ab. Köster beurteilt die Haltung der Kirchen im Rückblick 1943 kritisch und nennt sie „Verbeugung vor dem Weltstaat“ (KöV04.04.43:2). Aber noch 1938 deutet er den Anschluss als „zu respektierenden Wunsch der österreichi-

---

147 Über das Jahr 1934 in Österreich: „Damals sagte ich zum erstenmal meiner Frau, daß sie für unsere große Familie ein wenig Mehl mehr einlagern möge, weil ich eine neue und sehr schwere Revolution kommen sähe“ (:131). Über die Zeit kurz vor dem Anschluss 1938: „Während unsere sechs Kinder ruhig schliefen, saßen meine Frau und ich noch bis 3 Uhr früh am Radio und waren um 7 Uhr schon längst wieder da, um zu hören“ (:131).

schen Bevölkerung" (Graf-Stuhlhofer 2001:201). „In dieser ‚deutschen Verbundenheit' liegt jedoch nicht automatisch eine Geringschätzung der Angehörigen anderer Sprachen" (:202).

Interessanterweise findet sich im Wiener Archiv ein siebenseitiges maschinengetipptes Manuskript des Artikels, das wesentlich umfangreicher ist als die Veröffentlichung im WZ (AWM Nr. 21; Graf-Stuhlhofer 2001:61, Anmerkung 111). Köster entfaltet dort fünf gedankliche Aspekte. Die theologische Interpretation Kösters zum Geschehen fehlt im abgedruckten Artikel gänzlich. Er bringt im vermuteten Original den Gedanken eines göttlichen Gerichtes über den österreichischen Katholizismus auf (:4f). Er führt aus, dass die evangelische und Täufer-Bewegung über Jahrhunderte in Österreich durch den Katholizismus ein Martyrium erlitten habe und bringt als Beispiel Balthasar Hubmaier. Diese Zeit hätte nun seiner Meinung nach ein Ende. Er konstatiert einen Kulturglauben der Österreicher, indem er aufführt, dass nur 2 % der Katholiken kirchentreu seien. Ein weiterer Gedanke wird im WZ nur verkürzt wiedergegeben. Er zeigt die „gemeindegeschichtliche" Dimension des Geschehens auf, denn nach dem Anschluss – so hofft Köster – können die lebendigen Gemeinden viel sichtbarer evangelisieren. Er kritisiert auch das Auftreten vieler ausländischer Missionsgesellschaften der letzten Jahre. Er ermuntert die lebendigen Christen („Kreuzgemeinde") weiter zur treuen und demütigen Mission, die sich am Wort Gottes zu orientieren hat (:5f) und nicht versucht sein sollte, das „einstige offizielle Christentum durch ihr Gemeindechristentum abzulösen" (:6). Weiter ordnet er das Geschehen auch „reichsgottesgeschichtlich" ein und verweist auf den Menschensohn, der in der Schrift bezeugt ist und wiederkommen wird. Der Anschluss hat für ihn nur „Durchgangscharakter" und ist eine weitere „Geburtswehe" bis das Reich Gottes kommt. Schließlich geht er noch auf das Schicksal Israels ein, was im WZ ebenfalls unberücksichtigt bleibt. Er bedauert die Situation Israels einerseits, um es dann heilsgeschichtlich zu begründen, weil Gott seiner Meinung nach ein langes und hartes Gericht am Volk Israel übt. Diese Interpretation mündet in dem Satz: „Wir beten immer stiller und fester: ‚Ja, komm Herr Jesus! Komme bald!'" (:7). Graf-Stuhlhofer (2001:61) greift das Fehlen von wichtigen Aspekten im WZ auf und schreibt dazu:

> Diese Streichungen verändern den Artikel wesentlich, denn die katholizismusbezüglichen Abschnitte erinnern daran, daß der Baptist eine Benachteilung [sic!] Andersdenkender – in historisch variierender Gestalt – auch von einer prononciert katholischen Regierung zu befürchten hatte. Die Entscheidung des Jahres 1938 lag also zwischen einer katholischen und einer nationalsozialistischen Diktatur.

Die Gemeinde Wien wird in den deutschen Baptistenbund aufgenommen und in die süddeutsche Vereinigung eingegliedert. Sie scheidet damit auch aus der 1925 gegründeten „Donauländermission" aus. Die Berichte im Täufer-Boten versiegen. Köster berichtet im WZ (21.08.1938:272) über erste Auswirkungen des Anschlusses für die Wiener Gemeinde. Als Anfang 1938 Paul Schmidt (mittlerweile Bundesdirektor) zu Besuch war, ahnte man noch nicht, wie schnell man Bundesgemeinde werden würde. Im März kamen dann schon die ersten Brüder zu Besuch, aus den Reihen der Polizei und der Wehrmacht, die nach Wien versetzt wurden und sich nun der Gemeinde anschlossen. Im Mai besucht Bundesältester Simoleit die Gemeinde.[148] Am 17.05.1945 predigt Köster im Rückblick auf das Jahr 1938 und verweist auch noch einmal auf seine theologische Interpretation des Anschlusses, vom prophetischen Wort her:

> Auch im Jahr 1938 habe ich alle Hände voll zu tun gehabt, um euch dieses einzuhämmern: Es geht nicht um etwas Äußeres, das da kommt, sondern um die Erfüllung des prophetischen Wortes. Ich habe mich sehr gefreut, daß manche von euch jetzt zu mir kamen und mir sagten: ‚Wir sind dir sehr dankbar, daß du das damals gesagt hast, wir wären sonst mitgerissen worden. So aber konnten wir die Gegenwart nicht verfehlen, weil wir wach geblieben sind für das, was Gott war und wollte und tat in der entscheidenden Stunde'. (KöV17.05.45)

Hier blitzt der reichsgottesgeschichtliche Aspekt des Originalartikels von 1938 auf, der für Köster wohl der wichtigste war und den einige seiner Gemeindemitglieder verstanden haben.

Rabenau (1981:73) schreibt zusammenfassend über Köster aus dieser bewegten Zeit:

> Nach dem Aufkommen des Nationalsozialismus in Deutschland (1933) und dem Anschluß (1938) an Deutschland erwies er sich als ein mutiger Verkündiger biblischer Inhalte, weshalb er sich wiederholt vor der Geheimen Staatspolizei verantworten mußte. Bewahrung durch Gott und gute Kenntnis der relevanten Gesetzestexte machten es möglich, daß er ungehindert weiter predigen konnte.

Ab 1939 werden Kösters Predigten von Gertrud Hoffmann mitstenographiert und vervielfältigt. Hoffmann fungierte als eine „ehrenamtliche Sekretärin Kösters". Sie erbte von ihrem Vater eine Druckerei (Graf-Stuhlhofer 2001:186f). Was ursprünglich mehr ein Abtippen von Predigten war, entwickelte sich zu einem festen Schriftdienst mit gedruckten Predigten, die innerhalb und außerhalb der Gemeinde Abnehmer fanden. Der Schriftdienst ist – wenn man so will – vergleichbar, mit einem heutigen Predigt-Podcast-Angebot einer Gemeinde via Internet. Köster berichtet im September 1943 über die Wirkung der verteilten Predigten (KöV05.09.1943:2):

> Aus den schönen Briefen unseres lieben Bruders H., der jetzt so schwerverwundet und sterbenskrank in W. liegt geht hervor, wie die nachgeschriebenen Predigten in

[148] In derselben Ausgabe ist auch ein Bericht Kösters über die Predigereinführung in Salzburg, die er selbst vornahm (WZ 21.08.1932), zu finden.

> sonderbaren Stunden seines Lebens wie eine Hand Gottes waren, sie waren die Gegenwart des auferstandenen Christus in seinem Leben.

Köster predigte sonntagnachmittags vor ca. 300 Zuhörern. Die Sonntagvormittage und Donnerstagabende wurden von weniger Zuhörern besucht. Hier fanden Vortragsreihen oder sogenannte „seelsorgerliche Gespräche“ statt. Sonntagnachmittag dauerten die Predigten ca. 45min.

Ein Einladungsflyer aus dem Jahr 1941 zu einer vierteiligen Vortragsreihe zum Thema „Ist das Wort der Bibel glaubwürdig?“ macht deutlich, dass Köster auch in der danach folgenden Kriegszeit Menschen innerhalb und außerhalb der Gemeinde unter das Wort Gottes ruft (AWM Nr. 7). Besonders bemerkenswert sind Rabenaus (1981:73f) Ausführungen zum Umgang Kösters mit den Juden und anderen Verfolgten, zu denen er allerdings keine direkte Quelle anführt:

> Als die Verfolgung der Juden begann, suchten viele Juden seelsorgerlichen Rat und Glaubensstärkung [...]. Etwa 50 von ihnen wurden von Köster auf Grund ihres Glaubens getauft, trotz Schwierigkeiten durch die Gestapo. Diese getauften Juden wurden aber nicht in das Gemeinderegister aufgenommen [...]. Während der Kriegsjahre suchten auch russische und polnische Kriegsgefangene, die in der Rüstungsindustrie arbeiten mußten die Wiener Gemeinde auf.

Köster ist zwischenzeitlich auch Soldat im Zweiten Weltkrieg. Er leistet vom 02.06. bis 30.08.1940 Wehrdienst (Graf-Stuhlhofer 2001:198). Im Wiener Allianzprotokoll vom 23.09.1940 wird erwähnt: „Br. Köster hat schon abrüsten können.“ Er berichtet bei einem Allianztreffen 1951: „Als ich unter den Tausenden Soldaten stand, als ich 1940 einrücken mußte, da wußte ich wieder, was ich an meiner Gemeinde und der Liebe der Geschwister hatte“ (WA-Protokoll 06.02.1951). Auch zwei seiner Söhne wurden zum Kriegsdienst herangezogen.[149]

Gegen Kriegsende trafen sich russische Christen in der Wiener Gemeinde und führten Taufen durch. Dies erwies sich als Schutz vor Plünderungen bei der Besetzung Wiens durch russische Soldaten. „Auch ‚Religiöse Sozialisten‘ fanden in Köster einen bereitwilligen Gesprächspartner. Mehrere von ihnen kamen zum Glauben und ließen sich taufen“ (Rabenau 1981:73f).

---

[149] Als seine Söhne eingezogen werden, gibt er ihnen einen guten Rat mit auf den Weg: „Als meine Buben einrückten, sagte ich ihnen: wenn ihr nicht öffentlich beten könnt, kriecht unter die Bettdecke, aber laßt das Beten nicht. Das ist das Normale mitten im Abnormalen, das ist die Erquickung unserer Seele“ (KöV16.07.44:69).

4.5.2. Wirkung in der Wiener Allianz nach Anschluss bis Kriegsende

Während der NS-Zeit wird auf den Allianztreffen darüber gestritten, ob es sinnvoll ist, Bibeltexte auf die jeweils aktuelle politische Situation anzuwenden (Graf-Stuhlhofer 2001:94). Es ging dabei um die Frage, wie „mit der konkreten Gegenwart theologisch umzugehen sei“ (Graf-Stuhlhofer 2010:17). Darauf gehe ich ausführlicher in Kapitel 5 ein, weil durch diesen Disput Kösters Hermeneutik zutage tritt.

Einen interessanten Einblick in Kösters Art zu predigen geben die Tagebuchaufzeichnungen der evangelisch-reformierten Schriftstellerin Hermine Cloeter. Sie werden von Graf-Stuhlhofer (2001:97f) ausführlich ausgewertet. Cloeter nahm an mehreren Treffen des Wiener Allianzkreises in den Jahren 1941–1944 teil und berichtet in ihrem Tagebuch subjektiv aber differenziert von Kösters Art, im Allianzkreis zu sprechen. Oft ging es in den Vorträgen um Bibeltexte. Zur Zeit Cloeters wurden die Kleinen Propheten behandelt, die Köster in die aktuelle Zeit typologisch auslegte. Cloeters Beurteilung reicht von Begeisterung über Kösters Ausführungen zum Propheten Obadja (:97), über die Taktlosigkeit und Eitelkeit Kösters in einer Aussprache (:97), Lob für Kösters Ausführungen zum Thema „Das christliche Weltbild“ (:104f) bis hin zu Anmerkungen, dass Köster Aussagen anderer in Aussprachen „zurechtrückt“ (:106). Sie spricht weiter von Kösters reicher und geistreicher Kenntnis, die manchmal aber ein „Zuviel“ ist (:107).

Ab Dezember 1941 übernimmt Gertrud Hoffmann die Protokollführung. Sie protokolliert wesentlich ausführlicher als ihre Vorgänger (Graf-Stuhlhofer 2010:10). So nehmen die aufgezeichneten Vorträge über Bibeltexte großen Raum in den Protokollen der Allianz ein. Drei der Vorträge sind von Arnold Köster.

Am 02.04.1945 entfällt die Zusammenkunft aufgrund der Belagerung Wiens. Die nächste Zusammenkunft findet dann am 04.06.1945 statt. Damit beginnt Kösters Wirkung in der Nachkriegsgeschichte der Allianz, die weiter unten behandelt wird.

4.5.3. Wirkung im Bund Evangelisch-Freikirchlicher Gemeinden und als Mitglied der neuen Bundesleitung 1941–1945

1941 kommt es schließlich nach langer Vorplanung zur Gründung des Bundes Evangelisch-Freikirchlicher Gemeinden (BEFG). Der Baptistenbund vereinigt sich am 22.09.1941 mit dem Bund freikirchlicher Christen, einem Zusammenschluss der sogenannten Brüdergemeinden, bestehend aus ehemaligen Geschlossenen Brüdergemeinden (Darbysten) und Offenen Brüdergemeinden (Kirchenfreie christliche Gemeinden).

Köster spielt als „Mann der Gemeinde-Basis“ eine nicht unwesentliche Rolle bei der Vereinigung. Seine hier erstmalig veröffentlichte Einschätzung der Gründung des BEFG ist als Ergänzung zu bisherigen Beiträgen zu verstehen (Assmann & Liese 2015; Strübind 1995). Außerdem haben Teile seiner theologischen Deutung der Vereinigung einen prophetischen Charakter (vgl. Bohren 1980:534; Kraus 1986:46f), gerade dann, wenn er sie in Bezug zum kommenden Christus setzt (KöV23.02.41:4).

Bei der Vereinigung vom 21. bis 23.02.1941 in Berlin (Gubener Straße. 10) ist Köster als Vertreter der Wiener Gemeinde anwesend. Aus der Tagesordnung geht hervor, dass er die biblische Einleitung zum Bundesrat hält (Einladung zum Bundesrat 1941 in BP Nr. 1, 1941).[150] Im Täufer-Boten wird von der gesamten Konferenz ausführlich berichtet, und intensiv wird auch auf die biblische Betrachtung Kösters eingegangen (TB 1941, Nr. 4:3f):

> Die Tagung des Bundesrats wurde in feiner Weise eingeleitet durch eine biblische Betrachtung von Br. A. Köster – Wien. Er betonte, daß in dieser großen Stunde unseres Bundeswerkes eine große Verantwortung auf die Vertreter der Gemeinden gelegt worden sei, die hier Beschlüsse von weittragender Bedeutung zu fassen haben. Da bedürfen wir mehr denn je des Lichtes von oben, um die rechte Entscheidung in den schwebenden Fragen zu treffen. Darum soll in dieser Stunde Gottes Wort uns Licht geben über das, was Gottes Wille ist.

Köster gibt dann Antwort auf die Frage, warum die Einheit der Gläubigen gewollt ist (Joh 17,20–23): „Mit der Einigung wollen wir einen kleinen Beitrag geben zu der großen missionarischen Kraft, die von der Einheit der Gläubigen ausgeht." Weiter fragt er, wie die Einheit verwirklicht werden kann und findet die Antwort in Römer 12: „Sie kann nur von der gemeinsam erfahrenen Barmherzigkeit Gottes herkommen und aus der Erkenntnis, daß Gott einem jedem das Maß des Glaubens zugeteilt hat. Die mancherlei Gaben dienen der einen Aufgabe". Schließlich fragt er: „Woher kommt der Impuls für die Darstellung der Einheit?" und zitiert Lukas 24,37. Und weiter:

> Wer dem Auferstandenen begegnet ist, der bringt den rechten Antrieb mit für die Tat, die wir heute nicht dem Baptismus, sondern dem Christus schuldig sind. Wenn wir heute den Baptismus zu Grabe tragen als ein Gewand, das wir über 100 Jahre haben tragen müssen und dürfen, das uns aber jetzt zu eng geworden ist, so sind wir gewiß, daß der auferstandene Christus uns bleibt. Unsere Sorge sei es nur, daß der lebendige Christus auch heute sein Werk mit uns und unter uns tun kann.

Köster liefert in seiner biblischen Besinnung also eine biblisch-theologische Begründung für die Vereinigung und bringt missionarische und christologische Argumente.

---

[150] Er fungiert auch als Schriftführer der ersten Sitzung des neuen Bundesrates (Bundesratsprotokoll vom 22.02.1941).

Am Sonntag, den 23.02.1941, hält Köster eine Predigt in der Baptistengemeinde Berlin-Schmidtstraße „anläßlich der Bundeskonferenz“ (KöV23.02.41:1).[151] Köster leitet ein, indem er die vom Geist Gottes gewirkte Einheit der Gemeinde betont, die der Welt hilft, an Christus und seine Liebe zu glauben. Für Köster ist die Geschichte des deutschen Baptismus in bisheriger Form jetzt zu Ende gegangen. Er spricht vom „letzten Tag der Geschichtswoche des deutschen Baptismus“ und bezeichnet ihn als den „herrlichsten Tag“. Das begründet er dreifach. Erstens hat dieser Tag für ihn Größe und Herrlichkeit, weil man sich gemeinsam nach vorne, dem „Morgen Gottes“ ausstreckt. Man ist nicht „verkalkt“, sondern streckt sich „frisch und jung“ in der Liebe aus. Gemeinsam wird die Einheit gesucht und Zäune werden niedergerissen, weil man „die Gnade Gottes sah“. „Im harten Glutofen dieser Zeit verbinden sie sich zu einer Gemeinde Jesu Christi! Das ist Herrlichkeit, daß wir die Erfüllung des Gebetes Jesu Christi vor Augen haben.“ Zweitens begründet Köster dann die Herrlichkeit des letzten Tages des Baptismus und der Vereinigung christologisch, nämlich:

> [...] weil Jesus da steht auf dem Boden unserer Gemeinschaft als der Rufende und der Schenkende, von dem die Schrift sagt, daß Ströme lebendigen Wassers von ihm fließen werden. Was wir gestern taten, was wir immer getan haben in allen Versammlungen war nicht diplomatisches Abwägen gewesen; was wir getan haben mit dem gestrigen Schritt ist nichts anderes gewesen, als an den Christus von ganzem Herzen zu glauben! Ich hätte mich mit eiserner Energie dagegen gewehrt, wenn diplomatische Erwägungen und Überlegungen zu diesem Schritt hätten führen wollen! Das ist alles nicht im Blickfeld gewesen bei den Brüdern. Wir hatten nichts anderes im Herzen als die heilige Glaubensglut an den, der der Christus ist, für sie und für uns!

Er führt dann noch ein drittes pneumatologisches Argument an, indem er konstatiert, dass sich der Königsgeist des erhöhten Meisters offenbart hat: „Der letzte Tag der Geschichtswoche des deutschen Baptismus hat große Herrlichkeit, weil Jesus sich offenbart hat als der Schenkende, der in seiner Kraft Wirkende bis an das Ende der Tage.“ Dann blickt er eschatologisch nach vorne, auf den „ersten Wochentag des neuen Bundes der evangelisch-freikirchlichen Gemeinden!“ und sieht den neuen Bund als Gemeinschaft des Wartens auf den Christus.

---

[151] Es ist unklar, warum er nicht beim „Mahl des Herrn“ in der Gubener Straße 10 (Bethel-Gemeinde, heute EFG Berlin-Friedrichshain) dabei war, sondern in der Schmidtstr. 17 (heute EFG Berlin-Tempelhof) predigte. Evtl. wollte man als Bundesleitung viele Gemeinden besuchen, um sie dadurch am Geschehen des Zusammengehens zu beteiligen. Beim Festgottesdienst am Nachmittag in der Gubenerstraße mussten aufgrund von Platzmangel „Hunderte umkehren, weil sie keinen Platz fanden“ (TB 1941, Nr. 4:5). Der Raum fasste mindestens 1.000 Personen (:4) und im unteren Saal fand noch eine Parallelversammlung statt.

> Am ersten Tag der Woche aber war der Auferstehungstag des Christus! Mit heiliger Freude sagen wir am ersten Tag des neuen Bundes: Wir haben kein Christentum, das haben wir gelassen, wir haben den Baptismus gelassen als eine Etappe. Wir haben einen lebendigen Christus! [...]. So nehmen wir [...] Abschied von der hundertjährigen Geschichte des deutschen Baptismus [...]. Wir stehn aber vor Größerem, wir stehn still vor dem Ostermorgen, vor dem Auferstehungstag, wir stehn als die Wartenden, bis daß Er kommt in Herrlichkeit!

Köster untermauert mit prophetisch-eschatologisch ausgerichteter Predigt theologisch den Zusammenschluss zum Bund Evangelisch-Freikirchlicher Gemeinden.[152]

Auf dem Bundesrat 1941 wird Köster auch einstimmig zum Mitglied in der neuen 18-köpfigen Bundesleitung berufen (Punkt 4 im Protokoll, siehe auch Amtsblatt Nr. 2, 1941:2).[153] Laut Protokoll der 1. Sitzung der Bundesleitung vom 23.02.1941 übernimmt er die Mitverantwortung für den Geschäftsbereich Vier „Mission, Evangelisation" und den Geschäftsbereich Neun „Jugend, Studenten, Sonntagschule, Religionsunterricht". Die Bundesleitung bildet, um eilige Entscheidungen treffen zu können, einen sechsköpfigen Arbeitsausschuss, dem Köster nicht angehört. Die Arbeitsfähigkeit der Bundesleitung unter den äußeren Begleitumständen des Krieges ist überhaupt nicht mit der von normalen Jahren zu vergleichen. Aber die Protokolle zeigen eine aktive Gestaltung der Vereinigung, trotz verzögerter Genehmigung.[154] Die erhält man erst zum 30.10.1942,

---

152 Im Rahmen der Wiener Allianz weist er ebenfalls auf die Gründung des BEFG hin (WA-Protokoll vom 03.03.1941 und vom 07.12.1942).

153 Köster berichtet in einer Predigt zu 1Kor 16 einmal von einer Bundesleitungssitzung (KöV10.01.43:224): „Wir haben bei der Annahme der neuen Verfassung als Freikirche von dem Staat das Recht nehmen müssen, unseren Leuten eine Steuer aufzuerlegen; und der Staat sagt, er übernimmt die Pflicht, von jedem Mitglied die Steuer einzuziehen. Wir werden das nie praktizieren, haben wir beschlossen bei der besprechenden Sitzung, dieser Paragraph ist uns aufgenötigt worden. Aber es kann sein, dass die 5. oder 6. oder 7. Generation schon so verkalkt ist, daß sie froh ist, sich auf diesen Passus berufen zu können, daß sie sich auf den Staat beruft, damit er das Geld eintreibt. Für die Gemeinde Jesu ist das ein Unding! Wenn das so weit gekommen ist, daß eine Steuereintreibung erfolgen muß in den christlichen Kirchen, dann ist der Geist Gottes schon in den letzten Winkel eingesperrt, sagen wir in den Taubenschlag! Da hat der Geist Gottes keinen Raum im Herzen der Menschen."

154 Man rechnet aber auch damit, dass die Vereinigung nicht offiziell genehmigt wird und betont deshalb im Protokoll vom 24.06.1941: „Die Bundesleitung bringt den klaren und festen Willen zum Ausdruck, dass die beiden Bünde, sollte eine gesetzliche Genehmigung wider Erwarten nicht erreicht werden können, zusammenbleiben und gemeinsam arbeiten wollen." Diese Haltung zieht sich durch die Protokolle, auch nach der Anerkennung des Bundes und auch nach Kriegsende. Die Anerkennung des neuen Bundes durch die NS-Regierung dauert sehr lange. Dies „kann als Beleg dafür dienen, daß er vom NS-Staat weder gefordert noch gefördert worden ist" (Balders 1989:106). „Arbeitete man zu Beginn des Dritten Reiches auf die Vereinigung möglichst vieler kirchlicher Gruppen hin, so wollte man nun im Krieg den kirchlichen Partikula-

durch das Reichskirchenministerium (Protokollbuch der Bundesleitung vom 17.–18.11.1942:59; ABEFG Nr. 14). Im Protokollbuch sind aus der Zeit 1941–1945 vier Treffen der gesamten Bundesleitung erwähnt, bei denen Köster mindestens einmal fehlte.[155] Eine aktive Teilnahme geht aus den Protokollen nicht hervor. Folglich ist davon auszugehen, dass er keinen nennenswerten Einfluss in der Leitung ausüben konnte oder wollte.

Die erste Bundesleitung für Westdeutschland nach dem Krieg findet dann im Juli 1945 in Wiedenest statt, der erste Bundesrat am 24.05.1946 in Velbert. Mit Kriegsende und Auflösung des „Dritten Reiches" scheidet Köster aus dem deutschen Bund wieder aus. Die baptistische Geschichte in Österreich gestaltet er anschließend entscheidend mit.

Mit dem Kriegsende setze ich auch das Ende der Phase IV der Leiterentwicklung Kösters an. Köster konnte in dieser Phase, wie die Analyse seiner Predigten später zeigen wird, seine Gaben vollmächtig nutzen. Seine prophetische Predigtweise hielt seine Gemeinde auf den von ihm gewünschten geistlichen Kurs, indem er sie durch seine Predigtbegabung beeinflusste (Clinton 2006:25). Es war ein Dienst aus dem Wesen heraus (:25). Offensichtlich orientierte sich seine Gemeinde an ihm, was unter anderem die Mitschrift und Vervielfältigung seiner Predigten beweist. Auch überörtlich trat er als geistlicher Leiter in Erscheinung.

---

rismus erhalten, ja verstärken" (Bloedhorn 1982:134). Am 29.02.1944 wird ein von Hans Luckey und Erich Sauer erarbeitetes gemeinsames Glaubensbekenntnis in Wiedenest verabschiedet. Für die Brüdergemeinden ist es das erste Glaubensbekenntnis in ihrer Bewegung. Vgl. weitere Umstände zum Zusammengehen der beiden Gemeindebünde in Assmann & Liese 2015. Hier wird auch die Deutung des Zusammenschlusses gegenüber den internationalen Schwesterkirchen besprochen (Assmann & Liese 2015:26f). Auch die Kritik Köbberlings am gemeinsamen Glaubensbekenntnis ist dokumentiert (:151f).

155 Sie trifft sich davon zweimal 1941, einmal 1942 und einmal in 1943. Beim ersten Treffen 1941 ist Köster anwesend, beim Treffen 1942 entschuldigt. Bei den anderen beiden Treffen wird im Protokollbuch in Bezug auf die Anwesenheit auf die Akten verwiesen, die ich nicht einsehen konnte. Dazwischen arbeitet der Arbeitsausschuss der Bundesleitung von 1941 bis 1944, der sich insgesamt 14-mal trifft. Diesem Ausschuss gehört Köster nicht an. Köster versucht aber, die Bundesleitung für Oktober 1943 nach Wien einzuladen und die Einladung wird dankend angenommen (Protokollbuch der Bundesleitung vom 29.07.1943:87, ABEFG Nr. 14). Die Sitzung findet dann aber in Bad Homburg statt. Somit ist Köster bei insgesamt vier Sitzungen, mindestens einmal und maximal dreimal anwesend.

4.6. Kösters fünfte Phase: Konvergenz im Leiterleben 1945–1960

Nach dem Krieg blieb Köster in der Gemeinde Wien. Damit verfestigte sich die geographische Ortsbestimmung (Clinton 2006:25). Als Leiter kann er nun sein Bestes geben (:25).

4.6.1. Wirkung als Pastor in der Mollardgasse

Von Kösters Tätigkeit als Prediger (Pastor) der Baptistengemeinde Wien Mollardgasse sind keine offiziellen Protokolle vorhanden. Es mangelt auch an Statistiken aus dieser Zeit. Daher lässt sich seine Wirkung nur aus gesammelten Einzeldokumenten erschließen. Seine Hauptaufgaben als Prediger der Gemeinde ist die Verkündigung, der er wöchentlich am Sonntagmorgen, Sonntagnachmittag und am Donnerstagabend nachkommt. Diese Predigten werden weiter durch den „Schriftdienst" innerhalb und außerhalb der Gemeinde verbreitet (AWM Nr. 8).[156] Die Predigten ermutigen auch Soldaten in der Gefangenschaft: „Unser Soldatenbruder Max Sommer schrieb mir aus dem Gefangenenlager; er hat eine Anzahl unserer vervielfältigten Predigten bei sich, an denen er sich mit einigen Kameraden stärkt" (KöV08.08.46:117). Zweimal jährlich erscheint nach dem Krieg ein Begleitschreiben zur Oster- und Adventszeit. Im Weihnachtsrundbrief 1959 (AWM Nr. 11) heißt es über das Ziel der Verbreitung: „Nicht nur daß die alleinstehenden Gläubigen, die Alten, die Kranken, die Ausgewanderten daraus Freude schöpfen, sondern daß auch Menschen durch ihn, was uns besonders freut, ihren Weg zu Jesus finden und Jünger Jesu werden."[157]

In der Nachkriegszeit hat Köster, wie in den Angaben zur Quellenlage aufgeführt, ca. 2.100 Predigten und Vorträge gehalten. Nicht alle wurden wohl direkt über den Schriftdienst verteilt, aber soweit für mich erkennbar, mindestens monatlich eine Predigt, evtl.

---

[156] Das Dokument ist undatiert, wird aber der Predigt vom 02.09.1943 zugeordnet. Es ist ein Anschreiben der Abschreiber der Stenogrammschriften (die „schreibenden Geschwister") der Predigten Kösters an die Ausleiher der Predigtskripte. Informiert wird, dass es sich nun um eine laufende Ausleiheinrichtung handeln soll, verbunden mit der Bitte, das Material zu schonen und Tipps, wie man Dünnpapierdurchschläge benutzt. Es richtet sich wohl zunächst an die Hörer der Predigten: „Sie haben lediglich den Zweck, die Erinnerung wieder aufzufrischen und darüber hinaus einen Teil der reichen Fülle des uns Gebotenen aufzuzeigen, von dem erfahrungsgemäß dem Zuhörer manches verlorengeht!"

[157] Das Zitat geht folgendermaßen weiter: „Wir können alle diese Echos nicht registrieren und möchten das auch nicht, aber wir glauben doch, daß einmal, wenn die Bücher des Lebens geöffnet werden, es zutagetreten wird, daß auch der uns manchmal gering scheinende Dienst um Jesu willen, seine Frucht getragen hat. Wir haben an Euch die Bitte auch für den Schriftdienst zu beten und für alle Menschen, die irgendetwas von ihm in die Hand bekommen."

manchmal auch jede Woche eine Predigt. Aus einem im Archiv in Wien gefundenen Brief eines Lesers im Jahre 1955 spricht Dankbarkeit über die zugesandte Predigt (AWM Nr.12):

> Es ist dies das erste mal [sic!], daß ich an Dich schreibe, und der Zweck dieses Briefes ist kein anderer, als Dir aus warmen Herzen heraus Dank zu sagen. Du ziehst jetzt wohl die Brauen hoch und fragst: ‚Wofür?' Nun, ich habe heute mit meiner Frau zusammen laut Deine Predigt vom 16. Oktober d.J. gelesen – die Predigt von der Gnade. Wie ist uns dabei warm und froh ums Herz geworden! Und darum will ich – wollen wir – Dir danken mit diesen Zeilen.

Dieser Schriftdienst wird auch nach Kösters Tod noch jahrelang weiter betrieben, indem die Predigten der ihm nachfolgenden Pastoren verbreitet werden.

Ein Höhepunkt in Kösters Dienstleben ist das 25-jährige Dienstjubiläum als Prediger am Sonntag, den 11.07.1948. Diese Feier wird verbunden mit der Silberhochzeitsfeier von Kösters. An dem Festgottesdienst sind viele Gemeindegruppen beteiligt und etliche Grußworte werden gesprochen (AWM Nr. 13).[158]

Im Jahr 1950 unterstützt Köster die Herausgabe einer einfachen Jugendzeitschrift „Die Christfahrt." Die innergemeindliche Jugendbewegung „Christfahrer" soll die baptistischen Jugendlichen in Ternitz, Hütteldorf und der Mollardgasse verbinden (AWM Nr. 15).[159]

Köster setzt sich sehr für die vorwiegend aus Ungarn geflüchteten Geschwister ein. Dies macht ein Brief an die Geschwister in den Flüchtlingslagern deutlich (AWM Nr.16). Aus dem Nachruf Luckeys geht hervor, dass Köster sich um Flüchtlinge, die aus Ungarn nach Österreich kamen, intensiv persönlich kümmerte (ABEFG Nr. 3).

Seine letzte dokumentierte Predigt in Wien stammt vom 09.10.1960. Köster predigt über Matthäus 3,1–4, anlässlich des Erntedankfestes.[160] Im Schriftdienst erwähnt Hoffmann, dass Kösters letzte Predigt das Thema „Die Frage nach den Toten" behandelte. Die Disposition wird in seiner Bibel gefunden. Dadurch, dass zu diesem Zeitpunkt alle

[158] Eine Gehaltsabrechnung sagt aus, dass Köster zu dieser Zeit brutto 3.000 Schilling verdient hat (netto 2.472) (AWM Nr. 14).

[159] Die „Christfahrer-Bewegung" entstand im bescheidenen Rahmen nach dem Ersten Weltkrieg, um sich von anderen idealistischen Jugendbünden abzuheben und die eigene Jugend zu sammeln. Ein Kennzeichen war die Durchführung einfacher Wanderfreizeiten (AWM Nr. 15). Nach dem Krieg wurde innerhalb der Wiener Gemeinde an diese Jugendarbeit wieder angeknüpft. Das Mitteilungsblatt erschien in sechs Ausgaben, von Januar bis September 1950.

[160] Danach findet sich im Wiener Archiv keine weitere Predigt mehr (eigene Sichtung im Januar 2017).

Schreiber verreist oder verhindert waren, wurde sie nicht mitgeschrieben (AWM Nr. 19). Es dürfte sich dabei um Sonntag, den 16.10.1960 gehandelt haben.

4.6.2. Wirkung in der Evangelischen Allianz Österreichs

Arnold Köster ist nach dem Zusammenbruch des Nazi-Regimes weiter aktiv in der Evangelischen Allianz. Die Arbeit verändert sich durch den Zuzug von freikirchlichen Flüchtlingen und durch einen neuen missionarischen Aufbruch (Hinkelmann 2006:74).[161] Das erste Treffen nach dem Krieg wird am 14.10.1945 in der Baptistengemeinde Mollardgasse abgehalten.

1946 schlägt Köster vor, die Wiener Allianzgruppe in „Evangelische Allianz in Österreich" umzubenennen, an die sich andere Gruppen in Österreich angliedern sollen. Außerdem wird auf seinen Vorschlag hin die Leitungsstruktur geändert (WA-Protokoll vom 04.06.1946). Köster wird zusammen mit Georg Traar, dem späteren Superintendenten von Wien, zu den prägendsten Gestalten der Allianz (Hinkelmann 2006:77). 1950 wird Köster auch offiziell zum Vorsitzenden und Traar zu seinem Stellvertreter gewählt (:77). Die Arbeit der Allianz floriert unter Köster.[162] So kommen zu den monatlichen Treffen bis zu 130 Personen (Hinkelmann 2006:80). „Wer die Teilnehmerlisten der Veranstaltungen und Referenten der Wiener EA in den ersten zwanzig Jahren nach dem Zweiten Weltkrieg näher untersucht, dem wird der hohe Anteil von führenden evangelischen Pfarrern auffallen, die sich aktiv in der EA beteiligten" (:79). Die Allianz ist in voller evangelischer Breite aufgestellt. Auch der Universitätsprofessor Gustav Entz, der von 1938 bis 1948 zugleich Dekan der theologischen Fakultät ist, nimmt teil. Über diese gesegnete Gemeinschaft äußert sich Köster sehr zufrieden (:79f).

Köster ist auch Initiator der jährlichen Salzerbad-Konferenz. Die erste Konferenz für ganz Österreich findet an einem Wochenende im Mai 1951 unter der Leitung Kösters statt. Es nehmen 55 Besucher teil. Die Teilnehmerzahl steigert sich im Jahr 1956 auf

---

[161] In der Wiener Gruppe finden weiter regelmäßig Bibelarbeiten statt. Sie werden auf Vorschlag von Köster auf den Dienstagnachmittag verlegt, damit mehr Pfarrer teilnehmen können (WA-Protokoll vom 01.10.1945). Die Treffen sind von bis zu 70 Personen besucht (Hinkelmann 2006:75). Neben der jährlichen Allianzgebetswoche findet monatlich in den Wintermonaten auch ein Treffen für alle Allianzfreunde statt.

[162] Unter ihm wird auch die Bibelverbreitung wieder aufgenommen und es werden in den Folgejahren zwei Bibelboten angestellt. Jährlich findet ein Bibelsonntag statt (Hinkelmann 2006:77f). Weiter wird ab Januar 1950 ein Bibelseminar für junge Leute aufgelegt, an dem wöchentlich bis zu 70 Personen in Form einer Abendbibelschule teilnehmen (:79). In diesem bis Juni 1951 dauernden doppelstündigen wöchentlichen Seminar „soll energisch gelernt werden" (WA-Protokoll vom 06.12.1949). Köster ist einer der Lehrer.

125 auswärtige Gäste (:87f). Sie kommen aus allen evangelischen Denomination (:88). Die Konferenz wird bis 1975 abgehalten.

Köster kann als die zentrale gestaltende Leitungsfigur der Evangelischen Allianz Österreichs für die Jahre 1945–1960 bezeichnet werden. Umso mehr ist sein plötzlicher Tod 1960 auch für die Allianz ein „einschneidender Schnitt“ (:80).

4.6.3. Wirkung im österreichischen Baptismus

Arnold Köster übernimmt nach dem Krieg eine führende Leitungsposition im österreichischen Baptismus, der bis dahin vor allem durch die Wiener Gemeinde und ihre Stationen definiert wurde. Vieles geht weiter von der Mollardgasse aus. Graf-Stuhlhofer fasst die Entwicklung aus Angaben des neuen Bundesorgans „Gemeindebrief“ im Juli 1950 zusammen: „Seit 1945 wurden in 15 Taufen 150 Gläubige getauft (inkl. Hütteldorf). In neun Wiener Bezirken werden Hausgemeinden betreut, die in erster Linie für Fremde und Freunde gedacht sind, weniger für Gemeindeglieder“ (Graf-Stuhlhofer 2005:119).

1948 wird die Gemeinde in Salzburg, 1950 in Bad Ischl und 1952 die Gemeinde in Wien-Hütteldorf selbstständig. Durch die Gründung mehrerer Gemeinden in den Nachkriegsjahren soll nun unter „voller Wahrung der Selbständigkeit jeder einzelnen Gemeinde“ ein Bund gegründet werden, der Aufgaben wahrnimmt, die über den örtlichen Rahmen hinausgehen (:122f). Schon 1949 kamen die österreichischen Prediger zu einer ersten Brüdertagung in Bad Ischl zusammen. Dort wurden die Weichen für eine Bundesgründung gestellt und ein „Exekutivkomitee der Baptistengemeinden in Österreich“ eingesetzt (:120f). Ab Juli 1950 erscheint für die österreichischen Baptistengemeinden ein gemeinsamer Gemeindebrief. Köster schreibt hier regelmäßig Artikel zu biblischen Themen in Form von Bibelauslegungen. Einmal gibt er auch zum Marien-Dogma der römisch-katholischen Kirche eine kritische theologische Stellungnahme ab (AWM Nr. 1).[163] Der Gemeindebrief erscheint bis Dezember 1954. Verantwortlicher Redakteur ist Richard Rabenau.

Am 01.05.1953 wird in Salzburg der Bund der Baptistengemeinden mit fünf Gemeinden und fünf Stationen gegründet. Als Vorsitzender wird Arnold Köster nominiert und gewählt. „Die erste Bundesleitung wurde einstimmig gewählt: Köster, Ostermann, Giglseder und Rabenau entsprechend dem auf der Einladung präsentierten Vorschlag “ (Graf-Stuhlhofer 2005:124). Ziele des neuen Bundes sind Begegnung und Gemeinschaft zwischen den Gemeinden, Ausbildung von Predigern, Missionaren und leitenden

---

[163] Vgl. Internet: https://de.wikipedia.org/wiki/Leibliche_Aufnahme_Mariens_in_den_ Himmel [11.04.2017].

Mitarbeitern, Hilfestellung bei Gemeindehäusern, Berufung von vollzeitlichen Mitarbeitern, Nachwuchsförderung, Heimatmission sowie Vernetzung mit dem weltweiten Baptismus.[164] 1960 kam es zu einem Umbruch im Bund: „In der Bundesleitung ergab sich um 1960 ein erster Generationswechsel, in dem Arnold Köster und Rupert Ostermann ausschieden“ (:131).

4.6.4. Wirkung in der Ökumene

Köster hat über die Allianz hinaus keine Scheu vor weiteren ökumenischen Beziehungen. Laut Rabenau (1981:73) war er als Beobachter der Baptisten im Wiener Ökumenischen Rat. Im Allianzprotokoll vom 04.11.1947 gibt Köster die Bitte des katholischen Bischofs Innitzer weiter, der dazu auffordert, gemeinsam einen außerordentlichen Buß- und Bettag durchzuführen, mit zwei Anliegen: „Bitte um Frieden“ und „Bitte für den ausgedörrten Acker“. Die Allianz nimmt, laut Protokoll vom 16.11.1947, mit „allen evangelischen Kirchen und Freikirchen“ teil. 1949 führt Köster – ausgehend davon, dass Paulus die Juden gewinnen will und ihnen deshalb ein Jude wird – folgendes zum Verhältnis zu Katholiken aus (KöV17.02.49:8):

> Können wir mit diesem Ziele Katholiken sein um der Katholiken willen ‚um etliche selig zu machen‘? Ist es so tragisch zu dieser Kirche zu gehören? Man hat mir sehr verübelt, daß ich mit katholischen Geistlichen brüderliche Gemeinschaft habe. Warum denn? Wenn wir nicht mehr die brüderliche Liebe zu den Menschen haben, schauen wir nicht mehr hindurch durch den äußeren Kram ihrer Religiosität.

Am 13.01.1946 hält er eine Predigt mit dem Titel „Die Überwindung der Konfessionen – Johannes 4,19–26)“ und macht seinen Standpunkt zu den verschiedenen Kirchen sehr deutlich (KöV13.01.46:2):

> Nicht daß es nun keine Baptisten oder Methodisten oder Katholiken mehr gibt, sondern es müßte dahin kommen, daß ein Katholik in seiner Kirche über dieser Situation steht, daß es außer ihm noch andere Kirchen gibt; es müßte dahin kom-

[164] Im „Gemeindebrief“ vom April 1953 schrieb Richard Rabenau, zitiert bei Graf-Stuhlhofer 2005:122): „Während die Baptisten (Gemeinden gläubig getaufter Christen) in anderen Ländern Hunderte, ja Tausende blühende Gemeinden haben, gab es im heutigen Österreich seit 1896 (bis 1948) eine einzige selbständige Baptistengemeinde in Wien. Wie ein Bann lag es über unserem zu 90 % katholischen Lande; das helle Licht des Evangeliums von Jesus Christus konnte seit der blutigen Gegenreformation der katholischen Kirche nur mühsam durchdringen.“ Zur offiziellen Anerkennung als Freikirche kommt es aber erst im Jahr 2013, als die Baptisten mit mehreren anderen Freikirchen als „Freikirchen in Österreich“ anerkannt werden, vgl. Internet: http://www.freikirchen.at/freikirchen/wissenswertes/ [12.06.2018].

> men, daß der Baptist nicht in seinem engen Schneckenhaus sich abgrenzt, sondern auch einmal herauskommt, – nachher kann er ja ruhig wieder in das Schneckenhaus hineinschlüpfen, wissend, es gibt auch noch andere Schneckenhäuser [...]. Es mag jeder in seiner Kirche bleiben. Mich stört das nicht, daß es viele Kirchen gibt, sondern nur, daß es zwischen den Kirchen nicht zu jener Haltung kommt, die über den Schranken steht. Nicht die Überwindung der Konfessionen, sondern die Überwindung des Konfessionalismus, das muß überwunden werden.

1955 erscheint ein Bildbericht in der Zeitschrift „Zum offenen Fenster" anlässlich von „10 Jahre Evangelisches Hilfswerk Österreich" (AWM Nr. 10). Köster war Mitinitiator dieses Hilfswerkes, wie ein Foto auf Seite 2 zeigt. Es wurde von der Ökumenischen Arbeitsgemeinschaft nach dem Krieg ins Leben gerufen, um Flüchtlingen aus den beteiligten Konfessionen und darüber hinaus zu helfen. Zur ökumenischen Arbeitsgemeinschaft gehören damals die Evangelische Kirche Augsburgischen und Helvetischen Bekenntnisses, die Altkatholische Kirche, die Methodistenkirche und der Bund der Baptistengemeinden, vertreten durch Arnold Köster (:1). Luckey bestätigt im Nachruf Kösters ökumenische Haltung: „Denn Christus gebot ihm, unter die Brüder zu gehen, ganz gleich, in welchem Lager sie standen" (ABEFG Nr. 3).

Kösters plötzlicher Tod beendet abrupt die Phase V, in der Köster im Rahmen seiner Gemeinde, der Allianz, des Baptistenbundes und der Ökumene wirkte. Auf Köster trifft Clintons Beschreibung für Phase V zu: „In der Konvergenz bilden das Sein und geistliche Autorität gemeinsam die wahre Kraftbasis für einen gereiften Dienst" (Clinton 2006:25).

4.7. Kösters sechste Phase: Nachklang des Leiterlebens 1960 bis heute

Kösters Leben hat einen posthumen Nachklang, der bis heute anhält. Diesen Nachklang bezeichne ich als Kösters sechste Phase.

4.7.1. Heimgang, Beisetzung und Nachrufe

Köster stirbt nach schwerer, aber doch kurzer Krankheit in der Nacht am 28.10.1960 auf den 29.10.1960.[165] Graf-Stuhlhofer (2001:29–33) zeichnet ein ausführliches aus den

---

[165] Es gab zuvor schon einige Krankheitsphasen. Graf-Stuhlhofer (2001:23) zitiert Gertrud Hoffmann, die von einer jahrelangen schweren Krankheit berichtet. So auch Ostermann in seinem Nachruf (ABEFG Nr. 4). Luckey spricht von einer heimlichen Krankheit, die seine Kräfte aufzehrte (ABEFG Nr. 3).

Nachrufen erstelltes Kösterbild. Meine Ausführungen sind als ergänzend zu verstehen. In der Traueranzeige der Familie ist 1Korinther 15,49 als Vers angegeben: „Wie wir getragen haben das Bild des Irdischen, so werden wir auch tragen das Bild des Himmlischen" (AWM Nr. 18). In der Traueranzeige der Gemeinde kommt Kösters Verkündigungsbegabung und seine Stellung als „Rufer" noch einmal zum Ausdruck (AWM Nr. 18):

> Viel hat die Gemeinde ihrem verstorbenen Prediger zu danken. Unermüdlich stellte er in seiner Verkündigung die zentrale Mitte unseres Glaubens heraus: Jesus Christus, als den Gekreuzigten, Auferstandenen und Wiederkommenden – und noch eins: daß wir nur aus Gnade selig werden. In den politisch bewegten Zeiten der letzten Jahrzehnte stand er unerschrocken als ein Rufer und Mahner da, festzustehen im Glauben an Jesus Christus und sich nicht irreführen zu lassen durch politische Heilslehren.

Zur Beisetzung erscheinen ranghohe Kirchenvertreter Österreichs, wie der „Bischof der Lutherischen Kirche, der Bischof der Altkatholiken, der Älteste der Mennoniten, die Vertreter der Evangelischen Freikirchen, der Evangelischen Allianz und der Ökumene" (ABEFG Nr. 3). Der lutherische Bischof May versichert gegenüber Luckey, dass ihm Köster auch ein Freund gewesen sei. Die Beisetzung wird vom Direktor des baptistischen Seminars und Studienfreund Kösters Dr. Hans Luckey gehalten. Am Abend vorher hält er eine Ansprache an die Gemeinde (AWM Nr. 17). Luckey sieht es trotz aller Trauer positiv, dass Köster auf dem Zenit seines Schaffens nach 32 Jahren Dienst in Wien abtreten durfte und ihm das Vergessenwerden erspart bleibt (:2). Dennoch ist die Gemeinde jetzt ohne Hirten (:1). Er fordert die Gemeinde auf (:3):

> Ich möchte wünschen von ganzem Herzen, daß ihr treu zusammenhaltet und dadurch beweist, daß ihr euch nicht bekehrt habt zum Prediger, sondern zum Herrn Jesus, daß ihr nicht zusammengehalten seid von einem Menschen, sondern von einem Geist, vom Geiste Gottes. Unser lieber Bruder Köster würde weinen, wenn es so wäre, daß ihr nur um seinetwillen hierher gekommen seid.

Nachrufe erscheinen in „Der Sendbote" (1960, Nr. 27), in „Die Gemeinde" (1961, Nr. 23), im Evangelischen Pressedienst (29.10.1960), im Reformierten Kirchenblatt (1960, Folge 12) und im Evangelischen Allianzblatt (März 1961). Er wird als guter Theologe, Verkündiger und Seelsorger bezeichnet. Die Beisetzung wird dokumentiert und zwei von wohl drei mündlichen aber protokollierten Nachrufen verweisen auf Kösters prophetisches Anliegen (AWM Nr. 17:5). Graf-Stuhlhofer erwähnt ein Gedicht, das eigens anlässlich des Todes verfasst wurde (2001:33). Daraus führe ich hier drei Strophen auf, die im Sendboten (ABEFG Nr. 4) abgedruckt wurden und markant Kösters prophetische Leitungsbegabung zum Ausdruck bringen:

> Jede Predigt, frohe Botschaft, Lehrwort für die Seel‘ und Geist,
> Brücke seliger Gemeinschaft / Die uns stets auf Christus weist.
>
> Als auch der Zeitgeist dieser Welt / Bis zur Gemein‘ gedrungen,
> Da hat das Wort der Gotteswelt / Den bösen Geist bezwungen.
>
> Der Gemeinde warst du Segen / Warst der rechte Steuermann.
> Auch auf klippenvollen Wegen / Bliebst du furchtlos, Gottesmann.

Die Gemeinde erreichen postalische Nachrufe aus dem europäischen Ausland und Amerika, die im Wiener Archiv dokumentiert sind.

Drei Nachrufe untermauern Kösters Rolle als pastoral-prophetischer Leiter: Im Programm zu Kösters Beisetzung sind zwei Nachrufe abgedruckt, die entweder zu diesem Zeitpunkt schon vorlagen oder auf der Veranstaltung getroffene Aussagen dokumentieren (AWM Nr. 17). Superintendent Mayr zitiert 2Petrus 1,19: „Wir haben desto fester das prophetische Wort und ihr tut wohl, daß ihr darauf achtet als auf ein Licht, das da scheint in einem dunklen Ort, bis der Tag anbreche und der Morgenstern aufgehe in euren Herzen.“

Ein nicht namentlich benannter altkatholischer Pfarrer sagte: „Bruder Köster war wie ein Prophet, ein Wegweiser am Worte Gottes. Er stand da mit einem nie wankenden Glauben, mit einem Glauben ohne Zweifel.“ Rupert Ostermann, Baptisten-Prediger in Wien Hütteldorf und Kollege Kösters während seiner Wiener Zeit, schrieb in seinem Nachruf in der Zeitschrift der deutschen Baptisten in Nordamerika „Der Sendbote“ (ABEFG Nr. 4):

> Nach dem Einbruch des Nationalsozialismus 1938 gebrauchte ihn Gott als geistesmächtigen Rufer und Warner, der durch die unerschrockene Bezeugung des prophetischen Wortes Alten und Neuen Testamentes vielen Menschen den Glauben stärkte und sie gegenüber einer satanischen Ideologie standhaft machte. Zahlreiche Angehörige des verfolgten Volkes Israel fanden damals Zuflucht und Heimat in der ‚Mollardgasse‘, manche von ihnen wurden dort an Jesus gläubig.

4.7.2. Nachwirkungen

Innerhalb der Gemeinde waren Köster und seine Theologie noch sehr lange präsent, und das brachte auch Schwierigkeiten mit sich. Dies geht aus dem Brief eines Gemeindemitgliedes an die gesamte Gemeinde aus dem Jahre 1982 hervor, in dem es sich zur aktuellen, schon zwei Jahre dauernden Suche nach einem Prediger äußert. Es erklärt sich die schwere Suche damit, dass es sich in Wien um eine „Köstergemeinde“ handele.[166]

Über die Gemeinde hinaus erscheint 1965 das Buch *Lampenlicht am dunklen Ort*. Karl Federmann stellt darin 18 Predigten von Köster zusammen. In der Einleitung wird neben dem „Anruf des Evangeliums“ und dem „Lehr- und Trostwort“ das „weithin so brachliegende prophetische Wort“ genannt, das Köster seiner Gemeinde als geistliche Orientierung mitgab (:7). Danach wird es still um Köster.

Erst Strübind (1995) erwähnt ihn wieder als jemanden, der dem NS widersprach. Er wird für eine breitere Öffentlichkeit dann mit dem Buch Graf-Stuhlhofers (2001) bekannt. Graf-Stuhlhofer (:240f) erwähnt auch Kösters prophetischen Auftrag als Motivation für christlichen Widerstand. Graf-Stuhlhofers Buch wird auch in ausländischen Zeitschriften rezensiert, im „Journal of Ecclesiastical History“ (Railton 2003) und in der „Protestantesimo“ (Ronchi 2002). Um 2001 verfasst Graf-Stuhlhofer etliche Artikel über Köster (siehe Literaturverzeichnis). Außerdem legt er später einen Artikel bei Wikipedia[167] an. 2005 schreibt er über Köster im Rahmen einer Festschrift zum 50-jährigen Bestehen des Baptistenbundes in Österreich (Graf-Stuhlhofer 2005). 2010 veröffentlicht er die Protokolle der Wiener Allianz von 1920 bis 1945, in denen Köster oft erwähnt wird (Graf-Stuhlhofer 2010). Hinkelmann (2006) würdigt Köster als Verantwortlichen im Rahmen der Österreichischen Allianz und erwähnt ihn wieder 2013 in seiner Dissertation über die Evangelikale Bewegung in Österreich (2013). Im Rahmen des BEFG erscheint 2013 ein Artikel Graf-Stuhlhofers über Kösters widerständiges Wirken in „Die Gemeinde“ (DG 2013, Nr. 17:Rückseite).

---

[166] Die Ausführungen geben einen interessanten Einblick in Kösters theologische Wirkung innerhalb der Gemeinde. Das Mitglied schreibt als bekennender Köster-Verehrer, das durch Köster in die Gemeinde hinein getauft und in schweren Zeiten begleitet wurde, sieht aber doch auch eine Überbetonung bestimmter theologischer Ansätze Kösters, die die Gemeinde endlich richtig einordnen müsse. „Wo viel Licht ist, ist auch viel Schatten.“ Im Brief werden konkret drei theologische Aussagen gebracht, für die Köster stand und die endlich richtig eingeordnet oder sogar korrigiert werden sollen: 1. „Evangelisation nach außen brauchen wir nicht, denn Gott führt die Menschen in die Gemeinde und unters Wort.“ Das sei in den Kriegszeiten so gewesen, wäre aber heute nicht mehr so. 2. „Besondere Betonung von Heiligung ist unnötig, denn der Glaube hat die Werke bei sich.“ Hier wird Köster sogar ein gestörtes Verhältnis zu Jakobus attestiert. Ohne Heiligung gehe es nun mal auch nicht und man müsse nach ihr streben. Köster habe hier versagt. Er habe erfreulicherweise vor seinem Tod noch eine umfassende Beichte gegenüber Ostermann abgelegt. 3. „Wiederkunft Jesu und ihre Einordnung.“ Die Überbewertung dieses Themas habe zu einem „nihilistischen Christentum“ geführt, mit der Folge wiederum, dass z. B. Diakonie und Evangelisation unterbetont wurden. Stattdessen solle die Gemeinde sich von der Wiederkunft her motivieren lassen, „für unsere Heiligung und für das Seelenheil der anderen: Evangelisation“ (AWM Nr. 20).

[167] Internet: https://de.wikipedia.org/wiki/Arnold_K%C3%B6ster [06.07.2018].

Paul Spanring verfasst 2013 eine englischsprachige Dissertation, in der er Bonhoeffers und Kösters Auftreten während des „Dritten Reiches“ miteinander vergleicht.

Stedtler (2015) erwähnt Köster in seinem Buch über die Baptisten in der Weimarer Republik im Zusammenhang mit Widerstand gegen die NS-Ideologie.

4.8. Biographische Rückschlüsse

4.8.1. Kösters Persönlichkeit und Mentalität

Es ist schwierig, aus schriftlichen Quellen heraus auf die Persönlichkeit eines Menschen zu schließen. Aber einiges lässt sich aufgrund von Aussagen anderer dennoch erkennen. Hans Luckey, der spätere Dozent und dann Rektor des Predigerseminares, ist während des Theologiestudiums ein Klassenkamerad von Köster. Er hat die Ehre, „den letzten Dienst am Grabe“ zu tun. In seinem Nachruf bezeichnet er Köster als Rheinländer mit oberbergischen Wurzeln: „Es kam hinzu, daß er in seiner Art als Rheinländer und Oberbergischer Christ [...] dem österreichischen Menschen lag und das weite Herz mitbrachte, das gerade in der evangelischen Diaspora [...] erforderlich ist“ (ABEFG Nr. 3). Die oberbergisch-rheinländische Prägung durch seine Eltern war also für andere bemerkbar, abgesehen davon, dass Köster ab dem Alter von ungefähr fünf Jahren bis zum Alter von ungefähr elf Jahren in Wermelskirchen im Bergischen Land aufwuchs. Obwohl Rheinländer, steht Köster als Baptist dem Kölner Karneval skeptisch bis ablehnend gegenüber (AWM Nr. 4:3).[168] Seine offene Art zog Menschen an und irritierte gleichzeitig. „Er konnte mit dem Schmelz seiner Stimme und mit dem Charm [sic!] seiner Person den Menschen bald gewinnen, aber er war auch für gewisse Menschen unnahbar“ (ABEFG Nr. 3). Luckey bezeichnet Köster als Einzelgänger, der aber die Bruderschaft liebte. Köster selber beschrieb einmal im Vergleich mit George Whitefield, den das Evangelium manchmal zu Tränen rührte, wie er sich von seinem Temperament her selbst einschätzte: „Ich bin in meinem Temperament ganz anders. Wir kommen von den Friesen her. Die sind ein wenig beengter und weniger fähig, dieses Bewegtsein nach außen sichtbar werden zu lassen, machen nicht gerne ihre Jalousien auf“ (KöV06.08.52:12).

Graf-Stuhlhofer (2001:27–29) führt in den 1990er Jahren Gespräche mit Wiener Zeitzeugen, die Köster noch persönlich kannten. Bei aller möglichen Verzerrung durch den zeitlichen Abstand und die subjektive Wahrnehmung schreibt Graf-Stuhlhofer: „Diese

[168] Andererseits hat er wohl auch gerne mal ein Bier getrunken, wie Graf-Stuhlhofer von Leuten aus der Wiener Baptistengemeinde erzählt bekommen hat und mir am 20.01.2017 im persönlichen Gespräch berichtete. Die Information stammt also aus dritter Hand.

Gespräche vermittelten ein umfassendes Bild von seiner Persönlichkeit" (:28). Nach Angaben der Zeitzeugen hatte Köster ein starkes Selbstbewusstsein.[169] Er war manchmal so sehr von seiner eigenen Meinung überzeugt, dass es ihm schwerfiel, andere Meinungen zu respektieren (:28). Luckey sagt in seinem Nachruf, dass Köster sich der Gefallenen und Bedrängten annahm, aber nicht viel von der „Demokratie der Frommen" hielt. „Wer ihn in seinen letzten Motiven verstand, söhnte sich mit manchem aus und war dankbar für das, was ihm vom Herrn anvertraut war" (ABEFG Nr. 3).

4.8.2. Kösters Biographie unter dem Blickwinkel seines prophetischen Handelns

Köster wurde schon in seiner Kindheit vom Beruf des Vaters geprägt, der als baptistischer Prediger ein pastoraler Leiter war. Kösters Mutter prägte ihren Sohn geistlich und legte die Grundlage für sein späteres Bibelverständnis. Schon aus seinem Elternhaus ist zu erkennen, dass Köster auf die „prophetische Spur" kam. Als er ungefähr 20 Jahre alt war, hatte er einen prophetischen Traum, den er erst Jahre später öffentlich machte und in Richtung NS-Regime deutete. Auch die ersten Begegnungen mit der Eschatologie fallen in seine Jugendzeit. Nach dem Ersten Weltkrieg studierte er am baptistischen Predigerseminar in Hamburg, wo er zum Liebhaber des prophetischen Wortes wurde. Seinen Abschlussvortrag hielt er über den Antichristen. Köster heiratete dann eine Baptistin. In den ersten Dienstjahren in Wilhelmsburg und Köln lässt sich Kösters prophetische Leidenschaft kaum nachweisen, bis auf Ansätze im ersten konzeptionellen Artikel im „Hilfsboten" 1928. Deutlich wird aber, dass er in seinen Gemeinden als begnadeter Prediger geschätzt wurde. Seine Heimat fand Köster dann schließlich in Wien. Am Anfang hatte er ein auffallend evangelistisches Anliegen und er entwickelte das Konzept der Hausgemeinde. Köster erkannte den Anschluss Österreichs als „Geburtswehe" des Reiches Gottes und fokussiert den Blick auf den kommenden Herrn. Nach dem Anschluss setzte er sich für Juden ein und muss mehrmals bei der Gestapo vorstellig werden. Ab 1939 werden seine Predigten mitstenographiert und später über den Schriftdienst der Gemeinde verteilt. Auch in Wien tritt also seine besondere Predigtbegabung hervor. Sie wird auch in Bezug auf seine typologische Auslegung von Texten, im Rahmen der Allianz, von der Besucherin Hermine Cloeter in ihren Tagebüchern positiv erwähnt.

Ab 1928 veröffentlichte Köster auch Artikel in baptistischen Zeitschriften. Für 1932 sticht sein Artikel über das Hakenkreuz und den Sowjetstern, die er als antichristliche Symbole identifiziert, heraus. Einen besonderen Einfluss auf den deutschsprachigen Baptis-

[169] Aus dritter Hand habe ich bei meinem Archivbesuch im Januar 2017 in Wien erfahren, dass Köster wohl auch Wert auf Position und Rolle des Pastors gelegt hat.

mus in den Donauländern nahm Köster über den „Täufer-Boten“. Dieses Blatt, dem er als Schriftleiter und Herausgeber fünf Jahre aktiv vorstand, hatte einen prophetischen Anspruch.

Bei der Vereinigung der Baptisten und Brüder zum Bund Evangelisch-Freikirchlicher Gemeinden übte Köster eine verbindende Rolle aus. Er sah die Vereinigung als Zeichen der Einheit in harten Zeiten und blickt von dort aus eschatologisch nach vorne. Er untermauerte den Zusammenschluss mit einer prophetisch anmutenden Predigt. Als Teil der neuen Bundesleitung fiel Köster nicht weiter ins Auge, was sich wahrscheinlich mit den Zeitumständen erklären lässt.

Köster bleibt nach dem Krieg weiter ein leidenschaftlicher Prediger seiner Gemeinde. Er wirkt entscheidend beim Aufbau des österreichischen Baptistenbundes und der Österreichischen Evangelischen Allianz mit und zeigt eine visionäre ökumenische Weite. Anlässlich seiner Beisetzung blitzt aus mehreren Nachrufen sein prophetisches Wirken hervor.

4.9. Fazit zum vierten Kapitel

Eingeleitet habe ich dieses Kapitel mit dem Modell Clintons (2006) zum Werdegang eines Leiters und daran Kösters Prägung und Wirkung als Leiter nachgezeichnet. Beginnend mit Elternhaus, Kindheit und Jugendzeit, weiter mit Ausbildung und Studium, fortsetzend mit Kösters Dienststationen und seinem Wirken über die Ortsgemeinde hinaus bis zu seinem Tod ist somit erstmalig eine gesamthafte Leitungsbiographie von Köster vorhanden.

Es wird deutlich, dass sich seine prophetische Ausrichtung in Kindheit, Jugendzeit und Studium entwickelte und sie in seinem Handeln als pastoraler Leiter, in Form von Artikeln und vor allen Dingen durch Predigten, ihre volle Wirkung entfaltete.

5. Kösters pastoral-prophetisches Leitungsverständnis

In diesem Kapitel wird zunächst Kösters prophetisches Schriftverständnis nachgezeichnet. Danach wird sein prophetisches Gemeindeverständnis aufgezeigt und seine eigene prophetische Rolle dargestellt. Seine Verständnisse führen Köster dazu – wie später Kapitel 6 zeigen wird – den Nationalsozialismus scharf zu kritisieren.[170]

Die Gliederung dieses Kapitels ergibt sich anhand der Zuordnung von Köster-Zitaten zu den Themenfeldern Schriftverständnis und Prophetie. Die Zitate habe ich dann innerhalb dieser beiden Themenfelder weiteren Unterkategorien zugeordnet. Dazu wurden von mir ungefähr 430 Predigten gesichtet, die Artikel des Täufer-Boten erfasst und weitere veröffentlichte Äußerungen Kösters berücksichtigt (vgl. dazu die Forschungsmethode in Kapitel 1).

5.1. Kösters prophetisches Schriftverständnis

Zuerst gebe ich eine allgemeine Einführung zur Auslegung eschatologischer Texte. Danach zeige ich auf, wie Graf-Stuhlhofer und Spanring Kösters Schriftverständnis beurteilen. Anschließend werden dann verschiedene Themenfelder anhand von Zitaten Kösters vorgestellt, die sein allgemeines und prophetisches Schriftverständnis illustrieren.[171]

5.1.1. Die Auslegung eschatologischer Texte

Gerade weil Strübind (1995:320) die These aufstellt, dass das eschatologische Geschichtsverständnis sich für Baptisten in der NS-Zeit als Fluchtmöglichkeit anbot, um nicht mit dem NS-Staat in Konflikt zu kommen, oder es ihnen ermöglichte, den NS sogar zu tolerieren (:48), werde ich zunächst auf die grundsätzliche Auslegungsmöglichkeit eschatologischer Texte zu sprechen kommen.

Graf-Stuhlhofer (2001) meint, dass die Ankündigung, dass Geschichte auf ein „Eschaton“ zulaufe, schon eine hochpolitische Aussage darstelle, weil die Geschichte

---

170 Während die Kapitel 3 und 4 aufgrund ihrer Thematik chronologisch angeordnet sind, löst sich die chronologische Anordnung in den Kapiteln 5 und 6 etwas auf. In der Regel werden Zitate Kösters von vor und während der NS-Zeit verwendet, die ab und an mit späteren Zitaten aus der Nachkriegszeit untermauert werden.

171 Auf die Darstellung entsprechender Aussagen aus dem Täufer-Boten wurde hier weitgehend verzichtet. Eine Übersicht über Kösters Aussagen zum Thema Prophetie befindet sich im Anhang.

demnach auf ein Ende dränge. Damit werde ausgesagt, dass Gott einmal in die Geschichte eingreifen wird. „Politische Ambitionen der Staatsführung werden damit als überzogen herabgewürdigt, die – früher oder später erfolgende – Absetzung aller politischen Führer wird angekündigt" (:83). Er sieht „drei Stufen eschatologischer Aktualisierung" in der Auslegung, denen er die Stichworte „Vergänglichkeit, Absetzung, Antichrist" (:83) zuordnet. Auf der ersten Stufe werde die Welt als vergänglich betrachtet, eine Sicht, die seiner Meinung nach zur Zeit Kösters konfessionell übergreifend vorhanden war. Köster wird von Graf-Stuhlhofer öfter auf Stufe 2 verortet, wenn Köster z. B. betone, dass einmal alle irdischen Regenten abgesetzt würden. Manchmal erklimme Köster aber auch die 3. Stufe, wenn er aktuelle Regenten in Beziehung zum Antichristen setze (:83).

Joachim Diestelkamp (1993:24) führt aus, dass sich Eschatologie und Apokalyptik ineinander verschränken. Ein apokalyptisch denkender Mensch sei mitten in einer chaotischen Welt auf ein zeitlich zukünftiges Handeln Gottes verwiesen. Viele „Prediger entwickelten gerade mit Hilfe apokalyptischer Denk- und Glaubenskategorien ein Widerspruchspotential gegen die nationalsozialistische Gesellschaftskonzeption. Ja: Apokalyptik eignete sich offenbar hierfür besonders gut" (:25). Diese Haltung lasse sich auch als geistigen Widerstand bezeichnen (:25, vgl. auch :121f).

Laut Spanring (2013:44–46) dekonstruiert Köster regelrecht existierende Weltbilder. Dies mache er vor, während und nach dem Krieg.

Auch das von Spohn (2013) in pietistischen Kreisen ausgemachte „deterministisch-eschatologische Geschichtsverständnis" hat bei Köster nicht die Konsequenzen, die Spohn aufzeigt:

> Nach diesem Verständnis sei der Ablauf der Geschichte determiniert. Hierbei kommen eschatologischen und prämillenniaristischen Vorstellungen große Bedeutung zu. Man griff apokalyptische Motive der Bibel auf und deutete mit ihnen das Zeitgeschehen. (:304)

Bedrohliche Entwicklungen wiesen bei diesem Auslegungsansatz auf das kommende Ende hin. Diese Ereignisse seien biblisch vorhergesagt und dadurch ließe man der Geschichte ihren Lauf und ziehe sich ins Private zurück, „aus den politischen und gesellschaftlichen Bezügen in eine elitäre Frömmigkeitswelt, ohne etwas zugunsten der Verfolgten zu tun" (:324). Die gerechte Welt gebe es erst im Jenseits oder nach der Parusie Jesu.

Auch Diestelkamp (1993:235f) führt diese Gefahr an und bezeichnet sie als „Wunsch zu ‚überwintern'". Dann argumentiert er, dass man aber mit so einer Haltung apokalyptisch-eschatologische Theologie ins Gegenteil verdrehe. „Daß dies nicht geschehen mußte, sondern daß echte apokalyptische Aussagen keine Zuschauer zuließen, sondern in die Krisis führten, daß sie einer fatalistischen und quietistischen Ergebenheit in den Krieg wehrten und zu einer wachen Verantwortlichkeit anleiten konnten" (:236), würden viele der von ihm untersuchten Predigten zeigen.

Ohne Zweifel kann das aufgezeigte Verhalten eine Konsequenz aus dem Bibelverständnis sein. Bei Köster sehen wir aber eine andere Konsequenz, wie die weiteren Ausführungen zeigen werden. Köster offeriert der Welt eine Alternative, wie es Spanring (2013:225) treffend ausdrückt: „His political theology, restrained and shaped by crisis, was one that primarily understood the church's task to remain separated from the world while offering to the world a prophetic message and the possibility of an alternative vision and community."[172]

5.1.2. Kösters Hermeneutik und das Recht auf prophetische Bibelauslegung

Nach Graf-Stuhlhofer (2001) ist für Köster die Auslegung der Bibel „[...] ein prophetischer Vorgang. Er versucht Bibelaussagen durch prophetischen Einblick ins Zeitgeschehen und nicht aufgrund einer formalen Parallele anzuwenden" (:77).[173] Köster interpretiere die Bibeltexte in die aktuelle Zeit hinein und spitze sie zu. Damit habe ein Prediger eine hohe Verantwortung und eine hohe Autorität gegenüber den Hörern.[174]

> Wenn Köster versuchte, den Sinn der Schrift zu erfassen und nicht beim Wortlaut einzelner Bibelverse stehenzubleiben, entspricht er nicht dem Bild, das in kritischen Betrachtungen von Fundamentalisten gezeichnet wird. In seinem Inspirationsverständnis jedoch kann Köster durchaus als ‚Fundamentalist' angesehen werden. (:78f)

Weiter attestiert Graf-Stuhlhofer ihm eine eschatologische Grundhaltung „mit der Offenheit, eschatologische Kategorien auch konkret auf die eigene Gegenwart anzuwenden" (:84).

---

[172] Vgl. dazu die Ausführungen von Pöhlmann (1998). Apokalyptische Texte seien auch dazu bestimmt, eine Gruppe in der Krise zu trösten (:69f). Alttestamentlich-prophetische Texte hofften auf die Vollendung der Schöpfung (:71). Apokalyptisches Geschichtsverständnis ist „ein zuversichtlicher Versuch, die Hoffnung auf Gottes Gerechtigkeit gegen alle Hoffnung festzuhalten" (:73).

[173] Graf-Stuhlhofer vergleicht hier die Aussage von Strübind, dass der Baptismus eine biblizistische Grundhaltung hat, mit der Haltung Kösters (:76–79).

[174] „Die Propagierung des reformatorischen Prinzips ‚die Schrift legt sich selbst aus' mit der möglichen radikalen Konsequenz, daß jeder einzelne Leser in der Lage sei, die grundsätzlich klare Schriftaussage zu erfassen, finden wir bei Köster nicht" (Graf-Stuhlhofer 2001:77).

Kösters Auslegung von Bibeltexten führt 1942 im Rahmen der Wiener Allianztreffen zu einer hermeneutischen Grundlagendiskussion mit dem methodistischen Superintendenten Hinrich Bargmann.[175] Es geht um wichtige hermeneutische Fragen, wie die richtige Auslegung eines Textes, die Typologie, die Nähe der Predigt zum Text und inwieweit es gestattet ist, Texte auf die aktuelle politische Situation anzuwenden (Graf-Stuhlhofer 2010:17)[176] (Hervorhebung nicht im Original):

> Köster nahm sich diesbezüglich ein größeres Maß an Freiheit heraus als andere, wobei Ursache und Wirkung kaum auseinanderzuhalten sind: Ergab sich für Köster eine kritische Sicht des ‚Weltstaates' aufgrund biblischer Haltungen und Bilder in der Zusammenschau, oder benutzte Köster biblische Texte als Vorwand, um seine Vorbehalte gegenüber dem NS-Staat gewissermaßen ‚biblisch' legitimieren zu können? Die entsprechende Frage gilt aber auch für die Gegenseite: Praktizierten andere [...] eine ‚vorsichtige Hermeneutik', oder mahnten sie dazu nur fallweise, etwa gegenüber Köster, weil ihnen dessen negative Sicht des damals aktuellen Staates nicht behagte? *Jedenfalls verteidigte Köster gegen Bargmanns hermeneutische Vorsicht das Recht auf ‚prophetische Bibelauslegung'.*

Spanring (2013:105) bezeichnet die Auslegungsmethode Kösters als riskant und sieht sie auch in seiner konfessionellen Verwurzelung begründet. Er macht auf die Gefahr von Kösters „This-Is-That-Application" aufmerksam.

> The danger of this prophetic methodology was that a this-is-that interpretation has the tendency to assume the same weight and authority of an Old Testament prophecy that began with the formula, ‚This is what the Lord says.' How can a dar-

---

175 Sie wird von Graf-Stuhlhofer ausführlich dargestellt (2001:95f; 2011:316f) und ist durch die Allianzprotokolle dokumentiert (Graf-Stuhlhofer 2010).

176 Die Diskussion wird aufgrund eines Vortrages Bargmanns über Habakuk ausgelöst (WA-Protokoll 13.04.1942). Bargmann wirft die Frage auf, sicher auch aufgrund der vorherigen Vorträge Kösters, wie das Alte Testament zu verstehen ist und wie es auszulegen ist, besonders die Propheten. Eine zu starke Gleichsetzung im Rahmen einer Typologie (Weltstaat = Babel, Assur, Edom ... / Israel = Gemeinde) lehnt er ab (zumindest möchte er es nicht zu konkret haben, weil jedes Volk dies dann individuell für sich machen könnte). Die Propheten gehören für ihn zur „Wolke der Zeugen" und predigen damit zur Gemeinde „gewaltig". Sie sprechen von der Sündhaftigkeit des Menschen, die zu allen Zeiten gleich war. Daher bedarf es gar keiner typologischen Deutung. Überhaupt ist das Neue Testament auch eher zurückhaltend, was Typologie angeht. Die Aussprache verläuft konträr. Köster regt an, das Thema weiter zu behandeln. Aus meiner Sicht liegen er und Köster gar nicht so weit auseinander. Auch Bargmann überträgt die Ansage in Habakuk an die Chaldäer auf alle Völker der Welt, die ungerecht handeln. Er will aber nicht zu konkret werden. Aber so konkret wird Köster eigentlich auch nicht. Er stellt nur fest, was passiert, wenn ein Weltstaat sich ungebührlich benimmt. Seine großen Typologien sind Israel = Gemeinde und Weltstaat damals = Weltstaat heute. Und damit kann er auch Deutschland meinen.

> ing this-is-that interpretation of a preacher be heard and weighed by others? (2013:105f)

Er illustriert sie am Beispiel eines Artikels aus dem Täufer-Boten (TB 1930 Nr. 3:1f) und führt weiter aus (Spanring 2013:106):

> Köster felt a great affinity with the Old Testament prophets and understood his own sense of calling in a similar way. He saw himself as standing in the tradition of the old prophets and sought to speak God's word courageously. Important parts of the prophetic task, as he understood it, was to point at current events and interpret these as God being at work here on earth.

Für Spanring sieht Köster Gott durch zielgerichtetes Wirken am Zug, die Gottes Leute oft schockieren und verwirren können. Gott fordert heraus. „He then applied this argument by making an interpretive link into the real – and for many of his readers existentially frightening – world of politics" (:106). Abschließend stellt er fest: „Köster's methodology led him to reach surprising conclusions that frequently challenged the public opinions of his day" (:107). Er interpretiere die Bibel prophetisch und die Zuhörer würden hören, was er zu sagen hätte, entschieden aber letztlich selber, wie sie damit umzugehen hätten. Ähnlich wäre es bei den alttestamentlichen Propheten gewesen. Köster werde von einer prophetischen Wächterpflicht motiviert (prophetic watchman duty), aus der heraus er argumentiere, mit dem Ziel, Konsens über ein Textverständnis zu erreichen (:107). Spanring zieht als Fazit (:108):

> From as early as 1930 Köster sought to comment prophetically on the political and social upheavals of Germany. Convicted by his own sense of calling he felt compelled to offer daring and risky interpretations which at times may have appeared too simple or too exaggerated. As it happens, history has to a great extent justified his points of view which he consistently held throughout this turbulent period.

5.1.3. Kösters Schriftverständnis und seine Hochachtung des Alten Testaments

Für Köster ist die ganze Bibel Gottes Wort (KöV20.10.40). Die Bibel stelle Christus vor. Der Glaube sei allerdings die Voraussetzung, um die Bibel überhaupt verstehen zu können. In einer Predigt im März 1941 über Psalm 119,73–107 mit dem Titel „Wie lese ich die Bibel" bezeichnet er das gläubige Herz als Grundvoraussetzung zum Verstehen der Schrift (KöV23.03.41:1):

> Die Bibelfrage ist die Christusfrage, wir können das nie scheiden, nie trennen von einander. Es gibt keinen Geist Christi, kein Verhältnis zu Christi ohne das Wort. Wir haben Gemeinschaft mit dem Christus durch das geschriebene Wort, durch das Zeugnis der Propheten und Apostel.

Die Bibel verstehe man nur, wenn man „Christus lesen kann in der Schrift!" (KöV20.04.41:3). Erst wenn einem die Augen geöffnet werden, bekommt man wie die Emmaus-Jünger Antwort auf quälende Fragen. „Das ist das Wesen, die Arbeit des Auferstandenen, daß er uns die Schrift öffnet, damit wir ihn verstehn, und seine Gotteswege mit der Welt begreifen!" (:4). Entscheidend sei die glaubende Haltung des Lesers: „Wir können das Bibelwort nur aus dem Glauben heraus als Wort Gottes erkennen" (KöV08.05.41:1). Köster ermahnt die Prediger, die ganze Bibel zu kennen und richtig zu verkündigen (KöV20.04.50:1):

> Das ist und bleibt die Not des Predigerstandes, wenn man die Bibel nicht liest, wenn man die Werkstatt nicht hat, aus der wir zu dienen haben, dann haben wir kein Wort für die Gemeinde und die Welt. Man muß die ganze Bibel gelesen haben, um einen Vers predigen zu können. Wer das nicht tut, wird jonglieren und balancieren mit dem Wort, aber nicht das Wort Gottes erschließen können.

Köster warnt allerdings mehrmals davor, nur über Bibeltexte zu predigen, weil dann große Zusammenhänge – wie die „Strömung einer Weltanschauung" – nicht erkannt werden (z. B. TB 1932, Nr. 8; KöV25.03.43; KöV22.10.44b). „Darum müssen wir an den ganzen Büchern der Bibel arbeiten, und auch solche Themen behandeln, damit der Glaube von dem ganzen Wort der Schrift her sein festes Fundament bekommt und seine Gewißheit empfängt" (KöV25.03.43).

Dass die Bibel Gottes Wort ist, ist für Köster auch eine tiefe persönliche Erfahrung, die er im Laufe seines Lebens immer mehr entdeckt hat. Seine Mutter ermuntert den sechsjährigen Köster, der gerade lesen gelernt hat, ihr „auch" aus der Bibel vorzulesen: „Aber daß dieses Auch mir zur Fuelle Gottes wurde, daß ich darin den redenden Gott fand, daß ich ein brennendes Herz hatte, wenn dieses Auch redete, das hat lange gedauert! Aber heute ist es so!" (KöV16.03.41a).

Köster plädiert dafür, dass das Alte Testament und besonders auch die Propheten ausreichend in der gemeindlichen Verkündigung berücksichtigt werden. Dies ist auch im Zusammenhang mit der Auseinandersetzung um die Strömung im Nationalsozialismus bzw. innerhalb der Deutschen Christen zu verstehen, die das Alte Testament am liebsten abschaffen wollten.[177] Das Neue Testament ist für Köster nur vom Alten Testament

---

[177] Vgl. Bölsche, Jochen 2008. Hakenkreuz am Altar. Spiegel Special. Internet: http://www.spiegel.de/spiegel/spiegelspecialgeschichte/d-55573702.html [29.08.2017]: „Vor rund 20 000 Teilnehmern verkündet DC-Gauleiter Reinhold Krause gleichsam ein neues Glaubensbekenntnis: ‚Unsere Religion ist die Ehre der Nation.' In schrillen Tönen ruft er dazu auf, für ‚Judenchristen' abgesonderte Gemeinden einzurichten und das gesamte Alte Testament mit seiner ‚jüdischen Lohnmoral' und seinen ‚Viehhändler- und Zuhältergeschichten' aus der

her zu verstehen. Eine Gemeinde müsse das Alte Testament lesen, wenn sie der Welt dienen will. Sie dürfe das Alte Testament nicht preisgeben (KöV29.06.41:3; KöV05.01.42:2; KöV15.03.42:2)[178], auch deshalb nicht, weil Israel das „Schulbeispiel Gottes“ für die Völker sei (KöV07.02.43:1f). Aus der Fülle von Kösters Aussagen zu diesem Thema sind hier zwei Quellen stellvertretend aufgeführt.[179]

> Wir empfangen von der Schrift her auf die vielen wozu und warum-Fragen eine einzigartige Offenbarung. [...] Eine Kirche, die das Alte Testament hatte als das Licht in dieser Welt, die hat dazu bekommen in unseren Tagen. Eine Kirche, die schon vor diesen Tagen das Alte Testament nicht mehr hatte, verliert heute auch die herrliche Welt des neuen Testamentes. Das haben wir klar vor Augen. (KöV25.02.43:2)

Ein weiteres Zitat stammt aus einer Predigt vom 22.11.1940 über den Propheten Jesaja, hier über Kapitel 50 (KöV22.11.40:28):

> Die prophetische Schau ist den Propheten aufgegangen an der Geschichte Isaaks, Jakobs und Abrahams! Darum, wollen wir die Schrift verstehn, auch das Neue Testament, müssen wir das Alte Testament lesen, um das Grundverständnis mitzubringen. Wozu haben wir denn die Geschichten in den ersten Kapiteln des Mosebuches? Damit wir hineinschauen können in das wunderbare Denken Gottes! Diese ersten Verse vom 54. Kapitel kommen her von dem Wort, das Gott zu Abraham sprach: Ich will dich segnen [...].

5.1.4. Kösters typologische Hermeneutik in Bezug auf das „Prophetische Wort“

Kösters Hermeneutik des „Prophetischen Wortes“, besonders das des Alten Testaments, wird nun zunächst am Beispiel seiner Auslegung zum Propheten Jona illustriert. Diese Predigtmitschrift mit dem Titel „Der Prophet Jona“ ist undatiert (KöV00J). Das Buch Jona ist für Köster eine hochaktuelle Lektüre für die Gemeinde heute. Seine Predigt wird hier mit meinen eigenen Worten und ergänzenden Zitaten exemplarisch wiedergegeben:

Jesus habe sich gleich zweimal auf Jona berufen. Er habe eine direkte Verbindung zum Propheten sehen können und habe deshalb angemerkt, dass die Männer von Ninive einmal gegen die Juden zum Gericht aufstehen würden (Mt 12,41). „Von Jona her hat

---

Kirche zu verbannen.“ Weiter den Artikel „Deutsche Christen“ im Internet: https://de.wikipedia.org/wiki/Deutsche_Christen [29.08.2017].

[178] Köster übt harsche Kritik an Harnack: KöV20.09.42:5.

[179] Vgl. dazu auch KöV15.08.43a:1f, KöV30.09.43:2, KöV23.07.44:2, KöV27.06.45:1, KöV06.01.46:4f.

Jesus seinen eigenen Auftrag verstanden." Jesus habe damit den Emmaus-Jüngern den Blick für das Alte Testament geöffnet und damit gleichzeitig den Blick für sein Leiden und seine Auferstehung. Auch die Gemeinde könne Christus vom Alten Testament her verstehen. Ninive, die Stadt Nimrods, sei der Typus für den Weltstaat heute. Sie stehe für Babel, die Stadt Kains. Dies sei letztlich der Kampf gegen Gott. Wie Jona stehe auch die Gemeinde heute mittendrin in Ninive. Sie repräsentiere die Stadt Jerusalem, aus der Jona kam. Ninive rebelliere immer gegen Gott und stehe vor den Toren Jerusalems mit dem Ziel es zu vernichten. Aber: „Jona ist der Typus für die ewig gültige Sendung der Reichsgemeinde des ewigen Gottes für Ninive. Das ist Lehre aus dem Buche Jona!" Die Gemeinde sei daher gerufen zur Sendung, zum Wortdienst, zum prophetischen und zum priesterlichen Dienst. Gott sei auch ein Gott der Völker. Dies war für Jona ein Ärgernis und könne auch heute ein Ärgernis sein. Gottes Absicht sei es aber, alle Menschen zu retten, auch die Nationalsozialisten. „Jona hat nur eine Verpflichtung Ninive gegenüber. Das ist der prophetische Auftrag, den Gott Jerusalem gegeben hat." Auch die Gemeinde sei daher Ninive verpflichtet, „nicht zum Fußfall, sondern zum Dienst vor Gott her!" Sie solle daher ihren Auftrag – wie zunächst Jona – nicht vernachlässigen, indem sie nur still ihre Gottesdienste feiere. Ja, Ninive habe viel Schuld auf sich geladen. Gerade deshalb sei die Gemeinde verpflichtet zu predigen und Ninive zur Buße zu rufen. Und Ninive habe ja Buße getan. Jona habe das zwar nicht gut gefunden, aber Gott sei barmherziger als jeder Prediger. Es gelte daher für die heutige Gemeinde auch aufzupassen, sich nicht mit einem Rachegeist dem Weltstaat gegenüberzustellen oder eine gleichgültige Haltung der „Stadt" gegenüber einzunehmen. „Aber es geht um den Kampf um die Stadt. Die heilige Verpflichtung ist das." Wie Jona liefen heute alle erst davon, aber Gott holte Jona zurück. Er musste zunächst wie ein Weizenkorn sterben, und das sei auch die Aufgabe für Christen in der Zwischenzeit, zwischen Himmelfahrt und Wiederkunft. Damit würden sie frei für das Wirken Gottes. „Das Buch Jona macht uns aufmerksam auf die stete Gefahr, der Gemeinde, die noch ihren Weg zu nehmen hat inmitten der Weltzeit!" Die Gemeinde sei daher verpflichtet, der Welt das Wort zu predigen, damit „Ninive nicht verloren gehe."

An diesem Beispiel wird sehr gut Kösters typologischer Auslegungsansatz deutlich. Bei typologischer Auslegung wird eine Person oder ein Geschehen mit einer anderen Person oder einem Geschehen in Bezug gesetzt. „Die so aufeinander bezogenen Personen bzw. Geschehen werden in ein Sinnkontinuum gesetzt, innerhalb dessen sie sich wechselseitig interpretieren" (Vette 2007:Punkt 2.1.).

Köster wendet seinen Ansatz auch beim Propheten Obadja an. „Obadja ist der Mund Gottes. Und das sollen wir uns sehr merken, im Blick auf das prophetische Wort: daß ein lokales Ereignis einen Typus bedeutet für die ganze Welt" (KöV08.05.41:2). Diese prophetische Schau bzw. Perspektive müsse eingenommen werden. Im Rahmen der Wiener Allianz, wo man eine Zeitlang die kleinen Propheten betrachtete, legt er bei einem Vortrag über Obadja umfassend seinen Auslegungsansatz dar (KöV08.12.41; WA-Protokoll 08.12.1941). Köster fragt einleitend, ob der Prophet Obadja ein ganz konkretes Gotteswort für die Gemeinde hat. „Damit stehen wir im Zentrum der Frage: Welche Bedeutung hat das alttestamentliche Wort für die Gemeinde? Ist es ein Wort, auf das wir zu hören haben, ob es uns gefällt oder nicht?" Köster will die Frage vom Neuen Testament her beantworten und stellt fest (WA-Protokoll 08.12.1941):

> Wir können die Antwort, die wir zu geben haben, nur von den Schriften des N.T. hernehmen [...]. Wie haben uns Jesus und die Apostel das A.T. hinterlassen? Wenn Jesus, der Meister unseres Glaubens und das Haupt der Gemeinde, und die Apostel, die zum Fundament der Gemeinde gehören, in gewissem Sinne das A.T. gebrauchen für das neutestamentliche Glaubens- und Gemeindeleben, dann verpflichtet mich das. Wir sind als Gemeinde auferbaut worden auf dem Grund der Propheten.

Das ganze Neue Testament verhalte sich positiv zum Alten Testament. Es sei aus ihm herausgewachsen.

> Das A.T. war für Jesus und die Apostel das [sic!] Kommentar, und sie hatten in ihm das ganz konkrete Wort Gottes darin. Wir haben das A.T. typologisch zu lesen und nicht allegorisch; das heißt, man kann das A.T. nicht so deuten, wie man es gerade will! Wir denken ja auch typologisch, z. B.: die Opferung Isaaks. Für uns ist das ein selbstverständlicher Hinweis auf die Opferung auf Golgatha. Oder: Adam ist uns Typus geworden auf den 2. Adam, auf den Christus, der vom Himmel her ist. Oder, die Bundeslade ist selbstverständlich Typus gewesen auf den, der da gesagt hat: ‚reißt diesen Tempel nieder, in drei Tagen will ich ihn wieder aufbauen.' (Joh 2,19) Oder wir sehen, wie Jesus sich versteht in der Prophetenexistenz Jona, oder in der Königsexistenz Davids, oder wie er schaut auf das Prophetentum Moses. In den Tagen Jesu, da fragen die Menschen auch Johannes: ‚Bist du dieser Prophet, der da kommen soll?' (vgl. Joh 1,21; Mt 11,3) Das Wort des Alten Testaments ist der Typus auf das, was im Neuen Testament dann da ist. (WA-Protokoll 08.12.1941)

Auch sei das Alte Testament an die Gemeinde Jesu zur Warnung geschrieben (1Kor 10,11). Für Köster ist also Obadja kein zeitbedingtes Wort, sondern konkretes Wort des lebendigen Gottes in die aktuelle Zeit. Am 13.02.1942 entbrennt in der Allianz dann die schon oben erwähnte hermeneutische Diskussion über Typologie.

Köster weiß um die sogenannte prophetische Perspektive. „Das ist die prophetische Schau, daß die Propheten die Gipfel sehen, aber über die Täler hinwegschauen, in die Täler nicht einschauen können" (KöV11.41:2). Er betont, dass ein Prophetenwort zunächst einmal in die konkrete Situation gesprochen wurde, z. B. bei einer Predigt zum Propheten Micha (KöV08.04.43:3):

> Das Wort Gottes ist jeweils in eine bestimmte und ganz konkrete Lage also völlig zeitgebunden und zeitbedingt in die Welt geredet worden, jedoch mit dem großen Ziel, daß an diesem Reden Israels und die gesamten Völker der Erde bis heute das lebendige Wort Gottes hätten, was Gott denkt über die Weltpolitik, bis das Ziel der Zeiten da ist, d. h. bis keine Zeit mehr sein wird.

Er spricht in Zusammenhang einer Auslegung von Daniel über eine Spiralbewegung von Kain bis zum Antichristus (KöV16.10.47:73).[180] Das Weissagungswort sei wie ein Scheinwerfer, das die Zeichen der Zeit erhellt (KöV12.04.51:2). Der Prophet Daniel ist für ihn der Schlüssel zum Verständnis des gesamten prophetischen Wortes, wie er 1951 in einer Predigt ausführt: „Wenn man diesen Propheten des Gottesreiches verstanden hat, kommt man auch in die Tiefe und Weite des gesamten prophetischen Wortes der Bibel hinein“ (KöV21.06.51:1). Mit Verweis auf den pietistischen Theologen Johann Albrecht Bengel (1687–1752) meint Köster, dass das prophetische Wort in vielen Kirchen nicht vorhanden ist und gleichzeitig eine „Gabe von oben ist“, die man sich nicht selbst erarbeiten kann. Der Grund für das prophetische Wort liege schon alleine in der Tatsache begründet, dass Gott es in „reicher Fülle vom Anfang der Bibel bis zu ihrem Ende gegeben hat“:

> Man kann das nicht sagen, was mir einmal jemand antwortete, als ich ihm vorschlug, etwas über die Symbolsprache der Offenbarung des Johannes zu arbeiten: ‚Lass mich mit diesem Buch in Ruhe!‘ Ich bin als Prediger des Wortes verpflichtet, mich nicht nur mit Abschnitten zu beschäftigen, die mir ‚liegen‘, sondern mit dem ‚ganzen Rat Gottes‘, wie das Paulus den Aeltesten beim Abschied am Strande von Milet sagt. Warum prophetisches Wort? Weil mir zum anderen Gott durch das proph. Wort die Antwort auf die Frage gibt: Was ist es mit der Völkergeschichte? (KöV21.06.51:1)

---

[180] „Wir sind in einer Spiralbewegung, müssen wir sagen, um bei der Darstellung des Buches Daniel zu bleiben. Wenn wir noch einmal das große Monachienbild [sic!] vom goldenen Haupt betrachten, sehen wir, wir sind nicht in einer Bewegung von unten nach oben, sondern von oben nach unten in einer ungeheuren Ausweitung der Spirale. Oben beginnt es einfach und weitet sich aus, bis diese Spiralbewegung von oben nach unten immer deutlicher zutagetritt und sich umfassender ausweitet. Das ist das Gesetz des lebendigen Gottes in der weltpolitischen Entwicklung von Kain bis hin zum Antichristus: jede Geschichtsbewegung der Menschheit ist eine Bewegung auf die Endzeit hin. Nur wenn diese Bewegung nicht mehr lokal ist, sondern ausgeweitet ist über die gesamte Welt, weiß die Gemeinde Gottes, jetzt schlägt die Stunde der letzten Endzeit. Immer wieder ist Endzeit gewesen, das aber ist das Signal dafür, daß die Endzeit kommt. Immer waren auch Antichristusse das Zeichen dafür, daß der Antichristus kommt. Immer war Kampf gegen die Heiligen Gottes das Zeichen dafür, daß der große Endkampf nicht ausbleiben wird.“

5.1.5. Das Hauptanliegen des prophetischen Wortes: Erhellung der Geschichte

Für Köster zeigen die Propheten die Weltgeschichte Gottes auf, die sie vor allen Dingen der Gottesgemeinde verkünden. „Es ist sehr interessant zu sehen, daß die Botschaft, die der Prophet Obadja zu sagen hat von Gott her, nur der Gottesgemeinde zu sagen ist [...]. Gott redet über das Geheimnis der Weltgeschichte nicht mit den Nationen [...]" (KöV08.05.41:1f). Die prophetischen Schriften seien nur für die Gemeinde da. Aber auch anhand des biblischen Gebrauchs des Namens „Babel" werde für ihn die große Geschichtslinie Gottes in der Welt deutlich (KöV15.04.43LPL:124f).

Den Propheten gehe es um das Reich Gottes: „Es kämpften die alten Propheten sowie Jesus und die Apostel darum, daß die Bitten, die Jesus ausspricht in dem Vaterunser: Dein Name werde geheiligt, Dein Reich komme, Dein Wille geschehe [...] in aller Welt Anerkennung fänden!" (KöV10.09.39:1). Sie hätten dabei immer vom Ende gesprochen: „Das Ende ist eine Geburtswehe, immer stärker geht es hinein in die Wehen, bis das Kind geboren ist. Einmal kommt dann die letzte große Wehe, bis das Reich Gottes durchbricht!" (:1). Dabei gehe es immer auch um die aktuelle Geschichtsepoche, denn das prophetische Wort erkläre die Zeichen der Zeit. „Wir wollen niemals die Zeichen der Zeit besehen ohne das Weissagungswort der Bibel, und die Bibel nicht lesen ohne die Zeichen der Zeit zu betrachten" (KöV11.07.46:1).

Die größte Geschichtsschau hat für Köster der Prophet Daniel. Ihn bringt er sehr oft zur Sprache. Seine Ansicht sei an einer Predigt über Daniel 2,44f aus dem Jahr 1944, mit dem Titel „Das Geheimnis Europas", exemplarisch illustriert (KöV22.10.44b:1):[181]

> Wir haben auch in diesen Tagen das Reden Gottes über den Gang der Weltgeschichte, über den Weg der Völker und der Nationen immer noch in dem Alten Testament. Ich kann es gut verstehen, daß dieses Buch vom Fürsten der Finsternis sehr gehaßt ist, weil es allein das gesamte Weltgeschehen stellt in das untrügliche Licht des lebendigen Gottes.

Weil Jesus auferstanden sei und regiere, ginge die Gemeinde bei Daniel in die Schule, um Jesus in der aktuellen geschichtlichen Situation als Herrn erkennen zu können (:1f).

> Ich spreche nicht über Daniel weil mir das prophetische Wort an das Herz gewachsen ist, sondern weil ich glaube Jesus als den Auferstandenen, als den erhöhten Herrn, dem sich nach dem Worte des Apostels Paulus alle Kniee [sic!] beugen müssen auf Erden und unter der Erde, und den alle Zungen bekennen müssen, daß Jesus Christus Weltherr sei, zur Ehre Gottes des Vaters! (Phil.2.10.).

---

[181] Vgl. zu diesem Themenfeld: KöV21.01.43:1f, KöV13.04.46:140 (Sacharja 9f), KöV10.01.49 (Gog und Magog), KöV11.50 (Sacharja), KöV07.03.57:48f (Psalm 68,27–36) und die Predigt „Die Botschaft des Propheten Micha" (KöV08.04.43).

Gottes Zukunftswort des Propheten sei zuverlässig und wahr.

> Gott redet mit uns über die Zukunft der Welt, und gerade über die Zukunft Europas [...] zu dem Könige Nebukadnezar, aber für die Gemeinde der Glaubenden. Nebukadnezar wird es gesagt, aber nicht, daß er dieses Evangelium den Völkern geben soll, sondern Daniel sagt am Ende seines Buches, das Reden Gottes muß verschlossen werden bis auf den Tag, da Menschen kommen werden, die den Geist empfangen [...]. (:2)

Köster zeigt 1944 auf, dass er seit seinem Dienstantritt vor 16 Jahren immer wieder über das Reich Gottes gepredigt habe. Es sei das wesentliche Wort des Alten und Neuen Testaments. Gott werde dieses Reich in Zukunft aufrichten. Es sei das Reich „des Friedens, der Wohlfahrt, das Reich der Gerechtigkeit! Dann kann etwas ‚geschafft' werden" (:4). Dieses Reich werde ein Ende menschlicher Gewalt-Staaten bedeuten. Dieses Wissen tröste die Gemeinde.

> Wir fragen als prophetische Gemeinde, die geschult ist am prophetischen Wort der alten Propheten und der Apostel: ‚Herr, wie lange noch?' Der du auf der Zinne stehst, Hüter, ist die Nacht noch nicht vorbei, durch die wir gehen müssen; sollen die Blutströme ohne Ende weiter hindurchströmen durch das Schicksal unserer Tage?' Während wir das große Wort Jesu haben: ‚Siehe, ich komme bald', – und er kommt immer noch nicht, und wir müssen weiter im Warten verharren, ist die Frage durchaus berechtigt: ‚Welches ist die Menschenstunde, die Stunde der Weltgeschichte, in die hinein das ewige, unvergängliche Gottesreich mit Friede, Gerechtigkeit, Freude und Liebe als den Lebensgesetzen hereinbricht aus der Ewigkeit in die Zeit?'. (:5)

Laut Köster lege Daniel den Finger auf die weltgeschichtliche Stunde. Daniels Zeitansage sei die Zeit „solcher Königreiche", eine Zeit mit vielen Einzelstaaten, die als Nachfolgestaaten des Römischen Reiches zu werten sind (:6). Die Gemeinde wisse aber nicht, wie lange diese Epoche dauern wird. Auf jeden Fall würden die Staaten versuchen sich zusammenzukitten, zu einem einigen Europa. Diese Unternehmung sei zum Scheitern verurteilt. Die Welt sei dann am Ende, wenn ein letzter „Unternehmerstaat" als Ordnungsmacher weltweit auftritt. Denn diese Ehre werde sich das Lamm nicht nehmen lassen. Das ewige Reich Gottes werde schließlich durchbrechen.

> In den Grenzen Europas vollzieht sich die Endgeschichte der Welt. Was in Europa vor sich geht ist mit zwingender Gewalt wichtig für Amerika, das im Blick auf die Reichsgeschichte Gottes keine politische Bedeutung hat. Aber die Staaten Europas sind der Rücken, auf dem die tiefen Furchen gezogen werden, damit Raum geschaffen werde für das Kommen seines ewigen Reiches! (:7)

Köster verweist als Weiterführung auf Daniel 7 und Offenbarung 13, wo das Reich des Antichristen beschrieben wird. Niemand wisse wie lange die letzte Stunde Europas dauert – eine Generation, 60 Jahre oder 10 Jahre?

> Selbst der Menschensohn wußte das nicht. Aber daß es letzte Stunde ist, daß Gott das ewige Reich bringen will, das alles Menschenreiche ablöst, das ist nicht nur die Gewißheit meines Herzens, das sagt nicht nur das prophetische Wort, das liest man in jeder Tageszeitung, wenn man nicht ganz verbaut ist, den Dingen dieser Welt gegenüber. (:8)

5.1.6. Segensreiche Wirkungen des prophetischen Wortes

Für Köster entfaltet das prophetische Wort viele Wirkungen. Von Offenbarung 1,3 ist es für ihn eine Quelle der Freude (KöV15.09.40:1). In derselben Predigt zitiert er aus unbekannter Quelle: „Das Evangelium ist der Sieg über die Dämonie, das prophetische Wort ist die Enthüllung desselben" (:1). Das prophetische Wort gebe lebendige Hoffnung: „Der Morgenstern der Ewigkeit geht in meinem Herzen nur auf, wenn ich mich am prophetischen Wort der Schrift beschäftige" (KöV21.06.51:1). Es spende Trost und gebe Standhaftigkeit (KöV18.05.41:157, Köv02.07.59:1).[182] „Alles prophetische Reden hat letzen Endes den Sinn, den Menschen ein stilles und getrostes Herz zu geben" (KöV02.03.50LPL:96). Diese Tröstung gebe es mit Blick auf die Wiederkunft Jesu (KöV21.10.51:1). „Aus dem Lesen des prophetischen Wortes erwächst die adventliche Haltung, und daraus automatisch das adventliche Gebet. Es gibt ein echtes Beten nur heraus aus dem Wort Gottes" (KöV12.43:2).

Aber manchmal könne das prophetische Wort auch eine Last sein und schwermütig machen aufgrund der gewaltigen Geschichtsbilder (KöV31.05.42:1; KöV09.05.43:1). Es wirke dann aber wieder auch wie ein Evangelium, das zu Tränen rührt, weil Gott „ uns so unbeschreiblich lieb hat, daß er uns eine Zukunft zugesichert hat, indem er den gekreuzigten Christus auferweckt [...] und ihn in die Herrlichkeit nahm als den König der Stadt Gottes, als den Garanten einer neuen Welt Gottes!" (KöV14.10.43:10). Die Ge-

[182] Im März 1944 berichtet Köster von einem Schreiben der Brüder aus Berlin, die darum bitten, dass die Prediger in diesen Zeiten der Not nicht so sehr die Lehre in den Mittelpunkt stellen, sondern mehr Trostworte predigen. Köster ist grundsätzlich dafür, sieht aber, dass gerade auch durch Lehre die Gemeinde getröstet wird, besonders wenn man über die Offenbarung des Johannes lehrt. Er sagt, er „wüsste nichts, was die Gemeinde Jesus Christi so tief zu trösten vermag, als der Tiefblick, den der Geist Gottes gegeben hat über den Lauf der Zeiten" (KöV05.03.44:1).

meinde habe laut Epheser 2,20[183] Gemeinschaft mit den Propheten. Ihre Worte würden die Perspektive des Reiches Gottes vermitteln. Das prophetische Wort stelle die Gemeinde mit in das Leid der Propheten und sei dennoch das einzige Licht, das die dunklen Tage erhellen könne (KöV17.08.44:4). Es sei wie ein Scheinwerfer, der die aktuelle geschichtliche Situation ausleuchte (KöV21.06.42:2; KöV12.04.51:2) und eine Geschichtsperspektive schenke, die atmen lasse und die aktuelle Zeit erkläre (KöV11.11.43:8).

Das prophetische Wort bewahre die Gemeinde vor hingerissener Begeisterung für den Weltstaat (WA-Protokoll 05.01.1942) und warne die Gemeinde vor Verführung (KöV23.02.47:5).

Das prophetische Wort zeige ihr neben persönlicher Verlorenheit auch die Verlorenheit im öffentlichen Sektor, also in der Politik, Kultur, Völkergeschichte und Wirtschaft (KöV08.05.47:1). Es könne die Gemeinde vor dem Scheitern bewahren (KöV27.02.44:2). „Das eschatologische Wort allein kann uns bewahren vor dem Idealismus, mit dem wir uns an antichristliche Strömungen und antichristliche Christentümer verlieren könnten" (WA-Protokoll 03.02.51). Für Köster ist das prophetische Wort nichts weniger als das Öl in der Lampe (KöV22.03.59a:1):

> Wir sollten die entscheidende Stunde, da Jesus kommt, nicht verschlafen, wie die törichten Jungfrauen im Gleichnis, die schnell noch Öl wollten bei den Kaufleuten für ihre Lampen, weil sie kein Öl mehr hatten in ihrem Krug. Das Öl im Krug ist der Geist im prophetischen Wort. Wir können das Öl im Krug nur haben, wenn wir zum prophetischen Wort gehen und nicht müde werden auf das prophetische Wort zu hören. Es ist das einzige Wort in unseren Tagen, das uns Klarheit gibt über die Dinge, die geschehen und ablaufen. Es ist auch das Wort der großen Tröstung, das uns Kraft gibt alles durchzustehen.

Letztlich führe das Bewahren des prophetischen Wortes zur Buße unter dem Kreuz (KöV23.02.47:3) und zur Freude, wie Köster in einer Predigt im November 1951 über Daniel 2,17–23, Jeremia 38,1–8 und Jesaja 8,9–9,6 deutlich macht (KöV11.11.51:6):

> Nun nehmt diese drei Prophetenworte in euer Herz und bewahrt sie wie Maria, die Mutter Jesu die Engelworte in ihrem Herzen bewegt und bewahrt hat. Was können wir anderes tun, wenn uns morgen die Montagszeitungen wieder die Schreckensnachrichten bringen und die Spannung der Welt vom Morgen bis zum Abend uns nicht ausläßt, als daß wir in diese Nächte das Licht, den Morgenglanz der Ewigkeit hineinleuchten lassen, der Zukunft des Lebendigen Gottes. Laßt es Tag aus, Tag

[183] „Denn ihr seid ja in den Bau eingefügt, dessen Fundament die Apostel und Propheten bilden, und der Eckstein im Fundament ist Jesus Christus" (Eph 2,20 nach Gute Nachricht Bibel).

ein das Licht auf eurem Wege sein! Ich bin überzeugt: ‚Die Freude am Herrn wird eure Stärke sein.‘

5.2. Kösters prophetisches Gemeindeverständnis

Für Köster ist die Verkündigung des prophetischen Wortes eine zwingende Notwendigkeit und Aufgabe der ganzen Gemeinde, die mit ihrem Volk in ihrer Zeit lebt. Die endzeitliche Gemeinde lebe dabei hoffnungsvoll. Sie erfülle viele verschiedene prophetische Aufgaben, denn sie habe das Prophetenamt inne.

5.2.1. In der Gemeinde muss das prophetische Wort verkündigt werden

Gerade weil das prophetische Wort der Bibel nicht auf freudige und dankbare Annahme treffe, müsse es gepredigt werden. Wenn der Prediger nur erbauliche Texte behandelt, versündigt er sich an der Gemeinde. Das prophetische Wort führe den Blick weg „von unserem lieben Ich und läßt ihn ruhen auf den noch verborgenen, aber klar verheißenen Herrlichkeiten dessen, den zu erkennen ewiges Leben ist“ (TB 1933, Nr. 6/7:3). Köster warnt eindringlich davor, das prophetische Wort zu ignorieren: „Wer die Propheten Israels, das Reden Gottes durch ihren Mund nicht mehr will, für den wird eines Tages das Neue Testament ein verdorrter Garten sein, eine Wüste, in dem kein Quell mehr rieselt“ (KöV30.09.43:2). Er zeigt sich auch schon mal ratlos, wenn Kollegen das prophetische Wort vernachlässigen und attestiert Bequemlichkeit oder mangelndes Inspirationsverständnis (KöV05.12.54:2). Ein Prediger habe der Welt seit Pfingsten zu predigen, dass sie den finsteren Mächten nicht mehr hilflos ausgeliefert sei, weil Gott sich wieder dieser Welt zugewandt hätte. Die Totengebeine aus Hesekiel seien lebendig geworden (KöV13.06.42:2). Gott habe seine Gemeinde und die Verkündiger heute mit den Propheten in eine Gemeinschaft geführt (KöV11.07.43a:1):

> Warum greifen wir denn immer wieder zu den alten Propheten? Wenn einer mich fragen würde, warum nimmst du immer wieder diese Alttestamentlichen Propheten her? Würde ich sagen: ‚Ich will dir sagen, warum ich diese Alttestamentlichen Propheten so liebe und mich mit ihnen abgebe: weil Jesus, mein Herr mich in die Gemeinschaft mit den Propheten geführt hat. Ich glaube von ganzem Herzen an Jesus, den Sohn des lebendigen Gottes, der mein Herr geworden ist. Und dieser Herr hat mich zu den Propheten seines und meines Vaters geführt, dass ich dort das Wort Gottes hätte auch für unseren Tag!‘

Die Verkündigung des Wiederkommenden sei ein Angriff auf die aktuelle Weltanschauung (KöV16.04.39a:3). Wenn die Gemeinde das Wort der Propheten verkündige, sei sie

Salz in der Welt. Sie sage der Welt, wo der lebendige Gott zu finden sei und wo er nicht sei (KöV27.11.40:8). Das prophetische Wort erhelle die aktuelle politische Situation. Hier müsse es die Menschen suchen und ansprechen (KöV24.02.49:5). Das prophetische Wort könne für die Welt allerdings verschlüsselt sein (WA-Protokoll 08.12.1941, Hervorhebungen nicht im Original).

> *Die Gemeinde hat das prophetische Wort, nicht die Welt!* Wir sollten nicht so töricht sein, ‚und die Perlen vor die Säue werfen' (Mt 7,6). Man hat mit dem Wort der Propheten nicht Propaganda zu machen vor den Nationen! Man wird uns nicht verstehen, und man soll uns nicht verstehen!

Der heutige Prediger müsse das Wort mit neuer Zunge verkündigen, so dass es verständlich sei (KöV16.02.46:6). Dabei gehe es nicht um „schauerliche Dinge", sondern die Verkündigung sei nötig, damit die Gemeinde „in einer letzten, unaufhebbaren Freude bleibe" (KöV23.02.47:2).

> Unsere Arbeit am prophetischen Wort ist keine Liebhaberei, sondern eine notwendige Begegnung mit dem weltversöhnenden Gekreuzigten auf Golgatha, der seine Herrschaft als der Erhöhte angetreten hat. Dort wird das Verständnis des Wortes nicht nur immer wieder neu geboren, sondern unsere ganze Menschenexistenz in die lebendige Hoffnung hineingestellt. (:4)

Dass Köster das prophetische Wort seiner Gemeinde in Wien immer wieder nahe bringt, macht abschließend ein Zitat aus dem Osterbrief 1957 an die Leser des Schriftdienstes deutlich. Es steht unter der Überschrift von Daniel 12,13 (AWM Nr. 23):

> Das Wort, das uns Gott in der Mollardgasse durch die Jahre hindurch anvertraute und dessen Verkündigung uns unsere Pflicht wurde, ist zu einem entscheidenden Teil auch das sogenannte endgeschichtliche Wort. So sehr wir, im rechten Sinne verstanden, ‚Liebhaber' des prophetischen Wortes sind, so ist doch der Dienst an diesem Wort uns nie eine mißverstandene Lieblingsbeschäftigung gewesen. Wir sind vielmehr durch unsere Bibelarbeit immer neu geführt worden zu dem Zentralanliegen der Heilsgeschichte Gottes: daß Er einmal am Ende der Tage durch Seinen Sohn alles wieder hergestellt haben wird, was durch den Fall an Schaden in die Geschichte eingeführt wurde.

Hier wird deutlich, dass Köster der Meinung ist, dass das prophetische Wort innerhalb der Gemeinde vorhanden sein und gelebt werden muss. Dies geschehe durch kontinuierliche gemeinschaftliche Beschäftigung mit dem prophetischen Wort. Aus der Beschäftigung mit dem Wort wird die Gemeinde hoffnungsvoll ausgerichtet und erkennt ihren prophetischen Dienst.

5.2.2. Die Gemeinde wird durch das prophetische Wort hoffnungsvoll ausgerichtet

Laut Köster hält die Gemeinde ihre Lampen bereit (KöV27.08.39a, über Amos 3) und wartet auf den Herrn (KöV03.09.1939, über 1Kö 19,9–13). Aufgrund des prophetischen Wortes könne die Gemeinde mit Gewissheit im Herzen durch die Zeit gehen, auch wenn die aktuelle Weltzeit ihr Narben zufüge. Am Ende werde Gott alle Tränen abwischen und den Schmerz und den Tod beseitigen. „Das ist das Geheimnis auch der Zeitenwende dieser Tage. Es soll der Karakter [sic!] dieser Weltzeit beseitigt werden. Darum kann ich ein ganz stilles Herz in mir tragen, wenn ich um das weiß und das glaube" (KöV15.09.40, über Offb 21,1–6). Gott werde kommen und helfen.

Nach Köster ist der Sinn der gegenwärtigen Geschichte, dass die Kirche aus ihrem Versteck hervortritt. Gott werde zum Ziel kommen, zum Heil der ganzen Welt. Dies könne nicht irgendein anderes Reich leisten. Die Durchbrüche von neuen Weltmächten führten letztlich nur dazu, dass irgendwann Gottes Reich durchbreche. „Die Achse um die sich die Weltgeschichte dreht ist die Heilsgeschichte" (KöV01.11.40, über Jesaja). „Gemeinde der Endzeit ist die Gemeinde, die unmittelbar vor den Toren seines wundervollen Reiches existieren muß" (KöV27.10.40, über Offb 3,7–13). Die Tür sei zurzeit leider noch verschlossen, aber die Gemeinde wisse, dass sie sich öffnen wird. „Die Welt hält den Atem an vor Schrecken. Auch die Gemeinde hält den Atem an, aber sie läßt denn Kopf nicht hängen, sondern sie hebt das Haupt empor!" (KöV08.05.41, über Obadja). Gott steuere mit der Weltgeschichte auf ein letztes Weltgericht zu (KöV18.09.41, über Offb 16).

Köster sagt, dass in der Hoffnung auf den wiederkommenden Herrn die Lösung der aktuellen Krise liegt. Es ist für ihn daher unverständlich, dass die Christenheit an „eschatologischen Dingen vorbeikriechen will". Vorbild müsse die Urgemeinde sein: „Das Entscheidende für die apostolische Gemeinde war, daß sie im starken Warten auf die Erscheinung ihres erhöhten Herrn in Herrlichkeit war: ‚Unser Herr komme!'" (KöV10.01.43, über 2Kor 16). Nur die Hoffnung auf den wiederkommenden Herrn trage durch und „es gibt nur eine Lösung der Weltkrisis, und das ist der wiederkommende Herr. Darum ist das dauernd der Ton, der durchschwingt durch meine Verkündigung, weil ich keinen anderen Ausweg sehe aus dem Chaos, als bis der Christus zugreift und alles neu macht!" (KöV17.01.43b:17).

1943 stellt Köster fest, dass auch die Welt auf eine schönere Zukunft wartet. Sie sei aber im Gegensatz zur Gemeinde von einer Idee von Luftgebilden inspiriert, während die Gemeinde auf die Erfüllung des prophetischen Wortes warte (KöV01.04.43, über Joh 1,43–51, „Weissagung und Erfüllung"). Die Gemeinde warte auf die Zeit, da

Schwerter zu Pflugscharen werden und Gott eine Sabbatruhe ausrufe (KöV13.06.43, über 1Mo 1,1–3).

Nach Köster redet Gott durch das Buch Daniel mit seiner Gemeinde über die Zukunft der Welt und über die Zukunft Europas. „Was wir hier heute sagen, das druckt man nicht in dem ‚Völkischen Beobachter', sondern das ist, was Gott als stilles Licht nur der Gemeinde gegeben hat, während die Welt in dunkler Nacht hintappt" (KöV22.10.44b, über Daniel 2,44–46). Die Gemeinde spreche über die Weltpolitik Gottes, um getröstet zu werden. Das Reich Gottes ist für Köster das wesentliche Wort des Alten Testaments und des Neuen Testaments. Gott werde sein Reich in der Zukunft aufrichten. Es werde kommen, aber die Welt werde vergehen:

> Das Reich, das Gott aufrichtet ist ewig, das heißt, es ist das Reich des Friedens, der Wohlfahrt, das Reich der Gerechtigkeit! Dann kann etwas ‚geschafft' werden; wenn dieser dauernde Tumult der Revolutionen dieses Aufgewühltsein durch die Träumereien und Wünsche des Menschenherzens ein Ende hat, da das, was wir angefangen hatten aufzubauen, nicht wieder zerstört wird, das uns immer wieder in Angst und Schrecken versetzt. (:4)

Die Gemeinde warte einsam, aber mit einer lebendigen Hoffnung auf die Wiederkunft Jesu Christi (KöV45 Sommer, über Hohelied). Sie lebe in der Zeit der letzten Posaune, in der Gott Gericht übe. Auch wenn das deutsche Volk verschmachte, bliebe Gott der Herr über die Erde. Die Kriegslage solle die Menschen zum Herrn und die Gemeinde zur Anbetung rufen. 1944 fordert Köster seine Gemeinde – wie schon 1939 – auf (KöV20.02.44, über Offb 11,15–19, Das Ziel der Zeiten):

> Rüstet euch mit dem Gebetsoel der klugen Jungfrauen auf die Stunde, da ihr in letzter Herrlichkeitsoffenbarung Gottes hineinschauen könnt in den Sinn dieser Stunde, – da Gott greift nach der Macht über die Völker. Da will Gott, dass seine Gemeinde in letzter Anbetung vor ihm stehe!

Im Rückblick auf die NS-Zeit war die wartende Grundhaltung der Gemeinde für Köster sehr entscheidend: „Wer in seinem Herzen und in seinem Geiste von der Wiederkunft Jesu Christi lebte, der verfiel in keinem Augenblick der nationalsozialistischen Ideologie, denn die bewahrende Kraft Jesu schützte ihn davor" (KöV28.03.46).

5.2.3. Die Gemeinde hat das Prophetenamt und hat viele prophetische Aufgaben zu erfüllen

Aufgrund des hoffnungsvollen prophetischen Wortes stehe die Kirche im prophetischen Dienst am Ende der Zeit.[184] Köster sieht vom prophetischen Wort her eine Fülle konkreter Aufgaben für die Gemeinde: Sie muss, wie Jeremia, wach sein und predigen (Oktober 1940). Die Gemeinde muss, wie Elia, in die Einsamkeit gehen (Juni 1941) und steht, wie die Propheten, in der Spannung zwischen Volk und Gottesgehorsam (Februar 1943). Sie hat, wie Jeremia, zu klagen und soll priesterlich agieren (Februar 1943). Die Gemeinde muss, wie Nathanael, eine ablehnende Haltung gegenüber den Zeichen der Zeit überwinden (April 1943). Sie soll, wie Daniel, zum Wort Gottes greifen und für das Volk um Vergebung bitten (Mai 1943) und, mit Jeremia, Hoffnung verbreiten (Mai 1943). Sie muss in die Welt leuchten und ist bekennende Kirche (August 1943). Die Gemeinde soll ihre Freiheit und himmlische Existenz erkennen (September 1943) und muss der Welt mit ihrem Bekenntnis dienen (Januar 1944). Sie ist zur Audienz bei Gott und bittet um die Wiederkunft Christi (April und Juli 1944). Sie geht als Braut dem Bräutigam entgegen (Oktober 1947). Die Gemeinde soll der Welt vom prophetischen Wort her Orientierung geben (Januar 1951) und muss daher, wie Daniel, das prophetische Wort pflegen (April 1957).

a. Oktober 1940: Die Gemeinde muss, wie Jeremia, wach sein und predigen.[185]

In einer Predigt über Jesaja 6 mit dem Titel „Die prophetische Situation der Gemeinde" erläutert Köster, dass sie die Offenbarungen Gottes wie eine Flamme zu hüten hat (KöV20.10.40): „Die prophetische Situation der Gemeinde ist das Stehn im Erkenntniswort des Alten und Neuen Testamentes, das Leben im Bibelworte." Das Alte und Neue Testament trage die Offenbarungen Gottes an unser Leben heran. Jesaja stehe im „Treiben dieser Zeit, dem Auf und Ab, dem Kommen und Gehen von Herrschern" und sei hellwach. „Das ist die prophetische Situation, mit wachem Herzen die Offenbarungen Gottes erschauen. Das ist deine, das ist meine Situation!" Die Zeitgeschehnisse würden den Christen dazu nötigen, Licht von Gott und seinen gewaltigen Offenbarungen her zu bekommen. „Das Fleisch bereitet uns oft die Versuchung, ach daß du nicht angefangen hättest zu fragen! Das ist es, was wir vor Augen haben müssen, wenn wir fragen, was ist die prophetische Situation heute?" Die Gemeinde müsse ihre Fenster,

[184] Auch Spanring erläutert unter der Überschrift „Confessing God's Word" die Aufgabe der Gemeinde (Spanring 2013:150–152).

[185] Vgl. dazu auch die Predigt KöV21.01.43 über 1.Mose 4,1–16; 1,1–12 – „Der Weg Kains oder: Von Geschichte und Wesen der Weltkultur".

wie Daniel, offen halten, um Licht von Gott zu empfangen. Dann sehe sie, wie Jesaja in den harten Tagen, den Herrn in seiner unantastbaren und tröstenden Throngewalt. Köster fordert schließlich die ganze Gemeinde auf, ihre prophetische Aufgabe anzunehmen (Hervorhebungen nicht im Original):

> Wir sind als prophetische Gemeinde geworfen auf das Tun Gottes, es geht nicht darum, was wir tun, es geht darum, was Gott tut. Nur unterlassen dürfen wir nicht das Sagen! *Welchen Anteil Du an dieser Aufgabe hast? Nicht jeder ist berufen Prediger zu sein. Vielleicht ist dein Anteil an der Aufgabe der, daß du in die Versammlungen kommst und dadurch dein Ja bekundest.* Die Welt sieht das und vielleicht ist es das, was Gott von dir gerade erwartet. ‚Verlasset nicht eure Versammlungen'! Es ist nicht jedermanns Sache zu reden und zu zeugen. Aber du bist redende, zeugende Gemeinde, wenn du die Versammlungen nicht verläßt. Wenn ein Resonanzboden da ist in der Gemeinde für das Wort Gottes, da wird diese Gemeinde eine Stadt auf dem Berge sein, ein Licht auf einem Leuchter! Dann wird das Wort der Erkenntnis und der Barmherzigkeit einen lauten und klaren Klang haben, als Geruch des Lebens zum Leben für den einen, als Geruch des Todes zum Tode für den anderen.

Spanring (2013:147) fasst die Predigt so zusammen: „The existence of the church was of a prophetic nature – prophetic in the sense that the church had the duty of interpreting the present context and events in the light of divine revelation."

b. Juni 1941: Die Gemeinde muss, wie Elia, in die Einsamkeit gehen.

Auch der Prophet Elia stellt für Köster einen „prophetischen Typus" dar (KöV29.06.41). Dies führt er in einer Predigt mit dem Titel „Elia der Prophet des lebendigen Gottes oder Von Weg und Schicksal der Kirchen in der Weltzeit" über 1Könige 19,1–18 und 2Könige 2,1–15 aus. Von Elias Geschichte her seien der Weg und das Schicksal der Kirche und des persönlichen Glaubens zu erkennen. Die Gemeinde müsse wahrscheinlich wieder in den Untergrund (Katakomben), wie Elia, der in die Einsamkeit und Verborgenheit gegangen wäre (:5). Das sei das Ergebnis ihrer Auseinandersetzung mit dem Weltstaat und damit „Prophetenschicksal".

c. Februar 1943: Die Gemeinde steht, wie die Propheten, in der Spannung zwischen Volk und Gottesgehorsam.

In einer Predigt über Jesaja 8,5–9,6 mit dem Titel „Die Gemeinde Gottes in den Krisen der Zeiten" fordert Köster die Kirche auf, eine bestimmte Haltung einzunehmen (KöV04.02.43). In Zeiten der Völkerkrisen bestehe auch für die Gemeinde die Gefahr, sich weltanschaulich anders zu orientieren, als sie es vom Glauben her solle. Sie werde versucht. Köster hätte sich gewünscht, dass vielmehr Prediger das so erkannt hätten und gesättigt gewesen wären am „Glaubensgut der Propheten Israels". Dann wären manche der Versuchung nicht erlegen und hätten sich nicht vom Zeitgeist mitreißen lassen. Gerade in den Tagen der jetzigen Völkerkrise müsse die Gemeinde wissen, dass Gott der Herr der Geschichte sei. Dann betont er wieder den einsamen Weg der Propheten, um schließlich die brutale Spannung aufzuzeigen, in der sich die Gemeinde Gottes befindet:

> Die Gemeinde Gottes ist in den Tagen der Völkerkrisen, in die auch das eigene Volk gezogen ist, in einer furchtbaren Enge. Auf der einen Seite hat der Prophet Gottes und die Gemeinde Gottes das Volk lieb, zu dem sie gehören, – auf der anderen Seite stehen sie im Licht Gottes [...]. Wir sehen die Dinge so ganz anders als die Glieder des Volkes, zu dem wir gehören. Das ist furchtbar schwer für die Gemeinde Gottes! Sie soll Anteil haben an der schweren Einsamkeit der Propheten Gottes. ‚Was sie Verschwörung nennen gegen das Volk, das sollt ihr nicht als Verschwörung bezeichnen, und was sie fürchten, das sollt ihr nicht fürchten!'

d. Februar 1943: Die Gemeinde hat, wie Jeremia, zu klagen und soll priesterlich agieren.[186]

Hervorstechend ist die „Stalingradpredigt" von Köster über Jeremia 8, mit dem Titel „Mein Volk kennt seinen Gott nicht mehr!" vom 07.02.1943 (KöV07.02.43).[187] Durch Jeremias tragische Gestalt werde deutlich, dass der Mensch nie das Maß aller Dinge sei. Köster wünschte sich heute Leute wie Jeremia, die Tag und Nacht über das Volk weinen könnten. Köster selbst empfindet seine eigene Betroffenheit als unzureichend. Jeremia mache deutlich: „Mein Volk kennt seinen Gott nicht mehr!" Er sei dabei nicht abseits, sondern sitze auf den Trümmern Jerusalems.

> Das priesterliche Herz auch in der Gemeinde geht nicht vorüber an der Not dieser Tage ohne Empfindung. Es überkommt uns schwer, wie groß die Not unseres Volkes ist [...]. Nein, man muß auf der Seite Gottes stehen, um mit tiefem Ernst zu klagen über den tragischen Niedergang unseres deutschen Volkes in wenigen Wochen!

Wie Jeremia erschüttert ist, so soll die Gemeinde auch mitempfinden. Der Prophet stehe inmitten seines Volkes und zeige damit auch den Ort an, „um priesterlich unseres Amtes zu walten in dieser furchtbaren Geschichtsepoche". In Deutschland wachse die Not, weil Prediger „Heil" riefen und der gottesferne Gang des Volkes durch Religiosität überlagert werde. „Nicht die politischen Führer sind schuld daran, sondern die verant-

---

[186] Vgl. auch die Predigt KöV12.08.43, 1Mose 32,22–32, mit dem Thema „Ich lasse dich nicht".

[187] Vgl. auch: Graf-Stuhlhofer 2000:1078–1097.

wortlichen Träger des Wortes Gottes haben sich in dieser Sache unseres deutschen Volkes schuldig gemacht." Zur Zeit Jeremias müsse Gott Israel wieder Heimat werden, wenn es Hilfe empfangen will. Der Prophet beweine die Not des Volkes und hebe zur prophetischen Klage an. So auch Köster:

> Wenn ich an die tragische Not unseres deutschen Volkes denke, so wünschte ich manchmal, daß einem einmal die Möglichkeit gegeben würde, daß man nur 5 Minuten einen Sender zur Verfügung hätte, daß man das unserem Volk sagen könnte: Hilfe, nur von Gott!

Die Hilfe sei, wenn Gott uns wieder Heimat werde, wenn Gott wieder gewollt werde, in allen Lebensgebieten. Schlussendlich fordert Köster die Hörer heraus:

> Ich habe versucht, das was das Herz des Propheten Jeremias bewegt, herauszustellen. Das ist die heilige Verpflichtung, zu der wir gerufen werden, und wir nicht in diesseitiger Überheblichkeit über der Not unseres Volkes schweben in ‚seligen Gefilden', sondern, daß wir unsere Aufgabe sehen. Wir sind die, die mit in der Gottesferne sind, aber priesterlich einstehen für die Not unseres Volkes und bitten und beten, daß, wenn es möglich ist, Gott Gnade für Recht ergehen lassen wolle, und uns die Gnade schenke, daß er uns noch einmal aufatmen lasse!

Köster empfindet manchmal den Strudel so furchtbar, dass er alle Völker mit in den Bann ziehen könnte und er den großen Gerichtstag Gottes kommen sieht. Dahinter komme aber der große Held Gottes, der alles neu machen wird, auch die verfahrenen Irrwege des deutschen Volkes. Dann wird Gott Heimat werden. Er werde alle ihre Tränen abwischen. Das Erste sei vergangen, alles sei neu gemacht worden.

e. März 1943: Die Gemeinde ist, wie Samuel, zum Prophetendienst gerufen.

Im Jahr 1943 predigt Köster über „Die Stunde der Christenheit heute" und macht der Gemeinde deutlich, dass sie von 1Samuel 3 her ihre prophetische Aufgabe neu erkennen muss (KöV21.03.43):

> Gott hat neu und sehr dringlich die Christenheit heute fortgerufen vom Priesterdienst und hat sie hineingerufen zum Prophetendienst. [...] Die Christenheit ist gerufen worden, sich heraus zu finden aus dem schalen Priesterdienst hinein in die prophetische Haltung dem lebendigen Gott gegenüber. Das ist die Stunde der Christenheit!

Er führt als Beweis dafür die evangelischen Theologen Barth, Thurneyssen und F. Spemann an. Er warnt vor einem „Christentum der Tat" und verdeutlicht noch einmal die prophetische Aufgabe (Hervorhebungen nicht im Original):

> Da meine ich nicht, dass ich oder irgend ein Mann zum persönlichen Prophetenamt berufen sei, *aber das ist meine feste Überzeugung, das ist ein neutestamentliches Wort, dass die Gemeinde Jesu Christi zum Prophetenamt an ihrer Zeit und zu ihrer Zeit berufen ist!* Sie soll sich nicht nur genügen lassen mit der Pflege am Gesetz, sie soll sich auch nicht genügen lassen mit der Pflege der Versöhnung und Erlösung und der Pflege des ‚seligen Sterbens', sondern sie soll wieder einmal jenes Licht von Gott tragen wie eine helle Fackel in unsere dunkle Mitternacht hinein, dass es die Menschen wieder sehen, dass sie um Gott wissen, dass sie um Gottes Einsatz in dieser unserer Zeit wissen! Das muss der Menschheit wieder gesagt werden! (ebd.)

Zum Schluss der Predigt fordert er die Hörer wieder auf, sich zu fragen, was ihr Beitrag bei dieser Aufgabe sein kann:

> Vielleicht hast du nur ganz still und treu deinen Dienst zu tun in der Gemeinde Jesu Christi, dass du nur das eine tust, was der junge Samuel tat während die anderen sich nicht mehr darum kümmerten, – er kümmerte sich um die Lampe Gottes, er hat dafür gesorgt, dass die Lampe Gottes noch nicht verglimmt war, sondern noch glühte. (ebd.)

f. April 1943: Die Gemeinde muss, wie Nathanael, eine ablehnende Haltung gegenüber den Zeichen der Zeit überwinden.

Im April 1943 illustriert Köster am Beispiel von Nathanael, welche Haltung die Gemeinde gegenüber den Kommenden und den Zeichen der Zeit einzunehmen hat (KöV01.04.43). Nathanael reagiere zunächst reserviert und spreche über Jesus vom „Zimmermannsohn". Auch 1943 sei man verbohrt, weil man die Linien vom prophetischen Wort in die antichristliche Gegenwart nicht beachte. Aber Nathanael werde die Gefahr überwinden, denn er stehe auf einmal vor dem Nazarener Jesus und erkenne ihn als den Sohn Gottes. Köster fordert die Hörer auf, auch ihr Vorurteil zu überwinden, und ein Glaubensexperiment zu wagen, gegenüber dem antichristlichen Charakter der aktuellen Zeit:

> Es gilt, daß wir die Zeichen der Zeit wirklich sehr ernst nehmen, auch unsere Zeit, wie wir sie jetzt haben, und in welche wir uns allmählich gewöhnen. Wir gewöhnen uns an den Trott unserer Zeit! Wie schnell gewöhnen wir uns sogar an das Schreckliche, wie rasch haben wir selbst das furchtbare Geschehen von Stalingrad hinter uns gebracht!

g. Mai 1943: Die Gemeinde muss, wie Daniel, zum Wort Gottes greifen und für das Volk um Vergebung bitten.

Köster fordert die Gemeinde auf, wie Daniel, in einer Welt- und Zeitenwende zum Wort Gottes zu greifen, „um diese gewaltige Weltenwende hineinzubekommen in das Licht des Wortes des lebendigen Gottes! Das ist etwas ganz entscheidendes!" (KöV27.05.43:3). Die Gemeinde solle verstehen: „Gott redet auch über die Politik, auch über die Weltreiche bis an das Ende der Tage, auch über die Geschichtsepoche, in die du und ich gestellt sind." Weiter solle die Gemeinde für das Volk vor Gott eintreten und um Vergebung bitten (:6):

> Wenn unser deutsches Volk sich vergeht vor dem Angesicht Gottes, so haben wir zu beten wie Daniel: ‚Wir haben gesündigt!' Wir tragen mit an der Sünde und an der Schuld unseres Volkes und haben sie vor das Angesicht Gottes zu bringen, wir haben unser Volk vor Gott zu vertreten in heiligem Priesterdienst. Es ist sehr leicht zu schimpfen, – aber es ist schwer zu beten! Es wäre für Jesus sehr leicht gewesen zu schimpfen am Kreuz, als man ihn verspottete und anspie, aber viel schwerer war es zu beten: ‚Vater, vergib ihnen, denn sie wissen nicht, was sie tun'. Da muss der eigene Sinn des Menschen schon gestorben sein, um das zu können!

Hier sieht man, wie für Köster manchmal der prophetische Dienst mit dem priesterlichen Dienst des Eintretens ineinander geht.

h. Mai 1943: Die Gemeinde soll, wie Jeremia, Hoffnung verbreiten.

Im Nachgang zur Schlacht von Stalingrad und nach verheerenden Bombenangriffen auf Städte im Westen Deutschlands hält Köster im August 1943 eine Predigt über die Klagelieder Jeremias (KöV05.08.43). Er erwähnt unter anderem die „schauerlichen Berichte aus den Westgebieten", u. a. auf Köln und Hamburg. Es sei wie ein Trommelfeuer der Ereignisse und mache gefühllos. „Solche Haltung aber darf bei der Gemeinde Jesus nicht durchbrechen." In der Welt sei es Gericht, wer „aber zur prophetischen Gemeinde gehört, muss diesen Dingen gegenüberstehen können wie der Prophet sie sieht!" Er stehe auch unter dem Eindruck, dass die Gemeindehäuser in Hamburg und das Seminar zerstört wurden.[188] Jeremia hätte in der Not seines Volkes eine priesterliche Liebe für sein Volk „in sein Herz empfangen", so dass er sich eingesetzt habe und „in den

[188] Dennoch – so führt er in der gleichen Predigt aus – gäbe es auch immer wieder Hoffnung, denn das Diakonissenhaus Siloa sei stehen geblieben und eine Gemeinde in Düsseldorf sei bewahrt worden. Die Geschwister wären während eines Angriffs im Gebet zusammen geblieben, während um sie herum alles zerstört worden sei.

Riss“ hätte treten können. Das sei auch Aufgabe der Gemeinde (Hervorhebungen nicht im Original):

> [...] – dieser Prophet ist es, und nur dieser, und nur eine solche Gemeinde ist es, die im Morgenglanz der Ewigkeit steht und für die Welt des Unglücks und der Sünde das Evangelium von Gottes neuer Welt und Gottes neuer Menschheit hat [...]. Im Blick auf sein Volk, keine Hoffnung, im Blick auf den Gott dieses Volkes aber auch alle Hoffnung! *Das ist der Prophetenstandort auch der Gemeinde Jesu Christi, sollte es wenigstens heute auch sein!* Der Prophet der Gott so kennt, sieht für sein Volk und für seine Welt eine Zukunft!

Köster weist hier wieder der Gemeinde als Gesamtgemeinschaft die prophetische Aufgabe zu.

i. August 1943: Die Gemeinde muss in die Welt leuchten und ist bekennende Kirche.

Im August 1943 spricht Köster über 1Timotheus 3,15f mit dem Thema „Was die Gemeinde Jesu Christi in dieser gegenwärtigen Weltzeit ist, und was sie tun soll“ (KöV01.8.43).

> Die Gemeinde ist das Licht in der Welt [...]. Wir sind gewissermassen wie ein Leuchtturm der Ewigkeit, mitten im lauten Gewoge und Gelärme der Völkerwelt. Ein Leuchtturmwärter hat sich nicht darum zu kümmern, ob die See ruhig ist, oder nicht. Sondern sein Amt ist, dass er wie stupid und stur, treu nur die eine Sorge hat, seine Lampen so rein zu halten und so zu putzen, dass sie ganz klar sind, ganz gleich, ob sich jemand danach richtet, oder nicht. Es kann vorkommen, dass er seine Lampen leuchten lässt, aber es ist überhaupt niemand im Bereich des Leuchtturmes. Aber seine Lichter müssen brennen. Das ist der Sinn und Zweck der Gemeinde. Gott hat die Gemeinde in die Welt gestellt wie einen Leuchtturm, mitten in das Gewoge des Meeres und in die finstere Nacht.

Die Gemeinde sei bekennende Kirche, wenn sie zusammenkommt zur Taufe, zum Abendmahl und zum Hören des prophetischen Wortes (:3f):

> Die Gemeinde ist eine Schar von Bekennern, und nur als bekennende Kirche ist die Gemeinde Haus Gottes, Gemeinde des lebendigen Gottes, Säule und Basis der Wahrheit! Hier liegt das Schwergewicht auf dem Bekenntnis! Ich sage damit nicht, dass jeder von euch nun auf die Strasse gehen soll um zu ‚bekennen‘! Sondern das ist schon ein Bekennen, dass wir hier zusammenkommen [...]. Wenn wir es den Leuten da draußen sagen, es ist ja doch keine Hilfe da, nur der lebendige Gott, – das ist Bekenntnis, – und das tun wir ja doch manchmal!

j. September 1943: Die Gemeinde muss ihre Freiheit und himmlische Existenz erkennen.

1943 spricht Köster noch einmal über „Die Stunde der Christenheit heute“ anhand 2Petrus 3,1–13 (KöV09.09.43). Er sieht die Christen mehr und mehr zu Pilgern und Fremdlingen in der Welt werden, die mit Sehnsucht die Heimat erwarten. Die Gemeinde müsse sich auf ihren Standpunkt besinnen. Die bürgerliche Christlichkeit sei zeitbedingt und gehe zu Ende, aber nicht die Gemeinde und der Christus. Köster zitiert den Theologen Wichelhaus: „‚Ich habe kein Christentum, ich habe einen lebendigen Christus!‘ Das ist der entscheidende Orientierungspunkt [...] der Christenheit [...]: Der Christus ist ewig auch dann, wenn das Christentum vergeht, das auch Zeit und Kultur geprägt hat.“ Die Gemeinde müsse sich daher ihrer himmlischen Existenzweise neu bewusst werden. Sie sei in der Welt, aber nicht von ihr. Köster verweist auf den großen Propheten des neuen Bundes, Johannes, und seine Bilder in der Offenbarung, und wie Gemeinde dort beschrieben wird. Letztlich sei die Gemeinde wieder frei, weil die Kultur zerbricht, „frei für eine unmittelbare, Neutestamentliche Christlichkeit, wir sind nicht mehr eingeengt in die Christlichkeit der abendländischen Kultur. Das Kirchenchristentum können wir fallen lassen“ (:7). Weiter schreibt er: „Wir haben die gegenwärtige Stunde der Christenheit wirklich verstanden, wenn wir uns verstehen als Gemeinde der Endzeit, als eine Christusgemeinde, die hineingestellt wurde in die apokalyptische, antichristliche Zeit, die den Charakter der Wehen und des Vergehens hat.“

k. Januar 1944: Die Gemeinde darf dem Weltstaat dienen.

Köster predigt über Daniel 6,11 mit dem Thema „Der Standort der Gemeinde Jesu in der vergehenden Welt“ (KöV16.01.44). Christen könnten, wie Daniel, dem Staat dienen, ohne seine Weltanschauung aufzunehmen. Jesus Christus wäre auch gekommen, um der Welt zu dienen.

> Das ist das Geheimnis der Gemeinde Jesu Christi auch heute: dem Weltstaat, dem wir zugehören, können wir dienen mit Treue und Hingabe, wie es keiner der ‚staatlichen‘ Funktionäre ausserhalb der Gemeinde Jesu Christi zu tun vermag. Denn alle sind sie angekränkelt von jenem Verhängnis, dass sie den Staat verwechseln mit der Futterkrippe irgend eines Tieres. Das Geheimnis eines selbstlosen Dienstes ist der Gemeinde Jesu Christi gegeben, und sie kann ihn tun, ohne sich zu verlieren an den Geist dieser Weltzeit. Daniel hat dem Weltstaat bis in sein hohes Alter hinein, als er 80 Jahre war, gedient, und das in ganz einzigartiger Weise! Den Geist seiner Könige hat er aber dabei nie zu seinem Geist gemacht, und das Herz seiner Könige hat dabei nie sein Herz zu bestimmen vermocht!

Aber es könne auch zu einem Zusammenstoßen zwischen Gemeinde und Weltstaat kommen, weil der Weltstaat die Anbetung des lebendigen Gottes nicht akzeptieren werde. Köster erwähnt die Deutschen Christen, die einfach beim Weltstaat mitgemacht hätten und wieder untergegangen seien. Die Gemeinde könne sich nur halten, wenn sie tue, was sie bisher getan habe, nämlich „die gleiche Verkündigung von dem Licht Gottes in der Weltgeschichte, den gleichen Christus, den gleichen Weg der Gottesgemeinde verkündigen, das gleiche Ziel aller Dinge in die Welt gestellt haben, wie damals, so auch jetzt". Die Gemeinde müsse ihre Fenster weiter offen halten und darum bitten, dass Gottes Reich komme. „Was sollen wir beten? Dass ‚Dein Reich komme! Komme bald Herr Jesu'. Was sollen wir tun? Am Kreuze leben und wissen um die Vergebung unserer Schuld, am Kreuze stehen und wissen um das Geheimnis ewig gültiger Versöhnung [...]."

I. April und Juli 1944: Die Gemeinde ist zur Audienz bei Gott und bittet um die Wiederkunft.

„Die Gottesmächte der Entscheidungsstunde" lautet das Thema von Kösters Predigt über Offenbarung 8,1–5 im April 1944 (KöV30.04.44). Ihm ist es wichtig, dass die Gemeinde wacht und betet in den sehr ernsten Stunden dieser Zeit. Gott werde seinen Priestern und Heiligen durch sein Wort und seinen Geist mitteilen, was gerade dran sei. „Und überhaupt, wir lassen es uns nicht verbieten, daß wir Audienz haben bei der Majestät aller Majestäten, König aller Könige, um zu reden über die Gewaltigen und Kleinen, Hohen und Niedrigen unter den Menschen dieser Welt des lebendigen Gottes!", denn:

> Wenn die Gemeinde der Heiligen bittet für diese verlorene Welt, dann ist es um die Gnade, daß Christus wiederkomme in seiner Herrlichkeit, wenn die Gemeinde irgend eine Liebe hat dieser verlorenen Welt gegenüber, dann nur die bräutliche Liebe, die sich darnach [sic!] sehnt, daß Jesus wiederkommen möchte in seiner Herrlichkeit um endlich die Dinge dieser Welt herauszunehmen aus dem stümperhaften und schwachen Händen der großen und gewaltigen Menschen, auch in unseren Tagen, und sie in seine starken Hände nehme, die für uns durchstochen wurden auf Golgatha am Kreuz!

In einer Predigt im Juli 1944 (KöV23.07.44) spricht Köster noch einmal die Notwendigkeit des Gebets für das Volk an. Die Gemeinde hadere damit, dass das Volk nicht hören wolle. „Wir können uns nicht lösen von der Nötigung, in die wir als Gemeinde gestellt sind, immer wieder zu bitten, wie Jakobus, der Bruder des Herrn in seinem Brief schrieb, daß die ‚Barmherzigkeit sich rühme wider das Gericht'."

m. Oktober 1944: Die Gemeinde muss, wie Elia, für die Zukunft planen.

Mit „Das Gebet Elias oder ‚Der Standort der Gemeinde in der gegenwärtigen Gerichtszeit'" ist eine Predigt zu 1Könige 18,41f im Oktober 1944 (KöV29.10.44) überschrieben. Interessant ist, dass Köster hier schon über die Aufgabe der Gemeinde für die Zeit nach dem Krieg nachdenkt:

> Wir müssen als Priester Gottes nicht nur denken an die Gegenwart, die uns verpflichtet vor Gott zu stehen und zu beten, sondern die Gemeinde Jesu Christi hat auch eine prophetische Aufgabe für die Stunde, die noch kommt. Da werden Menschen kommen und darum flehen, ‚sei unser Lehrer'. Was wird das sein, wenn das Wort Gottes gesucht wird, und man kann es nicht finden, man hat keine Bibel und keine Prediger mehr, die das Wort wissen und deuten können! Darum werde ich nicht müde, euch immer wieder die großen klaren Linien des Bibelbuches, wie Gott sie mich hat schauen lassen, zu zeigen, damit ihr das vor Augen habt. Es wird dann wirklich einmal so sein, daß Gott euch die Gnade gibt, euch durch den Geist, dessen Werk es ist, zu erinnern, auch euch zu erinnern an das, was Gott hat schreiben lassen durch seine Propheten und Apostel.

Die Gemeinde habe daher auf die kleine Wolke zu achten, auch wenn sie noch so klein sei, „da es vom Gericht zur Gnade, von der Vernichtung zum Segen kommen darf". So lange bete die Gemeinde mit priesterlichem Glauben, weil sie wisse, dass die Gerichtszeit der Engpaß für ein besseres Morgen sei.

n. Oktober 1947: Die Gemeinde geht als Braut dem Bräutigam entgegen.

1947 fordert Köster die Gemeinde anhand des prophetischen Wortes auf, dem Bräutigam entgegen zu gehen und nimmt Bezug auf Daniel 3 (KöV30.10.47:19):

> Von da aus können wir jeweils immer die Gegenwart des Weltstaates einsehen und verstehen und auch die gegenwärtige Stunde der Reichgottesgemeinde. Da geht es wirklich darum, daß die Brautgemeinde des ewigen Christus in der gegenwärtigen Mitternachtsstunde ‚auf hellen Wegen geht dem Bräutigam entgegen'. Darum arbeiten wir auch an diesem Wort. Es darf ein Lehrer des Wortes Gottes ‚das feste prophetische Wort', wie Petrus sagt, der Gemeinde nicht vorenthalten, soll die Gemeinde nicht im Dunkel der gegenwärtigen Weltgeschichte mit untergehen.

Ohne das prophetische Wort würde die Gemeinde also laut Köster den Bräutigam Jesus gar nicht finden.

o. Januar 1951: Die Gemeinde soll der Welt vom prophetischen Wort her Orientierung geben.

1951 mahnt Köster die Gemeinde vom Weissagungswort her, der Welt Orientierung zu geben (KöV25.01.51): Die Welterschütterungen seien letzte Posaunen. Die Gerichte seien aber nicht nur Katastrophen, sondern auch barmherzige Warnungen und freundliche Einladung Gottes, ihm zu begegnen. „Die Gemeinde hat der Welt als Kirche der Not und als Kirche der Verfolgung der Welt zu zeigen, daß sie im Leiden treu festhält an Seinem Namen und ihn nicht verleugnete, und daß das Gericht anfängt am Haus Gottes“ (:7). Die Gemeinde führe damit jetzt den prophetischen und priesterlichen Dienst aus, bevor sie eines Tages den königlichen Dienst tun werde (Hervorhebung nicht im Original):

> Will sie das tun, muß sie 2tausend Jahre ihrer Kirchengeschichte durchstreichen u. alles, was in dieser Zeit angeschwemmt wurde und nicht zur Sache gehört, weglassen u. schlicht u. einfach am ewigen Wort leben, vor dem der Mensch eine ewige Situation hat, die sich nicht wandelt. *Wie einst Jesaja, so steht auch heute Br. Köster vor Gott, und wie Mose vor Gott stand und redete, so haben auch wir zu stehen u. zu reden.* (ebd.)

Interessant ist hier die Selbstaussage Kösters, der sich und die Gemeinde mit als vor Gott stehenden alttestamentlichen Propheten gleichsetzt.

p. April 1957: Die Gemeinde soll, wie Daniel, das prophetische Wort pflegen.

Köster merkt in einer Predigt mit dem Titel „Die wartende Gemeinde und das Weissagungswort der Schrift“ anhand von Daniel 9 an, dass das prophetische Wort nach wie vor nicht sehr beliebt sei (KöV04.04.57:1): Gott habe es der Gemeinde geschenkt und ihr damit „Größtes“ von ihm anvertraut. Es sei Lampenlicht am dunklen Ort. „Wenn man sich dem Geist der Prophetie hingibt, lösen sich viele Probleme. ‚Der Geist der Wahrheit wird euch leiten [...] was zukünftig ist, wird er euch verkündigen,‘ sagt Jesus seinen Jüngern.“ Wer am prophetischen Wort lebe, könne auch für sein Volk (Deutschland) eintreten und seine Kollektivschuld auf sich nehmen, wisse aber auch um die Kollektivvergebung. Die Gemeinde müsse es wagen, am prophetischen Wort zu leben, und habe den „stellvertretenden Beterdienst“ zu tun, um das Kommen des Reiches Gottes. Dann antworte Gott mit „der himmlischen Erklärung im Blick auf die Zeichen der Zeit“. Köster schließt mit einem Wunsch für die Zukunft (Hervorhebungen nicht im Original):

> *Wir sind keine Propheten,* aber wir haben in dem Bibelbuch das prophetische Wort, das uns nötigt auf die Zeichen der Zeit zu achten. Wenn wir das prophetische Wort fallen lassen, verschieben sich die Perspektiven, alles wird falsch. Sehen wir aber die Dinge vom Thron Gottes aus, wird uns ‚klein das Kleine und das

> Große groß erscheinen'. Wer so am prophetischen Wort lebt, der hat die richtige geistige Nähe zum Volk der Juden und seiner Geschichte. Wer so am prophetischen Wort lebt wie Daniel, der hat die geistige Distanz zum eigenen Volk. Es gibt auf Grund des prophetischen Wortes Menschen, die herausgenommen sind aus ihren Völkern wie Abraham, wie Daniel. Das prophetische Wort bereitet mir die geistige Nähe zum Volk der Wahl Gottes und bewahrt mich davor, meine Hoffnung auf Erlösungsprogramme irdischer Größen zu setzen. Möge Gott uns bewahren, was er uns bisher geschenkt hat am prophetischen Wort; wer da hat, dem wird dazugegeben werden. Seien wir dankbar für das Licht, das uns am dunklen Ort gegeben ist. Wir wollen darum bitten, daß Gott das prophetische Wort jungen Männern anvertraue und die Voraussetzung schaffe, daß sie nichts anderes nötiger haben für ihr persönliches Leben, als den persönlichen Umgang mit Gott ...

Schließlich macht Köster der Gemeinde immer wieder Mut, das Ende und die Wiederkunft Christi in den Blick zu nehmen. Dies ist ein Grundzug in Kösters Verkündigung.

5.2.4. Fazit: Köster weist der gesamten Gemeinde die prophetische Aufgabe zu

Die dargestellte Auflistung zum prophetischen Dienst macht deutlich, dass Köster der gesamten Gemeinde eine prophetische Aufgabe zuweist – für die jeweilige Zeit, in der sie lebt. Sie hat das Prophetenamt inne und hat den prophetischen Standort einzunehmen. Köster ist folglich als Prediger der Gemeinde an dieser Aufgabe beteiligt. Er ist ihr pastoral-prophetischer Leiter, indem er das prophetische Wort auslegt.

5.3. Arnold Köster als prophetisch verkündigender Leiter

Um Köster als prophetisch-leitenden Verkündiger besser zu verstehen, werden in diesem Abschnitt Aussagen Kösters zitiert, die sein prophetisches Dienstverständnis erkennen lassen. Berücksichtigt wurden auch Aussagen über Köster von Menschen, die Köster nahestanden.

Diesem Abschnitt sind einleitend zwei Aussagen Kösters vorangestellt, die exemplarisch seine generelle Sicht zur Aufgabe des prophetisch verkündigenden Leiters deutlich machen. Die erste tätigt Köster vor Studenten der evangelisch-theologischen Fakultät Wiens. Das erwähnte „seelsorgerliche Gespräch“ war damals eine Form der gottesdienstlichen Predigt, das auf den evangelischen Theologen Eduard Thurneysen (1888–1974) zurückgeht (KöV30.05.47):

> In der praktischen Theologie steht man Auge in Auge mit dem Satan. Die Diener am Wort vor allem müssen daher rechtzeitig die Gefahr erkennen, um sie rechtzeitig bekämpfen zu können. Die Gemeindeseelsorger sind eine ,Lebensmittelprüf-

> stelle' (Emil Brunner). Der Diener am Wort muß daher den geistigen Bewegungen seiner Zeit vom heiligen Geist her so wach gegenüberstehen, daß er sie rechtzeitig einsehen und ein warnendes Wort geben kann. Die Arbeit, die hier zu leisten ist, wird also in erster Linie ein seelsorgerliches Gespräch sein.

Das zweite Zitat stammt aus der Vorlesung zur Offenbarung (KöV16.05.46:5): „Wehe dem Prediger, der nicht bedacht ist auf die gesunde Ernährung und die richtigen Vitamine des Glaubens den gefährdeten Menschen gibt, damit der Glaube durchhalte. Darum hat der erhöhte Herr die ‚Offenbarung des Johannes' gegeben."

5.3.1. Kösters Biographie: Vom Wort her berufen zum Wächteramt

Im November 1948, zum Anlass seines 25-jährigen Dienstjubiläums, nennt Köster einige Bibelworte, die sein bisheriges Dienstleben geprägt haben (AWM Nr. 4). Dazu gehöre das Wort aus 1Mose 32,30 „Und er segnete ihn daselbst." Gott segnete Jakob nach dem Kampf am Jabbok. Dies sei zu seiner persönlichen Theologie geworden: „Gott legt seinen Segen in das Leben, wenn man vor ihm niedergestürzt ist und nichts hat, als Ihn, und Trost über Trost in jedes Elend" (vgl. Kapitel 3.1.3.).

Als zweites Wort nennt Köster Jesaja 58,11f[189]. Es sei ihm wichtig geworden, als er überlegte auf das Predigerseminar zu gehen. Er hätte Gott versprochen: „Wenn du dein Wort hältst, das du mir gegeben hast, will ich meines dir gegenüber auch halten." Und Gott habe dieses Wort gehalten. Er sei nicht satt geworden am Wort Gottes und empfinde es wie eine Wasserquelle. Köster ist dankbar und sagt: „[...] ich habe bauen dürfen, was lange wüste lag, ich habe Grund legen dürfen für die Ewigkeit, ich habe Hecken und Lücken, Wege und Zäune bessern dürfen." Auch in Köln hätte Gottes Wort ihn angesprochen. Mit Blick auf das wilde Treiben im Karneval führt Köster aus:

> In jener Zeit war es, daß ich manchmal erschüttert stillstand vor der ungeheuren Not, daß wir kaum Männer hatten, die vom prophetischen Wort her in die Zeit hinein riefen und warnten. Damals las ich Hesekiel 33 [...]. Ich las: ‚Ich habe dich zum Wächter gesetzt; du sollst das Wort aus meinem Mund hören und sie von meinetwegen warnen [...].' Ich war erschüttert, als dieses Wort wieder einmal ganz allein die Bibel für mich ausmachte. Alles andere war zugeschlossen. Dieses Wort stand da, bis ich meinem Gott Antwort gab und sagte: ‚Ja, ich will dieses Amt auch tun.'

---

[189] „Und beständig wird der Herr dich leiten, und er wird deine Seele sättigen in Zeiten der Dürre, und deine Gebeine rüstig machen. Und du wirst sein wie ein bewässerter Garten und wie ein Wasserquell, dessen Gewässer nicht trügen. Und soll durch dich gebauet werden, was lange wüste gelegen ist; und du wirst Grund legen, der für und für bleibe; und wirst genannt werden: Vermauerer der Lücken, Wiederhersteller bewohnbarer Straßen."

> Von da an fing ich an, an dem eschatologischen Worte zu arbeiten. Über 20 Jahre tue ich nun diesen Dienst, und ich glaube, ich habe ihn laut redend getan.[190]

Gott hätte in Wien ein weiteres Wort aus 1Johannes 3,19f gesprochen,[191] in einer Zeit als Köster einsam arbeitete. Es hätte ihm geholfen, seinen Platz zu behaupten. In der verwaisten Gemeinde hätte es viele Weltanschauungen gegeben. Er hätte die große Verantwortung gesehen, die Wahrheit Gottes zu predigen. Das Wort hätte nicht weiter gebeugt werden dürfen. „Ich muß euch sagen, daß dieser Kampf mich hier immer wieder neu verpflichtet hat, auf dem Weg mit der Wiener Gemeinde ein fleißiger Mann zu sein am Worte Gottes, ich wäre sonst nicht fertig geworden mit der geistigen Situation in der Stadt hier." Köster führt aus:

> Das Dienstgeheimnis eines Predigers, der ein Wort hat, Zeugnis und Sendung liegt in dieser Existenz, in diesem Wesen seiner Herzenssituation, wie wir es eben hier haben: Wenn unser Herz uns verdammt im Blick auf das Verlachtwerden und das Unverständnis, so erscheint im Herzen die überragende Größe Gottes [...]. Ich bin auch von meinem Herrn [...] gefragt worden [...], hast du mich lieb?' Daß ich Jesus unendlich lieb habe, ist das Geheimnis meines gesegneten Dienstes. Ich bekenne mit aller Demut, die auch Petrus hatte; mich selbst rühme ich nicht, sondern ich rühme allein meinen Dienst. Ich bin der glücklichste Mensch, daß Gott mir einen solchen Dienst anvertraut hat.

Aus Kösters eigenen Ausführungen wird deutlich, wie sehr er sich dem Wächteramt verpflichtet fühlte. Dieses Wächteramt, das zunächst dem Propheten Hesekiel gegeben wurde, empfand Köster als seine ganz persönliche Dienstaufgabe. Es war eine prophetische Dienstaufgabe, zu der er sich vom Wort Gottes her berufen sah.

5.3.2. Kösters Berufung zum prophetischen Dienst im Rahmen der Gemeinde

Neben der Betonung des Wächteramtes hatte Köster auch eine Berufung zum prophetischen Dienst. Wie kam es dazu und wie lebte er sie? Dieser Frage gehe ich anhand

[190] Das Zitat geht wie folgt weiter: „Als ich Köln verließ und nach Wien kam, sagte ein Bruder beim Abschied: ‚In Bruder Köster verlieren wir den Wächter und Warner.' Ich weiß nicht, warum Gott es getan hat, jedenfalls ist es mein Amt heute noch. Ich bin wegen dieses Amtes oft verlacht und nicht verstanden worden, aber heute kann ich sagen, daß gerade in den entscheidenden Jahren Gott seinen Segensdienst getan hat durch seinen Prediger, wenn ich hier Wächter war. Und ich habe nicht die Absicht, ganz gleich was kommt, dieses Wächteramt Gottes zurückzulegen. Ich werde rufen und der Drommetenhall [sic!] sein, solange Gott mir dazu die Stimme gibt."

[191] „Daran werden wir erkennen, daß wir aus der Wahrheit sind, und wir werden vor ihm unser Herz stillen; denn wenn uns das Herz verurteilt, ist Gott größer als unser Herz und erkennt alles."

von Zitaten aus Predigten im Zeitraum von 1943 bis 1957 nach. Die Zitate sind einem Antwortsatz zugeordnet, der aus fünf Teilen besteht:

(5.3.2.1.) Köster empfindet, zusammen mit der Gemeinde, eine prophetische Berufung und (5.3.2.2.) übt deshalb zusammen mit ihr die Aufgabe eines Wächters aus, (5.3.2.3.) indem er als ihr Leiter das prophetische Wort verkündigt, denn (5.3.2.4.) dadurch wird der Zeitgeist (NS) entlarvt und (5.3.2.5.) die Gemeinde bleibt bis zur Wiederkunft bewahrt!

Mehrmals betont Köster, dass er sich selbst nicht als Prophet sieht, ergänzt diese Aussagen aber mit einem „aber" (Hervorhebung nicht im Originalzitat):

> Ich bin kein Prophet, *aber* wir haben das prophetische Wort, das prophetische Reden Gottes. Neben dem Gnadenwort Gottes haben wir das prophetische Gotteswort. Gott redet mit uns über die kommenden Dinge, damit er mitten im Gericht uns in seiner erlösenden Hand haben kann. (KöV27.07.50)

> Ich bin kein Prophet, *aber* der Geist Gottes ist auch der Geist der Prophetie. Der Geist, der in alle Wahrheit leitet ist nicht nur der Geist, der will, daß wir in der Zucht leben, er ist nicht nur der Geist der Erkenntnis Jesu Christi, sondern er ist auch der Geist der Weissagung, der uns im vorhinein auf die Dinge aufmerksam macht, die da kommen. (KöV25.10.51)

> Kürzlich habe ich gesagt, dass ich kein Prophet bin, *aber* dass in der Gemeinde Jesu Christi nicht nur der Geist der Zucht, der Frucht und der Liebe waltet, sondern auch der Geist der Prophetie. Das heisst, dass die Gemeinde durch den Geist Gottes nicht nur den Blick für die Herrlichkeit Jesu hat, dass wir ihn erfassen und erkennen können, sondern dass die Gemeinde Jesu Christi durch den Geist der Weissagung und durch die Zeichen der Zeit einen Blick hat für die Weltenuhr Gottes. (KöV08.11.51)

Köster sah die Gemeinde zur prophetischen Aufgabe berufen. Er führte die Gemeinde als ihr Prediger an. Somit hat Köster sich im Rahmen seiner Gemeinde zur prophetischen Aufgabe und zum prophetischen Dienst berufen gesehen, aber die Amtsbezeichnung „Prophet" für sich abgelehnt. Wie ich aber im weiteren Verlauf deutlich machen werde, entlässt er sich damit aber nicht aus der prophetischen Rolle.

5.3.2.1. Köster empfindet mit der Gemeinde eine prophetische Berufung

a. Köster empfindet zusammen mit der Gemeinde eine prophetische Berufung und ...

In jungen Jahren hatte Köster nach einem Predigtdienst einen Traum (KöV27.07.50, vgl. Kapitel 4). Er habe den Traum seiner Mutter erzählt, und sie hätte ihm davon abgeraten, diesen Traum weiterzuerzählen, weil die Leute dann meinen würden, dass Köster ein Prophet sei. Köster sagt dann weiter:

> Ich weiß, daß Gott uns durch Träume rufen kann. Dieser Traum steht wie ein ernstes Ausrufungszeichen in meinem Leben und in meinem Dienst. Zwei Weltkriege haben wir durchleben müssen! Wir dürfen die Wartenden bleiben, wir haben als Gemeinde die Zeichen der Zeit; ‚Wenn ihr solches seht, hebet eure Häupter auf, weil eure Erlösung naht', wir warten nicht auf den Untergang, sondern auf die Erlösung!

In diesem Traum, von dem Köster offensichtlich erst im Jahr 1950 öffentlich berichtet, sieht Köster scheinbar eine Berufung zum prophetischen Dienst. Nimmt man eine weitere Aussage aus dem Jahr 1957 dazu (KöV04.04.57), wird sehr deutlich, dass Köster auch von Epheser 4,11 her einen prophetischen Aufrag für sich erkannte:[192]

> Ich habe oft aufmerksam gemacht, daß ich unter dem Eindruck stehe, daß das prophetische Wort nicht sehr geliebt wird in unseren Tagen. Das habe ich wieder bestätigt bekommen, als ich mit einem Kollegen darüber sprach und er mir zur Antwort gab, er ließe am besten die Hände davon! Das ist tragisch. Von mir aus gesehen ist das Ungehorsam dem Wort gegenüber, das Gott der Gemeinde gegeben hat. ‚Er hat etliche zu Propheten, etliche zu Evangelisten, etliche zu Hirten und Lehrern gesetzt', sagt Paulus Eph.4,11, daß der Leib Christi erbaut werde.'

Im September 1943 vergleicht sich Köster – zusammen mit der Gemeinde als Ganzes – indirekt mit dem Propheten Jeremia (KöV30.09.43). Er predigt zum Thema „Dürfen wir für unser Volk noch beten?" (Jer 7,16–20) und führt aus, dass jede neutestamentliche Gemeinde, die es wagt, sich von den Propheten Israels belehren zu lassen, Einsamkeit und Fremdlingschaft auf sich nehmen muss. Die Gemeinde – und damit ja auch Köster – teile das Schicksal ihres Volkes, wie es der Prophet tat. Das führe sie ins Gebet.

> Das ist das Prophetengeheimnis, auch des Jeremia, dass er hineinschaut in die politische und kulturelle und wirtschaftliche Situation und in die soziale Lage seines Volkes. Da sah der Prophet in dieser Lage schon das Gericht, mit dem Gott antworten musste auf diese politische, kulturelle, wirtschaftliche und soziale Lage und Haltung inmitten seines Volkes. Das ist der Blick, den die Gemeinde Jesu Christi auch heute hat. Die Gemeinde weiss, ‚wer auf das Fleisch säht, wird von dem Fleisch einst das Verderben ernten' Gal.6.8.

Im Februar 1944 predigt Köster über „Das Gottesgeheimnis der Weltgeschichte" (KöV02.01.44b). Er reflektiert zunächst den 15-jährigen Dienst in Wien, in dem er es sich nie leicht gemacht hat mit der „Arbeit am Bibelbuch". Dann blickt er in die Zukunft und legt gleichzeitig seine Motivation für den Dienst offen:

---

[192] Vgl. auch KöV06.07.50:1.

> Ich habe immer unter dem Geheimnis eines göttlichen Befehls gestanden, dass ich das Wort offen sagen muss. Gott will gehört und verstanden werden. Ich bin bis an die Grenze des Möglichen gegangen! Aber wenn ich je habe offen sprechen müssen, dann ist das im Blick auf 1944 wohl so, dass in keiner Zeit offener geredet werden muss als gerade in diesem Jahr, wenn der Glaube der Gläubigen bewahrt, – und wenn möglich noch ein Menschenkind gerettet werden soll [...]. Immer war das Gebet, ehe ich vor euch stand, dass Gott mir ‚eine gelehrte Zunge' geben möchte, um zur rechten Zeit mit den Müden zu reden.' (Jes.50.4)

Im Juli 1949 berichtet Köster, dass er wegen seines Festhaltens am prophetischen Wort auch von Kollegen kritisiert wird und ständig im Sperrfeuer steht (KöV14.07.49).

5.3.2.2. Köster übt mit der Gemeinde die Aufgabe eines Wächters aus

b. ... übt deshalb mit ihr die Aufgabe eines Wächters aus, ...

Köster übt verschiedene prophetische Rollen aus, aber besonders die Rolle des prophetischen Wächters. 1949 vergleicht er sich, basierend auf Hesekiel, mit einem Wächter (KöV10.02.49), und ähnlich tut er es 1959 (KöV22.02.59). Hier führt er Gedanken zum Wächteramt gegenüber dem laufenden Boten aus:

> Ich glaube, ich gehe nicht fehl, wenn ich sage, daß die Wächter die Lehrer sind, die die Friedensbotschaft der Propheten weitergeben. Wir können als Prediger nicht sagen, daß wir Propheten sind, aber wir gehören in die Kathegorie der Wächter, die wachen müssen. Die Wächter schauen aus nach dem Heil Gottes, nach dem Evangelium, das die laufenden Boten je und je gepredigt haben. Sie halten Ausschau, was die Boten verkündigt haben. Die Wächer [sic!] sind Wachende und Wartende. Das ist das Amt eines Verkündigers der Botschaft der Propheten [...]. Die Wächter die Ausschau halten nach dem Einbruch des Königreichs sind spärlich auf den Mauern der Christenheit unserer Tage [...]. Die Überzeugung aber am prophetischen Wort bringt eine wunderbare Gewißheit. ‚Wir werden sehen [...]' können auch wir sagen und antworten, wenn die Leute uns ungläubig belächeln, wenn wir ihnen vom prophetischen Wort her versuchen etwas zu sagen: ‚Man wird's mit den Augen sehen!'

Köster sieht sich und die Gemeinde als Leuchtturmwärter in der Brandung (KöV24.11.49):

> Die grossen prophetischen Weissagungen, die hier gegeben werden, werden auch oft angesprochen als eine ‚Last des Herrn'. [...] Aber: mit diesem Wort allein haben wir das Leuchtturmlicht für alle die in der Weltmacht durch die Brandung hindurch wollen. Es kann sein, dass in einer Nacht niemand in der Brandung kämpft, aber der Leuchtturmwächter geht immer seinen Wächtergang und lässt das immer gleiche Licht in die immer gleiche Nacht fallen. Es könnte ein Prediger müde dabei

> werden und auch die Hörenden können müde werden, wenn sie das immer gleiche Wort hören. Aber es geht darum, dass wir die Wachen bleiben, wenn der Bräutigam kommt und das [sic!] wir nicht als die Eingeschlafenen vorgefunden werden und den Anschluss versäumen.

Er fühlt sich zum ständigen Wachen und Warnen aufgerufen. Dadurch wird er auch manchmal missverstanden (KöV04.07.46):

> Nun sagen mache von mir: Früher hat er gegen den Nationalsozialismus gewettert, jetzt wettert er wieder gegen die Weltstaaten! Liebe Brüder und Schwestern und Freunde! Der Nationalsozialismus war nur der Prügelknabe des Satans, den er vorschiebt. Ich habe nicht gegen den Nationalsozialismus Stellung genommen, sondern gegen den, der sich dahinter verschlupft hat. Und wenn dieser, der gestern im Nationalsoz. sich versteckte, sich heute hinter dem Großinquisator verschlupft [sic!], werde ich ihn dort angreifen, oder wo immer er sich verkriecht und wie er sich tarnt.

Die Verwandten seiner Frau würden ihn sogar für einen Kommunisten halten (KöV05.08.43). Andere würden ihm vorwerfen, dass er viel zu politisch predigen würde (KöV10.02.49LPL). Andere hätten gerne, dass er nicht so laut vor der Gefahr warnen würde (KöV25.05.50):

> In den Tagen, als wir hier immer wieder gegen das Antichristentum des Nationalsozialismus reden mußten, ist mir fast jede Woche gesagt worden, ich sollte nicht so laut und offen gegen diese Weltanschauung reden. Ich habe das aber nie beachtet, denn es muß klar geredet werden, sollen die Heiligen, die Auserwählten Gottes nicht irregeleitet werden, denn sogar sie sind in der Gefahr ‚in jeden Tagen verf+hrt [sic!] zu werden'!

5.3.2.3. Köster verkündigt als Leiter der Gemeinde das prophetische Wort

c. … indem er als ihr Leiter das prophetische Wort verkündigt, denn …

Für Köster bedeutet die Ausübung des Wächteramtes die Verkündigung des prophetischen Wortes. Im September 1943 rechtfertigt Köster in einer Predigt mit dem Titel „Die Stunde der Christenheit heute" über 2Petrus 3,1–13 (Christi Wiederkunft) seinen Predigtstil (KöV09.09.43):

> Drittens möchte ich […] sagen: die ganze Predigtart und Weise, die ich durch Jahre hindurch gab, hat eines im Auge: dass wenn der Christus kommt, er in uns eine Gemeinde findet, die im Glauben steht. Jesus selbst hat gesagt: ‚Was meint ihr wohl, wenn des Menschensohn kommt, wird er wohl Glauben finden?' Das ist ein sehr wahres Wort Jesu! […] Da könnt ihr verstehen, dass ein Prediger, der die Wiederkunft Jesu ernst nimmt, und der auch das Wort, das Jesus gesagt hat,

> ernst nimmt über den Charakter der Endzeit, und wenn der Prediger den Glauben der Gemeinde ernst nimmt, dass dieser Prediger immer wieder von dem Anliegen bewegt wird, dass er mit diesen Menschen, denen er zu predigen hat, im Glauben erfunden werde.

Dass er unter der rechten Predigtart die Verkündigung des prophetischen Wortes meint, wird dann im weiteren Verlauf klar:

> Ich wünschte, dass in allen Kirchen, in der Evangelischen und der Katholischen und in den Freikirchen wieder neu aufbräche das grosse Verlangen nach dem prophetischen Wort des Alten und des Neuen Testamentes. Man kann doch Jesus einfach nicht hören, ohne sofort gestossen zu werden auf das Weissagungswort Gottes wegen der Zukunft der Welt und der Menschen hier auf Erden.

Köster verkündigt das prophetische Wort „aus innerster Verantwortung heraus. Unser ist der Dienst am Wort; Gottes aber die Kraft, Wirkung und Frucht seines Wortes" (KöV07.57). Das bedeutet auch, dass er zu politischen Themen nicht schweigt (KöV10.02.49LPL). Er bekomme immer wieder die Frage gestellt, warum sich die Christusgemeinde mit politischen Fragen beschäftige (:156):

> Dieser Vorwurf hat mich von Anfang meines Predigerlebens an begleitet und ich predige seit meinem 18. Jahr. Aber wenn ich das Wort von der Wiederkunft den Menschen sagte: ‚Siehe er kommt und macht alles neu!' dann war ich über den Vorwurf immer erstaunt: ‚Warum bist du auf der Kanzel so politisch?' Ich mußte ja in jeder politischen Bewegung gleichzeitig auch die weltanschauliche Bewegung sehen und hinter dieser eine geistige Situation, die mich beanspruchen und beherrschen sollte. Als Prediger dürfen wir an der Tatsache nicht vorbeigehen, daß der Nationalsozialismus nur deshalb so viele Menschen in seinen Bann zog, weil sie glaubten, dort nur rein politische Veranstaltungen zu finden. Es gibt aber keine reine Politik, sondern jede Politik hat als tragenden Grund eine Weltanschauung, die das Denken und das Herz der Menschen halten und zwingen will.

5.3.2.4. Köster entlarvt den Zeitgeist (NS)

d. ... dadurch wird der Zeitgeist (NS) entlarvt und ...

Köster predigt oft gegen den Zeitgeist, also gegen die herrschende Weltanschauung, vor allen Dingen in der NS-Zeit, aber auch danach. Im Januar 1945 rekapituliert er (KöV01.45):

> Ich schaue heute zurück auf eine lange Predigerzeit, bald 30 Jahre. Und das Eigenartige ist gewesen, dass ich innerlich beim treuen Lesen des Alten und Neuen Testamentes mit einer ungeheuren Konsequenz und Gewalt geführt worden bin zu dem sogenannten eschatologischen Wort der Bibel [...]. Abraham glaubte an die

> Stadt Gottes, die kommen sollte, Jesus und seine Jünger glaubten an die herrliche Wiederkunft Christi, die alles neu machen soll. Wenn viele meiner Kollegen dem antichristlichen Geist verfallen sind und nachher gewesen sind wie Fliegen auf dem Fliegenleim, habe ich die selige Freiheit behalten diesem antichristlichen Geiste gegenüber um der eschatologischen Haltung meines Geistes willen. Man hat manchmal darüber gelacht, dass ich immer von der Wiederkunft Christi redete [...]. Aber das ist die Grundhaltung: nur dieses wartende Herz wird in unseren Tagen fertig werden mit jedem Anspruch antichristlichen Geistes.

Im Oktober 1946 beurteilt er in einer Predigt mit dem Titel „Das Dämonische Genie" den NS als eine Geistesbewegung mit Welterlösungsanspruch, die er durch das Wort göttlicher Offenbarung entlarvt (KöV13.10.46):

> Es ist dann aber so gewesen, daß ich nicht von den Vorgängen selbst, noch von den Persönlichkeiten, ihrem Wortschatz und Schrifttum her Klarheit über diese Bewegung empfing, sondern dadurch, daß ich mehr und mehr ein Leser des Prophetenwortes wurde und im Neuen Testament das große Anliegen des Christus erkannte, der kommen wird um alles neu zu machen [...].

Diese Sicht hat ihm auch Hohn und Spott eingebracht (Köv17.10.57):

> Es hat mich schon manchmal einer ausgelacht, wenn ich auf solche Dinge hingewiesen habe. Es war z. B. vor der Machtübernahme von Hitler, daß ich in einem Kreis von 10 Brüdern in meiner Heimat saß und wir vertraulich über die Grenzüberschreitungen des Nationalsozialismus sprachen. Da sagte ein Bruder etwas spöttisch: ‚Du siehst alles von der prophetischen Warte aus!' Nach ein paar Jahren hat dieser Mann aber an seinem eigenen Leibe erfahren müssen, daß Gott sich nicht spotten läßt. Diese Grundgesetze werden je und je in der Gemeinde Jesu Christi stark unterstrichen.

5.3.2.5. Die Gemeinde bleibt bewahrt!

e. ... die Gemeinde bleibt bis zur Wiederkunft bewahrt!

Die Motivation seiner Verkündigung ist der wiederkommende Christus (KöV22.10.44b):

> Ich spreche nicht über Daniel weil mir das prophetische Wort an das Herz gewachsen ist, sondern weil ich glaube Jesus als den Auferstandenen, als den erhöhten Herrn, dem sich nach dem Worte des Apostels Paulus alle Kniee beugen müssen auf Erden und unter der Erde, und den alle Zungen bekennen müssen, daß Jesus Christus Weltherr sei, zur Ehre Gottes des Vaters! (Phil.2.10.)

Durch das prophetische Wort werde die Gemeinde bewahrt. Sie sei zum Liebhaber des prophetischen Wortes geworden. „Wir wollen uns besinnen (und dürfen nicht locker lassen), um unserer Aufgabe gerecht zu werden, wir müssen Rufer bleiben, bis Jesus kam [sic!] in seiner Herrlichkeit. ‚Ich komme wieder und ihr sollt dann die Glaubenden sein' hat Jesus gesagt" (KöV04.04.57). Das Sendschreiben an die Gemeinde in Philadelphia ist für ihn im Studium zur Zentralstelle geworden (KöV25.10.59):

> ‚Weil du bewahrt hast das Wort meiner Geduld, will ich auch dich bewahren vor der Stunde der Versuchung, die kommen wird über den ganzen Weltkreis, zu versuchen, die da wohnen auf Erden' (Offb.3,10) Daß ist ein ganz entscheidendes Wort unseres Herrn im Blick auf die Wartehaltung der Gemeinde, der er die Verheißung gibt, daß er sie bewahrt, wenn sie in der lebendigen Hoffnung bleibt auf sein Kommen in Herrlichkeit.

5.4. Zusammenfassung von Kösters prophetischem Dienstverständnis

Konkret lässt sich in Bezug auf Kösters prophetisches Dienstverständnis festhalten:

1. Der Glaube an Jesus Christus ist für Köster der Schlüssel zum Verständnis der Bibel.

2. Köster interpretiert Bibeltexte – vorwiegend aus dem Alten Testament – aktuell und in den jeweiligen Zeitkontext hinein. Dabei bedient er sich der Auslegungsmethode der Typologie. Köster hat weiter ein eschatologisches Schriftverständnis. Er plädiert leidenschaftlich für die Auslegung des Alten Testaments und betrachtet es als Fundament für das Neue Testament. Alttestamentliche Ereignisse können ein Typus für die Gegenwart sein.

3. Köster weiß um die „prophetische Perspektive" der alttestamentlichen Propheten und erkennt, von Daniel aus, eine Art Spiralbewegung von Kain bis zum Antichristen. Er betrachtet das Buch Daniel als Schlüssel zum Verständnis des prophetischen Wortes.

4. Das Hauptanliegen des prophetischen Wortes ist für ihn die Erhellung der Geschichte und damit der aktuellen Zeitumstände. Damit denkt er vom Ende her, wenn das Reich Gottes endlich gekommen ist. Deswegen hat das Zukunftswort der Propheten aktuelle Auswirkungen auf das Leben der Gemeinde, die sich durch die Beschäftigung mit dem prophetischen Wort immer wieder neu auf das kommende Friedensreich und Gottes Gericht ausrichtet, durch das alle menschlichen Gewaltstaaten beendet werden.

5. Damit kann das prophetische Wort segensreiche Wirkungen in mannigfaltiger Art und Weise entfalten. Der Geist im prophetischen Wort ist für Köster das Öl im Krug der Brautgemeinde, die auf den Bräutigam wartet.

6. Köster hat ein prophetisches Gemeindeverständnis: Der Gemeinde ist das prophetische Wort anvertraut, und sie hat es kontinuierlich zu verkünden und sich nach ihm zu richten. Sie steht damit mitten in der Endzeit im prophetischen Dienst und ist in jeder Situation hoffnungsvoll und eschatologisch auf das Kommen Jesu ausgerichtet, der alles neu machen wird.

7. Für Köster ist die Gemeinde vom Wort Gottes her aufgerufen zur Wachsamkeit, Wortverkündigung, zu dem Gang in die Einsamkeit, dem Stehen in der Spannung zwischen Volk und Gottesgehorsam, dem Ausüben von stellvertretender Klage und Priesterdienst, zum Prophetendienst, zum Erkennen der Zeichen der Zeit, zur Bitte um Vergebung für das Volk, zum Verbreiten von Hoffnung, zum Leuchten und zum Bekennen, zur Erkenntnis ihrer himmlischen Existenz, zum Dienst für den Weltstaat, zur Audienz bei Gott mit der Bitte um Christi Wiederkunft, zur Planung der Zukunft, zum Entgegengehen auf den Bräutigam zu, zum Geben von Orientierung aus dem prophetischen Wort heraus und schließlich zur Pflege des prophetischen Wortes. Damit weist Köster der Gemeinde als Ganzes eine prophetische Rolle zu. Sie hat das Prophetenamt inne.

8. Er selbst hat als Verkündiger der Gemeinde das prophetische Wort zu predigen und damit den prophetischen Auftrag zu erfüllen. Vom persönlichen Reden des Wortes Gottes her sieht er sich berufen zum Wächteramt.

9. Im Rahmen des prophetischen Dienstes der Gemeinde ist er zusammen mit ihr berufen, das Wächteramt auszuüben, das prophetische Wort zu verkündigen, den Zeitgeist (NS) zu entlarven, um mit der Gemeinde bis zur Wiederkunft Christi bewahrt zu bleiben.

10. Er lehnt die Bezeichnung Prophet für sich persönlich ab, sieht sich aber zum prophetischen Dienst zusammen mit der Gemeinde berufen, deren Sprachrohr und Leiter er als ihr Prediger ist.

5.5. Kösters Verständnis im Gespräch mit neueren Verständnissen prophetischer Leiterschaft

Ich nehme nun die aktuellen Modelle prophetischer Leitungsverständnisse aus Kapitel 2 und vergleiche sie mit den dargestellten Aussagen von Köster zur prophetischen Aufgabe der Gemeinde (good practice, nach Osmer 2008:152f).

Die von mir dargestellte Definition von pastoraler Gemeindeleitung trifft zum großen Teil auf Kösters Leitungshandeln zu, mit dem Unterschied, dass Köster als Gemeindeprediger – wohl ab 1937 – verstärkt als der alleinige Leiter seiner Gemeinde wahrzunehmen ist.[193] Köster nahm Einfluss auf seine Herde (Menschen, Organisation Mollardgasse) und steuerte sie durch die NS-Zeit. Sein Dienst entsprach einer kybernetischen und an der Spitze stehenden Prediger-Rolle, die lehrende, pastorale und prophetische Facetten hatte. Die Analyse von Kösters Predigten zeigt, dass er als pastoral-prophetischer Leiter zum Vorschein tritt, der den geistlichen Kurs seiner Gemeinde steuerte.

Kösters prophetisches Verständnis lässt sich von daher mit den einzelnen Modellen vergleichen. Alle in Kapitel 2 vorgestellten Modelle betonten die Notwendigkeit einer prophetischen Facette im kirchlichen Leitungsdienst. Auch Köster sieht von Epheser 4,11 her die Kirche aufgefordert, den prophetischen Dienst zu tun. Dabei überträgt er die Aufgabe gleich auf die gesamte Gemeinde.

Kösters prophetische Predigtweise korrespondiert mit den Ausführungen Bohrens (1980:72), der betont, dass die jeweilige Weltlage im Licht des kommenden Reiches Gottes gesehen werden muss.

Wie Kraus (1986) und Eickhoff (2009) beklagt schon Köster die Vernachlässigung des prophetischen Wortes und handelt entsprechend anders. Wie für Kraus (1986:46) hat auch für Köster die Gemeinde eine prophetische Sendung bzw. das Prophetenamt inne. Auch inhaltlich liegt Köster nahe bei Kraus, wenn es z. B. um die Verkündigung endzeitlicher Verheißungen geht (:20f) oder darum, politisch zu werden, um bestehende Wirklichkeiten der umfassenderen Wirklichkeit Gottes gegenüber zu stellen (:19). Kraus‘ Betonung der alttestamentlichen Prophetie für die Völkerwelt (:35f) und der Verweis auf den kommenden Herrn (:46f) entsprechen ebenfalls den Predigtinhalten Kösters. Köster erhellte die Situation Deutschlands zu seiner Zeit anhand des prophetischen Wortes klar und deutlich (Eickhoff 2009:303).

Weiter gleicht Kösters Verständnis sehr dem Ansatz von Hoburg (1997:207), weil er als Prediger seiner Gemeinde öffentlich das Wort auslegt und dabei auch konfrontativ gegenüber der Welt auftritt, wie besonders Kapitel 6 noch zeigen wird. Köster verkörpert auch Hoffnung und Utopie – wenn man die Erwartung der Wiederkunft Christ so bezeichnen darf –, aber er ist kein Revolutionär oder Umstürzler und doch jemand, der die Krise offen legt (:212). Auf jeden Fall ist Köster mit Hoburg ein Prediger der Prophetie (:213), der in seinen Predigten als Persönlichkeit auf das Ende hin zulebt (:218).

---

[193] Bis 1937 schien Köster im Gemeindeältesten Rudolf Vavra ein starkes und konstruktives Gegenüber gehabt zu haben. Vavra war maßgeblich an der Berufung Kösters beteiligt (Graf-Stuhlhofer 2001:37f), verlegte mit ihm zusammen den Täufer-Boten und wurde 1933 innerhalb der Gemeinde, zusammen mit den Brüdern Dannhäuser und Richard Rabenau, zum Diakon ordiniert (Graf-Stuhlhofer 2001:54f, anhand Zitat aus dem Täufer-Boten). Köster berichtet 1937 davon, dass Vavra auch zum Gemeindeältesten ordiniert wurde. 1937 verstarb er plötzlich und unerwartet (:60f, anhand Zitat aus dem Täufer-Boten).

Dass Köster seine Gemeinde durch Verkündigung geleitet hat, wie Reimer (2008) es für die heutige Zeit fordert, ist klar von mir herausgearbeitet worden. Er lebte kerygmatische Leitung (:20) in der Praxis, ohne dabei auf ein Verkündigungsteam (:60f) zurückgreifen zu können. Köster war, entsprechend dem Ansatz Reimers (2008), ein verkündigender Leiter, der immer wieder die prophetische Dimension eingebracht hat. Auch ohne Team verstand sich Köster als „Speisemeister" (KöV31.01.43), der ein gutes Verkündigungsmenü für seine Gemeinde anrichtete (Reimer 2008:71f). Köster schaffte es, eine „Aktualisierung des Wortes Gottes" (:109) für seine Gemeinde vorzunehmen.

Mit Osmer (2008:153) ist Köster vor allen Dingen ein normatives prophetisches Leitungsvorbild aus der Praxis für die heutige Praxis.

Kösters Haltung entspricht auch der theologisch-kompetenten Dimension geistlicher Leitung bei Böhlemann und Herbst (2011:220f), der sie die prophetisch-deutende Aufgabe zuweisen und welche die Theologie lehrend vermittelt, indem sie deutet und interpretiert. Das passt gut zur Rolle Kösters, mit der Einschränkung, dass Köster auffallend alleine an der Spitze seiner Gemeinde stand und Teamarbeit bei ihm keine Rolle spielt. Diese dürfte damals aber generell noch nicht so im Blick gewesen sein.

Damit komme ich schließlich zum Entwurf von Haubeck (2012). Es ist zu vermuten, dass Köster auch davon ausging, dass die in Epheser 4,11 erwähnten Apostel und Propheten eine einmalige und grundlegende Funktion hatten (:65), aber dass ihr Auftrag dennoch weitergeht. Vermutlich sieht Köster den Auftrag in den Händen der Prediger und Pastoren der damaligen Gemeinden, die nun als Lehrer das prophetische Wort verkündigen. Haubecks Ansatz, dass Evangelisten, Lehrer und Hirten den Auftrag der urchristlichen Apostel und Propheten fortführen (:65), kommt dem prophetischen Verhalten Kösters am nächsten. Dies wird auch noch einmal durch folgendes Zitat aus einer Köster-Predigt des Jahres 1950 deutlich (KöV06.07.50):

> Immer wieder wird die Frage gestellt, ob die Prediger das prophetische Wort zu sagen haben oder nicht. Ein Prediger sagte mir neulich: ‚Ich bin nur Evangelist'. Auch er möge das prophetische Wort studieren und seiner Gemeinde das prophetische Wort sagen. Ich kann mir nicht die Rosinen aus dem Kuchen aussuchen, sondern ich habe der Gemeinde das ganze Wort Gottes zu sagen, wie es uns anvertraut ist. Gott gab der Gemeinde das apostolische, das prophetische, das Lehrwort, das Evangelistische Wort, das Hirtenwort, damit die Gemeinde auferbaut werde und das ganze Mannesalter da sei, damit sie, wenn es darauf ankommt, am letzten Tag das Feld behaupten kann. Mit dem evangelistischen Wort ist das nicht ganz getan, sondern wir sind verpflichtet, das prophetische Wort auch zu sagen.

Auch wenn dieser Ansatz zu einer Engführung oder Überforderung der Einzelperson im Rahmen ihres Leitungshandelns führen kann, entspricht der Ansatz Haubecks heute doch oft – und entsprach auch zur Zeit Kösters in der Mollardgasse und in vielen anderen baptistischen Gemeinden – der vorhandenen Leitungsrealität. Und mit dieser Leitungsrealität gilt es umzugehen. Hier ist es Köster zu verdanken, dass er in extremen Zeitumständen und in der damaligen Leitungsrealität in Kirche und Staat, die prophetische Dimension von Gemeindeleitung erkennt und ausgeübt hat.

Die heutigen Entwürfe, die auf Epheser 4,11 fußen und das prophetische Charisma im Rahmen von Gemeindeleitung betonen, sind in Bezug auf Köster unterschiedlich zu bewerten. Kösters Rolle des prophetisch Handelnden entspricht nicht der Definition Rusts (2012:332), die ja mehr die prophetische Offenbarung im Blick hat, sondern Köster trat gerade als prophetischer Lehrer des Wortes Gottes auf. Kösters Auftreten entsprach auch nicht dem Ansatz der deutschen katholischen Bischöfe (2015:33f) oder Vatters (2016:246), die die Aufgaben aus Epheser 4,11 als zugedachte Rollen einzelner Gemeinde- oder Leitungsteammitglieder betonen. Sein prophetisches Verhalten entspricht eher dem Entwurf der Evangelische Kirche von Westfalen (2016:16) oder dem evangelisch-freikirchlichen Entwurf von Beiderbeck-Haus und anderen (2017:16), die eine funktionale Deutung für Epheser 4,11 vorschlagen, die Köster im Fall der Prophetie sofort auf die ganze Gemeinde überträgt.

5.6. Das Köster-Paradoxon: Kein Prophet und doch einer

Zunächst lässt sich auf der einen Seite festhalten, dass Köster als pastoraler Leiter seiner Ortsgemeinde einen prophetischen Dienst ausübte. Er versteht sich als Wächter und verkündigt die Botschaft der Propheten. Er weist der Gemeinde die prophetische Aufgabe zu und gehört dabei selbst zur Gemeinde. Er steht wie der große Prophet Mose zusammen mit der Gemeinde vor Gott. Er lehrt das prophetische Wort. Er träumt prophetisch. Er hat die prophetische Aufgabe früh entdeckt und für ihn ist sie nach Epheser 4,11 eine wichtige Aufgabe von Pastoren, die er anmahnt. Damit war er als pastoraler Leiter ein prophetischer Leiter.

Auf der anderen Seite sind Kösters Selbstaussagen, dass er kein Prophet sei, absolut ernst zu nehmen. Diese Tatsache wirkt paradox. Wie kann man sie erklären?

Arnold Köster wendet in Bezug auf die prophetische Aufgabe Epheser 4,11 konsequent an und berücksichtigt die Aussagen des Apostel Paulus von Vers 12 und 13, „damit die Heiligen zugerüstet werden zum Werk des Dienstes. Dadurch soll der Leib Christi erbaut werden, bis wir alle hingelangen zur Einheit des Glaubens und der Erkenntnis des

Sohnes Gottes, zum vollendeten Menschen, zum vollen Maß der Fülle Christi" (Lutherübersetzung 2017). Die Gemeinde ist berufen zum Prophetenamt (KöV21.03.43)! Nicht nur eine einzelne Person. Die Gemeinde bildet den Leib Christi (1Kor 12), der aus vielen verschiedenen Gliedern besteht. Wenn man so will, ist Köster derjenige, der das prophetische Glied dieses Leibes verkörpert.

Graf-Stuhlhofer (2001:246) schreibt auch, dass Köster sich selbst niemals ausdrücklich als Prophet bezeichnete, „doch zog er mehrmals Vergleiche, die seine Gemeinde – und somit ihn als den in der Gemeinde Lehrenden – mit Propheten parallelisieren". Er hält dann fest (:246):

> Wenn Köster alttestamentliche Propheten mit ‚der Gemeinde' vergleicht, so ist stets die Aufgabenverteilung mitzubedenken: ‚Die Gemeinde' bezeugt – durch den Prediger einerseits und die Zuhörer andererseits. Im engeren Sinn ist es also sehr wohl der Prediger – und somit im Falle der Baptistengemeinde in der Mollardgasse er, Köster selbst – der eine prophetische Aufgabe wahrnimmt.

Spanring (2013) beschreibt einmal die gottesdienstliche Situation in Wien, die er aus einer Predigt Kösters entnimmt (KöV30.10.59).

> A typical service structure was, (a) a hymn sung by the congregation, (b) a prayer, (c) Bible reading, (d) one hymn sung by the choir followed by (e) the sermon. Members of the congregation were for the most part engaged in listening to prayers, reading and a Bible exposition of considerable length. This Scriptural emphasis naturally demanded that the leader of the church be a gifted preacher and teacher. Without a doubt this was how Köster himself understood his own role and calling [...] (Spanring 2013:43).

Von da aus skizziert er Kösters Leitungsverständnis[194] und mündet in der Aussage: „Prophetic proclamation was the church's task. However, almost all of the proclaiming was done by the minister [...]" (:43).

[194] „In a strange way this style of leadership, with its emphasis on authority – although in this case it was the authority of God's word, rightly interpreted – mirrored to some extent what was encountered in the political arena of the world. After all, Hitler was ‚der Führer'. As the ultimate leader, he had abolished the inefficient and ineffective democratic system, had united the people and had brought what seemed a simple clarity to confused minds [...]" (Spanring 2013:46). Die Spiegelung von Kösters Leitungsverständnis mit der Führerrolle Hitlers erscheint mir hier zu extrem. Hitler war ein gefährlicher, ja eigentlich besessener Leiter, der gnadenlos mit Widerständlern umgegangen ist und nicht das Wohl des Volkes im Auge hatte, sondern es für seine NS-ideologischen Zwecke benutzte. Den einzigen Vergleich kann man vielleicht dahin ziehen, dass beide ein autokratisches Leitungsverständnis hatten. Das ist aber auch schon alles.

Mit der Darstellung von Kösters Prophetieverständnis anhand der Archivquellen und mit den untermauernden Interpretationen von Graf-Stuhlhofer und Spanring stelle ich fest:

Köster verstand sich als Einzelperson nicht als Prophet, aber er war im Rahmen des Prophetenamtes der ganzen Gemeinde aktiv. Er verstand sich als Teil einer prophetischen Dienstgemeinde. Damit war er als Teil der Kirche und des Leibes Jesu Christi faktisch ein Prophet, ohne sich selbst so zu sehen. Das ist das Köster-Paradoxon in Bezug auf seine Person. Es ist aber gleichzeitig eine konsequente Anwendung von Epheser 4,11f in Bezug auf die neutestamentlich prophetische Aufgabe.

Es liegt damit auf der Hand, dass er die Aufzählung aus Epheser 4,11 nicht als Ämter für kirchliche Leiter auffasste, sondern als Aufgaben oder Dienste und damit dem Ansatz Haubecks (2012) am nächsten kommt. Er ist kein Prophet, aber er hat, mit der Gemeinde zusammen das Prophetenamt inne. Diese Sichtweise befähigte ihn dazu, den nun in Kapitel 6 ausgeführten prophetischen Widerstand auszuüben.

Damit gleicht Kösters Predigtweise meiner in Kapitel 2 getätigten definierenden Beschreibung pastoral-prophetischer Leitung. Er nahm Bibeltexte – vor allen Dingen aus dem Alten Testament – und legte sie für seine Gemeinde im Kontext ihrer Zeit aus. Somit führte er eine „Aktualisierung des Wortes Gottes" herbei (Reimer 2008:109) und hielt seine Gemeinde auf dem geistlichen Kurs. Die politische Dimension seiner prophetischen Predigtweise wird nun in Kapitel 6 deutlich zu Tage treten.

5.7. Fazit zum fünften Kapitel

Kapitel 5 begann mit einer Einführung in die Auslegung eschatologischer Texte und Kösters Plädoyer für das Recht auf prophetische Bibelauslegung. Für ihn erschließt sich die Bibel im Glauben an Jesus Christus. Er plädiert für die Auslegung des Alten Testaments. Sein typologischer Auslegungsansatz ermöglicht es ihm, alttestamentliche Texte in seinen Zeitkontext hinein auszulegen. Das prophetische Wort erhellt dabei die Geschichte, auch die aktuelle Zeitgeschichte, und entfaltet bei seinen Hörern segensreiche Wirkungen.

Hervorstechend ist Kösters prophetisches Gemeindeverständnis, das der Gemeinde als Ganzes das Prophetenamt zuweist. Sie steht damit als Gemeinde der Endzeit im prophetischen Dienst und verbreitet Hoffnung. Sie hat viele unterschiedliche Aufträge, die ein Prophetenamt mit sich bringt, zu erfüllen.

Schließlich wurde Köster als prophetisch verkündigender Leiter vorgestellt. Ich habe deutlich gemacht, dass Köster sich zum Wächteramt berufen sieht, und dass er den prophetischen Dienst im Rahmen der Gemeinde ausübt, sich dabei aber nicht selbst als Prophet bezeichnet. Köster empfindet, zusammen mit der Gemeinde, eine prophetische Berufung, und übt deshalb mit ihr die Aufgabe eines Wächters aus, indem er als ihr Leiter das prophetische Wort verkündigt, denn dadurch wird der Zeitgeist (NS) entlarvt und die Gemeinde bleibt bis zur Wiederkunft bewahrt!

Dann wurden die neuzeitlichen praktisch-theologischen Entwürfe zur prophetischen Leitung aus Kapitel 2 mit Kösters herausgearbeitetem Dienstverständnis ins Gespräch gebracht. Hier wurde deutlich, dass Köster ein Leiter war, der die heute geforderte prophetische Dimension pastoraler Leitung während der NS-Zeit auslebte.

Danach wurde sein Dienstverständnis noch einmal zusammengefasst, um anschließend das „Köster-Paradoxon" zu skizzieren.

Nun folgt Kapitel 6, das die Auswirkungen seines Prophetieverständnisses in Bezug auf den Widerstand gegenüber dem NS-Regime aufzeigt.

6. Kösters prophetisch-widerständiges Leitungswirken in Kirche und NS-Regime

In diesem Kapitel bringe ich Kösters prophetisches Schriftverständnis, sein prophetisches Gemeindeverständnis und sein persönliches prophetisches Dienstverständnis mit dem Widerstandsbegriff zusammen. Dadurch zeige ich auf, wie Köster seinen prophetischen Auftrag konkret ausübte. Während Kapitel 5 mehr dem Haupttitel der Arbeit geschuldet war, also dem „pastoralen Leiter als Prophet", ist Kapitel 6 eher dem Untertitel der Arbeit verpflichtet, also dem „Baptistenpastor Arnold Köster (1896–1960) im Widerstand gegen den Nationalsozialismus".[195]

Ich gebe zunächst anhand zweier Historiker einen kurzen Überblick über den Widerstandsbegriff, um damit Kösters Wirken beurteilen zu können. Danach skizziere ich der Vollständigkeit halber seine Verhöre bei der Gestapo, die ich mit bisher unveröffentlichten Zitaten aus seinen Predigten ergänze. Schlussendlich führe ich NS-kritische Themenfelder auf, zu denen Köster von der Kanzel aus öffentlich prophetisch Stellung nahm. Die Zusammenstellung der Themenfelder ist in dieser Weise erstmalig. Sie ergibt sich aus den konsultierten Quellen (Artikel und Predigten), und zwar fast ausschließlich von Predigten über prophetische und eschatologisch-apokalyptische Bibeltexte aus der Vor- und Kriegszeit.[196] Dem Themenfeld „Antichristus" wurde ein breiterer Raum eingeräumt, um es erstmalig umfassend darzustellen und Kösters Sicht auf Hitler auch nach der NS-Zeit aufzuzeigen. Die Themenfelder „Kirchenkritik" und „Baptismuskritik" nehmen zusammen ebenfalls viel Raum ein, da besonders Kösters Kritik am baptistischen Verhalten im NS-Regime bisher nur marginal dargestellt wurde.

---

[195] Beide Kapitel beantworten die Hauptforschungsfrage, also wie Köster unter besonderen Zeitumständen als prophetischer Leiter wirkte, aber Kapitel 5 hat mehr die erste Unterfrage nach dem Schrift-, Gemeinde und Selbstverständnis im Blick, und Kapitel 6 mehr die zweite und dritte Unterfrage nach dem prophetischen Widerstand und Kösters Einfluss auf seine Kirche und seine Zeit.

[196] Wolfgang Pöhlmann (1991) weist in seinem Aufsatz „Beobachtungen zur jüdisch-christlichen Apokalyptischen Geschichtsdeutung im Dritten Reich" darauf hin, dass auch einige Pfarrer der Bekennenden Kirche ihren Widerstand gegen den NS eschatologisch begründeten (:161).

6.1. Kösters Widerstandsverhalten als „kirchlich-prophetischer Widerstand“

Köster war als Prediger der einzigen Wiener Baptistengemeinde und Mitleiter der Wiener Allianz eine öffentliche Person. Graf-Stuhlhofer (2001:3) schreibt: „Als öffentliche Meinungsäußerungen sind solche zu betrachten, die von einer größeren Zahl von Menschen gehört, bzw. gelesen werden konnten, ohne daß die Anwesenheit von Denunzianten auszuschließen war.“ Dies war bei Köster der Fall. Er hat als Verkündiger öffentlich gewirkt. Jeder konnte die Gottesdienste besuchen. Es wurde sogar öffentlich zu Vorträgen eingeladen. In der Praxis ist eine Gemeinde aber auch eine formierte Gruppe mit den immer wieder selben Gottesdienstbesuchern. Sie hörten kontinuierlich Kösters NS-Kritik. In Wien handelte es sich sonntäglich um ca. 300 Personen. Und „diese öffentliche kontinuierliche NS-Kritik ist es, die Köster zu einer historischen Persönlichkeit macht“ (:2).[197]

Um Kösters widerständiges Verhalten einordnen zu können, bedarf es zunächst einer Begriffsbestimmung und Definition von Widerstand. Dazu ziehe ich den katholischen Historiker Heinz Hürten und den Militärhistoriker Heinrich Walle heran. Laut Hürten (1987:56) ist der Begriff „Widerstand“ zur Zeit des NS-Regime fast gar nicht in Deutschland verwendet worden. Es habe auch keine deutsche Widerstandsorganisation gegeben, der man sich hätte einfach so anschließen können.[198] Er geht dann ausführlich auf

[197] Es liegt auf der Hand, Arnold Köster ins Verhältnis mit Dietrich Bonhoeffer zu setzen. Dies hat Paul Spanring (2013) ausführlich und gründlich getan. Hier ist besonders seine Zusammenfassung zum Thema „The World – Seize the Wheel“ zu beachten (:222f). Graf-Stuhlhofer macht darauf aufmerksam, dass, ausgelöst durch eine so fokussierte Darstellung der Predigtweise, Köster nicht primär als politischer Prediger verstanden werden darf. Köster will die Botschaft der Bibel für seine Zuhörer verständlich machen, und ihre Situation wurde durch die politische Lage wesentlich mitbestimmt (2001:64). Er zeigt auch weitere Grundlinien von Kösters Verkündigung auf: Jesu Kreuzigung als zentrales Weltgeschehen, Politiker als Neben-Christusse, Weltregentschaft Gottes, Sünde als Haltung, Bedeutung Israels, Verkündigung als christliche Hauptaufgabe, Christsein verbunden mit Leiden und das Hoffen auf Jesu Kommen (:65–73).

[198] „In Deutschland fehlte es an allen Voraussetzungen für eine solche Widerstandsbewegung. Hier gab es keinen ‚Untergrund‘, in dem man Unterschlupf finden und geheime Operationsbasen aufbauen konnte, wenn man von wenigen Fällen, vor allem im Kampf der Kommunisten gegen das Regime, absieht“ (Hürten 1987:57). Es habe keine Guerilla-Organisation gegeben und man konnte Widerstand nur innerhalb einer Institutionen leben, die unter der Kontrolle des NS-Regimes gestanden habe (:58). Um dort in einflussreiche Stellungen zu gelangen, habe man sogar zunächst das System unterstützen müssen. „Wer sich dem Dienst für Hitler entzog, verlor fast jede Möglichkeit, wirkungsvoll gegen ihn zu handeln [...]. Wer in Deutschland den Dienst quittierte, mußte sich ins Privatleben zurückziehen, in dem er kaum einen Ansatzpunkt besaß, etwas gegen Hitler zu tun“ (:58f).

die Möglichkeit eines Widerstands unter dem NS-Regime ein (:65f) und stellt fest, dass es nach der Gleichschaltung keine herkömmlichen Möglichkeiten mehr gegeben habe, wie Demonstrationen, Streiks oder Pressekampagnen (:67). Die Staatsorgane hätten die totale Kontrolle über das öffentliche Leben gehabt. „Aus solchen Gründen blieb der ‚Fundamentalopposition' nur der Staatsstreich, der Sturz Hitlers, die Auswechslung der Staatsspitze auf dem Wege der Gewalt" (:68). Das stelle ein moralisches Problem dar. Aber die Fundamentalopposition wäre nicht die einzige Möglichkeit des Widerstandes gewesen. „So unterscheidet die Forschung in der Regel neben dem aktiven Widerstand Formen von Widersetzlichkeit gegen das nationalsozialistische Regime" (:70). In der Forschung würden auch solche Verhaltensweisen als Widerstand begriffen, „die der faktischen Durchsetzung des nationalsozialistischen Machtanspruches entgegenstanden" (:71). Dafür sei der Begriff „Resistenz" als Bezeichnung vorgeschlagen worden, die oft aus vorhandenen Gruppenformationen heraus geschehe und damit „gesellschaftliche Verweigerung" darstelle, die eine Art Teilwiderstand sei. Weiter nennt Hürten auch die „Verweigerung" als eine Art von Widerstand. Er verweist auf ein vierstufiges Modell, das jede gefahrbringende Abweichung vom gewünschten Normalverhalten als Widerstand kennzeichnet. So könne man Widerstand in vier Formen antreffen:

a. Punktuelle Unzufriedenheit, die öffentlich zum Ausdruck gelangt.

b. Ablehnung der Anpassung an NS-Normen und Bewahrung der eigenen Identität.

c. Öffentlich erhobener (oder angekündigter) Protest. Hier wird „die Wendung von der Verweigerung zu aktiver Gegenwirkung vollzogen" (:75).

d. Aktiver Widerstand mit genereller Verweigerung des NS-Regimes, mit dem Ziel der Beseitigung.

Walle (2000) verweist bei seiner Analyse des Begriffes „Widerstand" auf Kaufmann, der deutlich gemacht habe, dass Widerstand mehr sei als das letzte Mittel gegen einen pervertierten Staat: „Widerstand hat vielmehr die Funktion, bereits schon den Anfängen der Perversion zu wehren. Der beharrliche Widerstand gegen den bestehenden Zustand ist notwendig, damit Recht und Rechtsstaat immer und immer wieder regeneriert werden" (:73). Widerstand sei somit ein „Wesenselement des Rechts" und dynamisch. Und weiter stellt er fest: „Widerstand in diesem Sinne ist keine Sache der Gewalt, und sollte Gewalt tatsächlich einmal nicht zu vermeiden sein, so ist sie doch keinesfalls ein Essentiale des Widerstandsrechts" (:73). Widerstand sei somit eine „Sache des Geistes" und eine „staatsbürgerliche Haltung", die in vielfachen Facetten auftrete:

> Mißtrauen gegenüber den Mächtigen, Mut zu offener Kritik, Neinsagen zum Unrecht, auch und gerade, wenn es ‚von oben' kommt oder die ‚herrschende Meinung' ist, Weigerung, einem als verwerflich erkannten Ziel zu dienen, Kundma-

> chung widerrechtlicher geheimer Staatsaktionen – der Möglichkeiten sind Legion. (:73)

Walle nennt dann vier Kriterien für Widerstand:

> Einmal, daß Widerstand zunächst eine geistige Haltung ist, sich dem Unrecht zu widersetzen, zum anderen, daß die Äußerung einer Widerstandshaltung nicht unbedingt die Anwendung von Gewalt bedeutet, drittens, daß Widerstand, d. h. Wider-Stehen bereits dort beginnen muß, wo es gilt, den Anfängen des Unrechts zu wehren und viertens, daß Widerstand eigenverantwortliches Handeln heißt. (:71)

Er führt weiter Arnold Arndt an, der deutlich mache, dass Widerstand vornehmlich in einem totalitären Regime vollzogen werde und „bereits geringfügiges Offenbaren eines Andersseins oder eines Dissenses für den Betreffenden schärfste Sanktionen nach sich ziehen konnte“ (:71). Schließlich nennt Walle die drei Stufen des Widerstandes von Schellenberg (:75):

> 1. Punktuelle Unzufriedenheit, die sich in Widerspruchshaltung äußert.
>
> 2. Resistenz durch Nichtanpassung, Selbstbewahrung der Identität, indem man sich der Gleichschaltung zu entziehen suchte.
>
> 3. Ein auf den politischen Umsturz ausgerichteter, aktiver Widerstand, verbunden mit einem generellen Nein zum NS-System.

Walle stellt auch fest: „Selbstverständlich spielte die Zugehörigkeit zu einer sozialen Gruppe, sei es beispielsweise einer kirchlichen Organisation [...] eine entscheidende Rolle, um mit dem NS-Regime in Konflikt zu geraten“ (:76).[199]

Legt man die von Hürten aufgezeigte Stufen-Definition an Arnold Köster an, so ist er eindeutig der Stufe c. zuzuordnen. Als aktiver Prediger erzeugte Köster in seinem gemeindlichen Rahmen eine Gegenwirkung. Wendet man Walles dreistufiges Modell an, steht Köster auf der zweiten Stufe. Das heißt, dass Köster als Widerständler bezeichnet werden kann. Aber Köster war nicht der Mensch, der, wie Bonhoeffer, dem „Rad in die Speichen“ gefallen wäre.[200]

> Köster's response to the political crisis was to protect the church-community from an invasion of an illusionary worldly hope [...]. His resistance was characterized by submission, service, substitutionary suffering and maintaining a subversive pres-

---

[199] Vgl. auch die Erläuterungen zum Widerstandsbegriff und zur Motivation für Widerstand bei Graf-Stuhlhofer 2001:240–244. Er nennt die vier Kategorien „Zentraler Widerstand“, „Peripherer Widerstand“, „Symbolischer Widerstand“, „Realpolitischer Widerstand“. Er führt aus, dass gläubige Menschen, die mit der Weltregentschaft Gottes rechnen, eine „quietistische Sicht“ mitbringen, die eher zu einem Hoffen und Beten führen kann (:242).

[200] Köster benutzt diesen Ausdruck auch einmal (Spanring 2013:225).

> ence. Köster's submission to worldly authority was shaped and constrained by his eschatological vision. It enabled him to judge the efforts and promises of worldly leaders against God's ultimate purposes. (Spanring 2013:225f)

Interessant ist auch Spanrings „Salz vs. Licht-These“, die er am Anfang seines Buches aufstellt (:2f). Spanring sieht auf der einen Seite Bonhoeffer, der die Kirche von ihrer Salzfunktion her betrachte. Salz mische sich unter die Gesellschaft, mische sich ein, eventuell löse es sich sogar auf. Dies sei das Volkskirchen-Modell. Köster verstünde die Kirche dagegen von ihrer Lichtfunktion her. Das Licht weise den Weg, es stehe evtl. einsam im Raum, wie eine Kerze. So hätte Köster seine Freikirche verstanden. Graf-Stuhlhofer stellt fest (2001:5f):

> Von der *Intention* her betrachtet gehörte Kösters Wirken nicht zum ‚Widerstand‘ im engeren Sinne, denn auf einen Sturz der Regierung hinzuarbeiten, lehnte er aus Prinzip ab. Von der *Funktion* her handelt es sich sehr wohl um ‚Widerstand‘, denn hätten viele Prediger so wie Köster gepredigt (und hätte man sie auf längere Sicht so predigen lassen!), so hätten sie sehr wohl dazu beigetragen, daß die Autorität der Regierung schwindet.

Für ihn sei in Kösters prophetischem Auftrag eine Motivation für den Widerstand zu suchen (:244f). Er definiert drei Köster-Rollen (:243): „Köster als Prophet, als Märtyrer und als Eschatologe.“ Da der Staat den Kirchen alles aus der Hand genommen habe, bliebe nur noch die Verkündigung (:245). Darin hätte Köster seinen Auftrag und den Auftrag der Kirche gesehen (:251). Graf-Stuhlhofer (:250) meint: „Kösters prophetischer Auftrag führte ihn also zu mitunter frontalen Angriffen auf die im Großdeutschen Reich herrschende Ideologie.“ Dies beinhalte auch die Bereitschaft zum Martyrium (:252f). Köster sagt 1939 (KöV16.04.39a:3):

> Wir können uns nicht mit unserer Wortverkündigung der waltenden Weltanschauung anpassen wollen [...]. Die Verkündigung von Jesus dem Christus ist der totale Angriff auf alle Sicherungen dieser Erde, auf ihre Macht und Größe. Die glabende [sic!] Gemeinde predigt den Christus als den Wiederkommenden, der das Ende bedeutet für alle irdische Macht sie tröstet sich an dem großen Wort: ‚Siehe, ich bin bei euch alle Tage bis an der Welt Ende‘ [...].

Graf-Stuhlhofer (1999) vergleicht in einem Aufsatz auch Kösters Predigten mit den Predigten anderer evangelischer Prediger und verdeutlicht so Kösters Mut, bei gleichzeitiger Markierung seiner „Grenze des Möglichen“.[201] Er kommt zu dem Schluss: „Dadurch,

---

[201] Köster wählt diesen Begriff in Bezug auf seinen Kampf gegen den NS (KöV02.01.44b). Diese Grenzen werden von Graf-Stuhlhofer herausgearbeitet (2001:206–223). Er führt neun Themenfelder auf, wie z. B. Rassenideologie vs. Hochschätzung des Judentums, NS-Bejahung vs. religiös begründete NS-Ablehnung, Hitler-Mythos vs. Kritik an Menschenverherrlichung oder

daß er sich vom übrigen evangelischen Bereich so deutlich unterschied, war auch sein persönliches Risiko sehr groß; es wäre für die Gestapo leicht gewesen [...] an ihm ein Exempel zu statuieren – als Warnung für alle, die ähnliche Äußerungen erwogen" (34f).

Der Einordnung von Köster als Widerständler oder Kritiker blieb bisher nicht unwidersprochen. Als schärfste Kritik ist die knappe Rezension von Graf-Stuhlhofers Buch von Nicholas Railton (2003) zu nennen, der Köster überhaupt nicht als Kritiker, geschweige denn Widerständler anerkennen will. Graf-Stuhlhofer weist in seiner Erwiderung die Kritik m. E. nachvollziehbar zurück.[202]

Karl Federmann, Herausgeber der Predigtsammlung „Lampenlicht" und jemand, der Köster persönlich kannte, schreibt 1998 in einem an Graf-Stuhlhofer gerichteten Brief (AWM Nr. 24):

> Bezüglich der zeitgeschichtlichen Hinweise (Hitler etc.) wiederhole ich, daß man Köster Unrecht tut, wenn man ihn als religiös-politischen Widerständler einstuft. Er hatte das Wort der Bibel zu predigen und dort steht eben neben vielem anderen auch etwas über Leute wie Adolf Hitler.

Federmann ist insofern Recht zu geben, dass man Kösters Dienst als Prediger verkürzen würde, wenn man ihn nur auf die NS-Zeit reduziert.[203]

Gehorsam/Hingabe vs. Kritik an NS-Repräsentanten. „This going to the limits (die Grenze des Möglichen) expressed itself in arguing against pervasive propaganda and in proclaiming a biblical worldview as a radical alternative. He was too public a figure to remain unnoticed and was repeatedly interrogated by the Gestapo [...].The very fact that Arnold Köster was able to maintain his opposition whilst remaining a free man shows that his going to the limits was an extraordinary high-wire act. As a Christian he drew his inspiration from God's word, struggled to maintain his integrity and sought to remain a faithful follower of Christ throughout these difficult years" (Spanring 2013:37).

202 Vgl. Internet: http://www.graf-stuhlhofer.at/Rezension_Koester.phtml [Stand: 02.09.2017]. Nicholas Railton (2003) lehnt die These ab, dass Köster ein scharfer NS-Kritiker gewesen sei. Er bezeichnet in seiner sehr kurzen Rezension die Quellenlage zu Köster-Aussagen als gering und empfindet die Interpretation der Aussagen als wagemutig, bestenfalls als indirekte und vage Andeutungen. Dass Köster ein bisher übersehender Prophet des Widerstands gewesen sei, ist seiner Meinung nach spekulativ und extrem. Graf-Stuhlhofer würde gerade das Gegenteil aufzeigen und zwar einen Pastor, der die Regierung als von Gott eingesetzt betrachtete und der man gehorsam zu sein hatte. Er hätte sogar in der Wehrmacht gedient und damit den Eid auf Hitler geschworen. Railton setzt Franz Jägerstätter in Kontrast zu Köster. Dass Köster mit Jeremia verglichen werde, verdiene Köster nicht.

203 Dies betont auch Graf-Stuhlhofer (2001:3) in der Einleitung seines Buches, der anmerkt, dass die Frage, „ob das Politische an sich das Zentrum seiner Verkündigung war", eine differenzierte Betrachtung erfordert. Wenn man zugrunde legt, dass z. B. in meiner Arbeit gerade einmal ca. 10 % von Kösters Predigten ausgewertet wurden und dabei der Fokus auf den Arbeiten mit prophetischen Texten lag, dann ist anzunehmen, dass Köster die prophetische Verkündigung

Das Verhalten Kösters im NS-Regime bezeichne ich von meinen bisherigen Ausführungen her als „prophetischen Widerstand". Er beurteilt vom prophetischen Wort her die Situation in Deutschland und Österreich, vor, während und nach dem NS-Regime. Daraus zieht er für sich und seine Gemeinde Schlüsse. Spanring (2013:33) unterstreicht diese Sicht auf den Dienst Kösters: „During the next years his pastoral ministry became dominated by an urgent sense to offer a prophetic interpretation of God's Word and a critical evaluation of the ideological influences and trends of that complex and difficult period."

Wenn man nun aber Kösters prophetisches Verständnis aus Kapitel 5 mit bedenkt, dann war es eigentlich nicht Köster als Einzelperson, der prophetischen Widerstand leistete, sondern es war Kösters Ortsgemeinde, also die Baptistengemeinde Wien Mollardgasse, die den Widerstand leistete. Es handelte sich hiermit folglich um den kirchlich-prophetischen Widerstand einer kleinen baptistischen Ortsgemeinde, der durch die Predigten Kösters und ihre Veröffentlichungen über den gemeindeeigenen Schriftdienst seinen Ausdruck fand.

Fazit und These: Köster leistete dem NS-Regime gegenüber Widerstand in Form von offen ausgesprochener Kritik, die er vom prophetischen Wort der Bibel her formulierte. *Diese Form von Widerstand bezeichne ich als prophetischen Widerstand.* Da Köster im Rahmen seiner Ortsgemeinde wirkte, für die er das Prophetenamt reklamierte, handelte es sich um *kirchlich-prophetischen Widerstand* während der NS-Zeit.[204]

---

mit daraus folgender Beurteilung des Zeitgeistes als einen wichtigen Teil seines Dienstes verstand, aber eben auch nur als Teil.

204 Vgl. dazu die Ausführungen von Pöhlmann (1998): „Eine Glaubenshaltung, die auf der Hoffnung auf Gottes gerechtes Handeln an dieser Welt beharrt, läßt sich auch als Haltung des geistigen Widerstandes beschreiben. Es ist ein Widerstand gegen jede Angleichung an die Welt aus der festgehaltenen Hoffnung auf Gottes Gerechtigkeit heraus" (:73). „Im Verlauf der jüdischen und christlichen Geschichte hat es sich je und je gezeigt, daß es der apokalyptische Rahmen der biblischen Eschatologie ist, der die widerständige Kraft entwickelt, sich ‚diesem Äon' und seinen Mächten nicht anzugleichen" (:75). Vgl. weiter die Ausführungen zum Thema Widerstand von Diestelkamp (1993:268f), der den Begriff im Zusammenhang mit der Haltung der Bekennenden Kirche betrachtet. Er spricht vom „geistigen Wiederstand". Er weist auch auf die verschiedenen Füllungen des Begriffs hin, die sich „in den beiden Polen Verweigerung der Kooperation und Umsturzplan" wiederfänden (:270f). Er geht auch auf das Thema ein, ob eine Predigt mit dem Ziel einer bewussten Widerstandshandlung gehalten werden soll und bezeichnet dies als „theologisch nicht zu rechtfertigen" (:274). Dennoch gelte: „Das Ziel kann aber nicht sein, Predigt unpolitisch zu halten, sondern das Evangelium in all seiner Radikalität zum Sprechen zu bringen" (:274). Ein Prediger müsse kritisch reflektieren, in wessen Name er spreche und sich auf den Text einlassen und die Predigt geschenkt bekommen. „Gerade in dieser kritischen Distanz sich selbst gegenüber dürfen, ja, müssen Prediger sich selbst und die ‚Welt', die politischen Gegebenheiten einbringen und infrage stellen" (:274). Eine ähnliche Haltung darf man m. E. Köster unterstellen, wenn er prophetische Texte auslegt.

6.2. Köster bei der Gestapo: Folge der Provokationen gegenüber dem NS-Regime

Dass Kösters Auftreten durchaus die Behörden auf den Plan rief, zeigen dokumentierte Aussagen von Zeitzeugen (Gemeindemitgliedern) über Gestapo-Besuche Kösters. Erika Altmann berichtet in einem im August 2009 geführten Interview mit Paul Spanring (2013:241), dass Köster der Gemeinde mitteilte, dass er im Laufe der kommenden Woche zur Gestapo müsse und sich davor fürchte. Die Sitzung hätte wohl zwei Stunden gedauert. Auch Richard Matchinger bestätigt mehrere Verhöre Kösters durch die Gestapo (:241). Karl Federmann berichtet davon, dass einmal ein Informant oder Spion im Gottesdienst anwesend war. Nach dem Gottesdienst hätte dieser zu Köster gesagt, dass man Köster politisch nicht beikommen könne, er aber mit seiner Weltanschauung einer ihrer größten Feinde wäre (:243, vgl. KöV25.01.59:5 und KöV30.10.59:9). Er berichtet weiter, dass ein Gestapo-Beamter Köster scheinbar wohlgesonnen gegenüber gestanden habe. Köster hätte ihm nach dem Krieg wohl eine Bescheinigung geschrieben, dass er nicht im NS-System involviert gewesen wäre (:243).

Laut einer unveröffentlichten Disposition Graf-Stuhlhofers (AWM Nr. 25) seien die Gestapo-Akten in Wien durch einen Brand vernichtet worden. Köster sollte auch nach Berlin vorgeladen werden und ein Verhaftungsbefehl wäre unterwegs gewesen.

Köster berichtet im April 1945, kurz nach der Eroberung Wiens durch die russischen Truppen (KöV29.04.45:8): „Wenn ich zu Vorladungen gehen muß, u. Ä., da ist es auch mein Gebet: ‚Herr, du kannst die Herzen lenken wie Wasserbäche', laß mich das erfahren. Gott hat die Menschen in der Gewalt, – warum sollte ich nicht darum beten?" Im Dezember 1959 berichtet Köster aus einem Verhör, im Austausch über eine Bibelarbeit zum Propheten Daniel (WA-Protokoll 01.12.1959):

> Als ich vor die Gestapo zitiert wurde einmal, wollte der Beamte mich zum Parteiredner machen. ‚Sie müssen dem Staat dienen', sagte er; als ich ablehnte: ‚So treu wie ich dem Staat diene, können Sie ihm gar nicht dienen!' ‚Wieso?', fragte er. ‚Weil ich um Gottes Willen diene, der den Staat als Obrigkeit von Gott her eingesetzt hat. Sie aber dienen um der vollen Krippe willen, an der Sie sitzen wollen.'

Laut Köster sei es bei diesen Verhören zu offenen Meinungsverschiedenheiten gekommen (KöV13.05.45):

> Als ich einmal wieder von der geheimen Staatspolizei einvernommen wurde, sagte der eine Herr mir, der mir freundlich gesinnt war, es müsse doch endlich einmal dahinkommen, daß ich mit meiner christlichen Weltanschauung mich der totalen Weltanschauung des Nationalsozialismus angleiche! Da antwortete ich: ‚Das ist

> unmöglich, im Gegenteil, ich werde den Gegensatz immer stärker herausstellen, und es wird eines Tages so sein, daß sie mich verhaften müssen.'

1946 berichtet Köster noch detaillierter von der Auseinandersetzung aus dem Jahre 1942. Es kann sein, dass es sich um dasselbe Verhör handelte, das er 1945 schon erwähnte (KöV11.06.46:101):

> 1942 wurde ich wieder einmal zur Gestapo gerufen. Der Referent sagt mir: ‚Warum nehmen Sie nicht unsere Weltanschauung an, politisch wollen wir Sie in Ruhe lassen.' Ich habe ihm geantwortet: ‚Lieber Herr, wenn ich diese Weltanschauung annehmen würde, müsste ich in aller Öffentlichkeit bestätigen, was ich nicht kann, daß dieser Weltanschauung der Sieg gehört. Das können Sie nicht von mir erwarten, denn meine Anschauung ist, daß diese Weltanschauung zu einer furchtbaren Katastrophe führt!' Und der Mann hat das geschluckt![205]

Vergleicht man das von Strübind (1999:289) dokumentierte Vorgehen der Behörden gegen Baptistenprediger wie Krause und Meinhold im Jahr 1940, wird deutlich, in welcher Situation sich Köster eigentlich befand. Krause sei zu vier Jahren Gefängnis verurteilt worden, weil er politisch gegen den Führer gesprochen habe. Meinhold habe vor Gericht gestanden und die „Anklage warf ihm die Identifizierung Hitlers mit dem Antichristen vor, die Meinhold jedoch entschieden zurückwies" (:289, Fußnote). Er sei anschließend freigesprochen worden. Der Prediger Wiederhold sei festgesetzt worden und bei der Hausdurchsuchung sind seine Predigtskripte mitgenommen worden. Er habe über die Pferde in der Offenbarung gepredigt (:289). Die Bundesleitung habe ihre Prediger 1940 vor apokalyptischen Spekulationen gewarnt. Sie habe sogar Richtlinien für Pastoren herausgegeben, „in denen zur Zurückhaltung bei prophetischen Aussagen aufgefordert wurde" (:291).[206]

Es ist anzunehmen, dass Köster jederzeit Ähnliches hätte widerfahren können, und es ist offensichtlich, dass er sich nicht an die Vorgaben der Bundesleitung hielt. Vor allen Dingen deshalb, weil Köster sich „weit in den politischen Bereich wagte". Kösters Ver-

---

[205] Das Zitat geht interessanterweise wie folgt weiter: „Die Gemeinde am prophetischen Wort mit dem Versöhnungs- und Erlösungsgeheimnis des wiederkommenden Christus sah auf Babylon in den letzten Jahren mit seiner Todeswunde an der Stirne und hat sich Babylon nicht anvertrauen können und hat aus dem Verwesenden nicht eine neue Welt erwarten können" (KöV11.06.46:101).

[206] Auch Diestelkamp (1993:132) betont die Willkürlichkeit der damaligen Drucksituation: „Es gab Prediger, die gingen nach vergleichsweise offener Kritik frei aus, andere wurden schon bei der leisesten Andeutung zum Verhör zitiert. Solche Unterschiede hingen von vielerlei Faktoren ab, doch das Ergebnis galt überall: Der Prediger war potentiell dem Terror ausgesetzt, mit seiner Predigt konnte er seine berufliche Existenz, ja, sein Leben und die wirtschaftliche Grundlage seiner Familie gefährden [...]".

gleiche von Hitler mit dem Antichristen sind laut Strübind eindeutig erkennbar gewesen (:290) (KöV09.10.41). Warum Köster letztlich nicht festgenommen wurde, bleibt unklar. Spanring (2013:229) verweist auf das Gerücht innerhalb der Wiener Gemeinde, dass gegen Ende des Krieges ein Haftbefehl aus Berlin vorgelegen hätte, der aber im Chaos zum Ende des NS-Regimes nicht mehr vollzogen worden sei.[207] Köster selber wertet es als Gottes Bewahrung (KöV11.06.46:96). Im Dezember 1955 predigt er über die Situation, wie Daniel von den Engeln bewahrt wird (KöV29.12.55:4):

> Als der Gestapobeamte, der mich oft zur Einvernahme vorgeladen hatte, mich noch einmal sprach als die Russen bereits in Wien waren, habe ich ihn gefragt, warum er mich eigentlich nie angetastet habe. Er antwortete, ‚Es war immer die Stimme in mir, taste diesen Mann nicht an!' Gott hatte den Rachen zugehalten! So sind wir durch diese Zeiten durchgegangen, als die Bewahrten Gottes [...].

6.3. Markante Beispiele für Kösters prophetischen Widerstand

Die folgenden Beispiele für Kösters Widerstand wurden aus den ca. 430 gesichteten Köster-Predigten herausgefiltert. Außerdem habe ich als Quellen auch relevante Artikel aus dem Wahrheitszeugen und Täufer-Boten berücksichtigt.[208] Für die Kritik am NS wurden hauptsächlich Predigten und Artikel aus der NS-Zeit verwendet, während für die Kritik am Baptismus auch spätere Predigten – in denen Köster auf die Zeit des NS zurückblickt – mit einfließen. Während das erste Themenfeld schon von Graf-Stuhlhofer (2001) aus anderer Perspektive umfassend behandelt wurde, sind die weiteren Themenfelder in dieser Weise bisher noch nicht dargestellt worden. Innerhalb der Themen-

---

[207] „Why was the outspoken critic Arnold Köster never arrested by the Nazis? When older members of the Baptist church in Vienna are asked this question they respond by telling the tale that an arrest warrant was issued by the Berlin authorities. However, the postbag containing the warrant was destroyed en route from Berlin to Vienna when the train suffered a direct hit during an aerial bombardment. During the final chaotic months and weeks of the Third Reich the matter was forgotten and the arrest warrant never reissued" (Spanring 2013:229).

[208] Gezielt gesichtet habe ich *alle* Predigten der NS-Zeit, die alttestamentliche Prophetentexte oder die die Offenbarung des Johannes als Grundlage haben oder einen eindeutigen zeitgeschichtlichen Titel aufweisen. Von den Zeitschriftenartikeln im WZ wurden vier Artikel mit NS-kritischem Inhalt verarbeitet. Die NS-kritischen Artikel aus dem Täufer-Boten sind schon von Graf-Stuhlhofer im Rahmen seines Kapitels „Veröffentlichte Äußerungen Kösters (1924–41)" umfassend dokumentiert worden (2001:111–185). Vergleiche dazu das Verzeichnis im Anhang, die die von mir gefundenen NS-kritischen Artikel aus dem Täufer-Boten auflistet. Berücksichtigt wurden auch die dokumentierten Vorträge Kösters in den Wiener Allianzprotokollen der Jahre 1933–1945 (alttestamentliche und zeitgeschichtliche Thementitel) und in subjektiver Auswahl ergänzend einzelne Zitate aus den Protokollen 1945–1960.

felder wurde versucht, die Darstellung anhand der Köster-Zitate weitgehend chronologisch zu halten.

6.3.1. Kösters prophetische Kritik am NS-Regime und der NS-Weltanschauung

Kösters Angaben zufolge fing er sehr früh damit an, die Weltanschauung des NS zu bekämpfen. 1920 sei er zum ersten Mal mit der Ideologie in Berührung gekommen (KöV21.10.45; Köv11.06.46; KöV13.10.46). Bereits im Jahre 1923 hätte er einen warnenden Vortrag gehalten und glaubt daher im Oktober 1945, dass er „nach 25 Jahren des geistigen Kampfes und der Auseinandersetzung mit dieser Ideologie der Verführung des Antichristlichen wohl imstande ist", einen wesentlichen Beitrag zur Aufarbeitung zu bringen (KöV21.10.45). Er bezeichnet die NS-Ideologie als Ungeist, der zum „Zeitalter des Diabolischen", diesem „großen Hexensabbath der Moderne", zu diesen „Orgien der Abgrundgeister" führte (:7). Für ihn gab es einen Einbruch des Dämonischen. „Das Tier im Menschen ist losgekoppelt worden! Der Ausspruch hat sich bewahrheitet: ‚Humanität ohne Divinität führt zur Bestialität!'" (:3). Es wurde nicht erkannt, „wes Geistes Kind die Bewegung" ist. Köster benennt die „schauerlichen Dinge" in den Konzentrationslagern (:4):

> Das, was in den verflossenen Jahren abgelaufen ist, was in Belsen, Auschwitz oder sonst irgendwo an Grauenhaftem getan wurde, ist nicht so einfach von außen her gekommen, sondern diese Katastrophe im Menschlichen hat einen geistigen Hintergrund, das heißt, der Geist des Menschen ist die Geburtsstädte gewesen.

Alles sei mit der Tarnkappe der Vernunft geschehen, die zur Ideologie pervertiert sei und zu einer höheren Gläubigkeit führte. „Die Idee, der Glaube an den Menschen ist der Ausgangspunkt der nationalsozialistischen Weltanschauung für das politische, wirtschaftliche, kulturelle, religiöse Denken" (:5). Aus ihr stamme auch die Lehre vom „Edelmenschen". „Es hat gläubige Menschen gegeben, die diesen Irrwahn vom bewußten Deutschtum in diesem Sinne mitgemacht haben" (:5). Besonders brisant ist für Köster, dass seine Ursprungsfamilie mit der NS-Ideologie sympathisiert. Er berichtet von einem Besuch in Deutschland 1933: „Meine Verwandten, mein Vater bis zu seinen Enkeln waren damals alle schon gebunden in der Partei und weltanschaulich stark interessiert. Um der Liebe willen habe ich versucht, sehr vorsichtig zu sein" (KöV08.11.51). Laut Bericht waren einige Verwandte sogar Parteimitglieder. Sie hätten 1941 über seine Warnungen vor der Ausweitung des Krieges gelacht (KöV13.10.46).

1932 verfasste Köster den Artikel „Hakenkreuz und Sowjetstern – Malzeichen des Antichristus" (WZ 1932, Nr. 37). Auf den Artikel gehe ich später noch ein.

In einem Artikel über den Heiligen Geist macht Köster deutlich, dass in der Gemeinde keine sozialen und rassischen Unterschiede mehr vorhanden sind: „Was bedeuten ihm soziale und rassische Unterschiede! ‚Sie sind allzumal Einer in Christo.' Das ist das Werk des Heiligen Geistes in der Gemeinde. Es kommt zur großen Liebe" (WZ 1934, Nr. 15:117).

In Ausgaben des Täufer-Boten des Jahres 1934 findet sich ebenfalls deutliche NS-Kritik. Köster hat sie nicht immer selbst verfasst, war aber ja der Herausgeber und Verleger des Blattes. Er selber betont 1941 in einer Auslegung zu Römer 12: „Der Christ läßt sich nicht formen durch die Ordnungen, die in dieser Weltzeit sind. Er läßt sich nicht gleichschalten. Der Christ hat ein Eigenleben" (KöV12.01.41:125). Das Schema dieser Welt sei der Herrlichkeit Gottes gegenübergestellt. In einer Predigt über das Hohelied bezeichnet er die Gemeinde als die Kirche der Sehnsucht. „Sie ist nicht die Kirche des positiven Christentums, sie hat keine Pracht und keine Macht", aber sie sei die Braut, die Salomo gehört, und sie habe eine lebendige Hoffnung (KöV12.06.41). Die Gemeinde sehe sich einer falschen Gottesverehrung gegenüber: „Es geht heute um die Christuserkenntnis, – die Gotteserkenntnis in Christus Jesus oder die Gottesverehrung als ‚deutscher Gott'" (KöV27.09.42, zu Apg 17,2f:1). Das Christentum sei viel zu moralisch ausgerichtet und könne der Welt so nicht mehr dienen. Köster schlägt dagegen vor: „Wir müssen dieser ‚Edelrasse' mit ihrem ewig bösen Herzen sagen, daß Gott ruft: ‚Reinigt euch durch das Blut des Lammes'. Nur durch eine Wiederschöpfung können wir wiedergeboren werden zu einer lebendigen Hoffnung" (KöV08.10.42:7).

Im November 1942 setzt er sich apologetisch mit der Lehre des Rassentheoretikers und von den Nationalsozialisten als Vordenker betrachteten Housten S. Chamberlain (1855–1927) und dem vom NS propagierten „positiven Christentum" auseinander. Chamberlains Lehre schalte gleich und heble das echte Christentum aus. „Ich muß mich besinnen: ist nun das Christentum, das mir als Lüge vorgeworfen wird ein Irrtum, – oder liegt die Verwirrung auf der anderen Seite?" (KöV05.11.42:2). Hier vermischten sich Christentum und Germanentum. Chamberlains Lehre sei ein gefährlicher Sauerteig. „Entweder gehörst du zu dem autonomen, selbstherrlichen, ‚positiven Christentum', – Oder du bleibst bei der Kreuzesgemeinde" (:9).

Sehr beeindruckend schildert Köster am 01.01.1943 den Gegensatz zwischen dem Glauben der Gemeinde und der NS-Ideologie. Er stellt in einer Predigt über 1Korinther 10 und 11 mit dem Titel „Ihr sollt sitzen am Tisch des Herrn und nicht am Tische der Dämonen" die Auseinandersetzung dar (KöV01.01.43). Zunächst stellt Köster fest, dass die ganze Welt bei der Feier des Abendmahls anwesend sein könne, weil die Gemeinde nicht in einem verbotenen Raum agiere. Die Gemeinde bekenne sich jetzt zu Jesus:

> Wir bekennen uns jetzt in dieser Stunde nicht zu irgend einem Weltherrn, sondern zu diesem Weltherrn, dessen Heilszeichen das Kreuz auf Golgatha ist. Wenn die Gemeinde Jesu Christi sich ein Heilszeichen gibt, dann nur als Symbol das Heilszeichen des Kreuzes Jesu, nicht das Flammensonnenrad, sondern das Kreuz des Christus auf Golgatha. Wir bekennen uns zu dem Weltherrn, der an dem Schandpfahl auf Golgatha den schändlichen Tod eines Verbrechers gestorben ist! (ebd.)

Jesus allein sei das Heil und die Rettung. Angesichts dieser Tatsache sei es unmöglich, am Sonntag gläubig zu denken und sich in der Woche an der antichristlichen Tagesmeinung zu orientieren. Die Feier des Abendmahls bedeute ein klares Bekenntnis gegenüber der Welt und eine Abkehr von falschen dämonischen Weltanschauungen (ebd). Für Köster ist völlig klar, dass das ganze Leben vom Evangelium durchdrungen ist: „Ich kann nicht am Sonntagmorgen hier sitzen und in der Woche einer modernen Weltanschauung huldigen! Ich kann nicht heute christlich anbeten und morgen antichristlich denken!" (KöV17.01.43b:19)

Die Kirche solle stutzig werden, wenn es in der Gesellschaft zu einer starken Neuorientierung in der Weltanschauung komme (KöV21.01.43). Wenn „man den alten Gott zum alten Gerümpel stellt, dann Gemeinde! merke auf, werde stutzig! Dann ist zumindest der Anfang eines neuen kainitischen Aufbruches der Menschheit da".

Wenn die Christenheit gezwungen werden sollte abzutreten, dann käme es zur Dämonisierung der Welt. Das unterstriche die Offenbarung des Johannes. Köster meint: „Unsere Zeit, die das verlorene Paradies wieder erstürmen will, ist schon lange im Schwertbereich des Cherubs, ohne daß die Welt es merkt! Hier sind göttliche Grenzen!" (KöV18.02.43). Im Rahmen der Allianz hält Köster einen Vortrag anhand von Kolosser 1,13–20 über das christliche Weltbild und stellt es allen anderen Weltbildern gegenüber (WA-Protokoll 05.04.1943). Die heutige Weltanschauung „ist anstelle des Christentums getreten, ist Religion geworden. Es kommt zur Leibesvergottung. Menschenvergottung, zur Vergottung der Rasse, des Volkes, Patriotismus wird Religion! Das sind dann die Dinge, die hervorbrechen". Dagegen müsse der christliche Glaube antreten und „das Wort der Wahrheit sagen und zeigen als Quelle der Kraft und der Erleuchtung für unser Wirken, wie für unser Denken und Forschen". Es gäbe die, die forderten, dass man dem Rad in die Speichen fallen müsse, um die Welt wieder in Ordnung zu bringen.[209] Das

---

[209] Im Allianzprotokoll wird dieser Ausdruck von Köster zitiert: „Wir empfinden alle, wie sehr solch eine Weltanschauung den Menschen beeinflußt. Man sagt: ‚Das Rad ist ein wenig in Unordnung geraten', und da sind vielleicht Große in der Welt, die sagen: ‚Wir können diesem Rad in die Speichen fahren und alles wieder in Ordnung bringen.' Aber wir entdecken, daß ganze Zeiten gerädert werden durch diesen Versuch, samt den Großen, die den Versuch wagten! Das ist sehr gefährlich, wenn man ein falsches Weltbild hat, weil man ein falsches Verhalten der Welt gegenüber hat. Darum haben wir uns zu besinnen auf das christliche Weltbild des Pau-

findet Köster nicht. Er glaube, dass dieser Ansatz dem mechanischen Weltbild entspräche. Dagegen wären Christen aufgefordert, das Evangelium an erster Stelle zu setzen. Alles sei auf Christus zu beziehen, auch die Bewegung in der Geschichte, auch die politischen Bewegungen dieser Weltzeit. Die Christuserlösung aller Dinge sei nötig, denn die Welt sei pervers und falsche Weltanschauungen würden sie noch perverser machen. Es gäbe einen großen Kampf des Christus gegen die Macht der Finsternis. Die Auferstehung sei der zentrale Punkt der christlichen Weltanschauung. Gottes neue Welt werde in die alte Welt durch den Akt der Versöhnung hinein brechen. Von daher sei auch eine Weltneugestaltung möglich.

Im Oktober 1944 betont Köster, dass die Gemeinde auf dem Wort der Propheten und der Apostel aufgebaut sei. Darauf fuße der Glaube. „Man kann nicht zwei Glauben haben, hier einen religiösen, und dort einen politischen, – das ist Unsinn, das ist psychologisch unmöglich" (KöV19.10.44).

Auch nach der Eroberung Wiens durch die Russen (13.04.1945) bleibt Köster weiter deutlich. Die Idee der Welterlösung auf rassischer Grundlage sei eine Tragödie gewesen. Scheußliche Dinge wären den Juden widerfahren (KöV27.05.45). Christsein und NS schlössen sich aus.

> In den letzten Jahren gab es die sogenannte ‚rassische Ethik'. Man sagte: ‚Wir' haben das edle Blut, ‚wir' sind die ‚Edelrasse'! Darum die ‚Zuchtauswahl' auch bei den Menschen, man sagte, ‚wir züchten eine Edelrasse, den edelrassigen Menschen'! Diese Ethik kam her von der Ideologie eines Schweinezüchters, der glaubte, daß man bei den Menschen das gleiche tun könnte, wie bei Schweinen! Aber das ist nicht so! Wir haben keine rassische Ethik, sondern eine Ethik der lebendigen Hoffnung, nicht eine Ethik mit wertvollen Voraussetzungen in unserem Leben.

1948 betont Köster in einer Predigt zum Antichristen über Offenbarung 13 rückblickend (KöV09.09.48), wie wichtig es war, dass er nicht zur NS-Ideologie geschwiegen habe, auch wenn es aus der Gemeinde heraus solche Stimmen gegeben habe. Köster wolle auch in Zukunft den Glauben immer wieder aufrichten und der Gemeinde nicht gestatten zu schweigen, „da der Kampf der Geister immer weiter getrieben wird in die letzte

lus. Das ist für mich ein sehr entscheidender Gedanke geworden" (WA-Protokoll 05.04.1943). Ob Köster sich hier wirklich auf Bonhoeffer bezieht ist unklar, scheint aber unwahrscheinlich. Auf jeden Fall stimmt er mit diesem Ansatz nicht überein. Kösters generelle Stellung zur Obrigkeit und eine Auslegung zu Römer 13,1f ist mit Zitaten aus seinen Predigten als Zitat-Sammlung online veröffentlicht (Claesberg 2017c). Ebenfalls wertvoll sind zu diesem Themenfeld die Ausführungen von Spanring (2013) auf den Seiten 47f unter der Überschrift „Authority, a God-Given Mandate" und auf den Seiten 222–226 unter der Überschrift „The World – Seize the Wheel".

Ausgipfelung hinein, daß wir schweigen zu den Dingen, die gesagt werden müssen, sollen wir durch die Gefährdung, sollen wir durch die Verführung hindurchkommen".

6.3.2. Kösters prophetische Kritik am Verhalten der Kirchen gegenüber der NS-Ideologie

Köster warnt seine Gemeindemitglieder vor der NS-Ideologie und kritisiert gleichzeitig, dass die Kirche gegenüber dieser Ideologie eine positive Haltung einnimmt. Oft spricht er in allgemeinerer Form von „den Kirchen und Gemeinden". Es ist anzunehmen, dass Köster seine Freikirche teilweise mit einschließt. Unter 6.4.3. wird später dargelegt, dass Köster auch direkt den Baptismus kritisierte. Die Kirche im Allgemeinen habe das Wort Gottes nicht bewahrt und lebe von menschlichen Gedanken. Deswegen sei sie jetzt in einer Misere (KöV27.10.40). Das Königtum Jesu, der Herr aller Herren ist, müsse von der Gemeinde bekannt werden. Die Kirche erledige sich durch falsche Theologie von innen her (KöV15.06.41a):

> Wenn eine solche Kirche, wie die evangelische Kirche es in unsern Tagen ist, von aussen erledigt, zerstört wird, dann wäre das Ehre! Dass sie sich aber selbst zerstört, das ist ihre Sünde! Wenn sie von aussen her aufgerieben wird, dann ist das eine Ehre für die Wahrheit dieser Kirche, dass aber diese Kirche ihre eigene Substanz zerstört, das ist tief traurig.

Falsche Theologie ist für Köster auch noch 1949 ein Grund, warum Hitler überhaupt so erfolgreich war (KöV19.09.49). Kirchenführer seien lieber bereit sich anzugleichen, wenn sie ihre Kirche als gefährdet ansähen, und gäben dafür die Substanz auf (KöV20.12.42:3). Köster lehnt den Weg der Diplomatie ab, wenn Christus verraten wird. Vielleicht müssten einzelne Christen wie Johannes der Täufer in die Wüste gehen und von dort aus predigen, dass Gott kommen wird (:4).

Es müsse gepredigt werden, dass Jesus ein Jude gewesen sei. „Man hat nicht verkündigt, daß der Jude, der vor 2000 Jahren lebte, dieser Mensch einer jüdischen Mutter, Jesus von Nazareth der Christus Gottes, der Sohn des ewigen Gottes ist ohne Ende!" (KöV17.01.43b:20). Köster kritisiert das „vorsichtige Getue", das bis „an den Verrat der Sache des Christus grenzt" (:7). Ganz schlimm ist für Köster folgendes kirchliches Verhalten (:69, zu 2Kor 5,11–21)

> Daß die Christenheit, als der Staat in unseren Tagen das Judengesetz erließ so begeistert mitgelaufen ist, ist ein Vergehen gegen diese Tatsache, daß man die Menschen wieder kennt ‚nach dem Fleisch'! Der tragische Hintergrund dafür ist, daß man das Kreuz des Christus in seiner Folgerung nicht mehr sah. Wenn wir noch von der Gnade des Christus leben, dann geht es auf dem Boden der Ge-

> meinde auch heute: ‚Weder Jude noch Grieche, weder Freier noch Knecht, sondern nur der neue Mensch in Christo Jesu!'

Die Gemeinde könne das prophetische Wort nicht mehr deuten oder habe Angst es zu deuten (KöV08.04.43, Micha). Die Kirchen würden versagen, und das „ist auch ein Gericht dieser Zeit". Köster fragt nach den Predigern, die ein Wort zur Lage sagen (KöV05.08.43):

> Krieg war das Erste in dieser Kette, Verwüstung und Zerstörung folgt, Zerrüttung der Menschenleiber und Zerstörung der Kulturgüter, die Verwahrlosung der Seele jagt hinterdrein; und mitten drin steht eine Kirche Jesu Christi, und hat nicht das Vermögen offenbarendes, deutendes, dolmetschendes Wort Gottes hineinzusagen in diese Situation. Wo sind die Prediger, die rufen und sagen, was das zu bedeuten hat? [...] wo aber redet die Gemeinde Jesu Christi zu der Welt das Wort, das jetzt gesagt werden muss?

Die Kirchen wüssten nichts mehr vom wiederkommenden Christus (KöV15.08.43b, zu Psalm 150). Weil diese Hoffnung nicht lebendig sei, müssten viele Menschen mit dem Optimismus der Welt mitlaufen, um sich dabei das Paradies zu erkämpfen. Dies liege nicht nur an der fehlenden Verkündigung, sondern auch an der glaubenslosen Haltung „weiter christlicher Kreise, die die Aufgabe hätten, zu warten und zu harren!" (:4). Die Christen wären erzogen worden „selig zu sterben", aber leider nicht mit der Erwartung der Wiederkunft Christi. Deshalb wären die Christen mitgelaufen und von jedem neuen Staat fasziniert gewesen. Das sei Christentum. Die Gemeinde dagegen hätte das Wort vom wiederkommenden Herrn verstanden (KöV14.10.43:2, Offenbarung).

Im Oktober 1945 blickt Köster zurück und fragt „Wie war das möglich?" (KöV21.10.45). Köster behandelt in diesem Vortrag die NS-Zeit. Zunächst markiert er für sich das Recht darüber zu sprechen, weil er immer schon über die NS-Zeit geredet hat. Köster meint, dass viele nicht gesehen hätten, „wes Geistes Kind diese Bewegung ist". Nun würden sich viele Menschen an der Buße vorbeidrücken wollen. „Einer der kläglichsten Versuche ist der der christlichen Kirchen, sich hier vorbeizudrücken. Wir warten immer noch vergeblich auf das Wort der Kirche zur gottgewollten Buße wegen dieser Dinge" (ebd.).

> 'Wie war das möglich?' ist auch eine Anfrage an alle die, die immer noch tun, als wäre nichts geschehen, als wäre das Ganze nur eine Krankheitserscheinung, die sich wieder mit den Jahren abstreift und verliert. Nein! So leichten Kaufes kommen wir von diesen Dingen nicht los! Ich habe auch nicht die Absicht, den Gliedern unserer Gemeinde, die Nationalsozialisten waren, oder mitgelaufen sind, es so leicht zu machen, – nicht weil ich etwas gegen sie hätte, sondern wegen ihrer Seelen Seligkeit willen. Denn wenn es jetzt nicht zur Buße kommt, hat Satan bei der nächsten Wiederholung einer solchen Epoche ein noch viel leichteres Spiel als in

> den vergangenen Jahren. Es geht um der Liebe willen und um die Buße, die Gott gefordert hat.

Für Köster haben aber auch die Kirchen versagt mitsamt dem Baptismus. Sie hätten sich von der Wahrheit Gottes entfernt und sich der Liebe zur Lüge hingegeben. Gott habe durch die Niederlage deutlich geredet, doch wird es gehört werden?

> Wie war es möglich? Nur dadurch, daß die Christenheit nicht so am Worte lebt, nicht so unter dem Geist der Wahrheit stand, wie Gott es ihr bereitet hatte in seiner Gnade, in Christus Jesus. Wie war es möglich, daß die ganze Christenheit einer Illusion verfiel, diesen Traum der Neugestaltung der Welt? Es ist eine ungeheure Gnade Gottes, daß dieser Traum abgeträumt ist!

6.3.3. Kösters Kritik an nationalsozialistischen Tendenzen im Baptismus

Neben der Kritik an „den" Kirchen, kritisiert Köster seine eigene Freikirche. Köster sparte generell nicht mit Kritik zu diverseren Entwicklungen im Rahmen seiner Freikirche (Claesberg 2018b). Die erste deutliche Kritik zur NS-Thematik stammt nicht direkt von ihm selbst, sondern von Johannes Fleischer, dem damaligen Prediger der deutschsprachigen Baptistengemeinde in Bukarest (Graf-Stuhlhofer 2001:119). Dieser berichtet im Täufer-Boten vom Oktober 1930 von der Bundeskonferenz in Königsberg. Da Köster Eigentümer, Herausgeber und Verleger des Täufer-Boten war (siehe TB 1930, Nr. 2:8), hat er diesen Artikel „genehmigt" und unterstützt. Der Artikel ist – vermutlich von Köster – überschrieben mit dem Wunsch, diese wertvollen Gedankenstriche zu beachten. Fleischer schreibt (TB 1930, Nr. 10:6f):

> Ein bedeutungsvollerer Nachteil war aber, daß die Versammlung zu nationaldeutsch gehalten wurde. Es wurde sogar betont: ‚Unser Christentum ist bewußt deutsch!' Man mag den Nachteil dieser Einstellung im deutschen Reiche nicht so leicht erkennen [...]. Hat man denn im Deutschen Baptismus vergessen, welchen Schaden die Betonung des Nationalen im Christentum in der Heidenmission angerichtet hat [...]. Wo ganz Europa gradezu wahnwitzig vom Nationalitätenhaß zerfleischt wird, sollten die Gläubigen doch eine äußerst entschiedene Ablehnung aller nationalen Betonungen üben. (ebd.)

Fleischer betont, dass die nationalen Unterschiede doch seit Babel ein Gottesgericht darstellen und fordert: „Unsere Losung muß daher immerfort sein: ;weniger National und mehr jesushaft sei unser Christentum!'" (ebd.). Köster selber berichtet im April 1932 von ähnlichen Tendenzen innerhalb der deutschen Gemeinden (TB 1932 Nr. 4:6f). Seine Analyse ist geradezu schonungslos:

> Es mangelt allüberall in unseren Gemeinden am Lehramt [...]. Es rächt sich bitter, sehr bitter, daß auch wir Predigtkirche geworden sind und nicht Gemeinde des

> Wortes [...]. Eine besondere Not, die mir überall begegnete und die ich durchaus nicht unterschätzen darf ist die politische Not in unseren Gemeinden. Es ist nicht zuviel gesagt, wenn ich sage: Unsere Gemeinden sind in Gefahr, politisch zu verrotten! [...] Eine Blüte mag hier als Schlaglicht wetterleuchten. Die Diagnose ist daran leicht zu stellen. Am Sonntag vor der ersten Reichspräsidentenwahl schließt in einer Gemeindestunde ein Bruder seine Wahlrede mit den pathetischen Worten: ‚Liebe Geschwister! Wer Hindenburg wählt, der wählt Barrabas! Wer aber Hitler wählt, der wählt unseren Herrn Jesus!' – Wer Ohren hat zu hören, der höre! – Es ist weit und breit der Einbruch der nationalsozialistischen Welle, der unser Gemeindeleben in Deutschland zu verrotten scheint [...]. Darum schreiben wir auch hier ganz offen, denn die Zeit des schonenden Schweigens muß vorüber sein und die Verantwortung, von Gott uns auferlegt, ist zu groß. (Hesekiel 33!!!) [...] Die erste Ursache zur politischen Verrottung fand ich darin, daß der offizielle Baptismus glaubte, sich auch öffentlich politisch betätigen zu müssen. Der Weg in die politische Arena hat nun gerade das Gegenteil bewirkt [...]. Die andere Ursache zur politischen Verrottung in unserem Werk fand ich in einer furchtbaren Versklavung an die weltliche Sorge [...].

Ein weiterer Artikel im Täufer-Boten von Juni/Juli 1933 (TB 1933, Nr. 6/7:4), den auch Strübind (1995:82) in einer Fußnote erwähnt, macht seine generelle Beobachtung der kirchlichen Situation in Deutschland – den Baptismus mit eingeschlossen – deutlich:

> Wird es zur Gleichschaltung der Kirchen und Gemeinschaften mit dem neuen Staate kommen? Wird diese Gleichschaltung zur Gleichschaltung mit der Weltanschauung der völkischen Bewegung ausreifen? Von der Warte des göttlichen Offenbarungswortes her versuchen wir mit hellen Blicken in die gegenwärtige Lage hineinzuschauen [...]. Die Gemeinde Jesu steht in ernster Entscheidungsstunde. Sie hat sich nur zu entscheiden gegenüber der reibungslosen Bahn eines ‚antichristlichen Christentums' und der Straße der Schmerzen dem Lamme nach. Ein Drittes ist nicht zu sehen. Entweder ‚mit Christus gegen Christus', oder aber ‚mit Christus für Gott!' Entweder ‚mit der Bibel gegen die Bibel' oder ‚mit Gottes Wort für Gottes Willen!' Entweder ‚mit der Kirche gegen den Herrn der Herren', oder ‚mit der kleinen Herde für den König der Könige!'

In den aufgezeichneten Predigten ab 1939 finden wir weitere deutliche Kritik, auch rückblickend auf die Zeit um 1933. 1944 berichtet Köster über seine Erfahrungen in verschiedenen baptistischen Kreisen und kann nicht verstehen, dass man keinen Blick für Gottes Geschichtsgang mit dieser Welt hatte (KöV21.01.44:1, über Offb 12f). Über eine besondere Situation aus 1933 berichtet er 1946 (KöV16.05.46, über die Offenbarung). Er kann es nicht nachvollziehen, dass auf der Bundeskonferenz in Königsberg von einem Prediger gesagt wurde, dass die nationalsozialistische Partei „die" christliche Partei sei, weil sie den Grundsatz ‚Gemeinnutz geht vor Eigennutz' vertrete (:54). Dann lässt

Köster seine Hörer an einem markanten Erlebnis teilhaben (:55) (Hervorhebung nicht im Original):

> Ich saß in einer sehr entscheidenden Stunde mit den führenden Männern des deutschen Bundes (Baptisten-) zusammen im Jahr 1933. Sie haben mich tüchtig geschruppt durch Stunden hindurch, was ich denn eigentlich mit dem Nationalsozialismus vor hätte, ich möchte doch gefälligst den Mund halten, da ich ja den ganzen Baptismus gefährde. Als ich *aufmerksam machte vom prophetischen Wort her*, daß es bei dieser Machtergreifung um nichts anderes gehe als um eine ‚vergehende Macht', und daß mit dieser politischen Machtergreifung es gehe um die Ausbreitung antichristlichen Denkens, – da haben mich die Männer des deutschen Baptismus ausgelacht! Da mußte ich ihnen sagen, – ‚gut, ich will stille sein, – aber ihr tragt die Verantwortung.' Das Schmerzlichste war die Belächelung durch die Männer, die von Gott her ein Wort hätten haben sollen, ein Licht hinein in die dunklen, verhängnisvollen Dinge!

Im Oktober 1941 predigt Köster über das Thema „Volk ohne Gott" und warnt Deutschland vor der aktuellen Weltanschauung (KöV16.10.41):

> Wenn wir als deutsches Volk uns nicht bessern, wenn wir auf dem Wege dieser Weltanschauung, die jetzt Norm geworden ist, weitergehen, ist das unausweichliche Schicksal für unser deutsches Volk das Geschick Rußlands! Eines Tages fallen wir von einer gewaltigen Machthöhe hinein in die Machtlosigkeit [...]. Aber wer glaubt unserer Predigt und wem wird der Arm des Herrn offenbar? Ich wünschte, wir hätten heute den ganzen Baptismus in Deutschland zusammen, dann wollten wir heute einmal sehen, wie viele sagen würden: das ist schwärzester Pessimismus!

Trotz aller Kritik am Baptismus aufgrund seiner Haltung in der NS-Zeit kann Köster im März 1943 aber auch Folgendes sagen (KöV25.03.43:9):

> Die Taufe ist in der urchristlichen Gemeinde die Aufnahme der personalen Korrespondenz des Gläubigen mit Gott. In der Taufe nimmt der Gläubige den Verkehr mit Gott auf. Darum werde ich immer Prediger einer Täufergemeinde sein, wenn ich dem Baptismus auch oft sehr gram sein muß um seiner Haltung in heutiger Zeit willen!

In einer Predigt im Mai 1943 mit dem Thema „Der ungeborgene Mensch" sagt Köster (KöV06.05.43:7):

> Hier ist für alle unsere Kirchen, auch für uns als Baptistengemeinde eine große Aufgabe. Es ist verhängnisvoll gewesen, daß die christlichen Kirchen sich haben verführen lassen durch den Aufbruch einer neuen Kultur, die ‚Persönlichkeit' gestalten zu wollen, nach dem Wort: ‚Höchstes Glück der Erdenkinder ist doch die Persönlichkeit!' Auch sie wollten das Persönlichkeitsideal aufrichten, noch besser als die Welt! Jetzt aber, wo die ganze Schminke weggewaschen ist, und die ganze

> Bestialität der kultivierten Menschheit zutage tritt, sind sie ratlos und wissen nicht, was sie den Menschen sagen sollen!

Nicht nur Kösters Kritik an der Weltanschauung des NS, sondern auch seine heilsgeschichtliche Meinung zum Ende der Zeit wurde im deutschen Baptismus abgelehnt. Im Mai 1944 berichtet er in einer Predigt mit dem Thema „Die Entrückung der Gemeinde" zum 1. Thessalonicherbrief über eine Begegnung mit führenden Brüdern des Bundes (KöV11.05.44a:7):

> Ich werde die Stunde nicht vergessen, als ich vor Jahren in unsrem Verlagshaus saß in Kassel, (das nun auch zerstört ist) vor den führenden Brüdern, die mir vorhielten, daß ich zu offen geredet hätte und sie nun Schwierigkeiten hätten. Sie belächelten die Gedanken, die ich hier ausführe, als ich ihnen sagte, es ginge nicht nur um Politik, sondern das Ende dieses Weges ist bestimmt religiös und wird es sein! Das ist der Weg, auf dem die Welt läuft. Weil sie die Liebe zur Wahrheit nicht wollten, müssen sie die Liebe zur Lüge wollen.

Im Oktober 1944 hält Köster eine Predigt mit dem Titel „Unsere Not" und stellt fest, dass die Christenheit zu dem Wort der Apostel und Propheten stehe und dies ihren Glauben ausmache. Deshalb könne man nicht auf der einen Seite religiös und auf der anderen Seite politisch glauben (KöV19.10.44). Diese Tendenz gäbe es aber auch im Baptismus:

> So weit ich sehe, geht durch die ganze Christenheit ein großer Schade, der auch durch unseren Baptismus hindurchläuft. Der Baptismus ist nicht die große Herrlichkeit, die man glaubte manchmal predigen zu müssen! Wir müssen als Gemeinde Jesus Christi in der Gemeinschaft mit den Propheten Gottes und den Aposteln unseres Herrn Jesus Christus auch hinein in die Einsamkeit und das Los ihrer Einsamkeit tragen.

Im Sommer 1945, kurz nach Kriegsende, deutet er sogar den Bruch mit seiner Freikirche an, als er eine Predigt mit dem Titel „Die Gemeinde der Sehnsucht" über das Hohelied hält (KöVSommer 45:10):

> Mit einer Freikirche, die glaubt für die Segel ihres Schiffleins den jeweiligen politischen oder Kulturwind gebrauchen zu können, können wir nicht mehr mitsegeln, denn wir brauchen den Wind des heiligen Geistes, wollen wir den Kurs haben, der uns zu jenem Ufer trägt, an dem Jesus – unser Bräutigam – auf uns – die Brautgemeinde wartet.

Am 21.10.1945, ein paar Monate nach Kriegsende, behandelt Köster vor der Gemeinde die Frage „Wie war das möglich?" (KöV21.10.45). Für Köster haben hier auch die baptistischen Prediger versagt. Sie hätten sich von der Wahrheit Gottes entfernt und sich der Liebe zur Lüge hingegeben (8f).

> Wurde z. B. in unseren eigenen baptistischen Gemeinden im Reich über die geistige Haltung des Nationalsozialismus gesprochen? Hat man denn dort jemals danach gefragt, welcher Glaube im Nationalsozialismus bestimmend war? Wie konnten Baptistenprediger über das Wort ‚Gemeinnutz geht vor Eigennutz' sagen, das sei der allerchristlichste Lehrsatz, und nicht wissen, daß es nur der alte Schlangensatz ist ‚Ihr werdet sein wie Gott, ihr werdet mit nichten des Todes sterben ...!'

Es handele sich hier um eine besondere Gewissenfrage an die Kirche und einen Ruf zur Buße. Die Kirche solle der Welt vorangehen, um die „Gnadenmöglichkeiten" aufzuzeigen (:9).

1946 legt Köster die Offenbarung aus. Hier äußert er sich öfter über die vergangenen Jahre. Zunächst stellt er fest, dass es

> in den Reihen der baptist. Gemeinden des Reichs viele Nationalsozialisten gab und noch gibt, – und das liegt nur daran, daß man das Wort der Offenbarung beiseite ließ. Wer das Wort nicht will, der kann auch keine ‚Bewahrung' vor den Mächten der Verführung haben. (Offb.3.10.) Es ist erschütternd wie junge Menschen aus dem Reich mir schreiben, daß sie keine Heimat mehr haben im Baptismus, sondern eine Fülle von Verwahrlosung vorfinden, Menschen die im ‚Parteiwesen' aufgehen. Wer von diesen Dingen bewahrt sein will, muß das Wort der Offenbarung wollen! (KöV16.05.46:7)

Er stellt bei der Auslegung zum Sendschreiben an Philadelphia wieder die Frage, wie die NS-Zeit überhaupt möglich werden konnte (KöV16.05.46:52f):

> Wie war das möglich, daß eine Kirche, daß eine freikirchliche Gemeinschaft weltanschaulich mitging mit dem Nationalsozialismus? Wie war das nur möglich, daß als erster Satz in den neuen Statuten einer Freikirche stehen konnte: ‚Wir stehen auf dem Boden der Nationalsoz. Weltanschauung?' Das ist eine Unmöglichkeit für die Gemeinde der letzten Tage! Da hat sie Anteil gehabt an der Verwirrung durch den ‚großen Lügner', die über den ganzen Erdkreis gekommen ist. Daher die ganze Verzauberung der Menschengeister, die verhängnisvolle Verwirrung der Menschenseelen! Und es waren keine Führer da, die gewarnt hätten! Und man hat sich gefürchtet, ein offenes Wort dagegen zu sagen, weil dahinter die Gestapo, der Strick, die Gaskammer und das K.Z. standen! Der erhöhte Herr sagt zu seiner Gemeinde ‚Ich will dich bewahren.'

Für sich selbst nimmt er in Anspruch (:53):

> Wenn ein Pfarrer dieser Stadt einmal vor Jahren in einer Allianzstunde, als den Männern langsam ein wenig Erkenntnis aufging sagte: ‚wir haben alle ein bisschen geschwärmt' habe ich geantwortet: ‚Nein, ich habe nicht geschwärmt, – denn es gibt ein Bewahrtwerden von Gott her, das hat er seiner Gemeinde zugesagt für die letzten Tage. Sie muß den Zauber nicht mitmachen, sie kann bewahrt bleiben vor den Zauberkünsten der letzten Tage.'

Im zweiten Teil seiner Auslegung zur Offenbarung erklärt Köster, wie er zum ersten Mal mit dem NS in Berührung gekommen ist und dann im Baptistenbund davor warnte (KöV11.06.46:80f):

> Ich bin im Jahr 1920 zum erstenmal in Berührung gekommen durch unseren Bruder Fiehler aus München, – der ein intimer Freund Hitlers war und sich dann das Leben nahm, – mit der nationalsoz. Bewegung. Von meiner Situation an der Bibel habe ich sofort empfunden, daß da etwas nicht stimmt, ich wußte, da ist Distanz zu halten. 1923 habe ich aufmerksam gemacht in unserem deutschen Bund, welche verhängnisvolle Illusion sich über Deutschland auszubreiten droht und die Herzen und die Geister knebelnd in ihre Gewalt nimmt. Jeder wurde gebunden durch diese Dämonie, das ist das Furchtbare.

Im Mai 1948, in einer Auslegung zu Römer 13,1–7, äußert sich Köster lobend über die Bekennende Kirche (KöV23.05.48:1):[210]

> Da ist in den letzten Monaten zwischen dem deutschen Baptismus und der deutschen evangelischen Kirche ein großes Gespräch geführt worden über das Verhalten dieser beiden großen Kirchengruppen dem nationalsoz. Staat und seiner Obrigkeit gegenüber. Der Baptismus steht auf der lutherischen Haltung: wir haben dem Staat unbedingt zu gehorchen, während der Führer der ‚Bekennenden Kirche' Dr. Lilje sagt, die Obrigkeit kann so weit entarten, daß wir ihr den Gehorsam schuldig bleiben müssen, wenn sie das ‚Tier aus dem Abgrund' geworden ist. Der Baptismus hat Dr. Lilje abgelehnt, es ist zu keinem Verständnis gekommen. Es ist nicht leicht hineinzusehen in die Dinge, wenn man vom Standort der Staatskirche aus hineinschaut. Der deutsche Baptismus hat hier versagt, während die ‚Bekennende Kirche' sich von Anfang an auf den Boden der Schrift gestellt hat und der evangelischen Kirchen einen ungeheuren Dienst getan hat: wir sind die Versöhnten, die Schar der Menschen, die durch das Wort zum Glauben kamen und herausgenommen sind aus den Ordnungen dieser Weltzeit. Wir sind Bürger des Reiches Gottes geworden.

1949 vermisst Köster eine echte Buße über die „Jahre der Katastrophe": „Das gewaltige Reden Gottes hat nichts genützt – bis in die Kirchen, bis in die Baptistengemeinden hinein. ‚Und sie taten doch nicht Buße'" (KöV10.02.49LPL:165).

---

[210] Köster bezeichnet Dr. Lilje fälschlicherweise als Führer der „Bekennenden Kirche".

6.3.4. Kösters prophetische Sicht auf den Antichristen und zum „deutschen“ Antichristen

Köster stellt immer wieder Zusammenhänge zwischen NS-Ideologie, Hitler und dem biblischen Antichristen her. Darüber hinaus warnt er grundsätzlich vor einer Verehrung Hitlers (Graf-Stuhlhofer 2001:291f; vgl. auch Claesberg 2018a).

Kösters intensives Interesse am Antichristen begann in der Seminarzeit. Er hält zum Abschuss seines Studiums ein Referat zu diesem Thema (ABEFG Nr. 7), das auf großes Interesse stößt. Nach eigenen Aussagen sei er dadurch zum bewusst wartenden Menschen geworden, und die Aussage „Gott ist der Kommende!“ sei seitdem der Pulsschlag seines Glaubens (KöV27.11.49; KöV16.01.52). In einem seiner ersten Artikel mit dem Thema „Frömmigkeit“ (WZ 1929, Nr. 16:121) weist Köster auf den falschen Propheten hin, der mit dem Antichrist einhergehe.

Im Artikel „Hakenkreuz und Sowjetstern – Malzeichen des Antichristus?!“ (WZ 1932, Nr. 37) identifiziert er das Hakenkreuz als antichristliches Symbol und zeigt auf, dass die Menschheit ihr Glauben und Hoffen zu allen Zeiten schon durch Symbolzeichen ausgedrückt hat.[211] Für Köster stechen aus der Fülle der Symbolzeichen zwei heraus: Das Hakenkreuz und der Sowjetstern. Sie würden um sich eine Fülle von weiteren Zeichen als Trabanten sammeln. Leider seien sie schon stark in die christliche Gemeinde eingedrungen, und daher müsse er Stellung nehmen. Diese Zeichen seien mehr als nur politische Zeichen. Politische Bewegungen hätten geistige Hintergründe. „Man lasse sich doch auch nicht allzuschnell fangen, daß soviel Wahrheit in diesen Bewegungen mitgeht, Wahrheit, die stark überzeugen kann von der Notwendigkeit solcher Bewegung“ (ebd.). Das Hakenkreuz sei das Zeichen des Sonnenrades, was schon sehr früh ein heidnisch-religiöses Symbol gewesen wäre. Es beinhalte „Selbsterlösung, Höherentwicklung aus eigener Kraft, Selbstvollendung“. Der Sowjetstern sei auch nicht erst von den Bolschewisten erfunden worden, sondern fuße auf dem Pentagramm. Der Unterschied zwischen beiden Zeichen sei der jeweilige Weg – einmal Idealismus und einmal Materialismus. Von hier aus kommt er nun zum Malzeichen des Tieres aus Offenbarung 13,16–18, dem Symbol des Antichristen, und seine Zahl 666 zu sprechen. Köster wendet sich gegen Spekulationen und Berechnungen. Es gehe um den Gegensatz zwi-

211 Auch wenn sie oft nur als Symbolzeichen verstanden würden, blieben sie dennoch Ausdruck einer Geisteshaltung. Köster sieht die Gegenwart antichristlich durchsetzt. Daher harrten Jünger Jesu dem wiederkommenden Herrn entgehen, prüften aber auch die „Zeichen der Zeit“ und die „Malzeichen der Zeit“. „Es gilt zu sehen, ob in den Symbolen der Menschheit nicht schon das ‚Malzeichen des Tieres‘ auftaucht, das wir als Jesusmenschen weder zu tragen, noch zu verehren haben, wenngleich auch gerade hier die praktische Christenverfolgung einsetzt“ (WZ 1932, Nr. 37).

schen der göttlichen und menschlichen Zahl (Menschenzahl vs. Gotteszahl), zwischen der sieben und der sechs.

> Es genügt, herausgestellt zu haben, daß das Symbol des Antichristus das Zeichen des Menschen ist, das heißt, jenes Zeichen, in dem der Mensch an sich selbst glaubt und sich selbst verkündigt – als Gott. Mit dieser schlichten Feststellung aber sind die beiden großen Zeichen des Menschen, wie sie unsere Zeit kennzeichnen, durchaus als widergöttlich, als antichristlich herausgestellt. Im Blick auf den Sowjetstern werden wir das leichter glauben als im Blick auf das Hakenkreuz, weil im Zeichen des Sowjetsterns der offene Kampf gegen Gott und seinen Christus längst schon begonnen hat, während man im Zeichen des Hakenkreuzes noch vom ‚Neubau der christlichen Religion' und von ‚positivem Christentum' redet [...] und es ist durchaus an der Zeit, einmal den großen Unterschied zwischen Christus und ‚Christentum' aufzuzeigen.

Das Nichtannehmen des Malzeichens des Tieres führe zu allen Zeiten in der Regel immer zur Verfolgung. Köster berichtet nach dem Krieg von Reaktionen auf diesen Artikel. Nur eine Person habe Zustimmung signalisiert, „alles andere was kam, waren schmierige Pamphlete" (Köv25.07.46:101f; vgl. auch KöV21.09.50:5; KöV02.07.53).

In einem weiteren Artikel „Der Untergang des Christentums" (WZ 1932, Nr. 46) macht Köster deutlich, dass der Antichrist und seine falschen Propheten im Glanz des Christentums auftreten, ja es regelrecht zersetzen würden. Er benutzt hier den NS-Begriff des „positiven Christentums":

> Äußerlich ist noch alles Christentum. Aber das ist nur die Form. Das Wesen ist durch und durch dämonisch, satanisch, höllisch. Äußerlich Lammesart, innerlich, wesenhaft, wirklich Drachenart. Christentum als Maske für Antichristentum. Positives Christentum als leichter deckender Schleier für die Ausgeburt des Abgrundes. Man tut, als vollende man sich im Gehorsam gegen Gottes Schöpferwillen, und tut doch nichts anderes und nichts weniger, als sich vollenden in der Auflehnung gegen Gott den Vater und seinen Christus, den Erlöser Jesus. Untergang des Christentums.

1933 hält Köster ein Referat bei der Wiener Allianz (WA-Protokoll 06.03.1933) mit dem Thema „Die Überwindung des Dämonischen". Anhand der Versuchungen Jesu zeigt er auch die heutigen Versuchungen auf, wie die Lösung der Brotfrage, die Lösung der Reichsgottesfrage durch Nationalismus und durch falsche Frömmigkeit. Das alles sei dämonisch. Die Gemeinde habe dagegen die Hoffnung auf den Endsieg Jesu. „Die Methodik Jesu zur Überwindung des Dämonischen besteht im Halten am geschriebenen Offenbarungswort, er weiß um den Plan Gottes." Der Antichrist nutze laute Propaganda für seine Ziele (KöV07.04.41). „Antichristliches Denken, antichristliche Kultur und Religion und Propaganda, das alles stürmt auf die Menschenseele ein, die müde getrommelt wird von dem Trommelfeuer ‚von Unten' und sich nicht mehr erwehren kann!" In seiner Predigt „Der Antichrist" vom 09.10.1941 (KöV09.10.41) warnt er seine Gemeinde. Köster sieht im Antichristen einen Gegenchristus. Dies müsse die Gemeinde zur Buße führen. Seit dem Ersten Weltkrieg gäbe es eine schnelle antichristliche Entwicklung. Köster entwickelt die Gestalt des Antichristus von Daniel her. Wie es im Alten Testament „Christus-Typen" gäbe, so gäbe es auch immer wieder „Repräsentanten" des Antichristus. „Weil der Antichrist in die Welt kommen sollte hat der Gott dieser Welt je und je einen Vertreter dieser Gesinnung in die Welt gestellt, damit die Menschheit hineinkommt in das Hoffen auf den Einen!" Daraufhin entfaltet er die Merkmale des Antichristen. Auch wenn Köster sich nicht auf eine Person festlegt, bezeichnet er die aktuelle Zeit als antichristlich: „Das ist das Geheimnis meines Lebens geworden, dass ich auch in unseren antichristlich geprägten Tagen vorbeischaue auf den, der da kommt und alles neu macht." Die Hörer werden verstanden haben, dass Köster auf das NS-Regime anspielt. In seiner Predigt „Das Geheimnis des Typus" zu 2. Petrus 3 (KöV22.01.42) geht Köster ausführlich auf den antichristlichen Typus ein. Er fordert dazu auf, „unseren Antichristus heute" zu sehen. „Denn ein Typus des Antichristus hat es zu jeder Zeit gegeben [...]." Die Gemeinde habe nicht nur das Recht, sondern auch die Pflicht, jede menschliche Geschichtsgröße zu prüfen (:6).

> Wir haben also so über die menschlichen Grössen unserer Geschichte heute, in unseren Tagen ein durchaus gewisses, aber nicht ein absolutes Urteil! Gott hat mir über diese Persönlichkeiten vom Weissagungswort her ein gewisses Urteil gegeben. Da schwankt mein Urteil nicht einen Augenblick! Aber ich weiß auch jeden Augenblick, daß ich etwas Absolutes nicht sagen kann. Es ist so, heute meine ich sagen zu können: Er ist es! Morgen: Nein, er ist es nicht! Ich habe ein gewisses Urteil, aber kein absolutes Urteil. Das hat mich noch nie gestört in meiner Hoffnung. Ich weiß, daß jeder Repräsentant des Antichristus die Möglichkeit hat, Antichristus zu sein! Das ist ohne Bedenken zu antworten auf die Frage, ist dieser oder jener der Antichristus! (:7).

In dieser Predigt vermittelt Köster den Eindruck, dass er darum ringt, ob in Hitler der Antichrist zu sehen ist. Für ihn ist nicht das Entscheidende, dass es Hitler sein könnte, sondern dass der Antichrist da sein könnte und damit der Christus wiederkommt und die Gemeinde für diesen Augenblick bereit ist. Aber es könne eben auch nur erst noch ein Typus sein. „Diese elastische Haltung kommt aber her von dem Bewußtsein, daß Gott der Herr der Geschichte ist! Gott ist der souveräne Herr aller Geschichte! Gott kann dem Werden des Antichristus Halt gebieten" (:6).

Ein Staat könne regelrecht zur Metamorphose ansetzen und antichristlich werden. Der Staat werde vom Ordnungsorgan zum Chaoswerkzeug (KöV10.09.42:5). Leider seien viele Menschen blind für den Antichristen (KöV01.04.43). Das merkt Köster auch bei

Pfarrern und Predigern. Einige meinten, es müsse doch erst die Welt evangelisiert werden, bevor der Antichristus käme. Dies sei aber eine Scheuklappe, denn es stehe nirgendwo, dass jedes Volk etwas vom Königtum Jesu hören müsse. Paulus wäre ein gutes Beispiel dafür, der in Philippi wenigen Frauen das Evangelium verkündigt hätte und dann weitergezogen wäre. Es könne gerade der Aufbruch einer totalen antichristlichen Haltung erlebt werden. Wenn er darüber spräche, dann werde ihm gesagt, dass man noch nicht so weit sei. Köster ist aber davon überzeugt, dass die Gemeinde jetzt eine große Erfüllungsstunde Gottes in Bezug auf das prophetische Wort erlebe. Gott mache jetzt Geschichte. „Gott macht seine Geschichte wie er es will, mit dem Christus und dem Antichristus, mit den Völkern und mit Israel, mit der Gemeinde der Glaubenden und mit der Masse der Ungläubigen!" (ebd.).

Das Antichristentum sei im Grunde eine Neuauflage von Babel, dem Reich Nimrods (KöV15.04.43LPL). Das Schema von Nimrods Tagen sei auch das Schema heute. Die Gemeinde dürfe sich nicht hinreißen lassen falsch anzubeten. Wie bei Nimrod werde heute geherrscht: „Nicht nur Waren werden heute transportiert, sondern auch Lasten von Menschenseelen und Menschenleibern, um aufgebraucht zu werden. Rücksichtslose Selbstsucht ist die treibende Energie der Gewaltherrschaft Nimrods [...]." Die Nimrods seien wie eine Kette, die fortläuft bis zur letzten großen Stadt des Antichristen. Wie der Prophet Daniel lebe die Gemeinde in der Stadt des Antichristen und habe die Aufgabe, das Reich des lebendigen Gottes zu verkündigen. Das sei ein gefährliches Unterfangen und es sei wichtig, dass die Gemeinde wie Daniel ein Fenster nach Jerusalem offen habe und im Gebet für die Welt einstehe und an die Barmherzigkeit Gottes appelliere.

Sehr deutlich wird Köster in einer Predigt über Offenbarung 17 und 18 mit dem Thema „Die Stadt des Antichristen". Wer die Offenbarung läse, hätte einen klaren Blick für die Lage in Deutschland und in der Welt (KöV16.09.43). Machthaber würden ihre Macht missbrauchen und vom Satan geritten. Der totale antichristliche Weltstaat brächte die Gemeinde damit in Not, weil sie ja für die Obrigkeit beten solle. „Der Weltstaat ist auf einmal nichts anderes mehr als das ‚Tier aus dem Abgrund', er ist nicht mehr das sorgende Element, der sorgende Vater für die Völker [...]." Er werde von der Dirne geritten. Er werde vom Antichristus missbraucht. Köster wendet das jetzt indirekt auf den NS-Staat an:

> Ein Weltstaat, der glaubt eine neue Weltanschauung zu geben, und diese Welt zum Paradies zu gestalten sei sein Auftrag, dieser Staat hat seine von Gott gesetzte Begrenzung und Aufgabe total aus den Augen verloren und wird von der Dirne geritten, die nichts anders mehr im Sinne hat und tut als Zuhälterdienst für den Gott dieser Weltzeit.

Die Gemeinde werde vom antichristlichen Weltstaat ausgeschieden:

> Ich habe euch beschworen in diesen beiden Vorträgen: ‚Die Stunde der Christenheit', das in das Herz zu nehmen, dass es zwischen der Gemeinde Jesu Christi und der Welt heute nicht nur kein Konformgehen gibt, sondern dass wir im Gegenteil immer mehr ausgeschieden werden als eine Substanz, die von dieser Welt nicht assimiliert werden kann. Wir werden nicht ‚verdaut' von der Welt, wir werden im Magen der Welt liegen wie Steine, die ausgespien werden müssen! Wenn wir nicht ein Christentum dieser Weltzeit uns anerziehen lassen und auf irgend einem Schleichweg mit diesem Weltstaat gehen! Wenn wir hier als Gemeinde Jesu Christi sitzen, sitzen wir weit abseits, ich möchte fast sagen, von allen für die Welt so wesentlichen und wichtigen Dingen heute. (:9)

Deswegen werde die Stadt des Antichristus die Gemeinde – „diesen Ballast" – loswerden wollen und sie verfolgen. Die Gemeinde müsse ausziehen aus dieser Stadt. Das bedeute praktisch: „Bleibe, wo du stehst, – aber da wo du stehst, da sei ‚ausgegangen', da sei ausgegangen aus dieser Stadt des Antichristus, aus Babylen [sic!], und habe keinen Anteil an ihrer Sünde und an ihren Plagen!" Deshalb sei es wichtig, dass ein Prediger dies heute seiner Gemeinde sage, damit sie die Stadt des Antichristus erkennen könne. Der Geist sage „seinen Freunden" die kommenden Ereignisse voraus und die Gemeinde solle hören. Die Gemeinde brauche sich nicht von der Größe des Weltstaates blenden zu lassen.

Im Dezember 1943 nennt Köster seiner Gemeinde von Daniel 11 her kurz und knapp elf Zeichen des Antichristen (KöV12.43). Einige dieser Zeichen passen sehr genau auf Adolf Hitler – den Köster nicht nennt – und andere weniger. Das Wissen um die Zeichen solle letztlich zu einer adventlichen Haltung führen: „Aus dem Lesen des prophetischen Wortes erwächst die adventliche Haltung, und daraus automatisch das adventliche Gebet. Es gibt ein echtes Beten nur heraus aus dem Wort Gottes." Köster freut sich auch schon auf die Zeit, wenn der Antichrist „eins auf den Mund bekommt, so daß er seine trotzigen Reden, die so viel Schaden anrichten, nicht mehr führen kann, und daß seine Macht endlich einmal unterbunden wird, die nichts als Schaden anrichtet" (KöV05.12.43a).

Die Gemeinde jedenfalls, die den Blick für den wiederkommenden Herrn habe, halte jedem Antichristen stand (KöV08.02.45a). Köster blickt 20 Jahre auf den antichristlichen Geist zurück und betont, dass er nicht für den NS geschwärmt habe. Er betont aber gleichzeitig: „Ich hätte nur gewünscht, ich hätte lauter geredet und mehr gewarnt vor dem Gift! Der antichristliche Geist hat nichts an mir, jetzt in der Stunde der Macht der Finsternis, sagt Jesus." Für Köster wäre die gegenwärtige Zeit nicht zu ertragen, wenn man nicht um den wiederkommenden Christus wüsste.

> Wenn viele meiner Kollegen dem antichristlichen Geist verfallen sind und nachher gewesen sind wie Fliegen auf dem Fliegenleim, habe ich die selige Freiheit behalten diesem antichristlichen Geiste gegenüber um der eschatologischen Haltung meines Geistes willen [...]. Aber das ist die Grundhaltung: nur dieses wartende Herz wird in unseren Tagen fertig mit jedem Anspruch antichristlichen Geistes. Wenn alles zusammengebrochen ist in unseren Tagen, kommt bestimmt nach Karl dem Grossen Pipin der Kleine und möchte ein grosses Reich aufrichten. Wenn wir treu im Warten bleiben, dann blufft uns auch nicht der kleine Kerl, der kommt! (ebd.)

Bemerkenswert sind zu diesem Themenfeld auch Kösters Ausführungen in der Nachkriegszeit. Hitler sei ein antichristliches Phänomen und ein dämonisches Genie gewesen, so Köster im Oktober 1946 (KöV13.10.46). Hitler habe einen messianischen Anspruch gehabt, der ihm nicht zugestanden hätte. Er sei der apokalyptische Reiter auf dem weißen Pferd gewesen, der mit einem Messiasanspruch aufgetreten sei: „Von uns aus gesehen ist das ein falsches Messiastum, ein Antichristus, weil er mit einem Christusanspruch auftritt. Was wäre gewesen, wenn dieser Mann gesiegt hätte! Wenn er seine messianische Ideologien ausgeweitet hätte“ (ebd.). In seiner ab November 1947 gehaltenen Vorlesung über Daniel bezeichnet er Hitler als den Antichristus für seine Zeit (KöV27.11.47) (Hervorhebungen nicht im Original): „Es war eine törichte Frage, ob Hitler der Antichristus gewesen sei. *Für Deutschland war er der Antichristus und für seine Zeit war er der Antichristus,* – heute ist schon längst wieder ein anderer der Antichristus“ (:55). Die Welt sei nach Daniel in einer Art Spiralbewegung. Antichristusse kämen und gingen. Die Gemeinde habe sich dabei auf ihre Fremdlingschaft zu besinnen und auf die Endzeit zu achten (:73):

> Das ist das Gesetz des lebendigen Gottes in der weltpolitischen Entwicklung von Kain bis hin zum Antichristus: jede Geschichtsbewegung der Menschheit ist eine Bewegung auf die Endzeit hin. Nur wenn diese Bewegung nicht mehr lokal ist, sondern ausgeweitet ist über die gesamte Welt, weiß die Gemeinde Gottes, jetzt schlägt die Stunde der letzten Endzeit. Immer wieder ist Endzeit gewesen, das aber ist das Signal dafür, daß die Endzeit kommt. Immer waren auch Antichristusse das Zeichen dafür, daß der Antichristus kommt. Immer war Kampf gegen die Heiligen Gottes das Zeichen dafür, daß der große Endkampf nicht ausbleiben wird.

Hitlers Niederlage gliche für gläubige Menschen einem Aufatmen (KöV03.48). Letztlich sei alles, was ohne Gott die Welt zum Paradies gestalten wolle, antichristlich (KöV09.09.48). Für Köster werden eines Tages Gog und Magog, die er als Völker des Ostens interpretiert, den Westen, also den Raum des Antichristen richten (KöV25.05.50). Der Antichrist käme aber niemals aus dem Osten, denn Gog und Magog seien offen antigöttlich. Das Antichristentum des Westens käme dagegen im Gewand des Christentums, in Form von Verführung:

> Ich kann es sehr gut begreifen, wenn damals einige sagen: ‚Jetzt kenne ich mich nicht aus, gestern hat er noch gegen den Nationalsozialismus gewettert und heute tut er es schon wieder gegen den Amerikanismus, was ist denn da los?' Aber ich weiß, Satan ist mit Hitlers Sturz nicht mitgestürzt worden und hat schon längst, gerade weil er die offenbaren Sünden Hitlers nicht mehr decken konnte, die Tugend der anderen als Mittel erwählt, um sein Werk, das nun wieder rüstig weitergeht, bis zum offenen Antichristentum voranzutreiben. Das geschieht im Raume des Westens, über den eines Tages Gog und Magog das Gericht sein wird.

Für Köster sind gerade die Welteinheitsbestrebungen die Zeichen der Zeit und fördern das Kommen des Antichristen. Dazu gehöre auch die Idee der Vereinigten Staaten von Europa (KöV16.01.52). Köster sieht auch im Oktober 1960 – kurz vor seinem Tod – den antichristlichen Geist voranschreiten (KöV09.10.60).

Fazit: Die Person des Antichristen beschäftigte Köster sein ganzes Leben. Vom prophetischen Wort her beurteilte er Bewegungen und Personen zu jeder Zeit. Alle Herrscher oder Ideologien, die „paradiesische Zustände" auf Erden schaffen wollten und dabei noch „positiv-christlich" auftraten, waren für Köster höchst verdächtig. Hitler war für Köster zu seiner Zeit der Antichrist für Deutschland.

Quasi als Kontrast zum Reich des Antichristus und zur NS-Herrschaft betont Köster permanent das Königtum und die Herrschaft Jesu Christi. „Was sollte uns denn trösten in dem Aufbruch von Mächten und Gewalten in unseren Tagen, denen wir fragend gegenüberstehen, wenn nicht die Gewißheit, daß Er der Herr über alle Gewalten ist! Der König über alle Königtümer!" (KöV19.05.40, zu Psalm 2, vgl. auch Claesberg 2017a).

6.3.5. Kösters Judenfreundlichkeit

Kösters Wertschätzung der Juden bezeichnet Graf-Stuhlhofer (2001:224–239) als Philosemitismus.[212] Köster ist überzeugt von der bleibenden Erwählung Israels und vergleicht Israel oft mit der Christenheit. Der Jude Jesus Christus ist für ihn der einzige Heilsweg für Juden und Heiden. Von daher habe das Rassische innerhalb der Gemeinde keinen Platz. Köster deutet das Schicksal der Juden von der Weltregentschaft Got-

---

[212] Er führt anhand von elf Punkten aus, dass Köster als ein Freund des Judentums gelten muss (Graf-Stuhlhofer 2001:224–239).

tes her – was manchmal schwer erträglich zu lesen ist[213] – und er erwartet eine große Zukunft des jüdischen Volkes.

Köster spricht an, dass Juden in Deutschland verfolgt werden und bezeichnet dabei Deutschland als „Schinder" (KöV01.11.40:17). Israel stehe ständig unter der brutalen Knute der Cäsaren (KöV10.07.41). An Israel erkenne die Gemeinde Gottes Gang in der Weltgeschichte (KöV27.02.44). Israel sei ein Wegweiser Gottes und das Schulbeispiel Gottes für alle Völker (KöV08.04.43). Das Wort der Propheten rede immer vom Untergangscharakter der Welt. Dies erlebe Israel an sich selbst. Köster empfiehlt 5. Mose 28 zu lesen. Diese grauenhaften Bilder erinnerten an Berichte aus dem „Völkischen Beobachter". „Und bis an das Ende der Tage ist das Volk der Juden nicht aus dem Blickfeld der Nationen zu bannen, weil es selbst Wort Gottes ist, und weil Gottes Wort ewig ist! Israel ist als geschichtliches Volk Gottes unverloren bis an das Ende der Tage" (:4). Gott rede also in den Schriften der Propheten und in der Geschichte des Volkes Israel. Israel komme nach Mose ins Gericht. Dadurch werde der Untergangscharakter dieser Weltzeit deutlich (vgl. auch KöV04.01.42:2). Köster macht deutlich, dass die Gemeinde dennoch keinen Rassen- oder biologischen Standpunkt einnehmen darf (KöV27.08.44). Leider stehe die Gemeinde aber auch in der Versuchung, das Rätsel Israel rassisch und biologisch zu verstehen. Dadurch könne sie das Evangelium auch verlieren. Israel sei nicht der Willkür preisgegeben. „Es ist geformt nach dem ewigen Gnadenwillen Gottes. Das ist ein ganz anderer Blick, als wenn wir von rassischem und biologischem Begriffe herkommen. Israel ist das ewige Volk in der Geschichte! Kein anderes Volk hat Ewigkeit!" (KöV12.01.41:119, zu Römer 9–12). In der Gemeinde gäbe es auch keinen Arierparagrafen (:120):

> In der Gemeinde Jesu Christi gibt es keinen Arierparagrafen, sonst wäre die Gemeinde eben nicht Gemeinde Jesu Christi. Was der Staat tut, das ist seine Sache, da haben wir uns auf dem Boden des Staates zu fügen, aber selbstverständlich!

---

[213] Kösters Theologie zum Schicksal Israels ist bei Claesberg 2018d zusammengestellt. Graf-Stuhlhofer schreibt: „Manche Aussagen klingen, isoliert betrachtet, sogar eher antisemitisch. Bei Kösters Aussagen ist grundsätzlich die Vorstellung von der *Weltregentschaft Gottes* mitzubedenken, die dazu neigen läßt, alles Geschehende – als von Gott zumindest zugelassen – doch irgendwie als im Plan Gottes und somit in gewisser Weise auch im Willen Gottes stehend zu betrachten. Von dieser Vorstellung ausgehend kann das um 1943 beobachtete Schicksal von Juden – soweit in der Öffentlichkeit bekannt – mit alttestamentlichen Stellen in Verbindung gebracht werden, wo Israel folgende Strafen für die Mißachtung von Gottes Geboten angedroht werden [...]" (:226). Vergleiche auch Graf-Stuhlhofer 2011:325f.

> Wir sind den Ordnungen des Staates unterworfen, ‚seid untertan der Obrigkeit!' Aber auf dem Boden der Gemeinde Jesu Christi gelten andere Gesetze.[214]

Hier unterscheidet Köster die beiden Herrschaftsbereiche Staat und Gemeinde, was eine eigene Spannung mit sich bringt. Köster betont 1941 explizit, dass Jesus Jude war. „Jesus Christus wurde ein Jude, er wurde wie ein Jude beschnitten. Das ist das große Ärgernis heute, daß Jesus Jude war, daß er in jüdischer Gestalt über diese Erde ging, daß wir anbeten vor diesem Jesus von Nazareth" (KöV18.05.41:158). Köster wehrt sich gegen die Germanisierung Jesu: „Jesus ist kein Germane, wie man heute wieder neu versucht zu beweisen. Nein, Jesus hat das Wort Gottes bestätigt, indem er einging in das jüdische Volk" (:158; vgl. auch KöV43.02–03; KöV15.06.41a). Er wisse auch um die Provokation dieser Tatsache.

Köster und seine Gemeinden leisten auch praktische Unterstützung für Juden. Graf-Stuhlhofer berichtet, dass die Wiener Gemeinde eine Offenheit für Juden hatte.[215] Aus der ersten Sitzung nach dem Krieg berichtet das Allianzprotokoll (WA-Protokoll 04.06.1945):

> Die Baptistengemeinde hat eine große öffentliche Not mit zu lindern versucht, nämlich die evangelisch getauften Juden mit einer Art Heimat zu versehen. Wir müssen solche Heimstätten werden in unseren Gemeinden. Wir müssen uns solche Aufgaben zeigen lassen und ihnen gewachsen sein.

Ostermann berichtet in seinem Nachruf (AWBEFG Nr. 4): „Zahlreiche Angehörige des verfolgten Volkes Israel fanden damals Zuflucht und Heimat in der ‚Mollardgasse', manche von ihnen wurden dort an Jesus gläubig." Graf-Stuhlhofer (2001:225) zitiert aus den Erinnerungen von Adolf Böcker, der 1940/41 Gemeindemitglied war und erlebte, wie sich Köster und Füllbrand der Juden annahmen, die trotz Verbot an den öffentlichen Veranstaltungen der Gemeinde teilnahmen. Sie trugen den Judenstern. „A.K(öster) sowie auch F.F(üllbrandt) kümmerten sich um sie. Am Schluß der Versammlungen kamen sie nach vorn in einen Nebenraum und brachten ihre Nöte und Wünsche vor" (:225). Sie

---

[214] Hier sieht man Kösters Haltung der Obrigkeit gegenüber und würde sich aus heutiger Sicht deutlichere Aussagen zum Unrecht gegenüber den Juden wünschen. Dennoch ist dies eine starke Aussage, weil sie das rassische Denken im Raum der Kirche untersagt.

[215] Bis zum Einmarsch der deutschen Truppen 1938 hatte Wien einen 10 %igen jüdischen Bevölkerungsanteil (Graf-Stuhlhofer 2001:224). „Es gibt einige Hinweise darauf, daß es in dieser Gemeinde auch noch in der NS-Zeit eine besondere Offenheit für Juden und Judenchristen gab." Graf-Stuhlhofer berichtet von dem Judenchristen Gerstl, der 1936 einen Kreis von ca. fünfzig Judenchristen und Nichtjuden gründete und selber auch die Baptistengemeinde besuchte und teilweise auch an Allianzsitzungen in 1938 teilnahm (:225).

wurden von Gemeindemitgliedern nach Hause eingeladen und verköstigt.[216] Wie in Kapitel 4 beschrieben erwähnt Rabenau (1981:73), dass zu Beginn der Judenverfolgung viele Juden seelsorgerlichen Rat bei Köster suchten. Köster soll 50 von ihnen getauft haben, trotz Schwierigkeiten durch die Gestapo. Sie seien allerdings nicht in das Gemeinderegister aufgenommen worden.[217] Kösters Judenfreundlichkeit bestätigen auch Interviews mit Zeitzeugen, die Paul Spanring 2009 geführt hat.[218] Richard Matschinger erwähnt, dass Köster viele Empfehlungsschreiben für Juden ausstellte und ihnen so half, in die Schweiz oder nach Amerika zu emigrieren (Spanring 2013:247). Herbert Fuchs sagt im Interview, dass Köster betonte, dass es in seiner Gemeinde keinen Rassismus gäbe. Alle seien Brüder und Schwestern im Herrn und es gäbe keine Juden und Heiden mehr. Diese Meinung hätte er offensiv verteidigt. So hätten sich auch Juden mit der Bitte um Hilfe an Köster gewandt (:247).

Köster berichtet auch über seinen persönlichen Einsatz für Juden im Rahmen von Nachkriegspredigten (KöV17.02.49):

> Als nationalsozialistische Brüder aus dem Reich hierher kamen, habe ich abgelehnt, daß sie auf dem Boden der Gemeinden sagten: ‚Wir sind bewußte Nationalsozialisten, oder bewußte Deutsche.' Das gibt es auf dem Boden der Gemeinde Jesu Christi nicht. Ich habe diesen Männern, die mit dem Abzeichen kamen gesagt: ‚Auf dem Boden der Gemeinde wird das nicht getragen.' Genau so habe ich

---

216 Davon berichtet auch Strübind und zitiert die gleiche Quelle (Strübind 1995:269). Weiter berichtet sie auch von Hans Herzl. Allerdings wurde der Sohn des Zionisten Theodor Herzls in der Wiener Gemeinde nicht versteckt, wie sie erwähnt, sondern im Jahr 1924 getauft. Er verzog kurz nach der Taufe – also vor der Machtübernahme Hitlers – nach London (Graf-Stuhlhofer 2001:35f).

217 Die Nichteintragung ins Gemeinderegister korrespondiert mit der Praxis der oft stillschweigenden Streichung von Juden aus baptistischen Gemeinderegistern ab der Pogromnacht und dann zwischen 1939–1941, von der Fleischer berichtet (Fleischer 2012:119).

218 Erika Altmann bestätigt in den Interviews, dass Juden von Gemeindemitgliedern versteckt wurden: „Yes, some were hidden over many years and occasionally we heard that in some instances they had been found and were moved to concentration camps." (:246). Karl Federmann teilt mit (Spanring 2013:247): „Regarding the Jews, Köster preached clearly but not politically. He never said, ‚What are the Nazis doing? Why are they mistreating the Jews?' But he did preach that the people of Israel are the chosen people of God. Whoever touches these people touches God's apple of the eye (Zech 2:8). He also baptized Jews who had become Christians. He said that no one can forbid him to baptize a Jew who had a genuine conversion. That was in some sense risky – but it was also apolitical." Federmann weiter auf die Folgefrage von Spanring: „Were there concrete acts of help? Federmann K., ‚I don't know of any concrete acts of assistance. But there were some 600 people in the church fellowship and there must have been people who needed help. The policy of the church-fellowship was to give help in a discreet manner [...] whenever people needed help whether it was food or money the church (especially during the post-war years) provided it discreetly'" (:247).

> den Geschwistern aus Israel gesagt: ‚Auf den Boden der Gemeinde tragt ihr auch nicht den Judenstern'. Das müssen wir sehen, auf dem Boden der Gemeinde ist diese Frage längst bereinigt, – da gibt es einfach ‚weder Jude noch Grieche', keine Deutschen und keine Tschechen in diesem Sinne [...].

Köster erzählt, wie er einmal in einem jüdischen Haus, kurz vor einer Deportation, anwesend war, um die jüdische Glaubensschwester Dr. G. F. zu verabschieden (:6). 1952 erwähnt er in einer Predigt, wie er in der NS-Zeit dem Juden Abraham Poljak – trotz innerlicher Ablehnung seiner Lehre – über die Grenze half (KöV16.01.52). Im Rahmen der Gemeinde dachte Köster nicht rassisch: „Als ich in der Nazizeit taufte, habe ich oft erst nachher erfahren, daß unter den Täuflingen Juden waren. Ich bin gar nicht auf den Gedanken gekommen, die Menschen nach ihrer rassischen Zugehörigkeit zu fragen" (KöV16.01.52).

Zur Beurteilung dieser Taten kann die Einschätzung des baptistischen Historikers Fleischer (2012) helfen: „Auf dem Hintergrund der staatlichen Verfolgungsmaßnahmen können Verhaltensweisen einzelner Baptisten als widerständig eingestuft werden, insofern sie sich den staatlichen Maßnahmen entgegen stellen oder ihnen zuwiderlaufen" (:125). Graf-Stuhlhofer (2011) meint, dass die ungünstige freikirchliche Situation in Österreich vor und während der NS-Zeit eigentlich keine Voraussetzung war, um sich für andere Bedrohte stark zu machen. „Der Blick auf diese ungünstigen Voraussetzungen [...] lässt die einzelnen Akte der Hilfeleistung und die einzelnen mutigen nonkonformen Stellungnahmen umso beeindruckender erscheinen" (:330). Die Beschäftigung mit dem prophetischen Wort hatte für Köster also nicht nur eine geistige Komponente, sondern bedeutete für ihn und seine Gemeinde, dass Juden durch praktische Hilfe unterstützt wurden.

6.3.6. Kösters Gerichtsankündigung und prophetische Sorge um Deutschland

Wie ein alttestamentlicher Prophet kündigt Köster Deutschland, aufgrund des Verhaltens gegenüber den Juden, Gericht an (KöV08.05.41): „Was du Jerusalem getan hast in den Stunden seiner Not und Angst, das fällt auf deinen eigenen Kopf einst zurück [...]. Das Urteil Gottes ist da." Er weist klar auf das Fehlverhalten Deutschlands hin und bezieht die Christenheit mit ein (KöV27.02.44):

> Dass Christen die Ehre dieses Volkes, die Ehre, die dieses Volk vor Gott hat, dass Christen die Geschichte dieses Volkes, die Existenz dieses Volkes angetastet haben in unseren Tagen, das ist eine doppelte Schuld im Blick auf die Schuld, die die Völker begangen haben an der Existenzgeschichte dieses Volkes! [...] Jeder Jude, auch jeder Mischling unserer Tage ist eine ernste Warnung des lebendigen Gottes, der sein nicht spotten lässt, auch in unseren Tagen. Man sollte das beachten.

> Wir sollten vor unserem Volk stehen in heiligem Priesterdienst, dass die Schuld und Sünde unseres Volkes nicht heimgesucht würde an unseren Kindern und Kindeskindern!

Deutschlands Schuld führe unweigerlich zum Gericht, weil es das „Volk des Heiligen" angetastet hat (KöV07.11.44:3). Wer sich an dem Volk des lebendigen Gottes vergehe, werde Gericht erleben: „Wir kommen um das nicht herum, das sollte wenigstens die Gemeinde Jesu Christi in tiefer Beugung wissen, wenn sie vor den Gerichten Gottes steht" (KöV44–45:49).

Bei Köster lässt sich eine regelrechte prophetische Sorge um sein deutsches Volk erkennen. Diese Sorge gründet im prophetischen Wort der Bibel und im prophetischen Dienstverständnis von Köster. Schon im Mai 1933 betont er in einer Aussprache zu einem Referat im Rahmen der Wiener Allianz, „daß Liebe zum Volk allein von prophetischer Schau getragen werden muß" (WA-Protokoll 03.0.1933).[219] Ab 1942 kommt seine prophetische Sorge in Predigten zum Vorschein (KöV31.05.42:3f). Er sieht die große Schuld Deutschlands (KöV04.01.42:7). Die Sorge verstärkt sich in den Jahren 1943 und 1944. Er stellt bedauernd fest: „Wenn unser Volk es mehr und mehr ablehnt, von Gott angesprochen zu werden, dann lehnt es Gott auch ab, weiter zu sprechen, dann hat auch die Gemeinde nicht mehr das Recht öffentlich zu reden!" (KöV04.02.43:3, Jes 8,5–9,6). Die Folge davon sei, dass auch eines Tages kein Brot mehr da sein werde. Nach Stalingrad predigt Köster über Psalm 23 (KöV21.02.43): „Wenn Gott es für gut hält, so ernst mit unserem Volke zu reden, das über einem Vulkan tanzt, dann dürfen wir Gott nicht in den Arm fallen und in keiner Weise Gottes Mund schließen wollen – das können wir auch nicht!" Deutschland, das doch eigentlich von den Segnungen der Reformationszeit her lebe (KöV01.04.1943, Johannes 1), drohe jetzt in die Gottesferne abzudriften, weil Gott sich nicht weiter spotten lassen werde. Wie Israel werde auch Deutschland Gericht erleiden. Ob Deutschland schon über den Rubikon sei, wisse Köster nicht, aber er befürchte es. Stalingrad sei ein lautes Reden Gottes gewesen, aber es wäre nicht gehört worden – im Gegenteil. Köster zittere heute, „daß auch diese Stunde vorbeigegangen ist und daß die Lästerung nur noch größer geworden ist und noch eindeutiger wird! Gott aber antwortet eines Tages wie er seinem Volke Israel geantwortet hat auf dessen selbsterwählte Gottesferne" (:10). Die Hoffnung liege in der Auferstehung und die Gemeinde werde nicht müde werden, diese Botschaft – die auch Israel gege-

[219] Seine Sorge gilt dabei auch seinem Gemeindebund. Im Oktober 1944 erwähnt Köster ein Gespräch mit Bundesdirektor Schmidt über den trostlosen Glaubenszustand der Geschwister in den Gemeinden. Köster verweist darauf, dass Gottes Wort das starke Fundament unseres Glaubens ist (KöV19.10.44:2).

ben ist – dem Volk zu verkündigen (:11). Kann es überhaupt noch Hoffnung für das deutsche Volk geben? Köster ist sich unsicher (KöV12.08.43, zu 1Mo32,22–38:5):

> Gott gibt das deutsche Volk auf!!! Das ist die Situation in unseren Tagen. Da gibt es nur noch eine Möglichkeit den Kampf durchstehen zu können, daß wir als gläubige Gemeinde Jesu Christi den priesterlichen Dienst tun, den Jakobsdienst, daß wir der Jakobsmund sind für unser deutsches Volk: ‚Ich lasse dich nicht, bis du mich gesegnet hast!' Das ist das Entscheidende! Ich kann mir gut vorstellen, daß nach allen Erfahrungen, die wir gemacht haben mit unserem deutschen Volk und mit seiner Obrigkeit heute, daß wir zu der Haltung eines Hesekiel kommen und mit ihm sagen: ‚Das ist das Ende. Jetzt wendet Gott sich ab und überläßt uns unserem Schicksal!'

In dieser Situation sei die Gemeinde aufgefordert, priesterlich für das Volk einzutreten, auch wenn das Recht auf Fürbitte eigentlich schon verwirkt wurde. In einer Predigt mit dem Titel „Dürfen wir für unser Volk noch beten" über Jeremia 7,16–20 kommt das emotionale Empfinden Kösters gut zum Ausdruck (KöV30.09.43). Er stellt eingangs die Frage, ob wir für unser Volk noch beten dürften. Oder könne Gott das sogar der Gemeinde verbieten? Dann würde das „Aufhaltende" hinweg geräumt. Gott könne lange warten, bis es zum endgültigen Gericht kommt. Köster fragt sich, wo Deutschland stehe und ob das, was Jeremia erlebt habe, auch die Gemeinde heute erleben könne. Es könne sogar sein, dass Gott den Geist des Gebets und des Flehens wegnähme.

> Ich kann gar nicht sagen, wie tief und wie schwer ich die Konflikte des Propheten Jeremia miterlebe, wenn ich an das Schicksal meines Volkes denke. Denn trotz des lauten Rufens und Trommelns des lebendigen Gottes in den letzten furchtbaren Ereignissen, höre und sehe ich in der Oeffentlichkeit meines gottlosen Volkes nicht einmal die falsche Busse, sondern nur weiterhin nichts anderes als die offene Absage Gott gegenüber, und das so klar, dass die Menschen in der gläubigen Gemeinde davon angesteckt sind.

Nur Gott sei das Schicksal Deutschlands. Gott aufgeben sei radikaler Selbstmord. „Wenn Deutschland weitergeht auf diesem Wege der öffentlichen Lossage von dem Gott Israels [...], dann [...] ‚ikaboth!' dann ist seine Herrlichkeit dahin!" Aber noch könne die Gemeinde Fürbitte leisten. „Ja, es gibt noch eine Möglichkeit zur Fürbitte, die Möglichkeit des unverschämten Geilens! Das ist die einzige Möglichkeit!" Köster verweist auf das Evangelium und auf Abraham, der für Sodom und Gomorra bittet und stellt fest: „Das Recht zur Fürbitte ist nicht mehr gegeben! Es bleibt nur noch der Appell der Gerechtfertigten allein aus dem Glauben an die grundlose Barmherzigkeit des lebendigen Gottes" (ebd.).

Im Januar 1944 blickt Köster zurück und stellt rückblickend auf 1943 fest, dass die Gemeinde manchmal gezittert habe, „wenn die Repräsentanten unseres Volkes in die furchtbare Gefahr gerieten, ‚ohne die Schuhe auszuziehen‘, auf heiliges Land zu treten an den brennenden Busch‘, (2Mose 3.5) um den Heiligen zu lästern“ (KöV02.01.44b). Es sei eine Gefahr, wenn die verantwortlichen Männer Deutschlands kein Bewusstsein für Gott mehr hätten. Das sei auch eine Form des Gerichtes Gottes. „Gott hat unser deutsches Volk gefangen genommen gegen seinen heiligen Willen! Gott macht Geschichte auf Erden, sodass ein jeder Mensch in seiner Lebensgeschichte im Widerspruch gegen Gott gefunden werde.“ Am Ende stehe aber die Erbarmung Gottes. „Darum schliesst Gott in letzter Konsequenz die Welt unter das Widerstreben, damit Gott einmal die ganze Welt sammeln kann mit der Konsequenz ewiger Gottesliebe“ (:5). Köster denkt noch weiter (:6):

> Was wird das für ein Tag sein, da die Repräsentanten des deutschen Volkes am Ende des Geschichtsgangs und seiner Gerichte mit diesem Volk die Ersten sind, die Gott als Gott preisen! Das erzwingt sich Gott mit dem Gerichtsgang dieses Volkes auch im neuen Jahr.

Im Juli greift Köster einen öffentlichen Appell eines Volksvertreters auf (KöV11.07.44, Jes 1). Die Lage in Deutschland sei ernst. Öffentlich sei bekannt gegeben worden, dass es jetzt um Sein oder Nichtsein ginge. Dies bringe den Christen in eine Spannung, der ja einerseits zum Volk Gottes gehöre und andererseits auch zum deutschen Volk. Gott habe Deutschland geschlagen. Mit Amos könne daher gefragt werden, ob es ein Unglück in der Stadt gäbe, das nicht der Herr getan habe. Die Gemeinde müsse erkennen, dass es bei Gott noch eine letzte Chance gäbe, zu Gott umzukehren. Sie müsse jetzt priesterlich für das Volk eintreten, die Hände falten, „um für unser deutsches Volk zu beten, damit es in letzter Stunde zu Gott zurückkehrt!“ Köster meint erkennen zu können, dass Gott noch einmal mit dem deutschen Volk verhandeln wolle. Aber an entscheidender Stelle werde leider diese Notwendigkeit nicht erkannt, weil das Herz immer noch den Traum Babylons träume und daher den Taumelkelch des Zornes Gottes empfange (KöV30.07.44).

Köster hat jetzt tatsächlich das Gefühl, dass Gott das Volk aufgeben könnte (KöV22.10.44a, Der Jakobskampf, 1Mo 32f,1–11). In seiner Predigt zieht er Vergleiche mit Jakobs Kampf mit Gott und Jakobs Begegnung mit Esau zur Situation in Deutschland im Jahr 1944. „Ich weiß nicht, ob ihr das schon empfunden habt, daß Gott dasteht und das Volk aufgeben will, daß er es verlassen will [...]. Gott hat diesem deutschen Volk nicht die Verheißung gegeben, daß es ewige Existenz habe wie das jüdische Volk [...].“ Das deutsche Volk müsse erst vor Gott zerbrechen, wenn es den Segen empfangen will. „An einer anderen Stelle kann das deutsche Volk die Wohlfahrt, die Machtstellung in der Welt nicht erreichen, – es sei denn in der Beugung vor Gott! Das ist die ungeheure Not, daß wir in unserer Zeit viele Politiker haben, aber keine geistlichen Führer!“ Köster rechnet mit dem Schlimmsten für Deutschland. Deutschland müsse wie Jakob in das Gesicht Esaus sehen. Es bleibe nur das Hoffen auf die Gnade Gottes.

6.3.7. Kösters Ausführungen zur Schuld und Vergebung in der unmittelbaren Nachkriegszeit

In der Nachkriegszeit stellt sich nicht nur für Köster die Frage, wie man als Deutscher mit der Schuld der NS-Zeit umzugehen hat. Seine Ausführungen sind hier erstmals veröffentlicht. Er selbst regt die Behandlung des Themas im Rahmen der Wiener Evangelischen Allianz an, weil viele Menschen mit „ihrer Weltanschauung Schiffbruch erlitten haben und heute nicht fertig werden“ (WA-Protokoll vom 05.03.1946). Am 02.07.1946 wird das Thema behandelt.

Köster stellt am Anfang seiner Ausführungen die Frage, ob die Schuldfrage überhaupt gestellt und beantwortet werden solle und stellt fest, dass man schon längst dabei sei. Pastor Niemöller habe dazu aufgerufen, und auch die Katholiken würden die Frage behandeln. Er berichtet auch von Anfragen aus dem Ausland.[220] Köster will einerseits ehrlich sein, aber auch die Kirche nicht entblößen – wie der alttestamentliche Ham es tat, „sondern es muß in unserer Haltung heute zum heiligen ‚Rückwärtsgehen‘ kommen“.[221] Er stellt fest: „Tatsache ist, dass ein Seelsorger heute, wenn er es mit Nationalsozialisten zu tun hat, eine neue Orientierung gewinnen muß. Die Weltanschauung des Nationalsozialisten hat das Menschen-Leben total vergiftet.“ Daher müsse die Schuldfrage geistlich behandelt werden. Köster nimmt als Richtschnur die Geschichte der Schächer am Kreuz. Er entfaltet vier Hauptgedanken:

1. „Die geistliche Behandlung der Schuldfrage ist die, die vor dem Forum des lebendigen Gottes geschieht.“ Wie Jesus, gehe das deutsche Volk auch heute durch sehr viele

---

220 Er habe einen Brief aus Übersee erhalten mit einer Liste von Namen von Pfarrern und Predigern Österreichs und der Frage, ob diese Männer von der NS-Weltanschauung erfasst gewesen wären oder dagegen gekämpft hätten und ob man mit ihnen weiterarbeiten könne. Köster würde am liebsten zurückschreiben, dass die Schreiber vor ihrer eigenen Tür kehren sollten. „Wir müssen die Schuldfrage geistlich behandeln, wenn wir den amerikanischen Brüdern begegnen, die ihre Nase ein wenig hoch halten. Mir die genannten Fragen zu unterbreiten halte ich nicht für brüderlich. Wenn unsere Brüder nicht gebeugt von unserer Schuld reden und mit uns in unsere Schuld treten können, kommt es nicht zur Gemeinschaft mit diesen Brüdern! Wer darf diese Frage überhaupt beantworten? Ich gebe all denen, die nationalsozialistisch gebunden waren, den seelsorgerlich guten Rat, sich von Gott in die Stille nehmen zu lassen und abzuwarten.“

221 Köster habe auch einen Brief eines jungen Nazis erhalten. Der klage die Kirche an, dass sie es zugelassen hätte, dass Leute wie er in die Fangarme der NS-Bewegung kamen, verbunden mit der Bitte, biblische Vorträge in SS-Lagern zu halten.

offizielle Gerichte, z. B. in Nürnberg. Das sei aber nicht die geistliche Seite. Die Gemeinde habe die Schuldfrage vor Gott zu verhandeln. „Bis zu diesem Punkt hat der Seelsorger den Nationalsozialisten zu führen. Vor dem Angesicht Gottes wird dem Schuldbeladenen der Horizont sichtbar, von dem ihm ein neuer Tag grünen kann." Köster kann den evangelischen Pastor und Widerständler Niemöller gut verstehen, findet aber seine Beantwortung der Schuldfrage schillernd. Er findet, dass Niemöller von der KZ-Psychose herkomme und sich von der Schau der Alliierten einspannen lasse. Er komme nicht so sehr vom Wort Gottes als „von der sonderbaren deutschen Grundhaltung, wo man Thron und Altar im gleichen Atemzug nannte". Und weiter: „Die ganze Behandlung der Schuldfrage steht im Licht der Reaktion! Sie gehört aber vor das Forum Gottes. Das ist eine große Hilfe für den National-Sozialisten, wenn man ihn aus dem Tohu Wabohu herausnehmen kann und auf diesen anderen Ort stellt [...]."

2. „Die geistliche Beantwortung der Schuldfrage ist die, die in der Reichweite der Versöhnungstat Gottes vor sich geht." Köster will sich nicht von Nürnberg bestimmen lassen, sondern von Golgatha. „Seit Golgatha umfasst der gekreuzigte Christus alle Schuld mit der Gottesversöhnung. Es gibt keine deutsche Schuld, die nicht umfasst wäre von dieser Gottesversöhnung." Ein Pfarrer müsse die Frage anders behandeln als ein Politiker. Es gäbe keine Verkündigung des Gerichts ohne die Gnade Gottes. „Das Gerichtswort im Paradies ist gleich gekoppelt mit dem Wort der Gnade. Ich habe immer wieder das Empfinden, dass das Gericht Gottes wohl herausgestellt wird, aber der Regenbogen nicht gespannt wird [...]."

3. „Die geistliche Beantwortung der Schuldfrage ist allerdings nur möglich, wenn die Fragen der eigenen, diesseitigen Sicherungen beiseitegelassen werden." Dazu sei ein Schächer am Kreuz nicht bereit gewesen. Auch viele Nazis haschten nur nach dem diesseitigen Leben. Der NS sei die „geile Dirne" gewesen, die mit ihren verfänglichen Künsten Deutschland verführt habe. Zur geistlichen Behandlung der Schuldfrage könne es nur kommen, wenn man das Leben verlieren könne, um es ewig gewinnen zu können.

4. „Die geistliche Behandlung der Schuldfrage hat ihre völlige, tröstende Lösung in der eschatologischen Situation des Glaubens." Köster sagt, dass man mit einem Menschen nur zu echter Schulderkenntnis gelangen könne, „wenn man ihn hineinnehmen kann in das Wort von der Versöhnung Gottes und ihn stellt vor das wunderbare, ewige Königtum des gekreuzigten Christus." Im wiederkommenden Christus liege alles neue, auch die Tilgung der Schuldfrage. Diesen Ansatz vermisse er bei Niemöller.

In dieser Weltzeit bleibe dieses Evangelium ein göttliches Geheimnis, „den Griechen eine Torheit, den Juden ein Ärgernis, aber nur denen, die glauben, eine Kraft Gottes", die jetzt und hier und dann am großen Tag des Gerichtes rette. „So meine ich, stehen zu müssen in der Behandlung der Schuldfrage, so, meine ich, geschieht die Schuldfrage in geistlicher Behandlung.“ (WA-Protokoll vom 02.07.1946)[222]

Zu diesen – im Blick auf die Beurteilung der Motive Niemöllers teilweise provozierenden – Äußerungen Kösters gibt es dann eine Aussprache.[223]

Am 01.10.1946 berichtet Pfarrer Traar von der ökumenischen Arbeit der Kirchen und der warmen Aufnahme der evangelischen Christen in der Weltkirchengemeinschaft (u. a. vertreten durch Niemöller). Das Stuttgarter Schuldbekenntnis habe dazu entscheidend beigetragen. Weiter berichtet Traar von der enormen Spendenbereitschaft durch Pakete und Hilfsgüter. Kösters Antwort darauf: „Wir sind den Brüdern gegenüber in ungeheurer Schuld, was den geistigen Ertrag unseres Erlebens der vergangenen Jahre anbetrifft, das sei unsere Gegengabe für die materiellen Güter christlicher Liebe, die sie uns in die Hand legen“ (WA-Protokoll 01.10.46). Damit sind dann, im Rahmen der Allianz, die Gespräche über die Schuldfrage erloschen.

Am 11.03.1948 referiert Köster über das Thema „Kollektivschuld und Kollektivvergebung“ (KöV11.03.48) in seiner Gemeinde.[224] Einleitend erinnert Köster die Gemeinde an ihre priesterlich-prophetische Aufgabe (KöV11.03.48:36). In der Mitschrift heißt es, dass die Gemeinde vor einer Welt voller Schuld stehen kann, „über die Gott mit Jesus Christus das große Wort von der Kollektivvergebung gesprochen hat. Aufgabe der Gemeinde ist es, das priesterlich zu bedenken und gerade heute priesterlich-prophetischen Wortdienst da zu tun“ (KöV03.48:1).[225] Für Köster ist wichtig:

---

222 Köster führt diesen Gedanken in einer Predigt 1947 noch einmal aus: „Ich möchte das denen sagen, die vielleicht von 1933 bis 1945 Nationalsozialisten gewesen sind und bis heute nicht mit diesem Drachenschwanz fertig geworden sind: Gott hat dir in dem großen Zusammenbruch diese Welt gekreuzigt! Fass das Kreuz von Golgatha und du wirst den Untergang des Dritten Reiches als Segenswort der Begegnung mit dem Paradies haben!“ (KöV04.04.47LPL:30).

223 Im Protokoll sind vor allen Dingen die Anmerkungen vom evangelischen Pfarrer Traar wiedergegeben. Er stimmt grundsätzlich zu, sieht aber Niemöller nicht richtig gezeichnet. Seiner Ansicht nach gehe es Niemöller wirklich um eine geistliche Behandlung der Schuldfrage, und das „Schuldbekenntnis von Stuttgart“ sei ja nicht von Niemöller allein gesprochen worden, sondern habe andere Kirchen inspiriert, ebenfalls Schuld zu bekennen.

224 Den Vortrag hielt er laut Überschrift der Mitschrift auch beim CVJM (KöV03.48).

225 Ihm geht es weiter nicht um die menschliche Rechtssituation, sondern um die Gottessituation, in der wir uns befinden (:2). Köster spricht von einer „doppelten Situation“: „Herr gehe weg, denn ich bin ein sündiger Mensch“ vs. „Mein Sohn, dir sind deine Sünden vergeben“. Köster will nicht nur über Schuld, sondern auch Vergebung reden (KöV11.03.48:37). „Wo man – auch auf evangelischem Boden – nur von Kollektivschuld sprechen kann, hat man das Problem einfach nicht verstanden. Nimmt man aber die Kollektivvergebung hinzu, dann hat man die Möglichkeit des Verstehens“ (:37).

> Wir als Gemeinde haben uns zur Kollektivschuld zu bekennen. Denn: stellen wir uns nicht priesterlich, das heißt in Stellvertretung bejahend zur Schuld ein, wie vermögen sich eines Tages die Völker dem Wunder der Kollektivvergebung einzustellen, der einzigen Verheißung die uns noch eine Zukunft anbietet. (:37)

Köster macht klar, dass es eine Kollektivschuld für ein Volk gibt. Er nimmt Israel als Beispiel und stellt fest, dass die Schuld eines Einzelnen immer auch das Volk betrifft. Das mache Daniel 9 deutlich. Römer 9–11 betone aber eben auch die Kollektivvergebung: „Im 9.–11. Kapitel des Römerbriefs gibt Paulus die einzigartige Darstellung der Aufeinanderfolge von Kollektivschuld und Kollektivvergebung am Schulbeispiel Israels." Für Köster ist der Sturz Deutschlands das Menetekel für alle Völker der Welt, weil es Deutschlands Schuld offenbart, „und wenn das deutsche Volk bis heute nicht von Schuld redet, dann macht sein Sturz diese Schuld umso deutlicher. Wenn aber wir uns nicht zur Schuld unseres Volkes stellen, wie kann sich unser Volk einmal zur Vergebung stellen?" (:40). Nur am Kreuz von Golgatha gebe es Vergebung, weil dort Gottes Zornesfeuer total ausgebrannt sei. „Über das Kreuz kommen wir zur Auferstehung: Kollektivschuld im Tod des Einen, Kollektivvergebung in seiner Auferstehung" (:40). „Wir sollen ohne Aufhören nur das Eine reden: daß sich die Kollektivschuld in Jesus Christus ein für allemal in Kollektivvergebung gewandelt hat und sich je und je bei dem, der glauben kann, wandelt. Wenn wir doch dazu noch Zeit hätten!" (:40)[226]

Der besondere Akzent auf der Kollektivvergebung macht Kösters Ausführungen als Ergänzung zu bisherigen Beiträgen (Szobries 2013) so wertvoll.

6.4. Beurteilung von Kösters prophetischem Widerstand in Staat und Kirche

Kösters prophetischer Widerstand fand anfänglich über Artikel in baptistischen Zeitschriften und ab 1938 vorwiegend über Vorträge und Predigten auf der Kanzel der Wiener Gemeinde statt. Diese Gottesdienste waren in aller Regel öffentlich zugänglich. Damit war Köster zuerst einmal gegenüber seiner eigenen Gemeinde prophetisch tätig. Wenn man so will, war er, wie die meisten alttestamentlichen Propheten, zunächst also zu „seinem Volk" gesandt, vor dem er aber auch Gottes Meinung über den Weltstaat aussprach. Er selber verstand die Sendung der Gemeinde immer auch über die eigenen

[226] Offensichtlich ist Köster gebeten worden, seinen Vortrag unter der Überschrift „Kollektivschuld" zu halten. Das war für ihn nicht hinnehmbar, wie er zum Schluss betont (KöV03.48:8): „Man spricht also falsch, wenn man unser Thema nur formuliert: ‚Kollektivschuld'. Es muß unbedingt dazu gesagt werden: ‚und Kollektivvergebung'. Denn deine Schuld steht unter dem Wunder der Vergebung Gottes in Christus Jesus."

Räume hinaus (KöV1900J). Weiter war er auch im Rahmen der Wiener Allianz aktiv sowie im Kreis seiner Freikirche.

Nach Analyse seiner Predigten, die hauptsächlich auf prophetischen Texten beruhen, wird deutlich, dass seine Gemeinde sich durch wiederholtes und regelmäßiges Hören ein Bild von der NS-Ideologie machen und somit eine Beurteilung vornehmen konnte. Gleichzeitig verstand Köster ja die Ortsgemeinde als Träger des Prophetenamts. Daher leistete eigentlich seine Gemeinde als Ganzes prophetischen Widerstand.

Ich vergleiche nun noch bewusst pointiert Kösters Aussagen und Verhalten in der NS-Zeit mit dem in Kapitel 3 skizzierten Verhalten des „offiziellen" Baptismus.[227] Köster hatte aufgrund seiner Tätigkeit in Wien eine einmalige Rolle im deutschen Baptismus, die von Distanz geprägt war, bei gleichzeitiger immer wiederkehrender intensiver Einflussnahme. Hier ist zunächst Anfang der dreißiger Jahre seine Verantwortung für den Täufer-Boten zu nennen, der auch in Deutschland gelesen wurde und auch als „offizielles Organ" angesehen werden muss. Um 1933 schrieb Köster einzelne NS-kritische Artikel im Wahrheitszeugen. Zum Anschluss Österreichs äußerte er sich hier später positiv, wobei seine Meinung verkürzt wiedergegeben wurde. Bei der Vereinigung zum BEFG nahm er eine theologisch verbindende Position ein und wurde sogar 1941 Mitglied der neuen Bundesleitung. Kösters Auftreten und seine Aussagen ordne ich als prophetische Kritik an seinem Gemeindebund ein, die fast immer in der Öffentlichkeit stattfand und damit indirekt auch den NS-Staat kritisierte.[228]

6.4.1. Kösters Verhalten vs. Verhalten des offiziellen Baptismus gegenüber dem NS-Regime

Köster passt als Einzelperson so gar nicht in die Deutungsansätze von Strübind (1995:39–48, vgl. Kap. 3.5.1.) und Balders (189:122f). Er war von seinem in Kapitel 5

[227] Ich benutze, wie oben schon erläutert, den Begriff „offizieller Baptismus" deshalb, weil der Bund der Baptisten ja ein eher loser Gemeindebund ist. Jede Ortsgemeinde ist selbstständig und kann abweichend von der Bundesleitung anders gehandelt haben, ohne dass es dokumentiert wurde (Strübind 1995:4f).

[228] Bei aller mahnenden Kritik an „seinem" Baptismus, kann Köster doch auch noch 1959 Folgendes über seine Freikirche sagen (KöV11.10.59:1f): „Die Gemeinde Jesu Christi, wie sich [sic!] auch darstellt in der Welt, in all ihrer Unvollkommenheit, ist Gemeinde Jesu Christi. Lehrer Hess im Seminar zu meiner Zeit wurde einmal gefragt, ob er bei den Baptisten gefunden habe, was er gesucht habe. Er antwortete, er habe nie gedacht, daß die Baptisten unfehlbare Leute seien, das habe er weder gesucht noch verlangt. [...] Auch die Baptistengemeinde ist Gemeinde Jesu Christi, auch wenn wir viel an ihr auszusetzen haben, – das macht uns die Gemeindelehre und die Gemeindeschau des Paulus deutlich."

skizzierten Schriftverständnis her auf jeden Fall jemand, den man heute mit dem Schlagwort „Biblizist“ belegen würde. Seine Kritik wird von ihm bei der Auslegung von Bibeltexten heraus in Predigten vorgetragen. Sein Umgang mit der Bibel ermöglichte es ihm, den NS kritisch zu beurteilen, die Kirchen und seine Freikirche zu kritisieren, Hitler als „einen“ Antichristen zu erkennen und Juden praktisch zu helfen. Staatliche Anordnungen wie das Tragen des Judensterns galten für Köster nicht in seinen Gemeinderäumen.

Aber vor allen Dingen deutete Köster die Bibel heilsgeschichtlich.[229] Sein ganzer prophetischer Ansatz und die damit einhergehende Auslegung der Schriftpropheten und der eschatologisch-apokalyptischen Texte des Neuen Testaments, seine Sicht auf den Antichristen entsprechen explizit einer heilsgeschichtlichen Geschichtsdeutung. Für ihn war die bei Strübind für den offiziellen Baptismus ausgemachte Theologie kein Hinderungsgrund den NS zu kritisieren und zu entlarven. Er erlebte, wie er aufgrund seiner Überzeugung vor die Gestapo zitiert wurde, was ihn aber nicht daran hinderte, weiter prophetisch-kritisch zu predigen.

Richtig ist, dass auch Köster aus der Position einer Minderheitenkirche agierte, wie Balders (1989:122) und Strübind (1995:320) für den ganzen Baptismus feststellen. Dies führte aber dennoch zur deutlichen Stellungnahme Kösters gegen den NS, und er verband damit auch die Pflicht, politisch zu werden, was Strübind (1995:324) für den offiziellen Baptismus nicht attestieren kann.

Köster war nicht, wie Zimmermann (2001:89) für andere freikirchliche Christen attestiert, von Hitler unangemessen fasziniert, sondern er war fähig, in ihm den „deutschen Antichristen“ zu erkennen.

Beachtenswert ist Kösters Kritik an der Leitung seines Baptistenbundes. Es wird deutlich, dass Köster und die offizielle Führung des Baptistenbundes inhaltlich weit auseinanderlagen. Zu vermuten ist, dass Köster deutlich weniger pragmatisch mit der

---

[229] Paul Spanring (2013) betont, dass Kösters Haltung eng mit seiner eschatologischen Sicht verknüpft war und setzt damit einen Gegenakzent zu Strübind (1995:47f), die dieses Verständnis als Anlass dafür anführt, den Nationalsozialismus zu tolerieren, was bei Köster nicht der Fall ist: „It seems reasonable to conjecture that Köster's grim determination to stand his ground, even against large sections of the Baptist denomination, was in part inspired by his view of the imminent return of Christ. In contrast to the leadership of the Baptistenbund and their policy of apolitical accommodation, Köster was unyielding and willing to suffer the consequences. At a practical level the denominational leadership feared for the survival of a fragile community of churches which the regime could have easily declared illegal and disposed. Taking the view of the imminent return of the Lord, such political decisions and arguments had a little weight. Why cling buildings, when martyrdom may well be the next challenge for Christ's followers?“ (Spanring 2013:51).

Situation umgegangen wäre, wie die offiziellen Verantwortlichen. Warum sich Köster allerdings 1941 in die Bundesleitung wählen ließ und dort eine Randfigur blieb, erschließt sich mir nicht ganz. Sicher waren die Umstände des Krieges ein Beweggrund, und vielleicht wurde gewünscht, dass die Gemeinde Wien als Vertreterin Österreichs auch mit in der neuen Bundesleitung vertreten sein sollte.

6.4.2. Kösters Verhalten vs. Verhalten des offiziellen Baptismus gegenüber Juden

Während Stedtler (2014:145) in den Artikeln des WZ eine überwiegend tiefsitzende Abneigung gegenüber den Juden nachweist, tritt Köster den Juden besonders freundlich gegenüber. Dies drückt sich in persönlicher Hilfe aus sowie dadurch, dass sich Köster trotz Gefahr mit den Juden in seiner Gemeinde trifft. Sicher wird er dabei ein missionarisches Anliegen gehabt haben. Köster empfindet die Repressalien gegenüber den Juden als göttliches Gericht, leidet aber darunter (siehe Claesberg 2018d). Köster schweigt auch nicht über die letzte Phase der Judenverfolgung, wie es Strübind (1995:272) für den offiziellen Baptismus feststellt, sondern er prangert in Predigten das Verhalten des deutschen Volkes an und verkündigt sogar Gericht.

Kösters persönlicher Einsatz für Juden fällt angenehm auf. Dies passt zu den von Fleischer (2012b:122) leider nur wenig vorgefundenen positiven Hilfegeschichten. Köster erkannte – im Gegensatz zu anderen (:127) – die theologische Brisanz der sog. „Judenfrage" und solidarisierte sich mit dem jüdischen Volk im Rahmen seiner Möglichkeiten. Köster fordert aber z. B. nicht, dass seine Kirche sich für die Juden und andere Verfolgte einsetzen soll. Das berührt Kösters „Grenze des Möglichen", die von Graf-Stuhlhofer dargestellt wird (2001:206f).

6.4.3. Kösters Umgang mit Schuld vs. Umgang im offiziellen Baptismus mit Schuld

Während Bundesdirektor Paul Schmidt 1946 noch den Gedanken einer Kollektivschuld verneint (Balders 1989:118), weist Köster anhand des prophetischen Wortes den biblischen Gedanken der Kollektivschuld nach. Köster ist damit viel näher beim Baptisten Köbberling, der sich ebenfalls mit dem Thema auseinandersetzte (Fleischer 2014:79f). Köster regt schon im März 1946 an, die Schuldfrage auf der Ebene der Allianz zu besprechen (WA-Protokoll 05.03.1946). Ich hätte mir gewünscht, dass er die Ansätze von Niemöller positiver würdigt, finde aber den Akzent den er setzt, nämlich dass die Schuldfrage vor allen Dingen vor Gott verhandelt werden muss, richtig. Vor allen Dingen hat Köster aber mit dem Gedanken der Kollektivvergebung eine echte Alternative zu bieten, die einem schuldigen Nationalsozialisten und einem schuldig gewordenen Volk oder einer Kirche einen barmherzigen Ausweg aufzeigt, ohne die Schuld zu negieren.

6.5. Fazit zum sechsten Kapitel

Kösters Kritik am NS gründet sich auf ein tiefes Verständnis und Bewusstsein für das prophetische Wort des Alten und Neuen Testaments. Dieses Wort verkündigt er immer wieder im Rahmen seiner Gemeinde und hält sie damit auf Kurs. Weil er theologisch der Gemeinde das Prophetenamt zuweist, handelt es sich um kirchlich-prophetischen Widerstand einer kleinen baptistischen Ortsgemeinde in Wien. Das entspricht vorbildlicher pastoral-prophetischer Leiterschaft. Sein Handeln steht im deutlichen Kontrast zum Verhalten des offiziellen Baptismus.

7. Fazit und Schlussfolgerungen

In diesem Kapitel fasse ich die Arbeit zusammen und zeige den Forschungsertrag (Ergebnisse) in Verbindung mit meiner Forschungsfrage. Dabei zeige ich thesenartig auf, was heutige Leiterinnen und Leiter am Vorbild Arnold Kösters lernen können. Weiter stelle ich den Beitrag dieser Arbeit zur Forschung dar und erläutere den weiteren Forschungsbedarf.

7.1. Zusammenfassender Überblick über die Arbeit

In Kapitel 1 wurde zunächst die Notwendigkeit dieser Arbeit aufgezeigt. Daraufhin wurden die Forschungsfragen und die Forschungsziele vorgestellt und die Arbeit wurde in der Disziplin Christian Leadership verortet. Anschließend wurde der bisherige Forschungsstand skizziert. Weiter wurden die Forschungsmethode und die Quellenlage beschrieben und die Arbeit wurde eingegrenzt.

In Kapitel 2 habe ich zunächst mein Verständnis von pastoraler bzw. geistlicher Leitung vorgestellt. Danach wurden neuere Modelle christlicher Leiterschaft vorgestellt, die alle eine prophetische Dimension betonen. Von da aus habe ich eine eigene Beschreibung von pastoral-prophetischer Leiterschaft vorgenommen. Das Kapitel dient somit zum späteren Vergleich mit Kösters prophetischem Leitungshandeln.

Kapitel 3 enthält einen geschichtlicher Abriss über die Situation des Baptismus in Deutschland und Österreich seit seiner Gründung. Der besondere Schwerpunkt liegt auf der NS-Zeit. Mit der Darstellung verschiedener Deutungsansätze wurde somit die Hintergrundfolie für Kösters Leitungsbiographie und für sein widerständiges Verhalten gezeichnet.

In Kapitel 4 wurde Kösters Prägung und Wirkung als Leiter von seiner Geburt 1896 bis zu seinem Tod 1960 vorgelegt und anhand des Modells „Vom Werdegang eines Leiters" von Clinton (2006) illustriert. Damit liegt erstmalig eine Gesamtdarstellung der Prägung und des Leitungshandelns von Köster als Prediger vor.

In Kapitel 5 wurde Kösters prophetisches Schriftverständnis dargestellt. Danach konnte Kösters prophetisches Gemeindeverständnis herausgearbeitet und umfassend dargestellt werden. Schließlich wurde Kösters eigenes prophetisches Selbstverständnis beleuchtet und mit den aktuellen Entwürfen und Verständnissen aus Kapitel 2 in Bezug gesetzt.

Kapitel 6 zeigt Kösters prophetische Kritik an der NS-Ideologie auf. Daher kam er immer wieder mit der Gestapo in Berührung. NS-kritische Äußerungen wurden dann thematisch zusammengefasst und dargestellt. Außerdem wurde deutlich, dass Kösters Theologie ihn selbst zum Einsatz für bedrohte Juden antrieb. Seine prophetische Kritik und sein Handeln wurden dann mit dem Verhalten des „offiziellen Baptismus" in Kontrast gesetzt.

7.2. Forschungsertrag

Der Forschungsertrag dieser Arbeit wird im Folgenden zunächst durch Beantwortung der Hauptforschungsfrage und anschließend durch Beantwortung der Forschungsunterfragen herausgestellt.

7.2.1. Beantwortung der Hauptforschungsfrage

Die Hauptforschungsfrage aus Kapitel 1 lautete:

Wie wirkte und handelte Arnold Köster unter besonderen Zeitumständen als prophetischer Leiter?

Arnold Köster wirkte in der NS-Zeit (1933–1945) als mutiger pastoral-prophetischer Leiter durch seine öffentlich zugängliche klare Verkündigung des prophetischen Wortes der Bibel, das er unter Berücksichtigung des aktuellen Kontexts seiner Zeit auslegte und durch das er die NS-Ideologie als antichristlich erkannte. *Er übte damit prophetischen Widerstand und setze sich so vom offiziellen Auftreten seiner baptistischen Freikirche ab*, die er für ihr undifferenziertes Verhalten gegenüber der NS-Weltanschauung scharf kritisierte. Dies wirkte sich ganz praktisch im Verhalten gegenüber den Juden aus: Er duldete sie in seiner Gemeinde und traf sich mit ihnen. Er taufte sie, wenn sie es wünschten. Er kündigte Deutschland Gericht für dessen Umgang mit dem jüdischen Volk an und hegte generell tiefe prophetische Sorge für sein Land. Für sein mutiges Auftreten musste er mehrmals bei der Gestapo vorstellig werden. Nach dem Krieg zeigte er seinem Volk mit dem Gedanken der Kollektivvergebung einen Ausweg aus der Kollektivschuld.

Kösters prophetisches Leitungswirken entsprach der von mir für eine Gemeindeleitung als notwendig festgestellten kybernetischen und an der Spitze stehenden Leitungsaufgabe. Sie hatte bei ihm in der NS-Zeit vor allen Dingen eine prophetische Facette, die er aus seinem pastoralen Predigeramt ableitete. Er trat somit als pastoral-prophetischer Leiter zum Vorschein. Er lehnte die Bezeichnung Prophet für sich selbst ab, wies aber der Gemeinde das Prophetenamt zu und sah sich als deren Sprecher. *Somit ist Köster als Prophet zu bezeichnen, der selbst so nicht genannt werden wollte (Köster-Paradoxon).*

Im Vergleich mit den neueren Gemeindeleitungsmodellen lässt sich feststellen, dass Köster unter prophetischem Leitungshandeln vor allen Dingen das Auslegen von prophetischen Bibeltexten verstand. Er bezog sich selbst ebenfalls auf Epheser 4,11 und trat als prophetischer Verkündiger hervor. Er verkündigte das kommende Reich Gottes (Bohren 1980). Er beklagte die Vernachlässigung des prophetischen Wortes und erhellte mit seinen Predigten über die alttestamentlichen Propheten die Zeitumstände (Krauss 1986 und Eickhoff 2009). Köster verkörperte die endzeitliche Hoffnung auf eine bessere Zeit (Hoburg 1997). Er leitete seine Gemeinde durch seine Verkündigung und schaffte es immer wieder, das Wort Gottes zu aktualisieren (Reimer 2008), und ist damit ein normatives Leitungsvorbild für die Praxis (Osmer 2008). Köster entsprach der von Böhlemann und Herbst (2011) skizzierten theologisch-kompetenten Dimension geistlicher Leitung. Köster übte als kybernetischer und an der Spitze stehender Prediger und ohne erkennbares Leitungsteam an seiner Seite die prophetische Aufgabe aus (Haubeck 2012) und hatte damit ein funktionales Rollenverständnis der in Epheser 4,11 genannten Ämter (EKvW 2016; Beiderbeck-Haus u. a. 2017). Dies entsprach damaliger und vielfach auch heutiger Leitungsrealität in Kirchen und Freikirchen. Dabei ist zu beachten, dass Köster die prophetische Aufgabe auf die Gesamtgemeinde überträgt. *Er wies der Gemeinde das Prophetenamt zu und dachte damit eigentlich Epheser 4,11f konsequent zu Ende, zumindest für die prophetische Aufgabe.*

7.2.2. Beantwortung von Forschungsunterfragen

a. Welches prophetische Schrift-, Gemeinde- und Selbstverständnis hatte Köster?

Köster interpretierte prophetische Bibeltexte eschatologisch in seinen eigenen Zeitkontext hinein. Das bezeichnet Graf-Stuhlhofer (2001:83) als eschatologische Aktualisierung. Damit bot Köster seiner Gemeinde und der Welt eine Alternative zur herrschenden Weltanschauung (Spanring 2013:225). Sein Schriftverständnis führe ihn dazu, für sich ein „Recht auf prophetische Bibelauslegung" zu reklamieren (Graf-Stuhlhofer 2010:17). Für Köster ist die „Bibelfrage die Christusfrage" (KöV23.03.41). Der lebendige Glaube an Jesus Christus war für ihn der Schlüssel zum Verständnis der Bibel. Dieser Ansatz entsprach seiner eigenen Biographie. Er favorisierte die Auslegung ganzer biblischer Bücher und nicht nur die Auslegung von einzelnen Texten. Dabei plädierte er vehement für die Auslegung des Alten Testaments und besonders der prophetischen Bücher. Er vertrat eine typologische Hermeneutik und setzte alttestamentliche Personen und Geschehnisse mit Zeitereignissen seiner eigenen Zeit ins Verhältnis. Das Hauptanliegen des prophetischen Wortes sei die Erhellung der Geschichte. Für Köster zeigte besonders das Buch Daniel Gottes Weltgeschichte auf, und somit lässt sich Kösters eigene Zeit im Licht dieses Buches erhellen. Die Gemeinde gehe beim Propheten Daniel in die Schule, der den Finger auf die weltgeschichtliche Stunde legte, und werde vom prophetischen Wort getröstet. Er dachte vom Ende her, also von dem Zeitpunkt, an dem das Reich Gottes endlich gekommen sein wird. Folglich hatte für ihn das Zukunftswort der Propheten direkte Auswirkungen auf das Leben der Gemeinde, die sich bei der Beschäftigung mit dem prophetischen Wort immer wieder neu auf das kommende Friedensreich Gottes ausrichtete, mit dem Wissen, dass dann alle menschlichen Gewaltstaaten vernichtet sein werden. Das prophetische Wort wirke segensreich und gebe Freude, Trost, Standhaftigkeit, auch wenn es manchmal schwermütig machen könne. Vor allen Dingen bewahre es die Gemeinde vor zu viel Begeisterung für den Weltstaat. Wie das Öl im Krug der wartenden Brautgemeinde, so war für Köster der Geist im prophetischen Wort das Mittel, das die Lampen seiner Gemeinde am brennen hielt und ihr beim Warten auf Jesus Christus half durchzuhalten.

Köster hatte ein prophetisches Gemeindeverständnis. Der Gemeinde sei das prophetische Wort anvertraut worden und sie habe es kontinuierlich zu verkündigen und sich nach ihm zu richten. Sie stehe mitten in der Endzeit im prophetischen Dienst und sei in jeder Situation hoffnungsvoll und eschatologisch auf das Kommen Jesu ausgerichtet, der alles neu machen werde. Köster illustrierte anhand vom Verhalten alttestamentlicher Propheten und anhand der typologischen Auslegung von Bibeltexten die Aufgaben der Gemeinde. Sie ist aufgerufen zur Wachsamkeit, Wortverkündigung, zu dem Gang in die Einsamkeit, dem Stehen in der Spannung zwischen Volk und Gottesgehorsam, dem Ausüben von stellvertretender Klage und Priesterdienst, zum Prophetendienst, zum Erkennen der Zeichen der Zeit, zur Bitte um Vergebung für das Volk, zum Verbreiten von Hoffnung, zum Leuchten und zum Bekennen, zur Erkenntnis ihrer himmlischen Existenz, zum Dienst für den Weltstaat, zur Audienz bei Gott mit der Bitte um Christi Wiederkunft, zur Planung der Zukunft, zum Entgegengehen auf den Bräutigam zu, zum Geben von Orientierung aus dem prophetischen Wort heraus und schließlich zur Pflege des prophetischen Wortes. *Damit wies Köster der Gemeinde als Ganzes eine prophetische Rolle, ja das Prophetenamt zu.*

Sein Selbstverständnis war, dass er als Gemeindeprediger die Aufgabe hatte, das prophetische Wort zu verkündigen. Diese Verkündigung fand in der Regel im Rahmen von jedermann zugänglichen öffentlichen Gottesdiensten statt. Damit war er Erfüller des prophetischen Auftrags. Als pastoral-prophetischer Leiter sah er sich im Rahmen der Gemeinde zum prophetischen Dienst berufen das Wächteramt auszuüben, das prophetische Wort zu verkündigen, den Zeitgeist (NS) zu entlarven, um mit der Gemeinde bis zur Wiederkunft Christi bewahrt zu bleiben. Er lehnte die Bezeichnung Prophet für sich persönlich ab und sah sich vielmehr zusammen mit der Gemeinde zum prophetischen Dienst berufen, von der er wiederum ein Teil war. Er verstand sich somit als Sprecher der prophetischen Gemeinde. *Damit war er faktisch ein Prophet, auch wenn er diese Amtsbezeichnung ablehnte. Diese Haltung habe ich als Köster-Paradoxon bezeichnet.*

b. Wie stark und auf welche Weise wird das Prophetische in seinen Predigten und Veröffentlichungen als Widerstand in der NS-Zeit sichtbar?

Köster kritisierte in seinen Predigten vom prophetischen Wort her die NS-Ideologie. Schon seit 1920 setzte er sich nach eigenen Angaben mit der NS-Ideologie auseinander, die er als antichristlich erkannte und verwarf. Er kritisierte die Kirchen und seine baptistische Freikirche für ihren, seiner Meinung nach, zu anbiedernden Umgang mit der NS-Weltanschauung. Er erkannte in Hitler einen antichristlichen Typus auf den weltweiten Antichristen. Er verurteilte den Umgang des deutschen Volkes mit den Juden und kündigte Gericht an. Rassenideologie hatte für ihn in der Gemeinde keinen Platz und demensprechend hieß er Juden willkommen, taufte sie und half ihnen durch persönlichen Einsatz. Er sorgte sich um sein deutsches Volk und zeigte ihm nach dem Zusammenbruch eine Möglichkeit der Kollektivvergebung auf, ohne die Kollektivschuld zu verschweigen. *Da er der Gemeinde das prophetische Amt zuwies, leistete Köster somit zusammen mit seiner Wiener Ortsgemeinde kirchlich-prophetischen Widerstand.*

Es muss aber auch gesagt werden, dass Köster weitere Stufen des Widerstands nicht betrat. Seine Äußerungen scheinen die äußere Grenze zu markieren, „bis zu der in öffentlichen Stellungnahmen – unter günstigen Umständen – gerade noch gegangen werden konnte" (Graf-Stuhlhofer 2001:206). Er hatte für sich offensichtlich eine definierte „Grenze des Möglichen" (KöV02.01.44b). Köster hätte zum Beispiel von sich aus niemals mit Gewalt gegen den Staat opponiert und forderte auch nie direkt in seinen Predigten dazu auf, die Judenverfolgung einzustellen. Hier beurteilte und verurteilte er aber die Handlungen des deutschen Staates unter Bezug auf den biblischen Text.

c. Welchen (prophetischen) Einfluss nahm Arnold Köster auf seine Freikirche in der NS-Zeit?

Der prophetische Einfluss Kösters auf seine Freikirche in der NS-Zeit wird zuerst durch die Schriftleitung und seine Artikel im Täufer-Boten sichtbar. Darüber hinaus veröffentlichte er einen sehr NS-kritischen Artikel im Wahrheitszeugen und dies schon im Jahr 1932. Kösters Einfluss nach Niederlegung der Schriftleitung Ende 1934 geschah „nur noch" über die Predigten in seiner Ortsgemeinde. Diese wurden ab 1939 schriftlich aufgezeichnet und enthalten sehr viele, als prophetischer Widerstand einzustufende Äußerungen. In Rückblicken innerhalb seiner Predigten, die er vor allen Dingen nach der NS-Zeit tätigt, wird deutlich, dass er sich in den Anfängen der NS-Zeit mit den Bundesverantwortlichen über den undifferenzierten und pragmatischen Umgang mit dem NS stritt. Bei der Vereinigung der Baptisten und Brüdergemeinden zum Bund Evangelisch-Freikirchlicher Gemeinden sprach er sich in prophetischer Manier für diese Einheit aus. Während seines anschließenden Wirkens in der neuen Bundesleitung (1941–1945) ist – sicher auch aufgrund der Zeitumstände – kein prophetischer Einfluss Kösters erkennbar. Erst nach dem Krieg bot er, zumindest der Kirche in Österreich, mit seinem Vortrag über Kollektivschuld und Kollektivvergebung eine geistliche Lösung für die belastende Schuldfrage an.

Vergleicht man Kösters Handeln mit dem Handeln des offiziellen Baptismus, sticht Kösters Verhalten im Kontrast positiv hervor. Sein prophetischer Widerstand findet im Rahmen von Kirche und Staat kontinuierlich und durch die frei zugänglichen sonntäglichen Gottesdienste der Gemeinde öffentlich statt. Gerade weil er ein „Biblizist" war und die Bibel heilsgeschichtlich auslegte, konnte er den NS kritisieren und Hitler mit dem Antichristen in Verbindung setzten. Er stimmte mit der offiziellen Führung seiner Freikirche in Bezug auf die Anbiederung an den NS nicht überein, wobei er es nicht zum Bruch kommen ließ. Sein konkretes Verhalten gegenüber Juden tritt im Rahmen des Baptismus hervor: Er prangerte die Judenverfolgung in Predigten an. Er taufte Juden auf ihren Wunsch hin. Er wollte nicht, dass der Judenstern innerhalb seiner Gemeinde getragen wurde. Er kümmerte sich um persönliche Belange einzelner Juden. Er predigte außerdem Deutschland Gericht für sein Verhalten gegenüber dem jüdischen Volk. Köster benannte auch nach dem Krieg die Schuld seines Volkes. Sein Ansatz der Kollektivvergebung, den er dem Wissen um die Kollektivschuld zur Seite stellte, fand leider nach dem Krieg kaum Beachtung.

d. Gibt es in seiner Frühphase in Hamburg und Köln bereits Anzeichen für seine spätere prophetische Leitungsrolle?

Aus den persönlichen Rückblicken in seinen Predigten lässt sich entnehmen, dass das prophetische Interesse bei Köster schon in seiner Kindheit begann und besonders in seiner Seminarzeit zu seinem Thema wurde. Hier ist auch sein prophetischer Traum zu nennen, den er als junger Mann hatte. Die Grundlage seiner prophetischen Rolle wurde in der Kinder- und Jugendzeit gelegt.

Wie er seine prophetische Rolle in seinen ersten beiden Gemeinden in Hamburg und Köln auslebte, lässt sich aber nicht mehr feststellen, da aus dieser Zeit keine Quellen (Köster-Predigten) überliefert sind. Auch aus den vorhandenen Gemeindeprotokollen lassen sich keine prophetischen Anzeichnen erkennen. In Ansätzen lässt sich ein prophetischer Anspruch in seinem ersten konzeptionellen Artikel im „Hilfsboten" (1928) entnehmen.

7.2.3. In wie weit kann Köster als Vorbild für heutige christliche Leiterinnen und Leiter in Kirchengemeinden dienen? – Zehn Thesen

Die letzte Unterfrage wird nun thesenartig beantwortet:

1. Pastorale Leiterinnen und Leiter haben in Arnold Köster ein inspirierendes kybernetisches Vorbild, das zeigt, wie sie, gegründet im Wort Gottes, ihre Gemeinde durch schwierige Zeiten steuern können.

2. Pastorale Leiterinnen und Leiter fördern ihre Gemeinde, wenn sie die in Epheser 4,11 genannten Ämter als Aufgaben für die ganze Gemeinde verstehen, wie Köster dies besonders für die prophetische Aufgabe verstanden hat.

3. Pastorale Leiterinnen und Leiter sind mit ihrem geistlichen Leitungshandeln in Kirche und Staat nicht als Einzelperson anzusehen, sondern stehen wie Köster für die ganze Ortsgemeinde als Repräsentanten im Licht der Öffentlichkeit.

4. Pastorale Leiterinnern und Leiter haben im prophetischen Wort des Alten und Neuen Testamentes eine klare Orientierung in der aktuellen Zeitgeschichte und können so ihren Standort und den ihrer Gemeinde erkennen. Sie sollen daher wie Köster regelmäßig das prophetische Wort des Alten und Neuen Testamentes der Gemeinde durch die Verkündigung nahe bringen, um ihr diese Orientierung zu geben.

5. Pastorale Leiterinnen und Leiter sollen wie Köster in der Verkündigung den Mut haben, den Zeitgeist zu identifizieren und ihn vom prophetischen Wort her beurteilen, verbunden mit der Aufforderung an die Gemeinde, auf Kurs zu bleiben, um den Glauben zu bewahren.

6. Pastorale Leiterinnen und Leiter sollen wie Köster den Mut haben, politisch zu predigen, wenn sie vom prophetischen Wort her Schieflagen in der Gesellschaft und in der Kirche erkennen.

7. Pastorale Leiterinnen und Leiter sollen den Mut haben wie Köster, bei Fehlentwicklungen ihre Konfession scharf zu kritisieren, bei gleichzeitiger Liebe zur Konfession und bei gleichzeitiger Offenheit anderen Konfessionen gegenüber.

8. Pastorale Leiterinnen und Leiter sollen sich wie Köster nicht von einer typologischen Auslegungsmethode des prophetischen Wortes abhalten lassen. Der oft als Kampfbegriff gebrauchte Begriff des „Biblizismus“ führt keinesfalls automatisch in eine Passivität, sondern kann eine Gemeinde in bewegten Zeiten durch klare Lehre auf Kurs halten.

9. Pastorale Leiterinnern und Leiter tun gut daran, wie Köster die Bibel heilsgeschichtlich und vom Kommen des Reiches Gottes her mit einer eschatologischen Perspektive gegenüber ihrer Gemeinde auszulegen. Dazu dient unter anderem das Wort des Alten Testaments, demgegenüber sie wie Köster eine unbedingte Wertschätzung einnehmen sollen, um ihrer Gemeinde als verantwortliche „Speisemeister“ ein ausgewogenes Verkündigungsmenü anbieten zu können.

10. Pastorale Leiterinnen und Leiter sollen die prophetische Dimension in ihrem Leitungshandeln reflektieren und sich von Köster herausfordern lassen, sie gegebenenfalls wieder zu entdecken oder zu ergänzen.

7.3. Der Beitrag dieser Arbeit zur Forschung

Diese Arbeit ist ein Beitrag in der Disziplin Christian Leadership. Sie zeigt folgende neue Aspekte:

➲ Erstmals ist mit dieser Arbeit der pastoral-prophetische Leiter Arnold Köster im Zusammenhang mit neueren Leitungsansätzen zur geistlichen Gemeindeleitung in Beziehung gesetzt worden.

➲ Arnold Köster kann somit nun als Vorbild für die christliche Leitungspraxis nutzbar gemacht werden, besonders was die prophetische Rolle geistlicher Leitung angeht.

➲ Erstmals ist mit dieser Arbeit Kösters Prophetieverständnis gesamthaft dargestellt worden. Dafür wurde erstmals versucht, alle Predigten und Artikel von Köster zu berücksichtigen, die über Texte von alttestamentlichen Propheten handeln und die eschatologisch-apokalyptische alt- und neutestamentliche Texte als Textgrundlage haben oder ein in diese Richtung gehendes Thema als Titel führen. Damit ist diese Arbeit im Rahmen der Köster-Forschung ein weiterer wichtiger Meilenstein.

➲ Erstmals liegt mit dieser Arbeit eine Leitungsbiographie Kösters vor, die auch sein Leitungshandeln in den Nachkriegsjahren berücksichtigt. Sie wurde mit Clintons Modell zum Werdegang eines Leiters in Verbindung gesetzt.

➲ Erstmals ist mit dieser Arbeit Kösters Verhalten im Rahmen seiner baptistischen Freikirche während und nach der NS-Zeit herausgearbeitet und kontrastiert worden. Innerhalb der Baptismus-Forschung stellt sie den kirchlich-prophetischen Widerstand eines Predigers zusammen mit seiner Ortsgemeinde während der NS-Zeit dar.

Damit ist festzustellen, dass die aus Kapitel 1 genannten Forschungsziele erreicht wurden und der in der Problemstellung beschriebene Mangel beseitigt wurde.

7.4. Weiterer Forschungsbedarf

Nach der umfassenden Darstellung Graf-Stuhlhofers (2001) über die öffentliche Kritik Kösters am NS, der vergleichenden Darstellung von Spanring (2013) von Köster mit Bonhoeffer und der nun hier vorliegenden Arbeit über das prophetische Leitungsverständnis mit dem Fokus auf den Widerstand im NS-Regime wäre es nun an der Zeit, die ca. 2.100 erhaltenen Nachkriegspredigten Kösters auf ihre Schwerpunkte hin zu untersuchen. Köster war ja ein Gemeindeprediger und hat seiner Gemeinde jeden Sonntag „am Wort gedient" und seine Gemeindemitglieder geistlich versorgt. Welche Themenschwerpunkte setzte Köster noch? Welche Texte verwendete er? Gab es vielleicht sogar eine Systematik bei der Verwendung von Themen und Texten? Welche prophetischen Aussagen hat Köster in Bezug auf andere Themen in der Nachkriegszeit getätigt?

Darüber hinaus hat Köster in den von mir gesichteten Predigten immer wieder grundsätzliche Aussagen zum Verkündigungsdienst und zur Rolle eines Predigers gemacht. Es wäre wert, diese Aussagen zu sammeln und daraus eine Art „Anweisung für Verkündiger nach Arnold Köster" zu erstellen, um sie vielleicht sogar mit anderen homiletischen Werken zu vergleichen. Insofern ist der Schatz, der durch die Abschrift seiner Predigten hinterlassen wurde, noch nicht endgültig gehoben.

Es wäre noch zu ermitteln, inwieweit Kösters Betonung der Wiederkunft Jesu auch lähmende Auswirkungen auf das spätere Handeln in Bezug auf Evangelisation, Diakonie und Ethik (Heiligung) hatte, wie es ein Gemeindemitglied noch 1982 in einem Brief zur Pastorensuche ausdrückt (AWM Nr. 20).

Köster wurde immer skeptisch, wenn durch irgendeine Bewegung das Paradies auf Erden geschaffen werden sollte, und er warnte vor solchen Tendenzen (z. B. KöV28.11.43a).[230] Dabei ist zu bedenken, dass die Gemeinde und die Menschen aber

[230] „Und wenn Jesus auftritt mit dem großen Ruf: ‚Die Königsherrschaft des Himmels ist nah herbeigekommen!', oder besser übersetzt: ‚Endlich ist die Neue Weltordnung Gottes im Kommen!', so heißt das, daß wir nicht nur ein neues Denken, ein Umdenken, also Buße gewinnen sollen, sondern auch, daß endlich einmal Gerechtigkeit und Friede die Grundfesten göttlicher Herrschaft auf Erden sind! [...] Es war schon immer das Bemühen der Welt, auch heute, die al-

nun einmal „irgendwie" in der Zeit zwischen Himmelfahrt und Wiederkunft leben müssen und dafür Ordnungen brauchen. Und es gibt nun einmal schlechtere und ungünstigere Ordnungen gegenüber besseren und günstigeren Ordnungen. Die Gefahr eines Rückzuges aus der Welt war bei Kösters Predigtweise sicher gegeben. Diese Tendenzen, die auch nach dem Krieg in seinen Predigten auftauchen, wären eine weitere Untersuchung wert.

Falls die Protokolle der Gemeindeleitung der Wiener Baptistengemeinde aus der NS-Zeit tatsächlich vorhanden sind und ein Zugang zu ihnen möglich wäre, wären diese ein wahrer Fundus, um das Köster-Bild im Gesamten noch besser abzurunden.

7.5. Vivimus ex uno – Leben aus dem Einen

Als Abschluss meiner Arbeit sei eine Grafik interpretiert, die ich im Wiener Archiv fand. 1946 erwähnte Köster im Rahmen einer Predigt ein Ex libris: „‚Vivimus ex uno', Leben nur aus dem Einen, der sich die Brust aufriß, alle Verschmachteten Sterbenden zu sättigen mit seinem eigenen Blut – das ist das Heil" (KöV16.02.46). Damit griff Köster ein altes christliches Symbol auf. In der Antike nahm man an, dass ein Pelikan sein eigenes Blut hergibt, um seine Jungen zu füttern. Später deuteten christliche Künstler dies auf Christus, der auch sein eigenes Blut vergoss, um die Menschheit zu retten.[231]

Vermutlich wurde nach dieser Predigt die auf der nächsten Seite abgebildete Grafik für Köster angefertigt. Sie zeigt einen Pelikan mit seinen Jungen, der auf einem Buch sitzt, worunter wieder ein Buch liegt, auf dessen Einband „Arnold Köster" steht. Ich interpretiere die Grafik so, dass Köster anhand der Heiligen Schrift seine Predigten verfasste und immer wieder auf Christus, den selbstlosen Retter hinwies.

Gleichzeitig steht die Haltung Jesu aber auch für die Aufgabe eines pastoral-prophetischen Leiters. Der pastorale Leiter dient seiner Gemeinde mit ganzer Hingabe, mit Leib, Seele und Geist, in Worten und Taten. Köster verkörperte diese Haltung durch das Tun des Verkündigungsdienstes. Er gab seiner Gemeinde biblische Nahrung in schwierigen Zeiten – durch die klare Predigt des prophetischen Wortes.

---

te ‚Ordnung', die schon längst abgewirtschaftet hat, und die so unordentlich ist, ein wenig in Ordnung zu bringen. Die kapitalistische Weltordnung muß weg; wir setzten an ihrer Stelle die sozialistischen! Wieviel ‚Ordnungen' hat doch schon diese Welt über sich ergehen lassen müssen, die alle wieder nur eitel Mühe und eitel Nichts sind und nichts ergeben haben" (KöV28.11.43a).

[231] Vgl. Internet: http://relilex.de/pelikan-christussymbol/ [10.02.2018].

„Vivimus Ex Uno“ (Archiv der Baptistengemeinde Wien Mollardgasse)

Anhang

I. Bibliografie Arnold Köster

I.1. Verzeichnis Kösters Predigten[232]

Die einzelnen Mitschriften sind innerhalb der Arbeit mit „KöV TT.MM.JJ“ abgekürzt und gelegentlich mit dem Zusatz „a“ oder „b“ versehen, wenn von Köster zwei Predigten von einem Tag oder mehrere undatierte Predigten aus einem Jahr vorhanden sind.
Im nachfolgenden Verzeichnis sind sie chronologisch angeordnet (JJJJ.MM.TT).

1900J. Der Prophet Jona, Jona 1–3. Einzelthema , 5 Seiten.

1938. 1. Petrusbrief (Bibelstudien), 1. Petrus. Bibelreihe, 23 Seiten.

1939a. Von da an gingen viele Jünger rückwärts..., Hebr 1–2; Joh 6,66–71. Predigt, 2 Seiten.

1939b. Der Turmbau zu Babel, 1Mo 11,1–9. Vortrag, 2 Seiten.

1939c. Lukas, der Arzt, der uns die Apostelgeschichte niedergelegt hat..., Apg 12–13,1–4, 2 Seiten.

1939d. Die Weltgeschichte schreibt das dritte Jahr des Reiches Jojakims..., Daniel 1,1–21, 2 Seiten.

1939e. Die Liebe wird in vielen erkalten, Mt 24,4–14, 3 Seiten.

1939f. Aus diesem Psalm hören wir die Stimme des Glaubens..., Ps 33, 2 Seiten.

1939g. Der 23. Psalm ist wohl der bekannteste Psalm..., Ps 23, 2 Seiten.

1939h. Daß wir Gott anbeten im Geist und in der Wahrheit, Röm 11,29–36, 1 Seite.

1939i. Dieses Wort gehört zu dem Tiefsten, was wir in der Bibel haben..., Joh 1, 3 Seiten.

1939j. Römerbrief 7–8,4. Reihe, 10 Seiten.

1939k. Römerbrief 8,1–30. Reihe, 13 Seiten.

1939.03. Der Christ und die Zeit, Ps 111,1–10. Vortrag, 5 Seiten.

---

[232] Die hier vorliegende Auswahl (siehe 1.9.) aus Kösters Verkündigung (KöV) besteht aus Predigten, Vorträgen, Bibelarbeiten und sogenannten „Seelsorgerlichen Gesprächen“. Die Übergänge sind teilweise fließend. Sonntagmorgen hat er eher eine Predigt gehalten und das gilt auch für Sonntagnachmittag. Donnerstagabend hat er eher Vorträge gehalten. Wenn eine Predigtreihe als zusammenhängendes Skript vorhanden ist, ist hier nur das Datum der ersten Predigt angegeben. Wenn ein Titel vorhanden war, ist im Verzeichnis der Titel angegeben. Ansonsten wurden die ersten Worte des ersten Satzes der Predigt verwendet.

1939.04.09. Gepriesen ist der Gott und Vater unseres Herrn Jesus Christus..., 1Petr 1,3. Osterpredigt, 1 Seite.

1939.04.16a. Die 2 Jünger, die nach Emmaus wandern..., Lk 24,13f. Predigt, 3 Seiten.

1939.04.16b. Die Frage nach dem Sinn des Lebens, 1Kor 15,42–48. Predigt, 2 Seiten.

1939.04.23. In diesen Tagen ist es den Kirchen anbefohlen worden des Mannes..., Jes 44,24–28; 45,1–5. Predigt, 4 Seiten.

1939.08.20. Israel ist ein Typus für die Gemeinde, 1Mo 32,21f. Predigt, 2 Seiten.

1939.08.27a. Der Unterschied des Redens von Gott und des Redens von Menschen..., Amos 3. Predigt Sonntagnachmittag, 2 Seiten.

1939.08.27b. In diesen Tagen, die so voll sind von geschichtlichen Ereignissen..., Daniel 9. Predigt, 2 Seiten.

1939.09.03. Elias am Horeb, 1Kö 19,9–13. Predigt + Gebetsaufruf, 3 Seiten.

1939.09.10. Was ist das wesentliche Anliegen des Propheten Gottes..., Amos 8 + 9. Predigt, 3 Seiten.

1939.10.08. Wie wurde der Glaube der ersten Jünger und was war der Inhalt des Glaubens? Joh 1,19–2,11. Predigt, 2 Seiten.

1940. Wenn man das Matthäusevangelium liest, dann findet man alle Augenblicke..., Mt 1,1–17. Vortrag, 4 Seiten.

1940.04.21. Welche Haltung haben wir als gläubige Christen einzunehmen, irdischen Größen gegenüber? Lk 7,1–10. Vortrag, 2 Seiten.

1940.05. Der 91. Psalm, Ps 91, 2 Seiten.

1940.05.19. Psalm 2, Ps 2. Predigt, 4 Seiten.

1940.05.26. Psalm 36, Ps 36. Predigt, 2 Seiten.

1940.08.18. Meine Seele ist still zu Gott, der mir hilft, Ps 62. Predigt, 3 Seiten.

1940.09.08. Saget Johannes wieder, was ihr sehet und höret! Mt 11,2–6. Predigt, 2 Seiten.

1940.09.15. Der Leidcharakter dieser Welt wird aufgehoben werden! Offb 21,1–6. Predigt, 5 Seiten.

1940.09.22. Ein Gebet Moses, des Mannes Gottes, Ps 90. Bibelarbeit, 3 Seiten.

1940.10.06. Der Mensch lebt nicht vom Brot allein, Röm 7,22f. Predigt, 3 Seiten.

1940.10.13. Psalm 91, Ps 91, 3 Seiten.

1940.10.20. Die Prophetische Situation der Gemeinde, Jes 6. Predigt, 8 Seiten.

1940.10.27. Gemeinde der Endzeit! Was ist die Gemeinde des Endes? Offb 3,7–13. Predigt, 4 Seiten.

1940.11.01. Das Wort Gottes ist uns ein wunderbares Licht..., Jes 44–54. Auslegung, 18 Seiten.

1940.11.03. Gebete, 6 Seiten.

1940.11.24. Mit diesen Versen ist es nicht so, wie manche Ausleger..., Röm 8,30f. Reihe, 5 Seiten.

1940.11.29. Wesen und Wirklichkeit der Existenz des Menschen, 1Mo 2–3. Predigt, 4 Seiten.

1940.12.01. Ansprache vor der Taufe, Ps 24; Apg 10,11–15. Ansprache, 4 Seiten.

1940.12.08. Um die drei großen Kapitel 9–11 recht verstehn zu können, Röm 8,39–9,5. Reihe, 5 Seiten.

1940.12.22. Wir haben im Blick auf Weihnachten eine Hülle und Fülle biblischer Stellen..., Lk 1,57–80. Predigt, 4 Seiten.

1940.12.25. Siehe ich verkündige euch große Freude! Weihnachtspredigt, 2 Seiten.

1940.12.29a. Befiehl dem Herrn deine Wege! Ps 37,5. Predigt, 3 Seiten.

1940.12.29b. Zur Jahreswende, Ps 68, 4 Seiten.

1941.01.12. Römer 9,6–12,21. Reihe, 23 Seiten.

1941.01.01. Man kann die Bibel lesen und auslegen vom philosophischen Standpunkt her..., Kol 2,3–4; Joh 11,38–45. Predigt, 4 Seiten.

1941.02.16. Wir setzten unser Ziel nicht in das was gesehn wird, sondern in das was nicht gesehn..., 2Kor 4–5,10. Predigt, 5 Seiten.

1941.02.23. Es sind ernste Stunden, in denen wir uns wieder begegnen. Unter den Völkern..., Joh 7,37–39. Predigt in Berlin anlässlich Bundeskonferenz, 5 Seiten.

1941.03.11. Die Freiheit der Kinder Gottes – Freiheit vom Verdammungsurteil, Röm 7,21–8,4. Reihe Vortrag 1, 8 Seiten.

1941.03.16a. Ist das Wort der Bibel glaubwürdig 1 – Wie ist uns die Bibel Gottes Wort. Vortragsreihe, 9 Seiten.

1941.03.16b. Während unser Volk in dieser Stunde an die denkt, die für andere sterben ... (Heldengedenktag), Röm 5,6–8. Predigt, 4 Seiten.

1941.03.20. Ist das Wort der Bibel glaubwürdig 2 – Wie ist die Bibel entstanden? 2Tim 3,14–17. Vortragsreihe, 7 Seiten.

1941.03.23. Ist das Wort der Bibel glaubwürdig 3 – Wie lese ich die Bibel recht, Ps 119,73–107. Vortragsreihe, 6 Seiten.

1941.03.27. Ist das Wort der Bibel glaubwürdig 4 – Die Botschaft der Bibel, 2Petr 1,10–21; 2,1–2. Vortragsreihe, 10 Seiten.

1941.04.06a. Palmsonntag, Joh 12,9f; Sach; Ps 24. Predigt, 5 Seiten.

1941.04.06b. Das Königtum Jesus, Sach 9,9–10. Predigt, 4 Seiten. (Datum nicht sicher)

1941.04.07. Einführung in die Offenbarung des Johannes. Vortrag, 6 Seiten.

1941.04.11. Karfreitag, Mt 27,27–66. Predigt, 5 Seiten.

1941.04.13. Ostersonntag, 1Kor 15. Predigt, 3 Seiten.

1941.04.20. Jesus und die ungelösten Fragen unseres Lebens, Lk 24,13–35. Predigt, 4 Seiten.

1941.04.24. Trauung Geschwister Müller, Psalm 23. Traupredigt, 2 Seiten.

1941.04.27a. Auffällige Begegnungen, Joh 4,27–38. Predigt, 3 Seiten.

1941.04.27b. Der Welt überwindende Glaube, 1Joh 5,2; Ps 97. Predigt, 6 Seiten.

1941.05.04. Die nachösterliche Fragen: Mußte nicht der Christus leiden. Abendmahl, Lk 24,26. Predigt, 4 Seiten.

1941.05.08. Der Prophet Obadja, Obadja. Bibelarbeit, 6 Seiten.

1941.05.11. Die Freiheit der Kinder Gottes 1 – Freiheit vom Verdammungsurteil, Röm 7,21–8,4. Reihe, 7 Seiten.

1941.05.18. Die Freiheit der Kinder Gottes 2 – Die Freiheit vom Gesetz der Sünde und des Todes, Ps 51; Röm 8,2. Reihe, 8 Seiten.

1941.05.22. Marta-Christentum und Maria-Christentum. Himmelfahrt, Lk 10,38–42. Predigt, 5 Seiten.

1941.05.25. Die Freiheit der Kinder Gottes 3 – Die Freiheit von den Dingen, Ps 73; Röm 8,28–30. Reihe, 7 Seiten.

1941.05.29. Der Prophet Nahum, Nahum. Bibelarbeit, 8 Seiten.

1941.06.01. Ansprache vor der Taufe, Apg 2,1–42; 10,44–48. Ansprache, 6 Seiten.

1941.06.08. Heilsgewißheit und ihre Gefährdung, Röm 5,1–11, 5 Seiten.

1941.06.12. Das Hohelied. Bibelarbeit, 8 Seiten.

1941.06.15a. Die Merkmale der Messianität Jesu, Mt 16,13f; 26,57f, 11 Seiten.

1941.06.15b. Was ist Beten? Ps 9. Predigt, Schriftendienst, 4 Seiten.

1941.06.19. Die Opferung Isaaks, 1Mo 22,1–19. Bibelarbeit, 6 Seiten.

1941.06.29. Elia der Prophet des lebendigen Gottes oder Von Weg und Schicksal der Kirchen in der Weltzeit, 1Kö 19,1f; 2Kö 2,1f, 9 Seiten.

1941.07.06. Taufsonntagnachmittag. Ansprache, 4 Seiten.

1941.07.10. Jesus und Pilatus oder Die Begegnung zwischen Weltstaat und Gottesreich, Joh 18,33–40. Vortag, 6 Seiten.

1941.07.18. Römer 14–15,15, Auslegung, Röm 14–15,15. Reihe, 5 Seiten.

1941.07.20. Kreuzesnachfolge – Unser Bürgertum ist im Himmel, Phil 3,17. 2. Predigt, 7 Seiten.

1941.09.18. Harmagedon, Offb 16. Vortrag, 3 Seiten.

1941.10.09. Der Antichrist, Offb 15. Vortrag, 11 Seiten.

1941.10.16. Volk ohne Gott. Vortrag, 7 Seiten.

1941.11. Das Christuszeugnis im Alten Testament. Reihe, 33 Seiten.

1941.11.06. Der Prophet Amos. Bibelarbeit, 6 Seiten.

1941.11.16. Das Bekenntnis der Gottheit Jesu, Mk 9,1–29. Predigt, 5 Seiten.

1941.11.30a. In ihm war das Leben, Joh 1,4. Predigt, 5 Seiten.

1941.11.30b. Das ist das Christusamt des Jesus von Nazareth..., Ps 24. Predigt, 4 Seiten.

1941.12. Die große Freude, Lk 1,1–4; 2,1–21, 4 Seiten.

1941.12.07. Du bereitest vor mir einen Tisch im Angesicht meiner Feinde, Ps 23. Predigt, 5 Seiten.

1941.12.08. Der Prophet Obadja. Bibelarbeit, 5 Seiten.

1941.12.14. Der Gang des Evangeliums durch die Welt, Phil 1,12–26. Predigt Allianzgottesdienst, 5 Seiten.

1941.12.21. Wir gehören zu denen, die sein Erscheinen lieb haben, 2Tim 4,8. Predigt, 6 Seiten.

1941.12.25a. Und das Wort wurde Fleisch und zeltete unter uns, Joh 1,14–16a. Predigt, 4 Seiten.

1941.12.25b. Das Christfest der Einsamen, Lk 2,21–40. Predigt, 4 Seiten.

1942. Jesus ist Herr über alle Dinge, Mt 7,24–30. Predigt, Schriftdienst, 4 Seiten.

1942.01.04. Gott hat alle beschloßen unter den Unglauben, daß er sich aller erbarme! Röm 11,25–36. Predigt, 8 Seiten.

1942.01.05. Die Botschaft des Propheten Nahum an die Gemeinde heute. Vortrag, 4 Seiten.

1942.01.22. Das Geheimnis des Typus, 2Petr 3, 7 Seiten.

1942.02.01. Denn der Ankläger unserer Brüder wurde hinausgeworfen... vor dem Abendmahl, Offb 12,7–12. Predigt, 5 Seiten.

1942.03.15. Unsere Stellung dem Alten Testament gegenüber. Predigt, 6 Seiten.

1942.03.29a. Das Königtum Jesu Christi, Lk 18,31f. Predigt Palmsonntag, 5 Seiten.

1942.03.29b. Der Christkönigstag Jesu, Offb 19,1–16. Predigt Palmsonntag, 5 Seiten.

1942.04.26. Warum??? Hiob 38–42,1–6. Predigt, 7 Seiten.

1942.05.03. Dieser Zeit Leiden sind nicht Wert der Herrlichkeit, die an uns soll offenbart werden, Offb 21,1–5. Predigt, 5 Seiten.

1942.05.17. Was bedeutet Jesu Himmelfahrt für die Gemeinde Jesu Christi, Phil 2,5f; Apg 1,9f. Predigt Himmelfahrt, 5 Seiten.

1942.05.31. Die gegenwärtige Krisis der Menschenexistenz, 1Mo 6,1–6; Mt 24,35f. Predigt, 7 Seiten.

1942.06.21. Der Herr der Zukunft, Offb 5. Predigt, 7 Seiten.

1942.08.23. Ist es noch nötig, daß diese Welt erfüllt wird von der Botschaft Jesu Christi? Lk 15,1–2; 11–32. Predigt, 4 Seiten.

1942.08.27. Grundhaltungen der Gemeinde Jesu Christi, Mt 17,24f. 4 Seiten.

1942.09.10. Das „Aufhaltende" – Antichristliche Linien, 2Thes 2,1–12. Bibelarbeit, 7 Seiten.

1942.09.20. Seht, Gottes Herrschaft geschieht mitten unter euch! Lk 17,20f; Mt 13. Predigt, 8 Seiten.

1942.09.27. Das Evangelium in der Begegnung mit der Weltanschauung, Apg 17,22f. Vortrag, 7 Seiten.

1942.10.08. Das Geheimnis der Zahl sieben, Offb 1,1–8. Vortrag, 8 Seiten.

1942.10.11. Trachtet zuerst nach Gottes Herrschaft und nach seiner Gerechtigkeit, Mt 6,19–34. Predigt, 5 Seiten.

1942.11.05. Das Wesen des Christentums, Phil 3,17–4,1. Vortrag, 10 Seiten.

1942.11.15. Ich habe die Welt überwunden! Joh 16,33. Predigt, 7 Seiten.

1942.11.29. Bist du, der kommen soll? Mt 11. Adventspredigt, 8 Seiten.

1942.12.20. Der kleine und der große Advent, Lk 3,1–18. Predigt, 5 Seiten.

1942.12.25. Der Engel Botschaft, Lk 2,13f. Weihnachtspredigt, 7 Seiten.

1943.01.01. Ihr sollt sitzen am Tisch des Herrn und nicht am Tische der Dämonen, 1Kor 10+11. Predigt vor dem Abendmahl, Neujahr, 6 Seiten.

1943.01.03. Es werden alle Völker kommen und zu deinen Füßen anbeten, Mt 2,1–12. Predigt, 4 Seiten.

1943.01.10. 1Kor 16. Reihe, 7 Seiten.

1943.01.14. Christentum oder Christus, oder: Ich habe kein Christentum sondern einen lebendigen Christus, 1Kor 15,19. Vortrag, 11 Seiten.

1943.01.17a. Von Gottes Führung und Bewahrung, Ps 2; Mt 2,13f. Predigt, 4 Seiten.

1943.01.17b. 2. Korintherbrief. Reihe, 120 Seiten.

1943.01.21. Der Weg Kains oder Von Geschichte und Wesen der Weltkultur, 1Mo 1,1f; 4,1f. Vortrag, 10 Seiten.

1943.01.24. Gefährdungen des Glaubens und ihre Überwindung, Joh 11,1–45. Predigt, 7 Seiten.

1943.01.28. Die Gottesbotschaft des Buches Hiob (Rätsel des Leidens), Hiob1,20–22; 2,7–10. Vortrag, 11 Seiten.

1943.01.31. Dennoch soll die Stadt Gottes fein lustig bleiben…, Ps 46. Predigt, 5 Seiten.

1943.02.04. Die Gemeinde Gottes in den Krisen der Zeiten, Jes 8,5f. Predigt, 6 Seiten.

1943.02.07. Mein Volk kennt seinen Gott nicht mehr (Stalingradpredigt), Jer 8. Predigt, 6 Seiten.

1943.02.14. Selig sind, die da hungern nach Gerechtigkeit, Mt 5,6; Ps 32. Predigt Allianzgottesdienst, 5 Seiten.

1943.02.21. Kein Unglück fürchten, Ps 23. Predigt, 4 Seiten.

1943.02-03. Die Frage nach dem Menschen. Sieben Vorträge, Theologische Reihe, 61 Seiten.

1943.01.03. Wir wissen aber…, Röm 8,28f. Predigt, 7 Seiten.

1943.03.04. Jesus von Nazareth – Menschensohn und Gottessohn, Mk 10,45. Vortrag Reihe, 10 Seiten.

1943.03.07. Am Tische Jesu – Wir, die Zöllner und Sünder, Lk 15,1–7. Predigt, 4 Seiten.

1943.03.21. Die Stunde der Christenheit heute, 1Sam 3. Predigt, 9 Seiten.

1943.04.01. Weissagung und Erfüllung, Joh 1,43–51, 8 Seiten.

1943.04.04. Brennt die Lampe Gottes noch? Offb 1,8–3,22. Predigt, 7 Seiten.

1943.04.05. Das christliche Weltbild, Kol 1,13–20. Vortrag, 10 Seiten.

1943.04.08. Die Botschaft des Propheten Micha. Bibelarbeit, 11 Seiten.

1943.04.14. Babel – Das Reich Nimrods, 11 Seiten.

1943.04.15. LPL. Babel – Das Reich Nimrods.

1943.04.18. Jesus der König, Lk 19,29f. Predigt Palmsonntag, 7 Seiten.

1943.04.22. Drei Stadien auf dem Glaubensweg, Joh 12,20–33. Vortrag Hausgemeinde, 4 Seiten.

1943.04.23. Die sieben Worte Jesu am Kreuz, Mt 27,11f. Predigt Karfreitag, 5 Seiten.

1943.04.25a. Erwiesen als Sohn Gottes. Osterpredigt, 6 Seiten.

1943.04.25b. Nachwirkungen des Auferstandenen in der Welt jetzt & hier, 1Kor 15,12f; Mt 28,18. Predigt Ostersonntag, 4 Seiten.

1943.04.29. Ein seelsorgerliches Gespräch über das Gebet, Joh 4,19–26. Seelsorgerliches Gespräch, 10 Seiten.

1943.05.02a. Biblischer Sinn der Taufe. Predigt, 5 Seiten.

1943.05.02b. Was bedeutet die Begegnung mit der Auferstehungsbotschaft? Lk 24. Bibelbesprechung, 4 Seiten.

1943.05.06. Der ungeborene Mensch, Ps 90,12; 42,1–3; Lk 15,24, 10 Seiten.

1943.05.09. Wenn wir lange eine schriftliche Arbeit getrieben haben..., Ps 104. Predigt, 7 Seiten.

1943.05.12. Stadien auf dem Lebenswege, 1Petr 1,18–19, 13 Seiten.

1943.05.16. Ist einer Mutter Herz auch groß – Gottes Herz ist größer, Jes 49,13–16. Predigt Muttertag, 5 Seiten.

1943.05.27. Wie wahr ist doch Gottes Wort, Daniel 9. Vortrag, 7 Seiten.

1943.06.06. Darum, sorget nicht! Mt 6,19–34. Predigt, 8 Seiten.

1943.06.10. Das Denken unserer Zeit vor der Gottesfrage, Kol 2,1–10; 2Kor 4,3f. Vortrag, 12 Seiten.

1943.06.11. Gelobt sei der Herr täglich. Gott legt uns eine Last auf; aber er hilft uns auch..., Ps 68,20.21. Predigt, 4 Seiten.

1943.06.13. Der Geist Gottes schwebte brütend über dem Chaos, 1Mo 1,1–3. Predigt Pfingsten, 6 Seiten.

1943.06.17. Das Lukasevangelium. Bibelarbeit, 15 Seiten.

1943.06.27. Wir kommen zu dieser Taufe..., Mk 16,9–20. Ansprache, 4 Seiten (Datum wahrscheinlich falsch).

1943.06.27. Unsere Augen sehen nach dir, 2Chr 20. Predigt, 6 Seiten.

1943.07.04a. Wir, die Geladenen am Tische Jesu, Lk 14,1–24. Predigt, 4 Seiten.

1943.07.04b. Der Jesus des apostolischen Glaubens, Phil 2,1–11. Predigt, 6 Seiten.

1943.07.11a. Sie sollen erkennen, daß ich der Herr bin, Hes 29,1–16. Predigt, 7 Seiten.

1943.07.11b. Ich habe manchmal das Wort von euch gehört..., Ps 68. Predigt, 4 Seiten.

1943.07.18a. Gott hat mich unbeschreiblich lieb, Röm 8,28–39. Predigt, 7 Seiten.

1943.07.18b. Das Geheimnis Israels, Röm 11,25–36. Predigt, 7 Seiten.

1943.07.22. Ihr Menschen seid Gottes! 2Kö 5, 7 Seiten.

1943.07.25. Bevor wir uns heute Morgen von diesem alttestamentlichen Liede..., Ps 84. Predigt, 5 Seiten.

1943.07.28. Hebt eure Häupter den eure Erlösung naht! 1Kor 15,20–28, 6 Seiten.

1943.08.01a. Glaubst du von ganzem Herzen? So mag es wohl sein, Apg 8,26–39. Predigt, 5 Seiten.

1943.08.01b. Was die Gemeinde Jesu in dieser Weltzeit ist und was sie tun soll, 1Tim 5,15. Predigt, 7 Seiten.

1943.08.05. Gott hat recht, Klagelieder, 9 Seiten.

1943.08.06. Der Untergang Sodoms und Gomorras, 1Mo 18–19. Predigt, 8 Seiten.

1943.08.12. Ich lasse dich nicht, 1Mo 32,22–38, 7 Seiten.

1943.08.15a. Und nun spricht der Herr, Jes 43,1–5. Predigt, 6 Seiten.

1943.08.15b. Die Sprache des Glaubens, Ps 150. Predigt, 6 Seiten.

1943.08.17. Matthäusevangelium (Bergpredigt). Vortragsreihe bis 10.11.1944, Hausgemeinde Krummgasse, 72 Seiten.

1943.09.02. Die von den Hecken und Zäunen, Lk 14,22–23, 6 Seiten.

1943.09.05a. Drei große klare Gemeindeaussagen über Jesus von Nazareth, Eph 1,22–23, 5 Seiten.

1943.09.05b. Gottes will ich mich rühmen, Ps 56. Predigt, 6 Seiten.

1943.09.09. Die Stunde der Christenheit heute, 2Petr 3,1–13, 12 Seiten.

1943.09.12. Hat Gott vergessen gnädig zu sein? Ps 77. Predigt, 5 Seiten.

1943.09.16. Die Stadt des Antichristen, Offb 17.18, 13 Seiten.

1943.09.19. Der Gottessinn der Weltgerichte, Offb 19,1–8, 7 Seiten.

1943.09.23. Die gebrechliche Einrichtung der Welt, Pred 1–2,13; Offb 21,1–3. Seelsorgerliches Gespräch, 13 Seiten.

1943.09.26. Machttaten des Christus. Predigt, 5 Seiten.

1943.09.30. Dürfen wir noch für unser Volk beten? Jer 7,15f. Bibelarbeit, 7 Seiten.

1943.10.03. Selig sind die Toten, Offb 14,13. Predigt, 6 Seiten.

1943.10.07. Die Bestimmung des Menschen, Ps 119,89f, 10 Seiten.

1943.10.10. Zuflucht bei dem alten Gott, 5Mo 33,27. Predigt, 5 Seiten.

1943.10.14. Die Stadt Gottes, Offb 19–22. Vortrag, 11 Seiten.

1943.10.25. Das Wort Gottes, Jes 54 + 55,8–11. Predigt, 6 Seiten.

1943.10.31. Der Sinn des Sterbens, Ps 90; 1Kor 15,52f. Predigt, 10 Seiten.

1943.11.07. Verklärte Leiblichkeit, 1Kor 15,35f. Predigt, 8 Seiten.

1943.11.11. Das unruhige Herz, Ps 5. Seelsorgerliches Gespräch, 9 Seiten.

1943.11.21. Und Gott gedachte an Abraham, 1Mo 19,15. Predigt, 5 Seiten.

1943.11.28a. Der Knecht Gottes. Predigt, 8 Seiten.

1943.11.28b. Maranatha, Ps 24. Predigt, 6 Seiten.

1943.12. Christuszeugnis im Alten Testament: Prophet Daniel. Vortrag Hausgemeinde, 4 Seiten.

1943.12.05a. Ich aber harre des Herrn, Ps 52,10–11. Predigt, 5 Seiten.

1943.12.05b. Also hat Gott die Welt geliebt, Taufpredigt, Joh 3,16. Predigt, 6 Seiten.

1943.12.12. Zeiten der Erquickung vom Angesicht des Herrn, Apg 3,19–20. Predigt, 7 Seiten.

1943.12.19. Fürchte dich nicht, Lk 1. Predigt, 5 Seiten.

1943.12.25. Kommt und seht..., Jes 9,1–6, 5 Seiten.

1943.12.26. Weihnachtsgeschichte, Weihnachtsoffenbarung, Weihnachtsglaube, Lk 2,1–20. Predigt, 4 Seiten.

1943.12.31. Seid getrost, ich bins, fürchtet euch nicht. Predigt Sylvester, 6 Seiten.

1944.01.02a. Bleibendes! 1Kor 13. Predigt, 4 Seiten.

1944.01.02b. Das Gottesgeheimnis der Weltgeschichte, Röm 11,32–36. Predigt, 7 Seiten.

1944.01.06. Alle Völker werden vor ihm versammelt werden..., Mt 25,31–45. Allianzgebetswoche, 6 Seiten.

1944.01.16. Was sollen wir tun? Der Standort der Gemeinde Christi in der vergehenden Welt, Dan 6,11. Predigt, 8 Seiten.

1944.01.23. Die Weltkatastrophen und ihr Sinn, Offb 6+7. Predigt, 8 Seiten.

1944.02.20. Das Ziel der Zeiten oder Was tut Gott jetzt zu unserer Erlösung? Offb 11;15;19. Predigt, 8 Seiten.

1944.02.27. Die Frage nach dem Ende, Daniel 12, 11 Seiten.

1944.03.05. Sehet an das Geheimnis der Geduld Hiobs, Hiob 42,1–6. Predigt, 7 Seiten.

1944.03.19a. Wie werden wir als Menschen des Glaubens fertig mit dieser unserer Zeit? Ps 39. Predigt, 5 Seiten.

1944.03.19b. Wir rühmen uns auch der Trübsal, Röm 5,1–11. Predigt, 9 Seiten.

1944.04.27. Gottesgesetze der Entscheidungsstunde, 2Mo 11, 6 Seiten.

1944.04.30. Die Gottesmächte der Entscheidungsstunde, Offb 8,1–5. Predigt, 8 Seiten.

1944.05.11a. Die Entrückung der Gläubigen, 1Thes 4,13f; 2Thes 5,1f. Bibelarbeit, 8 Seiten.

1944.05.11b. Wo ist Gott? Ps 46. Predigt, 6 Seiten.

1944.05.14. Von der Gefangenschaft des Herzens, 2Kor 5,14f. Predigt, 7 Seiten.

1944.06.06. Die Unmöglichkeit einer beständigen Daseinsordnung, Mt 6,25; Hebr 13,5–6. 15 Seiten.

1944.06.08. Die Krisis der gegenwärtigen Daseinsordnung, Mt 24,35f. Seelsorgerliches Gespräch, 13 Seiten.

1944.06.11. Der sichere Gang und das getröstete Herz der Gemeinde, Offb 10. Predigt, 7 Seiten.

1944.06.18. Gott spricht! Jes 54,7–10. Predigt, 8 Seiten.

1944.07.11. Es geht um Sein oder Nichtsein, Jes 1,1–20. Predigt, 6 Seiten.

1944.07.16. Die Gabe Jesu, 6 Seiten.

1944.07.23. Die zusätzliche Not der gläubigen Menschen in der Gegenwart, Jes 26,8f. Predigt, 6 Seiten.

1944.07.30. Blinkfeuer in der Mitternacht, Offb 14. Predigt, 8 Seiten.

1944.08.13. Die große Wende – Wie sollen wir den heutigen Weg der Menschheit sehen? Lk 15,11. Predigt, 6 Seiten.

1944.08.17. Die heute immer wieder nötige Besinnung, Jer 10, 8 Seiten.

1944.08.27. Die Stunde der Völker heute. Predigt, 6 Seiten.

1944.09.11. Wir aber rühmen uns auch der Trübsale, Röm 5,1–5. Predigt, 6 Seiten.

1944.10.05. Die Unmöglichkeit e. absoluten Atheismus o. Gibt es einen wirklich gottlosen Menschen? Ps 139, 9 Seiten.

1944.10.19. Unsere Not, 7 Seiten.

1944.10.22a. Der Jakobskampf, 1Mo 32–33,11. Predigt, 7 Seiten.

1944.10.22b. Das Geheimnis Europas, Dan 2,44–45. Predigt, 8 Seiten.

1944.10.29. Das Gebet des Elias oder: Der Standort der Gemeinde in der gegenwärtigen Gerichtszeit, 1Kön 18,41f. Predigt, 8 Seiten.

1944.10.29. Noah oder ein Zeuge dafür, wie Gott seine Welt zur Ruhe bringt, 1Mo 5;6;8, 6 Seiten.

1944.12.03. Das Warten der Gerechten wird Freude werden, Spr 10,28a. Predigt, 6 Seiten.

1944.12.14. Was wird Jesus tun? Mt 28,16–20, 5 Seiten.

1944.12.17. Der Same Abrahams oder Wie der Christus in das Fleisch geworden ist, 1Mo 12.22; Hebr11; Gal 3. Predigt, 6 Seiten.

1944.12.28. Unser Fertigwerden mit den irdischen Gegebenheiten, 1Mo 22,1–19, 8 Seiten.

1944.12.31. Unser Fertigwerden mit dem Ewigen, Joh 14,1–14. Predigt, 6 Seiten.

1944–1945. Der Kolosserbrief. Auslegungsreihe, 117 Seiten.

1945.01.04. Fasset eure Seelen mit Geduld! Lk 21,19, 8 Seiten.

1945.01.07. Der ewige Gott – was uns zu stützen vermag, Röm 16,25–27, Predigt. 4 Seiten.

1945.01.18. Dennoch soll die Stadt Gottes fein lustig bleiben, Ps 46, 6 Seiten.

1945.01.25. Was betrübst du dich meine Seele? Ps 42,6, 6 Seiten.

1945.01. Die Stunde der Versuchung, 5 Seiten (Seite 1 fehlt).

1945.02.08a. Weil du das Wort vom standhaften Warten auf mich bewahrt hast..., Offb 3,10. Predigt (nach einem grossen Angriff), 6 Seiten.

1945.02.08b. Bewahrung, Offb 3,10. Predigt, 4 Seiten (andere Fassung).

1945.02.11. Deshalb umgürtet die Hüften eures Geistes..., 1Petr 1,13. Predigt, 3 Seiten.

1945.02.18. Sprich zu meiner Seele: Ich bin deine Hilfe! Ps 35,3b. Predigt, 5 Seiten.

1945.02.25. Lebendiges Wasser, Joh 4,10.14. Predigt, 6 Seiten.

1945.03.01. Vom Guten sterben – ein seelsorgerliches Gespräch mit christusgläubigen Menschen in der notvollen Gegenwart, 2Kor 5,1–10. Seelsorgerliches Gespräch, 4 Seiten.

1945.03.04. Jesus macht die Freude voll, Joh 2,1–11. Predigt, 6 Seiten.

1945.03.09. Wie kommen wir auch in der gegenwärtigen Zeit als christusgläubige Menschen zur Freude, Philipperbrief. Bibelarbeit Hausgemeinde, 8 Seiten.

1945.03.18a. Das Ziel ist nahe! 1Petr 4,7–8. Predigt, 8 Seiten.

1945.03.18b. Jesus macht seine Liebe voll, Joh 13,1. Predigt, 7 Seiten.

1945.04.01. Ich lebe, und ihr sollt auch leben, Joh 14,19. Predigt Ostersonntag, 4 Seiten.

1945.04.29. Was will Gott? Ps 126; Mt 6,8–15. Predigt, 6 Seiten.

1945.05.13. Die Ethik der Auferstehung, Kol 3. Predigt, 8 Seiten.

1945.05.17. Die Verfehlung der Gegenwart. Vortrag, 7 Seiten.

1945.05.27. Die Ethik des Gewissens oder die Ethik der Gnade, Kolosserbrief. Predigt, 7 Seiten.

1945.06.19. Der alte und der neue Mensch, Kol 3,9–11. Predigt, 8 Seiten.

1945.Sommer, Das Hohelied. Reihe, 31 Seiten.

1945.08.09. Die Welt im Zeichen des Pentagramms, Offb 7+13. Seelsorgerliches Gespräch, 5 Seiten.

1945.09.16. Gerechtigkeit Gottes, 1Mo 15,1–6. Predigt, Reihe, 8 Seiten.

1945.09.30. Gott und die Seinen in ihrem Alter, Jes 46,3–4. Predigt, 5 Seiten.

1945.10.01. Die Zeichen, die Gott Jesus gab. Vortrag, 7 Seiten.

1945.10.21. Wie war das möglich? Vortrag, 9 Seiten.

1945.11.18. Wir dürfen sagen..., Hebr 13,5–6. Predigt, 5 Seiten.

1945.12.02. Gemeinde im Advent Gottes, Jes 40. Predigt, 4 Seiten.

1945.12.25. Gott sei Dank für seine unaussprechliche Gabe, 2Kor 9,15, 7 Seiten.

1946–1957. Die Theologie des Neuen Testamentes. Mitschrift von K. Federmann, 61 Seiten.

1946.01.06. Epiphanias oder Vom Sucherweg der Völker, Mt 2,1–12. Predigt, 8 Seiten.

1946.01.13. Die Überwindung der Konfessionen, Joh 4,19–26. Vortrag, 9 Seiten.

1946.02.16. Die weltpolitische Situation im Weissagungswort der Bibel, 1Mo11–12; Dan 2+7; Offb 13–17. Vortrag, 11 Seiten.

1946.03.28. Zeichen der Zeit heute, Offb 18,4. Predigt, 7 Seiten.

1946.04.13. Christus ist Friedenskönig. Predigt, 4 Seiten.

1946.04.23. Welterlösung, Lk 24,13f. Vortrag, 9 Seiten.

1946.05.16. Offenbarung Teil 1. Auslegungsreihe, 74 Seiten.

1946.06.11. Offenbarung Teil 2. Auslegungsreihe bis 22.08.1946, 72 Seiten.

1946.08.25. Das letzte „Komm" – Wozu die Botschaft der Offenbarung die Gemeinde anleitet und verpflichtet, Offb 22,17. Predigt, 8 Seiten.

1946.09. Was wird die Menschheit tun? Vortrag, Druckschrift, 4 Seiten.

1946.09.05. Vom Hebräertum zum Zionismus, Jer 2,10f; 3,14f. Vortrag, 9 Seiten.

1946.10.13. Das dämonische Genie – Die Frage nach dem psychologischen Rätsel der geschichtlichen Persönlichkeit. Vortrag, Reihe, 13 Seiten.

1946.10.27. Die biblische Apokalyptik: Die Frage nach der Wirkungslosigkeit der apokalyptischen Kulturkritik. Vortrag, Reihe, 10 Seiten.

1946.11.07. Zeichen der Zeit. Vortrag, 6 Seiten.

1946.11.10. Das neutestamentliche Christusereignis – Die Frage nach Wesen und Stunde des Christentums. Vortrag, Reihe, 12 Seiten.

1947.02.23. Wie der erhöhte Gekreuzigte seine Throngewalt übt, Offb 6,1–2. Predigt, 9 Seiten.

1947.03.05. Die Gefährdung des Evangeliums. Vortrag, 8 Seiten.

1947.04.04. Das Schächergeheimnis von Golgatha, 7 Seiten.

1947.05.08. Die eigentliche Weltgefahr, Mt 4,1–11. Vortrag, 9 Seiten.

1947.05.30. Der Geist und die Geister. Vortrag Theologischer Studienkreis, 9 Seiten.

1947.09.18. Der Mensch der Gegenwart und das Evangelium Gottes, Röm 1,13–17. Predigt, 7 Seiten.

1947.10.16. Die Botschaft des Propheten Daniel. Vortragsreihe, 78 Seiten.

1948.03.11. Kollektivschuld und Kollektivvergebung. Vortrag, 8 Seiten.

1948.05.13. Die Sünde der Gläubigen, 1Kor 15,56–57; 1Joh 2,1–2. Seelsorgerliches Gespräch, 4 Seiten.

1948.05.23. Römer 13,1–7 – Das Verhalten der Glaubenden dem Anspruch der Weltstaaten gegenüber, Römerbrief. Vortragsreihe, 5 Seiten.

1948.06.06. Römer 13,11–14 – Die Werke der lebendigen Hoffnung, Römerbrief. Vortragsreihe, 9 Seiten.

1948.09.09. Das Christentum des Antichristus, Offb 13,11–18. Vortrag, 10 Seiten.

1948.10. Das Wesen der christlichen Weltanschauung. Vortrag, 8 Seiten.

1948.10.28. Die 7 Stadien der Heilsgeschichte, Hebr 11,2. Vortrag, 10 Seiten.

1949.01.03. Der Ruf Jesu, 9 Seiten.

1949.01.10. Die Völker und ihre Regierungen, Psalm 2. Vortrag, 7 Seiten.

1949.01.12. Der Christ in der gegenwärtigen Zeit, Jer 27. Vortrag Hausgemeinde, 4 Seiten.

1949.01.27. Israel in der Gottesstunde, Röm 11,15f. Vortrag, 6 Seiten.

1949.02.10. Der Christ zwischen Ost und West, Lk 12,29–40. Vortrag, 12 Seiten.

1949.02.10. LPL. Der Christ zwischen Ost und West.

1949.02.17. Was geschieht bei der Rückführung Israels aus den Völkern mit den Judenchristen? Ps 126. Vortrag, 10 Seiten.

1949.02.24. Gottesgemeinde und Fremdherrschaft, Jer 27. Vortrag, 10 Seiten.

1949.03.17/18. Die staatliche Macht. Vortrag, 8 Seiten.

1949.03.31. Die religiöse Frage im neuen Israel, Mt 24,27–36. Vortrag, 8 Seiten.

1949.07.14. Die Stunde des Abendlandes. Vortrag, 6 Seiten.

1949.09.29. Die Wende der Welt – von den zwei geistigen Bewegungen in der Völkergeschichte, 1Mo 11,1–9; 12,1–3. Vortrag, 8 Seiten.

1949.10.09. Bürgerrecht im Gottesstaat, Phil 3,17f. Predigt am Wahltag, 6 Seiten.

1949.11.03. Der Weg Europas – Die Vereinigten Staaten von Europa vor dem Forum der Gottesgeschichte, Dan 2,40–45. Vortrag, 9 Seiten.

1949.11.24. Die Gottesprinzipien der Welterlösung, Jes 40. Vortrag, 7 Seiten.

1949.11.27. Stadien im Warten, Micha 7,7. Predigt, 5 Seiten.

1949.12.01. Die politischen Machtgeheimnisses Gottes in der Weltgeschichte, Jes 41,1–42,9, 7 Seiten.

1950.01.26. Gott richtet vor allen Völkern sein Panier auf, Jes 49,14f. Reihe, 5 Seiten.

1950.03.02. Was das Reden vom Ende eigentlich will. Predigt, 5 Seiten.

1950.03.02. LPL. Was das Reden vom Ende eigentlich will. Predigt.

1950.04.20. Israels Gottesherrlichkeit ist Gottes ewiges Segensheil für die gesamte Völkerwelt, Jes 56–66. Reihe, 9 Seiten.

1950.05.11. Die Friedenssehnsucht der Völker und die Friedensbotschaft der Bibel. Vortrag, 6 Seiten.

1950.05.25. Gog und Magog oder Das Geheimnis des Ostens, Hes 38; Offb 20,7. Vortrag, 9 Seiten.

1950.05.27. Anlässlich des Besuches von Prediger H. Gerstel und Pastor Bergstsam aus Stockholm. Ansprache, 4 Seiten.

1950.06.01. Jerusalem und Babylon – Die Ausgießung des Heiligen Geistes über alles Fleisch als die Gotteswende des Völkerschicksals, Apg 2,4–11. Vortrag, 5 Seiten.

1950.06.08. Die Menschrechte im Gotteslicht der Bibel, Ps 85. Vortrag, 6 Seiten.

1950.06.12. Israels Gott ist der Erlöser der Welt, Jes 45,25f. Vortrag, 6 Seiten.

1950.07.06. Der siebenfache Ruf Jesu an seine wartende Gemeinde, Mt 24,1–8. Vortrag, 4 Seiten.

1950.07.20. Ein konkretes Gotteswort zur konkreten Lage, Ps 119,52. Vortrag, 5 Seiten.

1950.07.27. Die göttlich schicksalhafte Geschichtsordnung der Menschheit, 1Mo 9,24–27. Vortrag, 7 Seiten.

1950.08.06. Die Gemeinde des Siegers, Offb 17,1–12. Predigt, Schriftdienst, 4 Seiten.

1950.09.10. Seid wach! Mt 24,42. Predigt, 5 Seiten.

1950.09.21. Die Gefangenen des Herrn im Lande der Bedrücker, Jer 29,1–14. Vortrag, 6 Seiten.

1950.09.28. Die Zeugen Jehovas als moderne Zeloten, Mt 22,15f; 26,51f. Vortrag, 9 Seiten.

1950.10.05. Das Gebet der Gemeinde, 1Tim 2,1–7. Vortrag, 5 Seiten.

1950.10.12. Das Gottesschicksal der Menschenwelt, Offb 5+6. Predigt, 4 Seiten.

1950.11.09. Sacharja-Auslegung. Auslegungsreihe, 36 Seiten.

1951.01.18. Das tausendjährige Reich, Offb 20,1–10. Vortrag, 7 Seiten.

1951.01.21. Seht, da ist euer Gott! Jes 63,7f. Predigt, 5 Seiten.

1951.01.25. Die Völkerkrise im Lichte der biblischen Weissagung, Offb 10,8–11. Vortrag, 8 Seiten.

1951.03.04. Die drei Freudenbecher Jesu, 8 Seiten.

1951.04.12. Wie wir uns auf das Kommende zu rüsten haben. Offb 7,13–17. Vortrag, 8 Seiten.

1951.04.19. Tyrus oder: Weltpolitische Zusammenhänge und ihr dämonischer Hintergrund, Hes 26–28. Vortrag, 9 Seiten.

1951.06.21. Der Schlüssel zum Verständnis des Buches Daniel. Vortrag, 6 Seiten.

1951.10.21. 7 Trostgewißheiten in der letzten Zeit, Mk 13,13–27. Predigt, 5 Seiten.

1951.10.25. Das Geheimnis Ismaels oder: Wie ist die gegenwärtige Unruhe der arabischenVölkerschaften zu verstehen? Ps 83. Vortrag, 9 Seiten.

1951.11.07. Sieben Regeln zum Dienst am Wort, Lk 5,1–11. Predigt, 5 Seiten.

1951.11.08. Die Erlösererwartung der Menschheit, Jes 42f. Vortrag, 8 Seiten.

1951.11.11. Gott macht Geschichte: Drei nötige Orientierungen in der gegenwärtigen Geschichtsstunde, Dan 2,17f; Jer 38,1f; Jes 8,9f. Predigt, Reihe, 6 Seiten.

1951.11.15. Das Ur-Evangelium der Bibel – die Erlösungserwartung der Menschheit. Vortrag, Reihe, 10 Seiten.

1951.11.29. Die Erlösererwartung in ihrer dämonischen Verzerrung. Vortrag, Reihe, 11 Seiten.

1951.12.13. Die außerbiblische Erlösererwartung. Vortrag, Reihe, 5 Seiten.

1952.01.03. Gott ist König, Offb 11,14–19. Vortrag, 5 Seiten.

1952.01.16. Das Zeichen der Zeit heute, 2Thes 2,1–12. Vortrag, 9 Seiten.

1952.02.07. Sieben Antworten – Eine Auseinandersetzung mit den Lehren A. Poljaks, 1Joh 4,1–6. Vortrag, 6 Seiten.

1952.02.24. Tröste uns! Oder: Wie wir recht in der Zeit, durch die Zeit und für die Zeit beten, Ps 85. Predigt, 4 Seiten.

1952.06.08. Die sachgemäße Verkündigung des Evangeliums. Referat Allianzkonferenz, 8 Seiten.

1952.06.26. Grundfragen der Heilserkenntnis. Vortrag, 11 Seiten.

1952.11.30. Siehe, ich komme bald, Offb 3,10–13. Adventspredigt, 5 Seiten.

1953.01.15. Zeichen der Zeit heute, Joel 3,1–4,5. Vortrag, 8 Seiten.

1953.01.22. Sieben Weisungen zu einem getrosten Gehen durch die Weltgerichte Gottes, Jes 43. Bibelauslegung, 4 Seiten.

1953.01.29. Die Teilung der Welt, 1Mo 11–12,4. Vortrag, 6 Seiten.

1953.02.05. Israel und Bileam, 4Mo 22–24. Bibelauslegung, 4 Seiten.

1953.02.08. Die Weltkatastrophen und ihr Gottessinn, Offb 4–7. Predigt, 5 Seiten.

1953.02.15. Göttliche Zusammenhänge in den Weltgerichten, Offb 8,1–6. Predigt, 5 Seiten.

1953.02.22. Als ich in diesen Tagen die Frauen und Männer und Kinder auch…, Mt 28,18f. Taufpredigt, 5 Seiten.

1953.03.29. Das Königtum Jesus, Sach 9,9–10. Predigt Palmsonntag, 4 Seiten.

1953.04.24. Die Zeichen der Zeit sagen: Siehe bald. Vortrag Prophetische Konferenz München, 4 Seiten.

1953.05.29. Wozu gab Paulus, der Bote Jesu, der christlichen Gemeinde in Rom das Wort über Israels Geschick? Röm 9,11. Vortrag Allianzkonferenz, Schriftdienst, 6 Seiten.

1953.06.11. Der dritte Weltkrieg, Ps 34. Predigt, 6 Seiten.

1953.06.25. Wie Gott seine Menschheit rettet, Apg 15,11–18. Vortrag, 5 Seiten.

1953.07.02. Was ist der Antichrist – Papst, Jude oder Cäsar? 2Thes 2,1–5. Vortrag, 6 Seiten.

1953.10.04. Taufpredigt. Predigt, 3 Seiten.

1953.10.08. Das tausendjährige Reich, 1Kor 15,19–28. Vortrag, 7 Seiten.

1953.11.06. Jakobusbrief, Jak 1,1. Vortrag, Schriftdienst, 6 Seiten.

1953.12.24. Jesus, Joh 1,4–5. Weihnachtspredigt, Schriftdienst, 4 Seiten.

1954.01.10. Weiß wie Schnee – eine Schnee- und Winterpredigt, 4 Seiten.

1954.01.17. Das furchtbare Unglück im Westen unserer Vaterlandes..., Amos 3,6; Lk 13,4–5; Hebr 12,5–11. Predigt, Schriftdienst, 4 Seiten.

1954.03.25. Lebendiges Christentum, Offb 1–3. Predigt, Schriftdienst, 4 Seiten.

1954.10.28. Zeichen am Himmel (Was sagt die Bibel zu den sogenannten fliegenden Untertassen), Hesekiel 1. Vortrag, Schriftdienst, 8 Seiten.

1954.12.05. Siehe, ich stehe vor der Tür und klopfe an! Offb 3,20. Predigt, 4 Seiten.

1955.01.23. Weltangst und Gottestrost, Joh 16,33. Predigt, Schriftdienst, 4 Seiten.

1955.02.24. Wann kommt das Reich Gottes, Lk 17,20–25. Bibelarbeit, Schriftdienst, 4 Seiten.

1955.10.20. Die Zeichen der Zeit heute, Dan 2,41–47. Vortrag, 4 Seiten.

1955.12.29. Offenes Fenster nach Jerusalem, Dan 6,11. Bibelarbeit, 4 Seiten.

1956.02.12. Zur Zeit der letzten Posaune, Offb 11,15–19. Predigt, Schriftdienst, 4 Seiten.

1956.03.11a. Wo aber der Geist des Herrn ist, da ist Freiheit, Offb 3,17–18. Bibelarbeit, 6 Seiten.

1956.03.11b. Vom Zorn Gottes, Röm 1,17–18. Predigt, 4 Seiten.

1956.10.21. Von der Gefahr des Lehramtes, Röm 2,17–19, 3 Seiten.

1956.10.28. Worin besteht der Vorzug der Juden? Röm 3,1–20, 4 Seiten.

1957.04.04. Die wartende Gemeinde und das Weissagungswort der Schrift, Daniel 9. Bibelarbeit, Schriftdienst, 4 Seiten.

1957.07. In der Atombombenzeit, Ps 42,12. Vortrag, Schriftdienst, 4 Seiten.

1957.07.05. Die sieben Worte Jesu über das Ende, Mt 24. Bibelarbeit, 5 Seiten.

1957.10.17. Menschenstern am Gotteshimmel, Eph 4,8–10. Vortrag, Schriftdienst, 4 Seiten.

1957.12. Frieden, Joh 14,27. Vortrag Hausgemeinde, 3 Seiten.

1958.01.23. Die Frage nach dem Geheimnis der Weltpolitik heute, Jer 1,14–15a. Vortrag, 5 Seiten.

1958.03.20. Was die Welt im Innersten zusammenhält, Kol 1,14–20. Bibelarbeit, 5 Seiten.

1958.06.22. Fürchte dich nicht, 7 Seiten.

1958.07.03. Auf der Warte der Gemeinde Qumran, Hab 2,1–4. Vortrag, 7 Seiten.

1958.11.30. Unser Gott kommt! Jes 40,1–11. Adventspredigt, 4 Seiten.

1959.01.25. Das Weltgeschehen als Messiaswehen, Mt 24,3f; Lk 21,24f. Predigt, 7 Seiten.

1959.02.22/03.01./03.08. Der Gottesknecht der Welterlösung – Die vorlaufende Verkündigung der Welterlösung, Jes 52,7f. Drei Bibelarbeiten, Reihe, 11 Seiten.

1959.03.22a. Der Heilskönig Gottes, Sach 9,9. Bibelarbeit Palmsonntag, 3 Seiten.

1959.03.22b. Taufpredigt, 2 Seiten (unvollständig).

1959.06.28. Gehet ein in die Ruhe Gottes, Hebr 4,9–11. Predigt, Schriftdienst, 4 Seiten.

1959.07.02. Die Wartenden heute, Jes 9,5–6. Bibelarbeit, 3 Seiten.

1959.08.09. Das Paradies Gottes, Offb 21,1–7. Predigt, Schriftdienst, 4 Seiten.

1959.10.04. Das Lamm siegt, Offb 4–5. Predigt, 8 Seiten.

1959.10.11. Dies ist die Gemeinde Jesu, 1Tim 3,14–16. Predigt Bundeskonferenz, 6 Seiten.

1959.10.25. Aus der großen Trübsal gekommen..., Offb 7,13–17. Predigt, 3 Seiten.

1959.10.30. Geschichte und Wesen der Baptisten. Vortrag Volkshochschule, 11 Seiten.

1959.11.15. Die letzte Entscheidung, Offb 8,1f; 11,15–19. Predigt, 4 Seiten.

1959.12.13. Jesus kommt wieder! Offb 19,9–16. Predigt, 5 Seiten.

1960.01.21. Jesus ist stärker als der Satan! Lk 11,14–28. Bibelarbeit, Schriftdienst, 4 Seiten.

1960.02.11. Wenn ich heute zu der Frage nach der Obrigkeit, der Frage wegen der Todesstrafe..., Vortrag, Schriftdienst, 6 Seiten.

1960.04.05. Die vergehenden Weltreiche und das ewige Reich des Menschensohns, Daniel 7. Bibelarbeit, Schriftdienst, 4 Seiten.

1960.05.27. Ich lebe und ihr sollt auch leben (Allianzkonferenz), Joh 14,19. Ansprache, 3 Seiten.

1960.07.17. Die Lehrer aber werden leuchten wie des Himmels Glanz – 30 Jahre Dienst R. Ostermann, Dan 12,3.4.13. Predigt, 4 Seiten.

1960.07.29. Der neue Angriff auf das Kreuz Jesu, Joh 19,31–37. Vortrag, 5 Seiten.

1960.10.06. Jesus von Nazareth – König der Juden, Joh 19,19–22. Predigt, 6 Seiten.

1960.10.09. Erntedank, Mt 3,1–4. Predigt, Schriftdienst, 4 Seiten.

I.2. Verzeichnis Archivmaterial zu Köster

ABEFG: Oncken-Archiv des BEFG in Elstal

ABEFG Nr. 1	Biographie Köster, Ludwig Heinrich
ABEFG Nr. 2	Nachruf Ludwig Köster, Die Gemeinde 1950, von H. Klempel
ABEFG Nr. 3	Nachruf Arnold Köster, Die Gemeinde 1961 Nr.23, von Hans Luckey
ABEFG Nr. 4	Nachruf Arnold Köster, Der Sendbote 1960 Nr.27, von Rupert Ostermann
ABEFG Nr. 5	Jahresbericht Predigerseminar Hamburg Horn 1920/1921
ABEFG Nr. 6	Jahresbericht Predigerseminar Hamburg Horn 1921/1922
ABEFG Nr. 7	Jahresbericht Predigerseminar Hamburg Horn 1922/1923
ABEFG Nr. 8	Festschrift zum Jubiläum des bapt. Seminars, 50 Jahre, S.85
ABEFG Nr. 9	Berichtsheft zur Bundesversammlung 1924, S. 112f
ABEFG Nr. 10	Dreijahresbericht zur Bundesversammlung 1933, S. 60
ABEFG Nr. 11	Dreijahresbericht an die Bundesversammlung 1936–1938
ABEFG Nr. 12	Auflistung von Köster-Artikeln im Wahrheitszeugen von 1997
ABEFG Nr. 13	Protokoll der Bundesleitung zum Anschluss Österreichs März 1936
ABEFG Nr. 14	Protokolle der Bundesleitung 1941–1946

AHA: Gemeindearchiv EFG Hamburg-Altona

AHA Nr. 1	Matz, E. Um 1960. Aus der Geschichte der Gemeinde Wilhelmsburg mit Statistik
AHA Nr. 2	Register Wilhelmsburg 1908–1940 Kapitel „Jährliche Übersicht“
AHA Nr. 3	Register Wilhelmsburg 1908–1940 Kapitel „Chronologisches Register 1923“
AHA Nr. 4	Register Wilhelmsburg 1908 –1940 Kapitel „Chronologisches Register 1924“
AHA Nr. 5	Register Wilhelmsburg 1908–1940 Kapitel „Beamtenregister“
AHA Nr. 6	Register Wilhelmsburg 1908–1940 Kapitel „Sonntagschul- und Vereinsstatistik“
AHA Nr. 7	Register Wilhelmsburg 1908–1940 Kapitel „Bericht an Norddeutsche Vereinigung 1921“
AHA Nr. 8	Register Wilhelmsburg 1908–1940 Kapitel „Bericht an Norddeutsche Vereinigung 1922“

AHA Nr. 9	Register Wilhelmsburg 1908–1940 Kapitel „Bericht an Norddeutsche Vereinigung 1924 und 1925“

AKR: Gemeindearchiv EFG Köln-Rheinaustraße

AKR Nr. 1	Protokollbuch der Baptistengemeinde Cöln (und Mühlheim) 1903–1946, Original im Archiv unter AB/D 001.2 TrP
AKR Nr. 2	Protokollbuch der Baptisten-Gemeinde Köln 1925–1934, Original im Archiv unter AB/D 003.1 TrKoP
AKR Nr. 3	Kopie des Gemeinderegister der Gemeinde Cöln, Einträge 682–695
AKR Nr. 4	Ein Herr, Ein Glaube, Eine Taufe – Festschrift zum 100-jährigen Bestehen der Evangelisch-Freikirchlichen Gemeinden Köln (1968)
AKR Nr. 5	Geschichte der Evangelisch-Freikirchlichen Gemeinde Köln, zum 90. Gemeindejubiläum herausgegeben von Gerhard Schroer (1958)
AKR Nr. 6	Statistik der 1920er Dekade
AKR Nr. 7	Auszug Kassenbuch Gemeinde Köln 1928

APKK: Privatarchiv K. P. (geb. Köster)

APKK Nr. 1	Ludwig Hornburg – Sein Leben und Schaffen in Platendorf
APKK Nr. 2	Die Lebensgeschichte unserer Eltern Arnold Köster und Marie, geborene Hornburg, 2001

AWM: Gemeindearchiv Baptistengemeinde Wien-Mollardgasse

AWM Nr. 1	Ordinationszeugnis Arnold Köster 1926
AWM Nr. 2	Entlassungsurkunde Seminar 1923
AWM Nr. 3	Politische Beurteilung Kösters durch die NSDAP Gauleitung Wien vom 04.10.1939
AWM Nr. 4	Entscheidende Gottesworte auf dem Weg meines Predigerlebens, Dienstjubiläum am 11.07.1948
AWM Nr. 5	Brief des Brüderrates der Gemeinde aufgrund Krankheit Kösters vom 12.04.1935
AWM Nr. 6	Auszug aus einer Denkschrift Kösters aufgrund von bapt. Besuch aus Amerika, 14.04.1929
AWM Nr. 7	Einladungsflyer Mollardgasse zu Vorträgen über die Glaubwürdigkeit der Bibel, März 1941
AWM Nr. 8	Mitteilung des Schriftdienstes an Leser und Schreiber, August 1943
AWM Nr. 9	Gemeindebrief der österr. Baptistengemeinde Jänner 1951

AWM Nr. 10	Festschrift zum 10-jährigen Bestehen des Ev. Hilfswerk 1955
AWM Nr. 11	Grußbrief des Schriftdienstes Dezember 1959
AWM Nr. 12	Dankbrief für Kösters Predigt November 1955
AWM Nr. 13	Programm zum 25-jährigen Predigerjubiläum Kösters am 04.07.1948
AWM Nr. 14	Gehaltsabrechnung Kösters vom 01.10.1948
AWM Nr. 15	Der Christfahrer, Jugendzeitschrift, 1950
AWM Nr. 16	Brief des bapt. Hilfskomitees an Flüchtlinge April 1948
AWM Nr. 17	Ansprache von H. Luckey am Vorabend der Beisetzung Kösters vom 03.11.1960
AWM Nr. 18	Traueranzeige der Familie und der Gemeinde zum Heimgang Kösters Oktober 1960
AWM Nr. 19	Mitteilung des Schriftdienstes Dezember 1960 nach Heimgang Kösters
AWM Nr. 20	Brief eines Gemeindemitgliedes in die Situation der Predigerfindung mit dem Status eine „Köstergemeinde“ zu sein vom 29.10.1982
AWM Nr. 21	Artikel Österreichs Schicksalsstunde. Vermutliches Original vor Einreichung April 1938.
AWM Nr. 22a	Brief Füllbrandt Konflikt (Abschrift), wohl von Rehner mit Erklärung von Graf-Stuhlhofer, 11.07.1952
AWM Nr. 22b	Brief Füllbrandt Konflikt (Original), wohl von Rehner mit Erklärung von Graf-Stuhlhofer, 11.07.1952
AWM Nr. 23	Osterbrief Schriftdienst an die Leser 1957
AWM Nr. 24	Brief von Karl Federmann an Graf-Stuhlhofer vom 12.06.1998
AWM Nr. 25	Unveröffentlichter und undatierter Dispositionsentwurf von Graf-Stuhlhofer zu „NS-Kritik vor den Augen der Gestapo“
AWM Nr. 26	Brief Füllbrandt an Vavra zum Konflikt TB, 18.06.1934
AWM Nr. 27	Anlage 1 zum Brief Füllbrandt an Vavra, 18.06.1934: Brief Eder an Füllbrand, 06.06.1934
AWM Nr. 28	Anlage 2 zum Brief Füllbrandt an Vavra, 18.06.1934: Brief Füllbrandt an Köster
AWM Nr. 29	Antwortbrief Vavra an Füllbrandt, Konflikt TB, 26.02.1934
AWM Nr. 30	Antwortbrief Füllbrandt an Vavra, Konflikt TB, 27.06.1934
AWM Nr. 31	Ahnentafel Familie Arnold Köster

I.3. Verzeichnis Zeitschriftenartikel von und zu Köster

Der Hilfsbote

1928	*Was kann zur Hebung und Förderung des geistlichen Lebens des einzelnen Gläubigen und der ganzen Gemeinde geschehen?* Nr. 11/1928.
1938a	*Die Hausgemeinde, ein missionarischer Weg im katholischen Österreich*, Nr. 7/1938.
1938b	*Luk 15,11–24. Die Buße des verlorenen Sohnes*, Nr. 10/1938.
1939	*Wort – Geist – Leben*, Nr. 8/9/1939.

Der Wahrheitszeuge[233]

Die Auflistung enthält Berichte und Artikel von Arnold Köster oder über Arnold Köster. Sie ist chronologisch angeordnet.

1925, Nr. 30	Köster, Arnold. *Rheinisch-Westfälische Vereinigung*. Bericht.
1926, Nr. 5	Köster, Ludwig-Heinrich. *Bad Oeynhausen*. Bericht über eine Evangelisation mit A. Köster.
1926, Nr. 49	Frowein, Walter. *Ordination und Jahresfest in Köln.* Bericht.
1927, Nr. 11	Köster, Arnold. *Volkstrauertag*. Artikel, 81.
1928, Nr. 15	Wiswedel, W. *Die Hubmaier-Gedächtnisfeier in Wien*. Bericht, 119f.
1928, Nr. 16	Wiswedel, W. *Die Hubmaier-Gedächtnisfeier in Wien – Fortsetzung*. Bericht, 127f.
1928, Nr. 16	*Bad Oeynhausen*. Bericht über eine Evangelisation mit A. Köster, 128.
1928, Nr. 29	Köster, Arnold. *Gemeinde Harbug a.d. Elbe*. Bericht, 231f.
1928, Nr. 45	Köster, Arnold. *Der Herr ist unter denen, die meine Seele schützen, Ps. 54,4.* Bericht Elberfelder Brüdertagung, 353f.
1929, Nr. 3	Köster, Arnold. *Das Bleibende.* Artikel, 17f.
1929, Nr. 8	Gowers, L. *Köln.* Bericht zur Verabschiedung A. Kösters, 64.
1929, Nr. 8	Gerhardinger, Leopold. *Wien.* Bericht zur Begrüßung A. Kösters, 64f.
1929, Nr. 16	Köster, Arnold. *Frömmigkeit, Joh. 8,2–11.* Artikel, 121f.

233 Dieser Auflistung liegt eine im Oncken-Archiv vorhandene Übersicht zugrunde, die in den Jahren 1996–1997 von Roland Fleischer erstellt wurde.

1929, Nr. 29	Köster, Arnold. *Der zwölfjährige Jesus im Tempel, oder: die Vorbildlichkeit des jungen Jesus für die gläubige Jugend unserer Tage, Luk. 2,49–52.* Artikel, 225f.
1929, Nr. 30	Köster, Arnold. *Isaak, Esau und Jakob, oder: Vom Schicksalswege der Kinder aus frommen Hause.* Artikel, 233f.
1929, Nr. 30	Köster, Arnold. *6. Österreichische Tagung für ev. Kindergottesdienst und Sonntagschulen.* Bericht, 239.
1929, Nr. 32	Köster, Arnold. *Wien.* Bericht vom Besuch von W. Kuhn (Weltbund). Bericht, 255f.
1929, Nr. 37	Köster, Arnold. *Kesmark.* Bericht, 295.
1929, Nr. 38	Köster, Arnold. *König Josia, oder: Die Geschichte einer reformierenden Jugend, 2 Kön. 22,1–23,30; 2 Chron. 34,1–35,27.* Artikel, 297f.
1929, Nr. 41	Köster, Arnold. *Ternitz bei Wien.* Bericht, 327.
1930, Nr. 2	*Aus der Schmiede.* Bericht über die Baptisten in den Donauländern und die Zusammenlegung ihrer drei Zeitschriften zum „Täufer-Boten“, 13f.
1930, Nr. 9	Köster, Arnold. *Südosteuropa.* Bericht, 70f.
1930, Nr. 35	Köster, Arnold. *Die Jahreskonferenzen der Schweizerischen und der Süddeutschen Vereinigungen.* Bericht, 279f.
1931, Nr. 18	Füllbrand, Carl. *Wien.* Bericht über Taufe an Ostern, 144.
1931, Nr. 47	Eder, H. *Erste Donauländer Missionskonferenz.* Bericht, 375.
1932, Nr. 18	Köster, Ludwig Heinrich. *Bad Oeynhausen.* Bericht über Vorträge von Arnold Köster, 142f.
1932, Nr. 37	Köster, Arnold. *Hakenkreuz und Sowjetstern – Malzeichen des Antichristus!?* Artikel, 291f.
1932, Nr. 46	Köster, Arnold. *Der Untergang des Christentums.* Artikel, 363f.
1932, Nr. 52	Köster, Arnold. *Wien.* Bericht über Taufe, 416.
1933, Nr. 19	Köster, Arnold. *Wien.* Bericht über Taufe zu Ostern, 152.
1933, Nr. 26	Köster, Arnold. *Wien.* Bericht über Taufe zu Pfingsten, 212.
1933, Nr. 31	Köster, Arnold. *Wien.* Bericht über Taufe, 252.
1933, Nr. 39	Köster, Arnold. *Wien.* Bericht über Taufe im Salzburger Land von 5 Personen und Entstehung einer Hausgemeinde, 324.
1934, Nr. 2	Köster, Arnold. *Wien.* Bericht über Taufe von 12 Personen, 16.
1934, Nr. 8	Foto vom Gemeindehaus in Wien, Foto von A. Köster, 61.
	Köster, Arnold. *Deutsch-Österreich.* Bericht, 63.

1934, Nr. 15	Köster, Arnold. *Der Geist, das göttliche Lebenselement der Gemeinde.* Artikel, 117f.
1934,	Köster, Arnold, *Wien.* Berichte Gemeindenachrichten, 152, 408, 448.
1934, Nr. 19	Köster, Arnold. Bericht über Taufe von 20 Personen, 3.
1934, Nr. 47	Köster, Arnold. Bericht über Taufe von 14 Personen, 7.
1934, Nr. 52	Köster, Arnold. Bericht über Taufe von 13 Personen, 448.
1935, Nr. 6	Köster, Arnold. Bericht über Taufe, 48.
1935, Nr. 43	Köster, Arnold. Bericht über Taufe von 11 Personen, 344.
1936, Nr. 8	Köster, Arnold. Bericht über Taufe von 7 Personen, 64.
1936, Nr. 43	Köster, Arnold. Bericht über Taufe von 12 Personen, 344.
1937, Nr. 1	Köster, Arnold. *Wien.* Bericht über Taufe, Wahl von Rudolf Vavra zum Ältesten, 8.
1937, Nr. 15	Köster, Arnold. *Wien.* Bericht über Taufe von 10 Personen, 120.
1937, Nr. 17	Riemenschneider W. Bericht über „Hamburger Tage“ im Prediger-seminar und der Teilnahme und der Verkündigung Kösters, 130f.
1937, Nr. 22	Köster, Arnold. *Wien.* Bericht über Taufe zu Pfingsten von 6 Personen, 176.
1937, Nr. 49	Köster, Arnold. *Wien und das Werk in Österreich.* Bericht, 392.
1938, Nr. 17	Köster, Arnold. *Österreichs Schicksalsstunde.* Artikel über den Anschluss Österreichs ans Deutsche Reich, 130f.
1938, 21.08.38	Köster, Arnold. *Wien.* Bericht über Wiener Gemeinde als Bundesgemeinde, 272.
1939, Nr. 15	Köster, Arnold. *Wien.* Bericht über Taufe, 120.
1939, Nr. 17	Schmidt, Paul. *Unser Werk im österreichischen Raume.* Bericht mit Erwähnung Kösters, 132.
1939, Nr. 34/44	Köster, Arnold. *Wien.* Bericht über Taufe, 328.
1940, Nr. 8/9	Köster, Arnold. *Wien.* Bericht über Heimgang von Frau Füllbrandt und Taufe von 7 Personen, unter anderem Kösters Tochter Ursula, 40.
1940, Nr. 16/17	Köster, Arnold. *Wien.* Bericht über Taufe, Umschlag hinten.

Täufer-Bote

Artikel mit Bezug zur prophetischen Aufgabe:

1930, Nr. 6	Köster, Arnold. *Aus der Botentasche*. Rubrik, 4.
1931, Nr. 2	Köster, Arnold. *Das russische Golgatha*. Artikel, 2f.

1931, Nr. 2	Köster, Arnold. *Aus der Botentasche*. Rubrik, 5.
1932, Nr. 1	Köster, Arnold. *Wenn doch auch du erkenntest...* Artikel, 1f.
1933, Nr. 10	Köster, Arnold. *Die prophetische Schau der Gemeinde*. Artikel, 2f.
1933, Nr. 10	Köster, Arnold. *Aus der Botentasche*. Rubrik, 7.
1934, Nr. 2	Köster, Arnold. *Die Gemeinde Gottes*. Artikel, 1f.
1934, Nr. 4	Köster, Arnold. *Die Verchristlichung der Welt*. Artikel, 1f.
1934, Nr. 11	ohne Verfasser, *Was heißt Prophetendienst tun*. Artikel, 4f.
1937, Nr. 9	Kuhn, J. *Regionalkonferenz in Bukarest*. Bericht mit Erwähnung, dass Köster zum Thema „Das Ende des Christentums" sprach, 6f.
1941, Nr. 10	Köster, Arnold. *Das prophetische Wort*. Artikel, 1f.

Artikel mit NS-Kritik:

1930, Nr. 2	Köster, Arnold. *Wachet –, denn Jesus kommt!* Artikel, 1f.
1931, Nr. 1	Köster, Arnold. *Aus der Botentasche*. Rubrik, 4.
1931, Nr. 2	Köster, Arnold. *Das russische Golgatha*. Artikel, 2f.
1931, Nr. 6/7	Köster, Arnold. *Zeichen der Zeit*. Rubrik, 5f.
1931, Nr. 11	Herrmann, H., *Blütenlese von der Konferenz in Bukarest*. Bericht über Vortrag Kösters, 5f.
1932, Nr. 2	Köster, Arnold. *Offb 3,11 Halte was du hast*. Artikel, 1f.
1932, Nr. 3	Fleischer, Johannes. *Zeichen der Zeit*. Rubrik, 5f.
1932, Nr. 6/7	Köster, Arnold. *Aus der Botentasche*. Rubik, 3.
1933, Nr. 1	Köster, Arnold. *Diese Weltzeit und die zukünftige Weltzeit*. Artikel, 2f.
1933, Nr. 3	Köster, Arnold. *Für uns kommt nicht in Betracht, daß wir weichen zum Verderben, sondern daß wir zum Gewinn der Seele glauben*. Artikel, 1f.
1933, Nr. 4	Köster, Arnold. *Wir haben kein Christentum, sondern einen lebendigen Christus*. Artikel, 1f.
1933, Nr. 4	Köster, Arnold. *Aus der Botentasche*. Rubrik, 3.
1933, Nr. 5	Köster, Arnold. *Wann kommt die Herrschaft Gottes?* Artikel, 1f.
1933, Nr. 5	Fleischer, Johannes. *Die nationale Revolution in Deutschland*. Artikel, 4f.
1933, Nr. 6/7	Köster, Arnold. *Das prophetische Wort*. Artikel, 3f.
1933, Nr. 5/6	Köster, Arnold. *Aus der Botentasche*. Rubrik, 4.
1933, Nr. 9	Fleischer, Johannes. *Zeichen der Zeit*. Rubrik, 3f.

1933, Nr. 11	Köster, Arnold. *Die gegenwärtige Weltzeit im Lichte des alten Pergamon, „da des Satans Thron war“.* Artikel, 2f.
1934, Nr. 1	Köster, Arnold. *Ich bin der Herr, dein Gott.* Artikel, 1f.
1934, Nr. 3	*Zeichen der Zeit.* Rubrik, 5f.
1934, Nr. 4	Fleischer, Johannes. *Zeichen der Zeit.* Rubrik, 4f.
1936, Nr. 1	Köster, Arnold. *Die Wirklichkeit Psalm 24.* Artikel, 1f.
1936, Nr. 12	Köster, Arnold. *Was bedeutet Christus für die Welt? Jesaja 11 und 12.* Artikel, 1f.

II. Ahnenverzeichnis von Arnold Köster

Köster, Heinrich *1801, Oberrengse Ackerer	**Westebbe, Catherina Elisabeth** *1793 Lieberhausen	**Freischlader, Gottfried** Hackenberg Blecharbeiter	**Fischer, Wilhelmine** Hackenberg	**Werkshage, Friderich Wilhelm** *01.11.1806 Zimmermann	**Zimmermann, Johanna Herta** (Johannetta) *17.06.1881	**Haas, Wilhelm Peter** *21.02.1804, Dümpel Bruchausen, Ackerer	**Halbach, Wilhelmine** Maria Catarina *08.101.1807, Kleinwiedenest

Köster, Heinrich (ev.) *08.08.1830 Oberrengse +vor 1892 Seßinghausen Maurer	**Freischlader, Rosalie** (ev.) *03.06.1840 Hackenberg +vor 1892 Waecker	**Werkshage, Wilhelm** (ev.) *13.06.1837 Neustadt +03.05.1919 Wiedenest Hutmacher und Bäcker	**Haas, Henriette** (ev.) *13.10.1838 Dümpel

Köster, Louis Heinrich *20.01.1865 Neustadt b. Bergneustadt +10.07.1950 Lippoldsburg/Weser Prediger (Baptisten) vorher Fabrikpacker (1892)	**Werkshage, Emilie** *07.02.1867 Bruchhausen (Lieberhausen) +28.12.1937 Lippoldsburg/Weser Fabriknäherin (1892)	***Hornburg, Ludwig Friedrich Theodor*** **13.09.1858 Neudorf-Platendorf + 28.01.1935 Neudorf-Platendorf Landwirt + Fabrikant*	***Wiegenbröker, Auguste*** **30.03.1862 Upen b. Goslar*

Köster, Arnold Willy *03.02.1896 in Wiedenest +28.10.1960 in Wien	***Hornburg, Maria Auguste Christine*** **10.11.1900 in Neudorf-Platendorf +10.05.1970 in Ternitz*

Heirat am 12.07.1923 in Neudorf-Platendorf, sechs Kinder:

Köster, Ursula, *23.06.1924 in Hamburg
Köster, Martin, *26.08.1925 in Köln
Köster, Winfried, *09.08.1926 in Köln
Köster, Roswita, *29.03.1928 in Köln
Köster, Knut, *05.08.1929 in Wien
Köster, Sieglinde, +12.01.1932 in Wien

III. Literaturverzeichnis

Assmann, Reinhard & Liese, Andreas (Hg.) 2015. *Unser Weg – Gottes Weg? Der Bund Evangelisch-Freikirchlicher Gemeinden in Deutschland: Eine historische Bestandsaufnahme. Studientag Kassel 2014*. Hammerbrücke: Jota Publikationen und Elstal: Oncken-Archiv.

Baigent, John W. 2006. Bible, Tradition and Ministry, in: Rowdon, Harold (Editior) 2006. *Serving God's People. Re-thinking Christian Ministry Today*. Carlisle: Cumbria, 2–18.

Balders, Günter (Hg.) 1989. *Ein Herr, ein Glaube, eine Taufe: 150 Jahre Baptistengemeinden in Deutschland 1834–1984*. 3. verbesserte und mit Literaturnachträgen verbesserte Auflage. Wuppertal: Oncken.

Begemann, Dagmar 2008. *Der fünffältige Dienst. Ausarbeitung eines biblischen Verständnisses*. Ditzingen: Werkstatt für Gemeindeaufbau. Akademie für Leiterschaft. Internet: http://leiterschaft.de/dateien/DagmarBegemann_Der-fuenffaeltige-Dienst.pdf [Stand: 23.11.2017].

Beiderbeck-Haus, Heike, u. a. 2017. *Verantwortlich Gemeinde leiten: Eine Handreichung für Gemeindeleitungen*. 2. überarbeitete und erweiterte Auflage Wustermark: Bund Evangelisch-Freikirchlicher Gemeinden.

Betz, Otto 1998a. Prophetie c) im Neuen Testament, in Burkhardt, Helmut, u. a. (Hg.) 1998. *ELTG* 2, 1619–1620.

Bennet, David W. 1993. *Metaphors of Ministry: Biblical Images for Leaders and Followers*. 2Rev.ed I. Carlisle: Paternoster Press.

Beyer, Wolfgang 1938, Kybernesis, in Kittel, Gerhard 1938. *Theologisches Wörterbuch zum Neuen Testament. Band 3*. Stuttgart: Kohlhammer, 1034–1036.

Bittner, W. 1998. Apokalyptik, in Burkhardt, Helmut, u. a. (Hg.) 1998. *ELTG* 2, 93–95.

Bliese, Thomas 2015. *Pastorale Identität – Die personalen und geistlichen Anforderungen an den Pastorenberuf*. Elstal: Vikariatsarbeit Dienstbereich Ordinierte Mitarbeiter des BEFG.
Internet: https://www.baptisten.de/fileadmin/befg/gemeinde/media/dokumente/ Bliese_Thomas.pdf [Stand: 03.01.2018].

Bloedhorn Jr., Klaus 1982. *Untertan der Obrigkeit?* Witten-Stockum: Verlag am Steinberg.

Bohren, Rudolf 1980. *Predigtlehre*. 4. veränd. u. erw. Aufl. München: Kaiser.

Böhlemann, Peter & Herbst, Michael 2011. *Geistlich leiten. Ein Handbuch*. Göttingen: Vandenhoeck & Ruprecht.

Bölsche, Jochen 2008. Hakenkreuz am Altar. *Spiegel Special.* Internet: http://www.spiegel.de/spiegel/spiegelspecialgeschichte/d-55573702.html [Stand: 29.08.2017].

Brandt, Ahasver von 2003. *Werkzeug des Historikers: Eine Einführung in die Historischen Hilfswissenschaften.* 16. Auflage. Stuttgart: Kohlhammer.

Burkhardt, Helmut, u. a. (Hg.) 1998. *Evangelisches Lexikon für Theologie und Gemeinde*, Studienausgabe, Band 2 (ELTG). Wuppertal: R. Brockhaus.

Claesberg, Veit 2008. Neutestamentliche Gemeindeleitung. Betrachtet im Kontext der Brüderbewegung. Hausarbeit für den AcF-Kurs Führungsgrundlagen: Dienst und Macht. Internet: http://www.veitc.de/1Passwort/Gemeindeleitung%20-%20Hausarbeit%20ACF.pdf [Stand: 23.11.2017].

Claesberg, Veit 2013. *Selbstleitung.* Unterrichtsskript AGB-HM-Schulung. Internet: http://www.veitc.de/life-balance-unterrichtsskript/ [Stand: 27.12.2017].

Claesberg, Veit 2017a. *Kösters prophetische Sicht zum Königtum Jesu. Zusammenstellung von Zitaten aus Artikeln und Predigten von Arnold Köster (1896–1960).* Internet: http://www.veitc.de/koesters-prophetische-sicht-zum-koenigtum-jesu-zusammenstellung-von-zitaten-aus-artikeln-und-predigten-von-arnold-koester-1896-1960/ [Stand: 23.11.2017].

Claesberg, Veit 2017b. *Köster-Zitate zum Thema Krieg. Zusammenstellung von Zitaten aus Artikeln und Predigten von Arnold Köster (1896–1960).* Internet: http://www.veitc.de/koester-zitate-zum-thema-krieg-zusammenstellung-von-zitaten-aus-artikeln-und-predigten-von-arnold-koester-1896-1960/ [Stand: 23.11.2017].

Claesberg, Veit 2017c. *Köster-Zitate zum Thema Stellung zur Obrigkeit. Zusammenstellung von Zitaten aus Artikeln und Predigten von Arnold Köster (1896–1960).* Internet: http://www.veitc.de/koester-zitate-zum-thema-stellung-zur-obrigkeit-zusammenstellung-von-zitaten-aus-artikeln-und-predigten-von-arnold-koester-1896-1960/ [Stand: 23.11.2107].

Claesberg, Veit 2018a. *Kösters prophetische Sicht auf Hitler. Zusammenstellung von Zitaten aus Artikeln und Predigten von Arnold Köster (1896–1960).* Internet: http://www.veitc.de/vier-webzitat-anlagen-mit-zitaten-von-arnold-koester/ [Stand: 25.01.2018].

Claesberg, Veit 2018b. *Kösters allgemeine Kritik an „seinem" Baptismus. Zusammenstellung von Zitaten aus Artikeln und Predigten von Arnold Köster (1896–1960).* Internet: http://www.veitc.de/vier-webzitat-anlagen-mit-zitaten-von-arnold-koester/ [Stand: 25.01.2018].

Claesberg, Veit 2018c. *Zusammenfassung von Kösters Druckschrift 1932 „Ist die gegenwärtige Weltkatastrophe Krise oder Untergang?“*
Internet: http://www.veitc.de/vier-webzitat-anlagen-mit-zitaten-von-arnold-koester/ (25.01.2018).

Claesberg, Veit 2018d. *Kösters theologische Deutung des Schicksals Israels. Zusammenstellung von Zitaten aus Artikeln und Predigten von Arnold Köster (1896–1960).*
Internet: http://www.veitc.de/vier-webzitat-anlagen-mit-zitaten-von-arnold-koester/ [Stand: 25.01.2018].

Clinton, Robert 2006. *Der Werdegang eines Leiters: Lektionen und Stufen in der Entwicklung zur Leiterschaft.* 3. Auflage. Ruswil: profibooks.

Diestelkamp, A. Joachim 1993. *Das Tier aus dem Abgrund: Eine Untersuchung über apokalyptische Predigten aus der Zeit des Nationalsozialismus. Protest und Trost, Widerstand und Mißbrauch.* Dessau: Zeitungsverlag Anhalt.

Driscoll, Marc 2001. *Gemeinde leiten: Praktische Impulse zu Ältestenschaft, Diakonennamt und Gemeindeorganisation.* Worms: pulsmedien.

Eickhoff, Klaus 1992. *Gemeinde entwickeln für die Volkskirche der Zukunft: Anregungen zur Praxis.* Göttingen: Vandenhoeck & Ruprecht.

Eickhoff, Klaus 2009. *Harmlos, Kraftlos, Ziellos: Die Krise der Predigt und wie wir sie überwinden.* Witten: SCM R. Brockhaus Verlag.

Evangelische Kirche von Westfalen, Landeskirchenamt (Hg.) 2016. *Gemeinde leiten. Handbuch für die Arbeit im Presbyterium.* Bielefeld: W. Bertelsmann.
Internet: http://www.evangelisch-in-westfalen.de/fileadmin/user_upload/Fuer_Gemeinden/presbyterhandbuch/Gemeinde_leiten_2016.pdf [Stand: 09.09.2017].

Fischer, Horst 2005. Frisches Wasser auf dürres Land: Eine sehr persönliche Erläuterung des Titels durch den Altbundesvorsitzenden, in Graf-Stuhlhofer, Franz (Hg.) 1995. *Frisches Wasser auf dürres Land.* Kassel: Oncken, 12f.

Fleischer, Roland 2012a. Judenchristliche Mitglieder in Baptistengemeinden im „Dritten Reich“. *Theologisches Gespräch Beiheft* 12, Kassel: Oncken.
Internet: http://docplayer.org/8355751-Gespraech-theologisches-judenchristliche-mitglieder-in-baptistengemeinden-im-dritten-reich-beiheft-12-roland-fleischer.html [Stand: 09.09.2017].

Fleischer, Roland 2012b. Baptisten jüdischer Herkunft in der NS-Zeit. Schicksale, Umgang, Hintergründe. *Theologisches Gespräch* Nr. 3, 107–128.

Fleischer, Roland 2014. *Der Streit über den Weg der Baptisten im Nationalsozialismus: Jacob Köbberlings Auseinandersetzung mit Paul Schmidt zu Oxford 1937 und Velbert 1946.* Elstal: Oncken-Archiv.

Graf-Stuhlhofer, Franz 1996. Das Kriegs-Ende in Wien im Spiegel der Predigten eines NS-kritischen Baptistenpastors. *Österreich in Geschichte und Literatur* 40, 113–123.

Graf-Stuhlhofer, Franz 1999. Von der „Grenze des Möglichen“ im Dritten Reich: Kritik am Nationalen in der einzigartigen Predigtsammlung des Wiener Baptistenpastors Arnold Köster. *Geschichte und Gegenwart* 18, 13–35.

Graf-Stuhlhofer, Franz 2000. Predigten während Stalingrad: Eine Dokumentation zum Wiener Baptistenpastor Arnold Köster im Januar und Februar 1943. *Zeitschrift für Geschichtswissenschaft* 48, 1078–1097.

Graf-Stuhlhofer, Franz 2001. *Öffentliche Kritik am Nationalsozialismus im Großdeutschen Reich: Leben und Weltanschauung des Wiener Baptistenpastors Arnold Köster (1896–1960)*. Neukirchen-Vluyn: Neukirchener.

Graf-Stuhlhofer, Franz (Hg.) 2005. *Frisches Wasser auf dürres Land: Festschrift zum 50-jährigen Bestehen des Bundes der Baptistengemeinden in Österreich.* Kassel: Oncken.

Graf-Stuhlhofer, Franz (Hg.) 2010. *Evangelische Allianz in Wien – von der ersten Republik bis zur NS-Zeit (1920–45): Edition der Sitzungsprotokolle und Programm.* Bonn: Verlag für Kultur und Wissenschaft.

Graf-Stuhlhofer 2011. Juden und Freikirchen in Österreich. Die Haltung der Freikirchen in Österreich zur Zeit des Nationalsozialismus, dargestellt vor allem am Beispiel des Predigers Arnold Köster (Baptist) und Hinrich Bargmann (Methodist), in Heinz 2011, 311–330.

Grethlein, Christian 2012. *Praktische Theologie*. Berlin: De Gruyter.

Grethlein, Christian & Schwier, Helmut (Hg.) 2007. *Praktische Theologie: Eine Theorie- und Problemgeschichte.* Leipzig: Evangelische Verlagsanstalt.

Haubeck, Wilfrid 2012. Ämter und ihre Funktionen im Epheserbrief, in Iff, Markus & Heiser, Andreas (Hg.) 2012. *Berufen, beauftragt, gebildet – Pastorales Selbstverständnis im Gespräch.* Neukirchen-Vluyn: Neukirchener, 30–67.

Heinrichs, Wolfgang E. 2011. Freikirchliche Ansichten über Juden im 19. und zu Beginn des 20. Jahrhunderts, in Heinz 2011:13–33.

Heinz, Daniel (Hg.) 2011. *Freikirchen und Juden im „Dritten Reich“: Instrumentalisierte Heilsgeschichte, antisemitische Vorurteile und verdrängte Schuld.* (Kirche – Konfession – Religion 54). Göttingen: V&R unipress.

Hinkelmann, Frank 2013. *Geschichte der Evangelischen Allianz in Österreich*. Bonn: Verlag für Kultur und Wissenschaft.

Hinkelmann, Frank 2014. *Die evangelikale Bewegung in Österreich: Grundzüge ihrer historischen und theologischen Entwicklung (1945–1998)*. Bonn: Verlag für Kultur und Wissenschaft.

Hoburg, Ralf 1997. Hirte oder Prophet? Zwei Modelle pastoraler Identität, in Abromeit, Hans-Jürgen, Hoburg, Ralf & Klink, Annette (Hg.) 1997. *Pastorale Existenz heute: Festschrift zum 64. Geburtstag für Hans Berthold*. Waltrop: Verlag Harmut Spener, 201–219.

Hürten, Heinz 1987. *Verfolgung, Widerstand und Zeugnis*. Mainz: Matthias-Grünewald-Verlag.

Jakobs, Monika 2016. Eschatologie, in: *Das wissenschaftlich-religionspädagogische Lexikon*.
Internet: http://www.bibelwissenschaft.de/stichwort/100164/ [Stand: 21.06.2018].

Kaldewey, Jens 2001. *Die starke Hand Gottes: Der fünffältige Dienst*. Glashütten: C & P Verlag.

Kessler, Volker 2012. *Vier Führungsprinzipien der Bibel: Dienst, Macht, Verantwortung und Vergebung*. Gießen: Brunnen.

Kessler, Volker 2013. Pifalls in constructing ‚Biblical' leadership. *Verbum et Ecclesia 34(1)*, Art. #721, 7 pages.
Internet: http://dx.doi.org/10.4102/ve.v34i1.721 [Stand: 27.12.2017].

Kessler, Volker 2017. Osmers Vierschritt für praktisch-theologische Interpretation, in Schweyer, Stefan & Bartholomä, Philipp (Hrsg.). *Mit der Bibel – Für die Praxis. Beiträge zu einer praktisch-theologischen Hermeneutik*. Gießen: Brunnen, 33f.

Kessler, Volker & Kretzschmar, Louise 2015. Christian Leadership as a trans-disciplinary field of study, *Verbum et Ecclesia 36(1)* Art. #1334, 8 pages.
Internet: http://dx.doi.org/10.4102/ve.v36i1.1334 [Stand: 01.01.2018].

Klein, Joachim Alexander 2012. *Autokybernetik und Persönlichkeit junger Leiter*. MTh thesis University of South Africa, Pretoria.
Internet: http://uir.unisa.ac.za/bitstream/handle/10500/13110/dissertation_klein_ja.pdf?sequence=1 [Stand: 31.01.2018].

Klein, Stephanie 2005. *Erkenntnis und Methode in der Praktischen Theologie*. Stuttgart: Kohlhammer.

Koenen, Klaus 2007. Eschatologie (AT). WiBiLex.
Internet: https://www.bibelwissenschaft.de/stichwort/20917/ [Stand: 21.06.2018].

Koselleck, Reinhart 1989. Historia Magistra Vitae: Über die Auflösung des Topos im Horizont neuzeitlich bewegter Geschichte, in Koselleck, Reinhart 2000. *Vergangene Zukunft. Zur Semantik geschichtlicher Zeiten*. 4. Auflage. Frankfurt/Main: Suhrkamp, 38-66.

Köster, Arnold 1932. *Ist die gegenwärtige Weltkatastrophe Krise oder Untergang?* Wien: Verlag Ruferstimmen.

Köster, Arnold 1965. *Lampenlicht am dunklen Ort: Predigten und Vorträge von Arnold Köster.* Zusammengestellt von Karl Federmann. Wien: Sensen.

Kraus, Hans-Joachim 1986. *Prophetie Heute: Die Aktualität biblischer Prophetie in der Verkündigung der Kirche.* Neukirchen-Vluyn: Neukirchener Verlag.

Kunz, Ralph 2007. Kybernetik, in Grethlein & Schwier 2007, 607–685.

Liese, Andreas 2015. Aus der Enge in die Weite – Die Entstehung des BEFG 1941/42 (aus Sicht der Brüdergemeinden), in Assmann & Liese 2015, 39–82.

Luckey, Hans 1961. Nachruf. *Die Gemeinde* 4. Juni 1961, 13f.

Malphurs, Aubrey 2003. *Being Leaders: The Nature of Authentic Christian Leadership.* Grand Rapids: Baker Books.

Markschies, Christoph1995. *Arbeitsbuch Kirchengeschichte.* Tübingen: Mohr Siebeck (UTB 1857).

Marquardt, Manfred 1998. Biblizismus, in Betz, Hans Dieter, u. a. 1998. *Religion in Geschichte und Gegenwart.* 4. Auflage, Band I. Tübingen: Verlag J.C.B. Mohr, 1553–1554.

Maxwell, John 2002. *Leadership: Die 21 wichtigsten Führungsprinzipien.* Gießen: Brunnen.

Meyer-Blanck, Michael 2007. Gemeindeleitung: Kybernetik/Soziale Systeme/Leitbilder/Leitungsstrukturen, in Gräb, Wilhelm & Weyel, Birgit 2007. *Handbuch Praktische Theologie.* Gütersloh: Gütersloher Verlagshaus, 507–518.

Müller-Weißner, Ulrich 2003. *Chef sein im Haus des Herrn.* Gütersloh: Gütersloher Verlagshaus.

Muttersbach, Peter & Wefel, Gottfried 2015. *Die Anfänge des Baptismus zwischen Harz und Heide.* Norderstedt: Books on Demand.

Osmer, Richard R 2008. *Practical Theology: An Introduction.* Grand Rapids: Eerdmans.

Osmer, Richard R 2011. Practical Theology: A current international perspective, *HTS Theologiese Studies / Theological Studies* 67(2), #Art. 1058. 7 Pages.
Internet: http://dx.doi.org/10.4102/hts.v67i2.1058 [31.01.2018].

Ostermann, Rupert 1960. Nachruf. *Der Sendbote. Organ der Nordamerikanischen Baptisten,* 29. Dezember 1960, 23f.

Pohl-Patalong, Ute 2007. Pastoraltheologie, in Grethlein & Schwier 2007, 515–565.

Pöhlmann, Wolfgang 1988. Apokalyptische Geschichtsdeutung und geistiger Widerstand. *Kerygma und Dogma* Nr. 34, 60–75.

Pöhlmann, Wolfgang 1991. Beobachtungen zur jüdisch-christlichen Apokalyptik und zur apokalyptischen Geschichtsdeutung im Dritten Reich. *Kerygma und Dogma* Nr. 31, 98–111.

Rabenau, Gottfried 1981. Österreichischer Baptismus: Von der Wegbereitung durch kirchliche Reformbewegungen zur Entstehung und Entwicklung der österreichischen Baptistengemeinden. Kirchengeschichtliche Abschlussarbeit des Studiums am Theologischen Seminar des Bundes Evangelisch-Freikirchlicher Gemeinden, Hamburg.

Railton, Nicholas M. 2003. Öffentliche Kritik am Nationalsozialismus im Grossdeutschen Reich (Review), *Journal of Ecclesiastical History Vol. 54 Issue 1*, 190.

Reimer, Johannes 2008. *Leiten durch Verkündigung: Eine unentdeckte Dimension*. 2. Auflage. Gießen: Brunnen.

Reimer, Johannes 2009. *Die Welt umarmen: Theologische Grundlagen gesellschaftsrelevanten Gemeindebaus.* (Transformationsstudien Band 1). Marburg: Verlag der Francke-Buchhandlung.

Ronchi, Sergio 2002. Review of Graf-Stuhlhofer, Franz. Offentliche Kritik am Nationalsozialismus im großdeutschen Reich: Leben und Weltanschauung des Wiener Baptistenpastors Arnold Köster (1896–1960), *Protestantesimo, 57 no 3 2002,* 247f.

Rowdon, Harold (Editor) 2006. *Serving God's people: Re-thinking Christian Ministry Today.* Carlisle: Cumbria, 60–68.

Ruhbach, G. 1998. Prophetie d) kirchengeschichtlich, in Burkhardt, Helmut, u. a. (Hg.) 1998. *ELTG* 2, 1620.

Rust, Heinrich Christian 2012. *Charismatisch dienen – Gabenorientiert leben.* 4. unveränderte Auflage Kassel: Oncken.

Schneider, D. 1998. Prophetie e) praktisch-theologisch, in Burkhardt, Helmut, u. a. (Hg.) 1998. *ELTG* 2, 1620f.

Schröter, Jens 2012. Neutestamentliche Schlaglichter zur Begründung des pastoralen Dienstes, in Iff, Markus & Heiser, Andreas (Hg.) 2012. *Berufen, beauftragt, gebildet – Pastorales Selbstverständnis im Gespräch.* Neukirchen-Vluyn: Neukirchener Verlag, 30–67.

Sekretariat der Deutschen Bischofskonferenz (Hg.) 2015. *„Gemeinsam Kirche sein": Wort der deutschen Bischöfe zur Erneuerung der Pastoral.* Bonn: Bischöfliche Ordinariate oder Sekretariat der Deutschen Bischofskonferenz.

Sommer, Dennis 2012. *„Bist du jetzt hier als Pastor oder als Freund?": Die Rolle des Pastors in Beziehungen – zwischen Professionalität und Pro-Personalität.* Elstal: Vikariatsarbeit Diensbereich Ordinierte Mitarbeiter des BEFG.
Internet: https://www.baptisten.de/fileadmin/befg/gemeinde/media/dokumente/ Sommer_Dennis.pdf [Stand: 29.12.2017].

Spanring, Paul 2013. *Dietrich Bonhoeffer and Arnold Köster: Two Distinct Voices in den Midst of Germany's Third Reich Turmoil.* Eugene: Pickwick Publications.

Spohn, Elmar 2016. *Zwischen Anpassung, Affinität und Resistenz: Die Glaubens- und Gemeinschaftsmissionen in der Zeit des Nationalsozialismus.* Münster: Lit.
Internet: http://uir.unisa.ac.za/bitstream/handle/10500/18533/thesis_spohn_e.pdf? sequence=1&isAllowed=y [Stand: 14.09.2017].

Sprenger, Reinhard K. 2015. *Radikal führen.* Limitierte Sonderausgabe. Frankfurt/New York: Campus Verlag.

Stedtler, Manfred 2015. *Baptisten in der Weimarer Republik: Ihre Gedanken zu Politik und Gesellschaft.* Bonn: Verlag für Kultur und Wissenschaft.

Strauch, Alexander 1998. *Biblische Ältestenschaft: Ein Aufruf zu schriftgemäßer Gemeindeleitung.* Ried im Innkreis: Verein zur Förderung des christlichen Glaubens.

Strübind, Andrea 1995. *Die unfreie Freikirche: Der Bund der Baptistengemeinden im „Dritten Reich".* 2. korrigierte und verbesserte Auflage. Wuppertal und Zürich: R. Brockhaus und Oncken.

Strübind, Andrea 2011. „Wir Christen unter Zuschauern": Die deutschen Baptisten und die Judenverfolgung in der Zeit der NS-Diktatur, in Heinz 2011, 151–182.

Strübind, Andrea 2015. Keine dauerhafte, vertretbare Neuordnung: Die Entstehung des Bundes Evangelisch-Freikirchlicher Gemeinden (BEFG) 1941/42 (aus baptistischer Sicht), in Assmann & Liese 2015, 7–38.

Summerton, Neil 2006. Team Ministry, in Rowdon, Harold (Editior) 2006. *Serving God's people. Re-thinking Christian Ministry Today.* Carlisle: Cumbria, 19–35.

Szobries, Heinz 2013. *Schuldbekenntnisse aus dem Bund Ev.-Freikirchlicher Gemeinden und anderen Kirchen nach 1945: Zeugnisse von Schwachheit und Kraft beim Einstehen für die eigene Vergangenheit.* Elstal: Oncken-Archiv.

Vatter, Stefan 2016. *Finden, fördern, freisetzen: Die Gabe des apostolischen Dienstes.* 2., durchgesehene und erweiterte Auflage. Schwarzenfeld: Neufeld.

Vette, Joachim 2017. Bibelauslegung, christliche. *WiBiLex.*
Internet: https://www.bibelwissenschaft.de/wibilex/das-bibellexikon/lexikon/sachwort/anzeigen/details/bibelauslegung-christliche/ch/0221e1344ac71f18925a2870983348a2/#h2 [Stand: 21.11.2017].

Walle, Heinrich 2000. Gehorsam im Konflikt: Widerstehen im NS-Regime, in Evangelisches Kirchenamt für die Bundeswehr (Hg.) 2000. *De Officio. Zu den ethischen Herausforderungen des Offiziersberufs.* 2. unveränderte Auflage der völlig neu bearb. Ausgabe. Leipzig: Evangelische Verlagsanstalt, 64–81.

Wolf, Christian 1998. Prophetie b) im Alten Testament, in Burkhardt, Helmut, u. a. (Hg.) 1998. *ELTG* 2, 1616–1619.

Wright, Walter C. 2003. *Der Beziehungsfaktor: Mitarbeiterorientiert führen. Ziele gemeinsam erreichen.* Gießen: Brunnen.

Zimmermann, Sandra 2011. *Zwischen Selbsterhaltung und Anpassung.* Internet: http://www.bruederbewegung.de/pdf/zimmermann.pdf [Stand: 09.09.2017].

IV. Abkürzungsverzeichnis

ABEFG	Oncken-Archiv des BEFG in Elstal
AHA	Gemeindearchiv EFG Hamburg-Altona
AKR	Gemeindearchiv EFG Köln-Rheinaustraße
APKK	Privatarchiv K. P. (geb. Köster), aus Wien
AWM	Gemeindearchiv Baptistengemeinde Wien-Mollardgasse
BEFG	Bund Evangelisch-Freikirchlicher Gemeinden in Deutschland K.d.ö.R (Baptisten- und Brüdergemeinden)
HB	*Der Hilfsbote.* Zeitschrift für Verkündiger in Baptistengemeinden bis 1939.
KöV	Köster-Verkündigung: Predigt oder Vortrag von Arnold Köster, ergänzt mit Datumsangabe
LPL	Lampenlicht am dunklen Ort. 18 Predigten, Vorträge und Artikel von Arnold Köster, zusammengestellt von Karl Federmann 1965
NS	Nationalsozialismus/nationalsozialistisch
TB	*Täufer-Bote.* Zeitschrift für deutschsprachige Baptisten in den Donauländern, von 1933–1942.
WA	Wiener Evangelischen Allianz.
WZ	*Der Wahrheitszeuge.* Zeitschrift für Gemeindemitglieder im Baptistenbund bis zum Verbot der kirchlichen Presse im NS-Regime.

V. Bildnachweis

Titel: Oncken-Archiv Elstal

S. 3: Gemeindearchiv EFG Köln-Rheinaustraße (BKö 003-3 K1, S. ii)

S. 13: Fotostudio Bestgen, Bergneustadt

S. 235: Archiv der Baptistengemeinde Wien-Mollardgasse

Baptismus-Dokumentation

Schriftenreihe – herausgegeben vom Oncken-Archiv des BEFG in Elstal

Editionen von Quellen und Materialien zur Geschichte des Baptismus und des BEFG

Band 1: Armin Weist, Baptistische Archivalien aus den Gebieten östlich von Oder und Neiße in genealogischen und staatlichen Archiven

Elstal/Norderstedt 2011, 79 Seiten, Paperback (Books on Demand), 2. Aufl. 2012
ISBN: 978-3-844-81208-4, Schutzgebühr 5,90 €

Der vorliegende Band ist ein Wegweiser zu Archiven vor allem im osteuropäischen Raum, in denen Unterlagen ehemaliger Baptistengemeinden vor 1945 zu finden sind – ein wichtiges Hilfsmittel sowohl für freikirchliche historische Spurensuche als auch für die Familienforschung.

Band 2: Marc Schneider, Die Diskussion im deutschen Baptismus um die 68er Bewegung

Elstal/Norderstedt 2012, 84 Seiten, Paperback (Books on Demand), 2. Aufl. 2017
ISBN: 978-3-8482-2251-3, Schutzgebühr 5,90 €

Dieser Band gibt einen Überblick auf die Ereignisse der Studentenbewegung in Deutschland von 1967 bis 1972 und ihre Auswirkungen im deutschen Baptismus. Aufgezeigt wird insbesondere die Wahrnehmung der 68er Bewegung in der baptistischen Presse und Studentenarbeit sowie die Diskussion in den Gemeinden. Dokumentiert wird die Masterarbeit des Autors, Absolvent der Theologischen Hochschule Elstal.

Band 3: Heinz Szobries, Schuldbekenntnisse aus dem Bund Ev.-Freikirchlicher Gemeinden und anderen Kirchen in Deutschland nach 1945. Zeugnisse von Schwachheit und Kraft beim Einstehen für die eigene Vergangenheit

Elstal/Norderstedt 2013, 128 Seiten, Paperback (Books on Demand), 2. Aufl. 2017
ISBN: 978-3-7322-9120-5, Schutzgebühr 6,90 €

Der Autor beschreibt und dokumentiert die Diskussionen im Baptismus nach dem Krieg über ein Schuldbekenntnis zum Verhalten in der NS-Zeit. Die 50 veröffentlichten Textdokumente, eingeschlossen sind Vergleichstexte aus anderen Kirchen und Freikirchen, u. a. auch zur DDR-Zeit, machen diesen Band zu einem wichtigen Nachschlagewerk.

Band 4: Roland Fleischer, Der Streit über den Weg der Baptisten im Nationalsozialismus. Jacob Köbberlings Auseinandersetzung mit Paul Schmidt zu Oxford 1937 und Velbert 1946

Elstal/Norderstedt 2014, 172 Seiten, Paperback (Books on Demand), 2. Aufl. 2016
ISBN: 978-3-7357-8618-0, Schutzgebühr 8,90 €

Baptisten suchten ihren Weg in der Zeit des Nationalsozialismus weitgehend in Anpassung an die politischen Verhältnisse. Zu den wenigen öffentlichen Mahnern gehörte Dr. Köbberling, der Bekennenden Kirche nahe stehend. Dieser Band dokumentiert sowohl die offiziellen Stellungnahmen des Bundes als auch die Gegenschriften und Korrespondenzen Köbberlings, zumeist erstmalig veröffentlicht. Ergänzt hat sie R. Fleischer durch eine historische Einführung sowie biografische Beiträge zu Köbberling und Bundesdirektor Schmidt.

Band 5: Reinhard Assmann / Andreas Liese (Hg.), Unser Weg – Gottes Weg? Der Bund Evangelisch-Freikirchlicher Gemeinden in Deutschland – eine historische Bestandsaufnahme. Studientag Kassel 2014

jOTA Publikationen GmbH Hammerbrücke (Edition Forum Wiedenest) und
Oncken-Archiv Elstal 2015, 170 Seiten, Paperback,
ISBN: 978-3-935707-79-4, Bestell-Nummer (jOTA): 449.579, 11,95 €

75 Jahre BEFG – ein Jubiläum zum Feiern? Der Bundesschluss von Baptisten- und Brüdergemeinden 1941 bleibt umstritten. Er wurde sowohl geistlich als auch politisch begründet. Die Bundesgeschichte, die zeitweise noch die Elim-Gemeinden umfasste, wurde und wird als ein lebendiges und fruchtbares Miteinander erlebt, zugleich aber auch als ein kräftezehrendes Nebeneinander. Ein Studientag 2014 in Kassel versuchte die historischen Hintergründe und Entwicklungen aus der Sicht der drei Traditionsgruppen zu beleuchten. Der vorliegende Band dokumentiert die aufschlussreichen Vorträge dieses Tages.

Band 6: Reinhard Assmann / Andreas Liese (Hg.), Vereint in Christus – (wieder)vereint im Bund. 25 Jahre Zusammenschluss der beiden deutschen Bünde Evangelisch-Freikirchlicher Gemeinden – Akteure erinnern sich. Studientag Kassel 2015

jOTA Publikationen GmbH Hammerbrücke (Edition Forum Wiedenest) und
Oncken-Archiv Elstal 2016, 210 Seiten, Paperback,
ISBN: 978-3-935707-85-5, Bestell-Nummer (jOTA): 449.585, 12,95 €

Im Jahr 2016 ist es 25 Jahre her, dass sich die beiden Bünde Evangelisch-Freikirchlicher Gemeinden in der Bundesrepublik und der DDR zu einem gemeinsamen Bund vereinigten. Ein Grund, dankbar und zugleich kritisch zurückzuschauen. Wie haben die damaligen Akteure aus Ost und West diesen Zusammenschluss erlebt? Ist uns als Freikirche dieser Prozess besser gelungen als in der Politik? Gelang er auf Augenhöhe oder war es eher ein Anschluss des Ost-Bundes an den West-Bund? Sprachen die einen von einer „Stunde Gottes", erinnern sich andere auch an Enttäuschungen, Verletzungen und neue Trennungen... Ein Studientag im November 2015 in Kassel ließ eine Reihe von Zeitzeugen dazu zu Wort kommen. Der vorliegende Band dokumentiert diese lebendigen Berichte und Diskussionen.

Band 7: Wilfried Weist / Reinhard Assmann: Dass das Wort des Herrn laufe und gepriesen werde. Die Schrifttumsarbeit im Bund Evangelisch-Freikirchlicher Gemeinden in der DDR

Elstal/Norderstedt 2017, 298 Seiten, Paperback (Books on Demand),
ISBN: 978-3-7448-4931-9, Schutzgebühr 14,95 €

Evangelisch-freikirchliches Schrifttum in der DDR – es überrascht, in welcher Breite und Vielfalt christliche Veröffentlichungen in dieser Zeit möglich waren. Bald nach dem Krieg hatte Prediger Otto Ekelmann Lizenzen für eine Zeitschrift, Verlagsarbeit und den Aufbau einer Evangelischen Versandbuchhandlung in Berlin (EVB) erworben. Neben einem geschichtlichen Überblick dokumentiert der vorliegende Band Zeitzeugenberichte des 25-jährigen Jubiläums der DDR-Schrifttumsarbeit. Aufgenommen wurde ferner eine größere Auswahl staatlicher Gutachten, die das mühevolle Ringen um die notwendigen Druckgenehmigungen illustrieren. Und eine Bibliografie aller EVB-Veröffentlichungen sowie weiterer verwandter Publikationen macht diesen Band zu einem wichtigen Nachschlagewerk für den Bund Evangelisch-Freikirchlicher Gemeinden in der DDR.